Der Gemeinschaftsbetrieb

Schriften zum Unternehmens- und Wirtschaftsrecht

Herausgegeben von Marcus Bieder, Andreas Fuchs, Lars Leuschner, Markus Stoffels und Dirk A. Verse

Band 36

Kristin Buß

Der Gemeinschaftsbetrieb

PETER LANG
Berlin · Bruxelles · Chennai · Lausanne · New York · Oxford

Bibliografische Information der Deutschen Nationalbibliothek
Die Deutsche Nationalbibliothek verzeichnet diese Publikation in der Deutschen Nationalbibliografie; detaillierte bibliografische Daten sind im Internet über http://dnb.d-nb.de abrufbar.

Zugl.: Osnabrück, Univ., Diss., 2025

DE-700
ISSN 2364-0863
ISBN 978-3-631-94097-6 (Print)
ISBN 978-3-631-94109-6 (ePDF)
ISBN 978-3-631-94110-2 (ePUB)
DOI 10.3726/b23079

Verlegt durch Peter Lang GmbH, Berlin (Deutschland)

info@peterlang.com

www.peterlang.com

Meinen Eltern

Inhaltsverzeichnis

Vorwort ... xi

KAPITEL 1
Einleitung und Gang der Untersuchung ... 1

KAPITEL 2
Die Rechtsfigur Gemeinschaftsbetrieb
A. Betriebsbegriff und Voraussetzungen des Gemeinschaftsbetriebs ... 3
I. Betriebsbegriff als Ausgangspunkt ... 3
II. Der gemeinsame Betrieb mehrerer Unternehmen ... 10
B. Zusammenfassung Kapitel 2 ... 33

KAPITEL 3
Gemeinschaftsbetrieb im Betriebsverfassungsrecht
A. Betriebsverfassungsrechtliche Gremienstrukturen und Gemeinschaftsbetrieb ... 35
B. Betriebsrat in der Entstehung des Gemeinschaftsbetriebs ... 36
C. Errichtung eines unternehmensübergreifenden Gesamtbetriebsrats ... 37
I. Zulässigkeit der Errichtung ... 38

II. Bildung abweichender Organstrukturen durch Tarifvertrag (§ 3 Abs. 1 Nr. 1 bis 3 BetrVG) ... 53
III. Rechtsfolgen bei Unzulässigkeit ... 81
D. Entsendung unternehmensfremder Betriebsratsmitglieder in die Gesamtbetriebsräte ... 93
I. Entsenderecht in Gesamtbetriebsräte ... 93
II. Entsendung von Mitgliedern des Gemeinschaftsbetriebs in den Konzernbetriebsrat ... 105
E. Stimmgewichtung der entsandten Arbeitnehmer aus dem Gemeinschaftsbetrieb ... 106
F. Zusammenfassung Kapitel 3 ... 108

KAPITEL 4
Aufsichtsratsarbeit im Gemeinschaftsbetrieb
A. Einleitung ... 111
B. Schwellenwertberechnung im Gemeinschaftsbetrieb ... 112
I. Abgrenzung von Unternehmensmitbestimmung zur betrieblichen Mitbestimmung ... 112
II. Erforderliche Mindestarbeitnehmerzahl ... 114
III. Berücksichtigung bei der Schwellenwertberechnung ... 115
IV. Leiharbeitnehmer und Schwellenwertberechnung im Gemeinschaftsbetrieb ... 183
V. Ergebnis zu Schwellenwerten ... 188
C. Wahlrecht der Arbeitnehmer im Gemeinschaftsbetrieb ... 189
I. Kein Gleichlauf von Zählen und Wählen ... 189
II. Bestehen von Wahlrechten im Gemeinschaftsbetrieb ... 197
III. Ergebnis zu Wahlrechten ... 234
D. Fiktiver Gemeinschaftsbetrieb in der Unternehmensmitbestimmung ... 235

KAPITEL 5
Gemeinschaftsbetrieb als Alternative zu anderen Formen des Fremdpersonaleinsatzes
A. Gemeinschaftsbetrieb als Alternative zur Arbeitnehmerüberlassung ... 239
I. Notwendigkeit einer Alternative ... 239

II. Abgrenzung der Arbeitnehmerüberlassung zu anderen Formen des Fremdpersonaleinsatzes 241
III. Gemeinschaftsbetrieb unter Beteiligung einer Personalführungsgesellschaft 248
IV. Rotationsmodell im Gemeinschaftsbetrieb 267
B. Gemeinschaftsbetrieb und Anschlussverbot bei befristeten Arbeitsverträgen 288
I. Arbeitgeberbegriff in § 14 Abs. 2 S. 2 TzBfG 288
II. Rechtsmissbrauchskontrolle durch das BAG 291
III. Dem BAG zustimmende instanzgerichtliche Rechtsprechung 294
IV. Kritik an der Rechtsmissbrauchskontrolle 298
V. Teleologisch extensive Auslegung 307
VI. Leitentscheidung des BVerfG zu § 14 Abs. 2 S. 2 TzBfG 312
VII. Teleologisch extensive Auslegung als sachgerechte Lösung 317
C. Zusammenfassung Kapitel 5 319

KAPITEL 6
Zusammenfassung der Ergebnisse
A. Die Rechtsfigur Gemeinschaftsbetrieb 321
B. Gemeinschaftsbetrieb im Betriebsverfassungsrecht 321
C. Aufsichtsratsarbeit im Gemeinschaftsbetrieb 323
D. Gemeinschaftsbetrieb als Alternative zu anderen Formen des Fremdpersonaleinsatzes 323

Literaturverzeichnis 325

Vorwort

Die vorliegende Arbeit wurde im Wintersemester 2024/2025 von der Rechtswissenschaftlichen Fakultät der Universität Osnabrück als Dissertation angenommen. Die Disputation fand am 30. Januar 2025 statt.

Ich möchte mich bei allen Personen bedanken, die mich auf diesem Weg begleitet und mir Mut zugesprochen haben.

Mein besonderer Dank gilt dabei meinen Eltern, die mir während der gesamten Zeit unerschütterliche Unterstützung und Vertrauen entgegengebracht haben. Ihr Glaube an mich und meine Fähigkeiten hat maßgeblich zur Vollendung dieser Arbeit beigetragen. Große Dankbarkeit empfinde ich ebenfalls gegenüber meinem Partner, der mir in jeder Phase dieser Arbeit mit Verständnis und liebevoll zur Seite stand. Dies hat mich vor allem durch die herausfordernden Momente getragen.

Gleichermaßen möchte ich mich bei meinem Doktorvater, Prof. Dr. Marcus Bieder, bedanken, der durch seine fachliche Expertise und hilfreichen Anmerkungen einen wertvollen Beitrag zum Gelingen dieser Arbeit geleistet hat. Ferner bedanke ich mich bei Prof. Dr. Christian Reiter für den stets bereichernden fachlichen Austausch sowie die zügige Erstellung des Zweitgutachtens.

Düsseldorf, den 29. Mai 2025
Kristin Buß

Einleitung und Gang der Untersuchung

Der Gemeinschaftsbetrieb mehrerer Unternehmen ist ein Phänomen der Praxis.[1] Mit dessen Anerkennung durch die höchstrichterliche Rechtsprechung[2] und den Gesetzgeber[3] haben sich neue Wege für unternehmerische Zusammenarbeit eröffnet und die Bildung eines Gemeinschaftsbetriebs verschiedener Trägerunternehmen hat als Gestaltungsform zunehmend an Popularität gewonnen. Dies ist primär auf die entstehenden Synergieeffekte und die Möglichkeit zur Kosteneinsparung zurückzuführen. Der Gemeinschaftsbetrieb eignet sich insbesondere für die Zusammenarbeit von Unternehmen bei gemeinsamen Projekten, bei Unternehmensaufspaltungen, sowie bei der Erfüllung bestimmter Arbeitsaufgaben für mehrere Unternehmen in einem Konzern.[4]

Der Gemeinschaftsbetrieb ist indes nicht nur als Chance, sondern auch als Risiko zu begreifen, welches sich aus der Vielzahl von – teilweise ungeklärten – Rechtsfragen ergibt, die mit der Existenz eines Gemeinschaftsbetriebs einhergehen. Derartige Unsicherheiten lassen sich darauf zurückführen, dass sich der Gemeinschaftsbetrieb im Spannungsfeld zwischen den arbeitsrechtlichen

---

1 *Däubler*, in: FS Zeuner, 19 (19).

2 Vgl. nur BAG, Urt. v. 13.06.1985 – 2 AZR 452/84, AP KSchG 1969 § 1 Nr. 10 m. Anm. Wiedemann.

3 § 322 UmwG v. 01.01.1995; § 1 Abs. 1 S. 2 BetrVG.

4 Richardi BetrVG/*Maschmann* BetrVG § 1 Rn. 60.

Grundbegriffen *Betrieb* und *Unternehmen* bewegt, über deren Inhalt im Detail ebenso wenig Klarheit herrscht.[5]

Diese Arbeit widmet sich der Klärung grundlegender Rechtsfragen, die den Gemeinschaftsbetrieb selbst und dessen Rechtsstellung sowohl im Betriebsverfassungsrecht als auch im Recht der Unternehmensmitbestimmung betreffen. Ferner soll auf den gemeinsamen Betrieb als Gestaltungsform eingegangen werden.

Eine gesetzliche Definition des Gemeinschaftsbetriebs fehlt. Durch die Rechtsprechung und Literatur wurden in der Vergangenheit verschiedene Voraussetzungen herausgearbeitet. Diese werden dargestellt und auf ihre Relevanz untersucht. Weiterhin soll in dieser Arbeit erläutert werden, ob die Errichtung eines unternehmensübergreifenden Gesamtbetriebsrats möglich ist und ob unternehmensfremde Betriebsratsmitglieder in den Gesamtbetriebsrat eines Trägerunternehmens entsandt werden dürfen.

Im Bereich der Unternehmensmitbestimmung wird auf das Vorgehen bei der Schwellenwertberechnung im Gemeinschaftsbetrieb eingegangen. Ebenso wird untersucht, ob und bei welchen Trägerunternehmen den im gemeinsamen Betrieb tätigen Arbeitnehmern Wahlrechte zustehen.

Zuletzt wird auf den Gemeinschaftsbetrieb als alternative Gestaltungform zu anderen Formen des Fremdpersonaleinsatzes eingegangen und es werden Grenzen der Gestaltung aufgezeigt. Hierbei wird unter anderem auf die Möglichkeit der Beteiligung einer Personalführungsgesellschaft am gemeinsamen Betrieb eingegangen und die Möglichkeit der *Rotation* von Arbeitnehmern gewürdigt.

---

5 *Hopfe*, Der gemeinsame Betrieb, 19.

Die Rechtsfigur Gemeinschaftsbetrieb

A. Betriebsbegriff und Voraussetzungen des Gemeinschaftsbetriebs

In einem ersten Schritt gilt es festzustellen, was einen Gemeinschaftsbetrieb[6] im Einzelnen ausmacht. Mangels klarer gesetzlicher Definition des Gemeinschaftsbetriebsbegriffs[7] hat sich ein breites Meinungsspektrum herausgebildet. In erster Linie sollen die Mindestvoraussetzungen für das Vorliegen eines Gemeinschaftsbetriebs dargestellt werden. Die Darstellung dieser Voraussetzungen und der besonderen Strukturen im gemeinsamen Betrieb dienen im weiteren Verlauf der Arbeit dazu, dessen Bedeutung im Betriebsverfassungsrecht und dem Recht der Unternehmensmitbestimmung aufzuzeigen, sowie diesen zu anderen Formen des Fremdpersonaleinsatzes abzugrenzen. Um sich der Rechtsfigur Gemeinschaftsbetrieb zu nähern, bedarf es zunächst der Darstellung des Betriebsbegriffs. Ausgehend von diesem sollen die Voraussetzungen des gemeinsamen Betriebs mehrerer Unternehmen herausgearbeitet werden.

I. Betriebsbegriff als Ausgangspunkt

Der Begriff des Betriebs ist der Ausgangspunkt für die vielfältigen arbeitsrechtlichen Fragen, die den Gemeinschaftsbetriebs erfassen. Schon begrifflich muss

---

6 Die Begriffe *Gemeinschaftsbetrieb* und *gemeinsamer Betrieb mehrerer Unternehmen* werden in dieser Arbeit synonym verwendet.

7 Das BAG spricht von einem „unbestimmten Rechtsbegriff" (BAG, Urt. v. 02.03.2017 – 2 AZR 427/16, NZA 2017, 859).

es sich bei einem Gemeinschafts*betrieb* um einen Betrieb handeln. Hierfür bedarf es zunächst der Definition des Betriebsbegriffs.[8] Der Betriebsbegriff ist zwingend, soweit nicht nach § 3 Abs. 1 Nr. 1 bis 3 BetrVG eine abweichende Vertretungsstruktur vereinbart werden darf.[9]

1. Fehlende Legaldefinition

Der Gesetzgeber hat auf eine Legaldefinition des Betriebs im BetrVG 1972 verzichtet. Auch der Gesetzesentwurf zum BetrVG 1972 enthielt keine näheren Bestimmungen zum Betriebsbegriff. Insofern ist davon auszugehen, dass eine Legaldefinition dem Gesetzgeber aufgrund der von der Wissenschaft ausgearbeiteten und allgemein anerkannten Voraussetzungen des Betriebs von vornherein entbehrlich erschien.[10] In den letzten Jahren wurden durch Rechtsprechung und Literatur Merkmale zur Begriffsbestimmung entwickelt.

2. Betriebsbegriff nach herrschender Lehre und Rechtsprechung

Ausgangspunkt für die Entwicklung des Betriebsbegriffs ist die Definition *Jacobis*[11] aus dem Jahr 1927. Nach diesem ist ein Betrieb die Vereinigung von persönlichen, sächlichen und immateriellen Mitteln zur fortgesetzten Verfolgung eines von einem oder mehreren Rechtssubjekten gemeinsam gesetzten technischen Zwecks.[12]

Im Laufe der Zeit erfuhr der Betriebsbegriff eine Änderung, da die Arbeitnehmer eines Betriebs nicht mit den übrigen Betriebsmitteln gleichgestellt werden können.[13] *Hueck/Nipperdey*[14] definieren den Begriff des Betriebs nunmehr als organisatorische Einheit, innerhalb derer ein Unternehmer allein oder in Gemeinschaft mit seinen Mitarbeitern mithilfe von sächlichen oder immateriellen Mitteln bestimmte arbeitstechnische Zwecke fortgesetzt

---

8 Gemeint ist der betriebsverfassungsrechtliche Betriebsbegriff. Sofern in anderen Bereichen von diesem abzuweichen ist, wird darauf an entsprechender Stelle hingewiesen.

9 ErfK/*Koch* BetrVG § 1 Rn. 8 m.w.N.; zur Vereinbarung abweichender Vertretungsstrukturen siehe unter Kapitel 3 C.II.

10 *Bonanni*, Der gemeinsame Betrieb, 19.

11 *Jacobi*, in: FS Ehrenberg (1927), 1 ff.

12 *Jacobi*, in: FS Ehrenberg (1927), 1 (9).

13 *Bonanni*, Der gemeinsame Betrieb, 20.

14 *Hueck/Nipperdey*, Arbeitsrecht I, § 16 II, 93.

verfolgt. Der Zweck des BetrVG, die Ermöglichung einer effektiven Vertretung der Arbeitnehmerinteressen gegenüber dem Arbeitgeber,[15] hat dann den einheitlichen Leitungsapparat in den wesentlichen mitbestimmungs und mitwirkungspflichtigen Angelegenheiten des BetrVG als maßgebliches Merkmal der organisatorischen Einheit in den Vordergrund treten lassen.[16] Diese Auffassung gewinnt dadurch normativen Rückhalt, dass der Betrieb im BetrVG als Beteiligungsebene geschaffen worden ist und nach der Kompetenzabgrenzung gemäß § 50 BetrVG der für den Betrieb zuständige Betriebsrat das Primat bei der betriebsverfassungsrechtlichen Beteiligung haben soll.[17] Dieses Primat ist aber nur dann gesichert, wenn die betriebskonstituierende Leitungsstelle über die entsprechenden Entscheidungskompetenzen verfügt.[18] Der Betrieb im Sinne des Betriebsverfassungsrechts entspricht insofern dem Spiegelbild der möglichst umfassenden Mitwirkungskompetenzen des Betriebsrats.[19]

Diesem Begriffsverständnis folgt das BAG in ständiger Rechtsprechung. Hiernach stellt ein Betrieb im Sinne des BetrVG eine organisatorische Einheit dar, innerhalb derer der Arbeitgeber allein oder in Gemeinschaft mit seinen Mitarbeitern mithilfe von sächlichen und immateriellen Mitteln bestimmte arbeitstechnische Zwecke fortgesetzt verfolgt.[20] Dazu müssen die in der Betriebsstätte vorhandenen materiellen und immateriellen Betriebsmittel zusammengefasst, geordnet und gezielt eingesetzt und die menschliche Arbeitskraft von einem einheitlichen Leitungsapparat gesteuert werden.[21]

---

15 Vgl. ErfK/*Koch* BetrVG § 1 Rn. 1.

16 *Bonanni*, Der gemeinsame Betrieb, 20 f.

17 *Bonanni*, Der gemeinsame Betrieb, 21.

18 *Bonanni*, Der gemeinsame Betrieb, 21.

19 *Bonanni*, Der gemeinsame Betrieb, 21 m.w.N.

20 Vgl. nur BAG, Beschl. v. 03.12.1954 – 1 ABR 7/54, AP BetrVG § 88 Nr. 1 m. Anm. Küchenhoff = NJW 1955, 277 (277); BAG, Beschl. v. 07.08.1986 – 6 ABR 57/85, AP Nr. 5 zu § 1 BetrVG m. Anm. Wiedemann = NZA 1987, 131 (132); BAG, Beschl. v. 14.09.1988 – 7 ABR 10/87, AP BetrVG 1972 § 1 Nr. 9 m. Anm. Reuter = NZA 1989, 190 (190); BAG, Beschl. v. 29.05.1991 – 7 ABR 54/90, AP BetrVG 1972 § 4 Nr. 5 = NZA 1992, 74 (75); BAG, Beschl. v. 19.02.2002 – 1 ABR 26/01, AP BetrVG 1972 § 4 Nr. 13 = NZA 2002, 1200 (1301); BAG, Beschl. v. 07.05.2008 – 7 ABR 15/07, AP BetrVG § 1 Nr. 19 (Rn. 19); BAG, Beschl. v. 17.05.2017 – 7 ABR 21/15, AP BetrVG 1972 § 4 Nr. 21 (Rn. 17).

21 BAG, Beschl. v. 07.05.2008 – 7 ABR 15/07, AP BetrVG § 1 Nr. 19 (Rn. 19); BAG, Beschl. v. 17.05.2017 – 7 ABR 21/15, AP BetrVG 1972 § 4 Nr. 21 (Rn. 17).

Hierbei kommt es in erster Linie auf die Einheit der Organisation und weniger auf die Einheit der arbeitstechnischen Zweckbestimmung an.[22]

Im Folgenden sollen verschiedene Kriterien auf ihre Relevanz untersucht werden, die von Literatur und Rechtsprechung zur Bestimmung des Vorliegens einer organisatorischen Einheit herangezogen werden.

a. Einheitlicher arbeitstechnischer Zweck und einheitliche technische Leitung

Das Bestehen eines einheitlichen arbeitstechnischen Zwecks entfaltet lediglich Indizwirkung, da es grundsätzlich nicht gegen die Annahme eines Betriebs spricht, wenn in diesem verschiedene arbeitstechnische Zwecke verfolgt werden.[23] Es ist nicht erforderlich, dass sich die arbeitstechnischen Zwecke berühren.[24]

Das Vorhandensein einer einheitlichen technischen Leitung ist nicht erforderlich, wenn mehrere arbeitstechnische Zwecke in einem Betrieb verfolgt werden. Ferner wird die einheitliche fachspezifische technische Leitung aufgrund der zunehmenden fachlichen Spezialisierung oftmals nicht mehr möglich sein.[25] Werden in einer organisatorischen Einheit mehrere arbeitstechnische Zwecke verfolgt, ist mithin nicht immer eine einheitliche technische Leitung gegeben, sodass diese als zwingendes Kriterium des Betriebsbegriffs ausscheidet.[26]

---

22 BAG, Beschl. v. 01.02.1963 – 1 ABR 1/62, AP BetrVG § 3 Nr. 5 = NJW 1963, 1325 (1327); BAG, Urt. v. 23.03.1984 – 7 AZR 515/82, AP KSchG 1969 § 23 Nr. 4 = NZA 1984, 88 (88); BAG, Beschl. v. 07.08.1986 – 6 ABR 57/85, AP BetrVG 1972 § 1 Nr. 5 m. Anm. Wiedemann = NZA 1987, 131 (133).

23 BAG, Beschl. v. 01.02.1963 – 1 ABR 1/62, AP BetrVG § 3 Nr. 5 = NJW 1963, 1325 (1328); BAG, Beschl. v. 23.09.1982 – 6 ABR 42/81, AP BetrVG 1972 § 4 Nr. 3 unter III 2 der Gründe; BAG, Urt. v. 23.03.1984 – 7 AZR 515/82, AP KSchG 1969 § 23 Nr. 4 = NZA 1984, 88 (89); BAG, Beschl. v. 14.09.1988 – 7 ABR 10/87, AP BetrVG 1972 § 1 Nr. 9 m. Anm. Reuter unter B 2 der Gründe.

24 Richardi BetrVG Richardi/*Maschmann* BetrVG § 1 Rn. 24 m.w.N.

25 *Fitting* BetrVG § 1 Rn. 103.

26 ErfK/*Koch* BetrVG § 1 Rn. 10; a.A. *Bonanni*, Der gemeinsame Betrieb, 22, die jedoch dieses Kriterium als durch die einheitliche Leitungsstruktur überlagert oder bereits ausgefüllt ansieht.

b. Einheitlicher Leitungsapparat

Sowohl in der Rechtsprechung als auch in der Literatur wird nunmehr hauptsächlich auf das Kriterium des einheitlichen Leitungsapparats abgestellt.[27] Entscheidungen über mitbestimmungspflichtige Angelegenheiten müssen von einer zentralen Stelle aus getroffen werden.[28] Es kommt vor allem auf die Selbstständigkeit der Entscheidung in personellen und sozialen Angelegenheiten und weniger auf wirtschaftliche Angelegenheiten an.[29] Hergeleitet wird dies aus dem Zweck des BetrVG, welcher in der Sicherung der Beteiligungsrechte des Betriebsrats besteht.[30] Der Betriebsrat soll dort eingerichtet werden, wo die Entscheidungen des Arbeitgebers fallen.[31] Fehlt es an einem einheitlichen Leitungsapparat, kann die Arbeitsstätte lediglich Teil eines Betriebs, nicht aber selbst ein Betrieb sein.[32]

c. Räumlicher Zusammenhang

Die räumliche Verbundenheit kann insofern eine Rolle spielen, als dass es Zweck des Betriebsbegriffs ist, diejenigen Arbeitnehmer einzugrenzen, die gemeinsam einen Betriebsrat wählen können.[33] Das ergibt dort Sinn, wo die

---

27 Vgl. nur BAG, Beschl. v. 23.09.1982 – 6 ABR 42/81, AP BetrVG 1972 § 4 Nr. 3 unter III 2 der Gründe; BAG, Beschl. v. 17.02.1983 – 6 ABR 64/81, AP BetrVG 1972 § 4 Nr. 4 unter II 2 a der Gründe; BAG, Beschl. v. 17.01.2007 – 7 ABR 63/05, AP BetrVG 1972 § 4 Nr. 18 (Rn. 15); BAG, Beschl. v. 07.05.2008 – 7 ABR 15/07, AP BetrVG § 1 Nr. 19 (Rn. 19); BAG, Beschl. v. 09.12.2009 – 7 ABR 38/08, AP BetrVG 1972 § 4 Nr. 19 (Rn. 22); BAG, Beschl. v. 18.01.2012 – 7 ABR 72/10, AP BetrVG § 1 Gemeinsamer Betrieb Nr. 33 (Rn. 25); BAG, Beschl. v. 23.11.2016 – 7 ABR 3/15, AP BetrVG 1972 § 19 Nr. 65 (Rn. 31); BAG, Beschl. v. 17.05.2017 – 7 ABR 21/15, AP BetrVG 1972 § 4 Nr. 21 (Rn. 17); BAG, Beschl. v. 28.04.2021 – 7 ABR 10/20, AP BetrVG 1972 §19 Nr. 75 (Rn. 26); GK-BetrVG/*Franzen* § 1 Rn. 43; *Wiese*, in: FS Gaul, 553 (564 ff.); *Henssler*, NZA 1994, 294 (295); *Kania*, DB 1995, 625 (629); ErfK/*Koch* BetrVG § 1 Rn. 10; *Konzen*, Unternehmensaufspaltungen, 76 ff.; *Kreutz*, in: FS Richardi, 637 (644); *Peter*, DB 1990, 424 (425 f.)

28 *Bonanni*, Der gemeinsame Betrieb, 22; ErfK/*Koch* BetrVG § 1 Rn. 10 m.w.N.

29 ErfK/*Koch* BetrVG § 1 Rn. 11.

30 *Bonanni*, Der gemeinsame Betrieb, 22.

31 *Bonanni*, Der gemeinsame Betrieb, 23; Fitting BetrVG § 1 Rn. 102.

32 Richardi BetrVG/*Maschmann* BetrVG § 1 Rn. 27.

33 *Bonanni*, Der gemeinsame Betrieb, 23.

Arbeitnehmer schon aufgrund ihrer räumlichen Zusammengehörigkeit eine Gemeinschaft bilden.[34] Eine räumliche Einheit ist jedoch keine zwingende Voraussetzung für einen Betrieb.[35] Dies zeigt sich an § 4 BetrVG.[36] Betriebsteile gelten dann als selbstständige Betriebe, wenn sie die Voraussetzungen des § 1 BetrVG erfüllen und räumlich weit genug entfernt vom Hauptbetrieb liegen. Handelte es sich bei räumlich entfernten Betriebsteilen stets um selbstständige Betriebe, wäre diese Regelung überflüssig.[37] Insgesamt kann dem Kriterium der räumlichen Nähe daher nur Indizwirkung beigemessen werden.[38]

d. Einheitliche Betriebsgemeinschaft

Das Vorhandensein einer einheitlichen Belegschaft wird durch das BAG nur als Indiz für das Vorliegen eines Betriebs gewertet.[39] Auch im Schrifttum herrscht weitestgehend Einigkeit darüber, dass eine einheitliche Betriebsgemeinschaft kein ausschlaggebendes Kriterium darstellen kann.[40] Das Entstehen eines Zusammengehörigkeitsgefühls ist lediglich Folge dessen, dass die Belegschaft unter einer einheitlichen Leitung in mitbestimmungspflichtigen Angelegenheiten steht.[41]

e. Einheitlicher Inhaber

Inhaber des Betriebs kann eine natürliche oder juristische Person, sowie eine Personengesamtheit sein.[42] Auch die Einheitlichkeit des Betriebsinhabers

---

34 *Haag*, Umstrukturierung und Betriebsverfassung, 8.

35 Richardi BetrVG/*Maschmann* BetrVG § 1 Rn. 32.

36 Richardi BetrVG/*Maschmann* BetrVG § 1 Rn. 33 m.w.N.

37 *Bonanni*, Der gemeinsame Betrieb, 23.

38 So auch BAG, Beschl. v. 23.09.1982 – 6 ABR 42/81, AP BetrVG 1972 § 4 Nr. 3 unter III 2 b der Gründe; BeckOK-ArbR/*Besgen* BetrVG § 1 Rn. 21; *Fromen*, in: FS Gaul, 171 f.; ErfK/*Koch* BetrVG § 1 Rn. 11; MHdB-ArbR/*Temming* § 24 Rn. 8.

39 BAG, Beschl. v. 23.09.1982 – 6 ABR 42/81, AP BetrVG 1972 § 4 Nr. 3 unter III 2 e der Gründe.

40 Vgl. nur ErfK/*Koch* BetrVG § 1, Rn. 11; GK-BetrVG/*Franzen* § 1 Rn. 41.; Fitting BetrVG § 1 Rn. 106 m.w.N.; *Peter*, DB 1990, 424 (425 f.); a.A. *Haag*, Umstrukturierungen und Betriebsverfassung, 13 ff.

41 *Bonanni*, Der gemeinsame Betrieb, 24.

42 GK-BetrVG/*Franzen* § 1 Rn. 92 ff.; HWGNRH/*Rose* § 1 Rn. 15.

kann ein Wesensmerkmal des Betriebs darstellen,[43] entfaltet jedoch allenfalls Indizwirkung. Dies zeigt sich auch an der Möglichkeit, einen Gemeinschaftsbetrieb unter Beteiligung mehrerer Unternehmen mit verschiedenen Inhabern zu errichten.[44]

f. Dauerhaftigkeit

Zwar muss die Organisation auf eine gewisse Dauer angelegt sein, dies bedeutet hingegen nicht, dass diese auf längere oder unbestimmte Zeit angelegt sein muss.[45] Auch Saison oder Kampagnenbetriebe können Betriebe im Sinne von § 1 BetrVG sein.[46]

g. Zusammenfassung

Für die Annahme eines Betriebs kommt es vor allem auf die Einheitlichkeit des Leitungsapparats in mitbestimmungspflichtigen Angelegenheiten an. Die übrigen aufgeführten Kriterien rücken dagegen in den Hintergrund und entfalten primär Indizwirkung. Zwar gibt es in der Literatur Vertreter eines „neuen" Betriebsbegriffs,[47] jedoch hat die Rechtsprechung – soweit ersichtlich – bisher keine Notwendigkeit gesehen, von dem herrschenden Betriebsbegriff abzuweichen. Auf die verschiedenen Vorschläge zur Entwicklung eines neues Betriebsbegriffs soll hier nicht weiter eingegangen werden.

---

43 *Bonanni*, Der gemeinsame Betrieb, 24; GK-BetrVG/*Franzen* § 1 Rn. 37.

44 Dies lässt sich der Rspr. des BAG zum Bestehen eines gemeinsamen Betriebs entnehmen, vgl. nur BAG, Beschl. v. 02.06.2007 – 7 ABR 57/04, AP BetrVG 1972 § 1 Gemeinsamer Betrieb Nr. 23.

45 *Bonanni*, Der gemeinsame Betrieb, 25.

46 GK-BetrVG/*Franzen* BetrVG § 1 Rn. 42; *Fitting* BetrVG § 1 Rn. 107; Richardi BetrVG/*Maschmann* BetrVG § 1 Rn. 41.

47 So etwa *Däubler*, in: FS Dieterich, 63 (67), der sich an dem räumlichen Zusammensein und einer problemnahen Interessenvertretung der Arbeitnehmer orientiert; *Fromen*, in: FS Gaul, 151 (173 ff.), versteht den Betrieb als Typus und will dessen Vorliegen anhand einer wertenden Zuordnung ermittelt; *Gamillscheg*, AuR 1989, 33 (34), sieht die räumliche Nähe als wichtigstes Kriterium; *Joost*, Betrieb und Unternehmen, 232 ff., stellt entscheidend auf die räumliche Verbundenheit ab; *Konzen*, Unternehmensaufspaltungen, 69 ff., zieht die betrieblichen Leitungsfunktionen zur Abgrenzung heran.

3. Auswirkungen auf den Gemeinschaftsbetrieb

Bisher hat die Rechtsprechung nicht erkennen lassen, dass sie von dem herrschenden Betriebsbegriff abzuweichen gedenkt. Auch die Literatur orientiert sich nunmehr an den durch die Rechtsprechung geschaffenen Kriterien. Dieser Betriebsbegriff wird daher der weitergehenden Untersuchung zugrunde gelegt. Die vorgenannten Kriterien des Betriebsbegriffs[48] sind ebenso als Grundlage zur Bestimmung der Voraussetzungen des Gemeinschaftsbetriebs heranzuziehen. Somit wird das Vorhandensein eines einheitlichen Leitungsapparats vorrangiger Anknüpfungspunkt bei der Beurteilung des Bestehens eines Gemeinschaftsbetriebs sein.

II. Der gemeinsame Betrieb mehrerer Unternehmen

Nachdem die Voraussetzungen des Betriebs dargestellt wurden, sind nunmehr die Voraussetzungen des gemeinsamen Betriebs herauszuarbeiten.

1. Voraussetzungen des Gemeinschaftsbetriebs

Es fehlt an einer gesetzlichen Definition des Gemeinschaftsbetriebs. § 1 Abs. 2 BetrVG stellt lediglich einen Vermutungstatbestand dar. Schon vor der Berücksichtigung des Gemeinschaftsbetriebs in § 1 BetrVG wurden durch die Rechtsprechung Kriterien für die Annahme eines Gemeinschaftsbetriebs herausgearbeitet. An diesen Grundsätzen wird auch nach Inkrafttreten des BetrVerfReformgesetzes vom 23.07.2001 und der begrifflichen Einführung des Gemeinschaftsbetriebs in das BetrVG durch die Rechtsprechung festgehalten.[49]

Die Rechtsprechung nimmt einen gemeinsamen Betrieb an, wenn mindestens zwei Unternehmen die in einer Betriebsstätte vorhandenen materiellen und immateriellen Mittel für einen oder mehrere einheitliche arbeitstechnische Zwecke zusammenfassen, ordnen, gezielt einsetzen und der Einsatz der menschlichen Arbeitskraft von einem einheitlichen Leitungsapparat gesteuert

---

48 Siehe hierzu unter Kapitel 2 A.I.2.

49 Vgl. nur BAG, Beschl. v. 18.01.2012 – 7 ABR 72/10, AP BetrVG 1972 § 1 Gemeinsamer Betrieb Nr. 33 (Rn. 25); BAG, Beschl. v. 13.02.2013 – 7 ABR 36/11, AP BetrVG 1972 § 1 Gemeinsamer Betrieb Nr. 34 (Rn. 28); BAG, Beschl. v. 23.11.2016 – 7 ABR 3/15, AP BetrVG § 19 Nr. 65 (Rn. 33).

wird. Dazu müssen sich die Unternehmen zumindest stillschweigend zu einer gemeinsamen Führung rechtlich verbunden haben.[50]

Diese Formulierung ist jedoch wenig aussagekräftig, da sie im Kern lediglich besagt, dass „der Gemeinschaftsbetrieb eine Arbeitsorganisation mehrere Unternehmen ist“[51]. Insofern bedarf es einer weiteren Präzisierung der Voraussetzungen des Gemeinschaftsbetriebs.

a. Einheitlicher Leitungsapparat

aa. Gesamtschau von Indizien

Der Annahme folgend, dass die betriebsverfassungsrechtliche Mitbestimmung dort ansetzen soll, wo die betriebsverfassungsrechtliche Leitungsmacht angesiedelt ist,[52] sieht die Rechtsprechung das entscheidende Merkmal für die Organisationseinheit in einer übergreifenden einheitlichen Leitungsstruktur in wesentlichen personellen und sozialen Angelegenheiten.

Die Rechtsprechung erachtet in erster Linie die *institutionell* einheitliche Wahrnehmung der Funktionen eines Arbeitgebers für die beteiligten Unternehmen als maßgeblich.[53] Allein der auf eine institutionell einheitliche Leitung gerichtete Abschluss einer etwaigen Führungsvereinbarung genügt nicht, wenn die Funktionen des Arbeitgebers in den der Mitbestimmung unterliegenden sozialen und personellen Angelegenheiten nicht auch tatsächlich institutionell einheitlich für die beteiligten Trägerunternehmen wahrgenommen werden.[54]

---

50 Vgl. nur BAG, Urt. v. 10.4.2014 – 2 AZR 647/13, AP BGB § 622 Nr. 69 (Rn. 30); BAG, Urt. v. 27.06.2019 – 2 AZR 38/19, AP KschG 1969 § 15 Nr. 78 m Anm. *Deinert* (Rn. 14); BAG, Urt. v. 20.05.2021 – 2 AZR 560/20, AP KSchG 1969 § 23 Nr. 54 m. Anm. Fischels, Reitz (Rn. 13); BAG, Urt. v. 24.05.2022 – 9 AZR 337/21, AP AÜG § 1 Nr. 44 (Rn. 50).

51 So *Jochums*, Gemeinschaftsbetrieb, 18.

52 *Jochums*, Gemeinschaftsbetrieb, 18.

53 BAG, Beschl. v. 21.02.2001 – 7 ABR 9/00, NJOZ 2002, 154 (155); BAG, Beschl. v. 11.2.2004 – 7 ABR 27/03, AP BetrVG 1972 § 1 Gemeinsamer Betrieb Nr. 22 = NZA 2004, 618 (619); BAG, Beschl. v. 25.5.2005 – 7 ABR 38/04, AP BetrVG 1972 § 1 Nr. 2 = NJOZ 2005, 3725 (3731); BAG, Beschl. v. 13.8.2008 – 7 ABR 21/07, NZA-RR 2009, 255, (259); BAG, Beschl. v. 14.8.2013 – 7 ABR 46/11, AP DrittelbG § 5 (Rn. 27).

54 BAG, Beschl. v. 20.02.2018 – 1 ABR 53/16, AP BetrVG 1972 § 87 Lohngestaltung Nr. 115 (Rn. 11).

Da die Ermittlung eines einheitlichen Leitungsapparats mitunter Schwierigkeiten bereiten kann, behilft sich die Rechtsprechung mit der Heranziehung von Indizien, die sie in einer wertenden Gesamtschau abwägt.[55]

Ein einheitlicher Leitungsapparat wird angenommen, wenn der Kern der Arbeitgeberfunktionen im sozialen und personellen Bereich (vgl. §§ 87 ff.; §§ 92 ff. BetrVG) von derselben institutionellen Leitung ausgeübt wird.[56] Dies betrifft die Leitungsfunktion in allen mitbestimmungsrelevanten personellen und sozialen Fragen.[57] Abzugrenzen ist diese von der wirtschaftlichen oder technischen Leitung.[58] Wie bereits bei der Bestimmung des Betriebsbegriffs ist die einheitliche technische Leitung nicht ausschlaggebend.[59] Auf die gemeinsame Entscheidungsfindung in wirtschaftlichen Angelegenheiten kommt es ebenso nicht an.[60]

Indizien für das Bestehen einer institutionell einheitlichen Leitung können unter anderem die personelle und organisatorische Verknüpfung der Arbeitsabläufe,[61] sowie der arbeitgeberübergreifende Personaleinsatz[62] darstellen. Daneben kann bereits die Führung von Personalakten in derselben Verwaltungsstelle und die Erstellung von Arbeitsverträgen und sonstigen personenbezogenen Schriftstücken durch dasselbe Sekretariat ausreichen, da diese Aufgaben üblicherweise vom Arbeitgeber wahrgenommen und nicht als Serviceleistung an Dritte vergeben werden.[63] Das Vorhandensein einer

---

55 *Greiwe*, Unternehmensmitbestimmung und Gemeinschaftsbetrieb, 91 m.w.N.

56 Vgl. nur BAG, Beschl. v. 21.02.2001 – 7 ABR 9/00, NJOZ 2002, 154 (155); BAG, Beschl. v. 22.06.2005 – 7 ABR 57/04, AP BetrVG 1972 § 1 Gemeinsamer Betrieb Nr. 23 = NZA 2005, 1248 (1249); BAG, Urt. v. 09.06.2011 – 6 AZR 132/10, AP Nr. 164 zu § 102 BetrVG 1972 (Rn. 16); BAG, Urt. v. 24. 5. 2012 – 2 AZR 62/11, AP KSchG 1969 § 1 Betriebsbedingte Kündigung Nr. 194 (Rn. 20); BAG, Urt. v. 24.10.2013 – 2 AZR 1057/12, AP KSchG 1969 § 1 Wartezeit Nr. 27 (Rn. 51); BAG, Beschl. v. 17.05.2017 – 7 ABR 21/15, AP BetrVG 1972 § 4 Nr. 21 (Rn. 17 f.).

57 *Schipp*, ArbRB 2019, 212 (213).

58 *Schipp*, ArbRB 2019, 212 (213).

59 Siehe hierzu unter Kapitel 2 A.I.2.a.

60 Vgl. *Greiwe*, Unternehmensmitbestimmung und Gemeinschaftsbetrieb, 91 m.w.N.

61 *Schönhöft/Oelze*, BB 2016, 565 (567).

62 BAG, Beschl. v. 13.02.2013 – 7 ABR 36/11, AP BetrVG 1972 § 1 Gemeinsamer Betrieb Nr. 34 (Rn. 28).

63 BAG, Beschl. v. 11.02.2004 – 7 ABR 27/03, AP BetrVG 1972 § 1 Gemeinsamer Betrieb Nr. 22 m. Anm. Joost = NZA 2004, 618 (619); LAG Hamm, Beschl. v. 13.04.2012 – 10 TaBV 55/11, BeckRS 20212, 71541.

gemeinsamen Personalabteilung stellt ein Indiz dar, wenn diese eigenständig Entscheidungen in mitbestimmungsrechtlich relevanten Angelegenheiten trifft und nicht im Wesentlichen auf Beratungs und Unterstützungsleistungen beschränkt ist.[64] Indizien für eine einheitliche Leitung können daneben eine gemeinsame Druckerei, eine gemeinsame Lohnbuchhaltung, ein gemeinsames Sekretariat oder eine gemeinsame betriebliche Altersversorgung sein.[65]

Die Voraussetzung der einheitlichen Leitung ist nicht schon dann erfüllt, wenn die Unternehmen unternehmerisch, etwa auf der Grundlage von Organ oder Beherrschungsverträgen, zusammenarbeiten.[66] Konzernrechtliche Weisungsmacht erzeugt – selbst, wenn diese bis auf die Betriebsebene durchschlägt – für sich genommen keinen betriebsbezogenen gemeinsamen Leitungsapparat.[67]

Ebenso wenig genügt die bloße Geschäftsführeridentität der beteiligten Unternehmen für die Annahme, dass die Führungsfunktionen institutionell einheitlich wahrgenommen werden. Auch diese stellt lediglich ein Indiz dar.[68] Es ist denkbar, dass dieselbe Person verschiedene Unternehmen getrennt voneinander leitet. Ferner reicht es nicht aus, wenn ein Unternehmen für ein anderes Unternehmen Dienstleistungen erbringt, die auch von einem Dritten hätten erbracht werden können, wenn diese Aufgaben nicht typischerweise durch den Arbeitgeber vorgenommen werden.[69]

---

64 BAG, Beschl. v. 13.08.2008 – 7 ABR 21/07, NZA-RR, 2009 (Rn. 37).

65 BAG, Beschl. v. 24.01.1996 – 7 ABR 10/95, AP BetrVG 1972 § 1 Gemeinsamer Betrieb Nr. 9 m. Anm. Däubler = NZA 1996, 1110 (1112); BAG, Beschl. v. 11.02.2004 – 7 ABR 27/03, AP BetrVG 1972 § 1 Gemeinsamer Betrieb Nr. 22 m. Anm. Joost = NZA 2004, 618 (619); BAG, Beschl. v. 13.02.2013 – 7 ABR 36/11, AP BetrVG 1972 § 1 Gemeinsamer Betrieb Nr. 34 (Rn. 35); *Fitting* BetrVG § 1 Rn. 127 m.w.N.; ErfK/*Koch* BetrVG § 1 Rn. 15 m.w.N.

66 BAG, Urt. v. 5. 11. 2009 – 2 AZR 383/08, EzA KSchG § 23 Nr. 36 (Rn. 14).

67 BAG, Urt. v. 29.04.1999 – 2 AZR 352/98, AP Nr. 21 zu § 23 KSchG 1969 § 23 Nr. 21 unter III 4 b der Gründe.

68 BAG, Beschl. v. 11.02.2004 – 7 ABR 27/03, AP BetrVG 1972 § 1 Gemeinsamer Betrieb Nr. 22 m. Anm. Joost = NZA 2004, 618 (619); BAG, Beschl. v. 13.08.2008 – 7 ABR 21/07, NZA-RR 2009, 255 (Rn. 36); BAG, Urt. v. 20.05.2021 – 2 AZR 560/20, AP KSchG 1969 § 23 Rn. 54 m. Anm. Fischels, Reitz (Rn. 19).

69 Zum Beispiel die Lohnbuchhaltung, vgl. BAG, Beschl. v. 11.02.2004 – 7 ABR 27/03, AP BetrVG 1972 § 1 Gemeinsamer Betrieb Nr. 22 m. Anm. Joost = NZA 2004, 618 (619).

Das Vorhandensein eines einheitlichen Leitungsapparats ergibt sich somit stets anhand einer Abwägung der Indizien in ihrer Gesamtschau. Im Regelfall wird hier nicht bereits das Vorliegen eines einzelnen Indizes für die Annahme eines gemeinsamen Betriebs ausreichen. Auf der anderen Seite kann eine bestimmte Mindestanzahl an Indizien nicht verlangt werden. Es verbleibt bei einer Einzelfallentscheidung.

bb. Kritik am Merkmal des einheitlichen Leitungsapparats

Däubler[70] hält es für „wenig geklärt", wie der Kern der Arbeitgeberbefugnisse zu bestimmen sei. Die institutionell einheitliche Leitung von Arbeitgeberfunktionen sei inhaltlich zu unbestimmt. Ausklammern will er von vornherein solche Sachverhalte, die sich nicht „vergemeinschaften" lassen. Beispielhaft führt er den Fall an, dass eine betriebliche Altersversorgung nur in einem Trägerunternehmen vorgesehen ist. Der Gemeinschaftsbetrieb solle nicht daran scheitern, wenn diese nicht über den zentralen Leitungsapparat gesteuert wird. Auch wenn es um arbeitsvertragliche Fragen – wie die Kündigung eines Arbeitnehmers – gehe, liege dies allein im Verantwortungsbereich des Vertragsarbeitgebers. *Däubler* sieht den Schwerpunkt der Kompetenzen in der Versetzung und den sozialen Angelegenheiten nach § 87 BetrVG. Wie viele Ziffern davon mindestens erfüllt sein müssten, bleibe jedoch ungeklärt. Hier werde die Rechtsprechung eher eine qualitative statt einer quantitativen Bewertung vornehmen müssen. Auch bei der Frage der „Ausübung" der Arbeitgeberfunktionen sei unklar, ob die Leitung eigene Spielräume besitzen oder nur nach außen hin als vollziehende Stelle auftreten müsse. Zur Vermeidung von Rechtsunsicherheiten will *Däubler* das Auftreten der Leitung als selbstständige Größe nach außen hin genügen lassen.

Indes spielt es für *Jochums*[71] keine Rolle, ob die gemeinsame Leitung durch eine zentrale Stelle wahrgenommen wird. Richte man seine Betrachtung an den Zwecken der betriebsverfassungsrechtlichen Mitbestimmung aus, werde erkennbar, dass die Grenzen der einheitlichen Leitung enger abzustecken

---

70 *Däubler*, Anm. zu BAG, Beschl. v. 24.01.1996 – 7 ABR 10/95, AP BetrVG 1972 § 1 Gemeinsamer Betrieb Nr. 8.

71 *Jochums*, Gemeinschaftsbetrieb, 20 ff.

seien. Es gehe bei der betriebsverfassungsrechtlichen Mitbestimmung im Kern um Teilhabe der Arbeitnehmer an den Arbeitgeberentscheidungen zu ihrem eigenen Schutz.[72] Dieser Teilhabegedanke könne erst wirksam umgesetzt werden, wenn der Repräsentationsbereich auf der Ebene gebildet werde, auf der der Arbeitgeber in den beteiligungspflichtigen Angelegenheiten entscheidet.[73] Neben der Teilhabe sollen die in einer arbeitsteiligen Organisation entstehenden Verteilungskonflikte zwischen den Arbeitnehmern in Ausgleich gebracht werden.[74] Nur dann, wenn die Leitungsstelle durchgehend organisatorisch getrennt für die dem jeweiligen Arbeitgeber zuzuordnenden Belegschaft entscheide, entstehe kein arbeitnehmergruppenübergreifender Verteilungskonflikt. In diesem Fall bestehe aber auch kein Grund, einen arbeitgeberübergreifenden Betriebsrat zu bilden.[75] Ein übergreifender Verteilungskonflikt entstehe erst dann, wenn die dem jeweiligen Arbeitgeber zuzuordnenden Gruppen von Arbeitnehmern bei der Ausübung von Leitungsmacht unabhängig von ihrer arbeitsvertragsrechtlichen Zugehörigkeit als tatsächliche Einheit behandelt würden.[76] Voraussetzung dafür sei, dass die beteiligten Arbeitgeber im Vorfeld der Entscheidung einen einheitlichen Willen bilden.[77]

Einheitlichkeit der Leitung bedeutet nach *Jochums*, dass eine Harmonisierung der Organisation stattfindet, und nicht bloß die Leitungsbefugnisse zentralisiert werden.[78] Da die Harmonisierung im Vordergrund stehe, könne es

---

72 Zum Teilhabegedanken: GK-BetrVG/*Wiese* Einl. Rn. 78 ff.; auch *Rieble/Klebeck*, in: FS Richardi, 693 (694); *Veit*, Die funktionelle Zuständigkeit des Betriebsrats, 306 ff.; *Wiese*, ZfA 2000, 117 (121 f.); *Jahnke*, Tarifautonomie und Mitbestimmung, 130; zum Schutzprinzip in der Betriebsverfassung etwa *Kreutz*, Grenzen der Betriebsautonomie, 156 ff.

73 *Jochums*, Gemeinschaftsbetrieb, 21.

74 Zur Ausgleichsfunktion insbes. *H. Hanau*, Individualautonomie, 77 (105 ff.); *Franzen*, NZA-Beil. 2006, 107 (110); *Reichold*, Betriebsverfassung als Sozialprivatrecht, 511 ff.; *Rieble*, Zukunft der Unternehmensmitbestimmung, 2004, Rn. 36 f.; *Wiese*, ZfA 2000, 117 (122 ff.).

75 *Jochums*, Gemeinschaftsbetrieb, 21.

76 *Jochums*, Gemeinschaftsbetrieb, 22.

77 So auch *Wanhöfer*, Gemeinschaftsbetrieb und Unternehmensmitbestimmung, 30; GK-BetrVG/*Franzen* § 1 Rn. 49

78 *Jochums*, Gemeinschaftsbetrieb, 22, führt als Beispiel an, dass in den Betrieben zweier Konzernunternehmen jeweils das gleiche mit dem jeweiligen Betriebsrat verhandelte

keine Rolle spielen, ob die gemeinsame Leitung durch eine zentrale Stelle verkörpert wird. Damit seien auch die von der Rechtsprechung herangezogenen Indizien für eine institutionell einheitliche Leitung lediglich von geringerer Bedeutung. Wesentliches Indiz für einen betriebsverfassungsrechtlichen Gemeinschaftsbetrieb sei vielmehr, ob Verteilungskonflikte zwischen den Arbeitnehmern arbeitgeberübergreifend gelöst würden.[79]

Auch nach *Rieble/Gistel*[80] reicht eine „bloße Einheitlichkeit der Leitung im Sinne einer parallelen faktischen Gleichschaltung der Vertragsarbeitgeber" nicht aus. Erforderlich sei eine gemeinsame Leitung, der sich jeder Arbeitgeber unterworfen haben muss.

cc. Konkretisierung des Umfangs der gemeinsamen Leitung

Das BAG geht davon aus, dass sich die Einheitlichkeit der Leitung durch eine *institutionell* einheitliche Leitung auszeichnet, die sich auf die wesentlichen Funktionen des Arbeitgebers in personellen und sozialen Angelegenheiten erstreckt.[81] Es bedarf somit einer einheitlichen Leitung in beteiligungspflichtigen Angelegenheiten.[82] Konkretisiert wurde bisher jedoch seitens der Rechtsprechung nicht, auf welche mitbestimmungspflichtigen Angelegenheiten sich die gemeinsame Leitung wenigstens beziehen muss, um einen Gemeinschaftsbetrieb zu konstituieren.

Jochums[83], der bei der Bestimmung der Einheitlichkeit der Leitung maßgeblich auf das Vorhandensein arbeitnehmergruppenübergreifender Verteilungskonflikte abstellt, versucht sich an einer Konkretisierung.

Arbeitszeitmodell zur Anwendung kommt. Dieses würde nur dann eine gemeinsame Leitung dieser Konzernunternehmen begründen, wenn die gleichzeitige Anwendung auf einem gemeinsamen Harmonisierungsinteresse beider Unternehmen beruhe. Sofern es an einem derartigen Interesse fehle, spiele es für das einzelne Unternehmen keine Rolle, ob das Modell auch im Betrieb des anderen Unternehmens angewandt wird.

79 So auch *Annuß*, NZA-Sonderheft 2001, 12 (17).

80 *Rieble/Gistel*, NZA 2005, 242 (246).

81 BAG, Beschl. v. 25.05.2005 – 7 ABR 38/04, AP BetrVG 1972 § 1 Gemeinsamer Betrieb Nr. 28.

82 BAG, Beschl. v. 25.05.2005 – 7 ABR 38/04, AP BetrVG 1972 § 1 Gemeinsamer Betrieb Nr. 28 (Rn. 29).

83 *Jochums*, Gemeinschaftsbetrieb, 24 ff.

Nicht jede beteiligungspflichtige personelle und soziale Angelegenheit beziehe sich unmittelbar auf die Arbeitsorganisation. Es könne deshalb nicht einheitlich beantwortet werden, wer Adressat der Beteiligungsrechte des Betriebsrats im gemeinsamen Betrieb mehrerer Unternehmen ist.[84] Einige Angelegenheiten zielen vorrangig auf die Gestaltung von arbeitsvertraglichen Beziehungen ab, wie es etwa bei Eingruppierungen[85] oder betrieblichen Altersversorgungs und Vergütungssystemen[86] der Fall ist. Diese weisen einen Vertragsarbeitgeberbezug[87] auf. Durch diesen Bezug zum Vertragsarbeitgeber fehlt es nach *Jochums* an der nötigen Vergemeinschaftung.[88] Die fehlende Vergemeinschaftung dieser Gegenstände allein schließe das Vorliegen eines Gemeinschaftsbetriebs jedoch nicht aus. Erst, wenn keinerlei gemeinsame Gestaltung der betrieblichen Organisation stattfinde, ließe sich von einem Gemeinschaftsbetrieb nicht mehr sprechen.[89]

Gerade bei fehlender ausdrücklicher Führungsvereinbarung zwischen den Arbeitgebern sei wesentliches Indiz für das Vorliegen eines Gemeinschaftsbetriebs, ob die Verteilungskonflikte in den auf die Arbeitsorganisation bezogenen mitbestimmungsrelevanten Angelegenheiten einheitlich und unternehmensübergreifend bewältigt werden.[90] Betroffen seien in erster Linie die Fragen nach der Ordnung des Betriebs gemäß § 87 Abs. 1 Nr. 2 BetrVG, die Aufstellung allgemeiner Urlaubsgrundsätze und des Urlaubsplans gemäß § 87 Abs. 1 Nr. 5 BetrVG, die Einführung und Anwendung technischer Überwachungseinrichtungen gemäß § 87 Abs. 1 Nr. 6 BetrVG, die Frage des Arbeitsschutzes gemäß § 87 Abs. 1 Nr. 7 BetrVG sowie die Einstellung und die Versetzung gemäß § 99 Abs. 1 BetrVG.[91]

Wolle man einen betriebsverfassungsrechtlichen Gemeinschaftsbetrieb annehmen, sollen nur mitbestimmungsrechtliche Angelegenheiten von Belang sein. Handele es sich um Angelegenheiten, die der Mitbestimmung

---

84 Dies erkennt auch *Fitting* BetrVG § 1 Rn. 146 m.w.N.

85 So BAG, Beschl. v. 23.09.2003 – 1 ABR 35/02, AP BetrVG 1972 § 99 Eingruppierung Nr. 28.

86 Vgl. *Däubler*, Anm. zu BAG, Beschl. v. 24.01.1996 – 7 ABR 10/95, AP BetrVG 1972 § 1 Gemeinsamer Betrieb Nr. 8; *Rieble*, in: FS Wiese, 453 (457).

87 *Fitting* BetrVG § 1 Rn. 147; *Wißmann*, NZA 2001, 409 (410 ff.).

88 *Jochums*, Gemeinschaftsbetrieb, 25.

89 *Jochums*, Gemeinschaftsbetrieb, 25.

90 *Jochums*, Gemeinschaftsbetrieb, 25.

91 *Jochums*, Gemeinschaftsbetrieb, 25 m.w.N.

nicht zugänglich sind, spiele es keine Rolle, ob diese von jedem Arbeitgeber allein oder gemeinsam behandelt werden.[92] Dies berühre indes nicht die Freiheit der beteiligten Unternehmen, die auf den Einsatz von Betriebsmitteln und Arbeitnehmern zur Erreichung des arbeitstechnischen Zwecks gerichteten Leitungsstrukturen intensiver auszugestalten.[93]

Insofern sei es auch möglich, alle auf die Gestaltung der Arbeit bezogenen Leitungsbefugnisse zu vergemeinschaften und nicht nur die Rahmenorganisation gemeinsam zu gestalten.[94]

Denkbar seien auch Mischformen, wenn beispielsweise innerhalb eines Gemeinschaftsbetriebs Stabsfunktionen und dienende Funktionen gemeinsam geleitet und genutzt werden, während die beteiligten Unternehmen ihre jeweiligen betrieblichen Hauptfunktionen unter eigener Leitung wahrnehmen.[95]

b. Unternehmensübergreifender Einsatz von Betriebsmitteln und Arbeitnehmern

Eine besonders starke Indizwirkung geht nach der Rechtsprechung vom unternehmensübergreifenden gemeinsamen Einsatz von Arbeitnehmern und Betriebsmitteln aus. Zur Annahme des Gemeinschaftsbetriebs sei es erforderlich, dass „die in einer Betriebsstätte vorhandenen materiellen und immateriellen Betriebsmittel für einen einheitlichen arbeitstechnischen Zweck zusammengefasst, geordnet und gezielt eingesetzt werden“[96]. Auch der Einsatz menschlicher Arbeitskraft soll zentral gesteuert werden.[97]

aa. Gemeinsame Verfolgung arbeitstechnischer Zwecke

Charakteristisch für den Gemeinschaftsbetrieb ist die gemeinsame Verfolgung eines oder mehrerer arbeitstechnischer Zwecke. Für die Begründung eines

---

92 *Jochums*, Gemeinschaftsbetrieb, 26.
93 Zum Ganzen: *Jochums*, Gemeinschaftsbetrieb, 26 ff. m.w.N.
94 Zum Beispiel die gemeinsame Ausübung der Weisungsbefugnisse im gesamten Gemeinschaftsbetrieb: *Jochums*, Gemeinschaftsbetrieb, 26.
95 *Jochums*, Gemeinschaftsbetrieb, 28.
96 Vgl. nur BAG, Beschl. v. 14.08.2013 – 7 ABR 46/11, BeckRS 2013, 73496 (Rn. 27).
97 Vgl. nur BAG, Beschl. v. 14.08.2013 – 7 ABR 46/11, BeckRS 2013, 73496 (Rn. 27).

Gemeinschaftsbetriebs ist daher nicht der einheitliche Betriebszweck maßgeblich, sondern die arbeitstechnische Produktionsgemeinschaft.[98] Die Verfolgung mehrerer arbeitstechnischer Zwecke in einem Betrieb steht der Entstehung eines Gemeinschaftsbetriebs nicht entgegen.[99] Hierfür spricht schon der Wortlaut des § 1 Abs. 2 Nr. 1 BetrVG, welcher „Zwecke“ im Plural nutzt. Die Möglichkeit der Verfolgung mehrerer arbeitstechnischer Zwecke ist ferner deshalb anzunehmen, da von der Seite des Unternehmens aus gesehen jedes der beteiligten Unternehmen zumindest einen eigenen arbeitstechnischen Zweck verfolgt, um seine wirtschaftlichen Interessen zu fördern.[100] Dies gilt selbst dann, wenn hierzu alle Unternehmen gemeinsam auf alle Betriebsmittel und die Arbeitsleistung sämtlicher Arbeitnehmer des Gemeinschaftsbetriebs zugreifen.[101] Die jeweiligen Teilleistungen bei der Verfolgung des einheitlichen Zwecks müssen dabei in eigener unternehmerischer Verantwortung erbracht werden.[102]

Ferner muss nicht jedes Unternehmen jeden arbeitstechnischen Zweck verfolgen, denn nur wer die jeweilige Untergliederung im eigenen Namen leitet und das Weisungsrecht ausübt, nutzt die Arbeitsleistung der Arbeitnehmer um einen eigenen arbeitstechnischen Zweck zu erreichen.[103] Für den betriebsverfassungsrechtlichen Gemeinschaftsbetrieb ist die gemeinsame Leitung unterhalb der gemeinsamen Gestaltung der betrieblichen Rahmenorganisation prinzipiell ohne Bedeutung.[104] Somit komm es für die Annahme eines gemeinsamen Betriebs vielmehr auf die Einheit der Organisation als auf die arbeitstechnische Zweckbestimmung an.[105] Bei erheblicher Verschiedenheit der in

98 *Schönhöft/Oelze*, BB 2016, 565 (567).

99 BAG, Beschl. v. 14.09.1988 – 7 ABR 10/87, AP BetrVG 1972 § 1 Nr. 9 m. Anm. Reuter unter B 2 der Gründe; BAG, Beschl. v. 25.05.2005 – 7 ABR 38/04, AP BetrVG 1972 § 1 Nr. 28; *Bonanni*, Der gemeinsame Betrieb, 36.

100 *Jochums*, Gemeinschaftsbetrieb, 28.

101 *Jochums*, Gemeinschaftsbetrieb, 28.

102 *Simon*, CB 2017, 371 (374).

103 *Jochums*, Gemeinschaftsbetrieb, 29, spricht sich gegen die Entscheidung des BAG v. 16.04.2008 – 7 ABR 4/07, DB 2008, 1864 aus. Das BAG tendiert in dieser Entscheidung dahin, dass jedes Unternehmen jeden arbeitstechnischen Zweck verfolgen müsse (insofern also „Einheitlichkeit“ bestehen müsse).

104 *Jochums*, Gemeinschaftsbetrieb, 29 m.w.N.; siehe hierzu auch unter Kapitel 2 A.II.2.a.cc.

105 BAG, Urt. v. 23.03.1984 – 7 AZR 515/82, AP KSchG 1969 § 23 Nr. 4 = NZA 1984, 88 (89); BAG, Beschl. v. 25.09.1986 – 6 ABR 68/84, AP BetrVG 1972 § 1 Nr. 7 = NZA 1987,

derselben Betriebsstätte verfolgten arbeitstechnischen Zwecke scheint es jedoch denkbar, dass eine einheitliche Organisation schon „aus der Natur der Sache heraus nicht möglich ist“[106]. In dem Fall muss eine Betriebseinheit abgelehnt werden. Das Bestehen eines gemeinsamen Betriebs wird nicht grundsätzlich dadurch ausgeschlossen, dass eines der beteiligten Unternehmen ausschließlich Arbeitnehmer einbringt.[107]

Im Ergebnis spricht die Verfolgung verschiedener arbeitstechnischer Zwecke zwar nicht gegen die Annahme eines gemeinsamen Betriebs mehrerer Unternehmen, jedoch bleibt die Einheitlichkeit der Organisation das entscheidende Merkmal. Fehlt es an der Einheitlichkeit der Organisation, fehlt gleichsam die Grundlage zur gemeinsamen Verfolgung arbeitstechnischer Zwecke.

bb. Gemeinsamer Personal- und Betriebsmitteleinsatz

Bei der Beantwortung der Frage, ob ein gemeinsamer Leitungsapparat besteht, entfaltet weiterhin der gemeinsame Personal und Betriebsmitteleinsatz Indizwirkung.[108]

(1) Gemeinsamer Personaleinsatz

Ein gemeinsamer Personaleinsatz ist anzunehmen, wenn die Arbeitnehmer unternehmensübergreifend tätig werden.[109] Teilweise soll für die Annahme

---

708 (710 f.); BAG, Urt. v. 05.03.1987 – 2 AZR 623/85, AP KSchG 1969 § 15 Nr. 30 unter B II 2 a der Gründe; BAG, Beschl. v. 14.09.1988 – 7 ABR 10/87, AP BetrVG 1972 § 1 Nr. 9 m. Anm. Reuter unter B 2 der Gründe; BAG, Beschl. v. 25.05.2005 – 7 ABR 38/04, AP BetrVG 1972 § 1 Gemeinsamer Betrieb Nr. 28 = NJOZ 2005, 3725 (3729); *Bonanni*, Der gemeinsame Betrieb, 36 f., sieht die einheitliche Organisation als entscheidendes betriebskonstituierendes Merkmal an; *Polzin*, Drittbezogener Personaleinsatz, 43, lehnt die Verfolgung eines (auch) eigenen betriebs oder arbeitstechnischen Zweckes als eigenständiges Merkmal ab.

106 *Bonanni*, Der gemeinsame Betrieb, 37.

107 Siehe zur Beteiligung einer Personalführungsgesellschaft am Gemeinschaftsbetrieb Kapitel 5 A.III.

108 *Hopfe*, Der gemeinsame Betrieb, 37 f. m.w.N.

109 *Fitting* BetrVG § 1 Rn. 127; *Kreutz*, in: FS Richardi, 637 (651) m.w.N.; maßgeblich ist dabei, ob ein arbeitgeberübergreifender Personaleinsatz praktiziert wird, der

eines arbeitgeberübergreifenden Einsatzes von Personal ausreichen, dass der für die Erbringung der Arbeitsleistung maßgebliche Rahmen (Arbeitszeit, betriebliche Ordnung) zwischen den Unternehmen gleich ausgestaltet ist.[110] Dies kann insbesondere dann angenommen werden, wenn aufgrund gesellschaftsrechtlicher Verflechtung dieselben Personen eine Vorgesetztenstellung einnehmen.[111] Für die Feststellung eines gemeinsamen Betriebs soll jedoch nicht erforderlich sein, dass das gesamte Personal gemeinsam, beziehungsweise wechselseitig eingesetzt wird.[112] Gegen einen arbeitgeberübergreifenden Personalaustausch spreche es, wenn weder eine gemeinsame Diensteinsatz und Urlaubsplanung, noch eine arbeitgeberübergreifende Vertretung während der Urlaubs und Krankheitszeit erfolge.[113]

(2) Gemeinsamer Betriebsmitteleinsatz

Die gemeinsame Nutzung von Betriebsmitteln sei beispielsweise abzulehnen – so das BAG[114] – wenn die Unternehmen jeweils über eigene Fahrzeuge und Gerätschaften verfügen, die sie für ihre eigenen arbeitstechnischen Zwecke nutzen. Hieran ändere auch der gelegentliche Austausch von Betriebsmitteln nichts.

Kreutz[115] will es genügen lassen, wenn die zur Verfolgung des oder der arbeitstechnischen Zwecke „primär“ erforderlichen Betriebsmittel vergemeinschaftet sind. Die Vergemeinschaftung dieser Mittel sei „notwendig, aber auch genügend“. Genauer definiert wird jedoch nicht, was unter „primär“

---

charakteristisch für den normalen Betriebsablauf ist, vgl. BAG, Beschl. v. 22.06.2005 – 7 ABR 57/04, AP BetrVG 1972 § 1 Gemeinsamer Betriebs Nr. 23 = NZA 2005, 1248 (1249).

110 Richardi BetrVG/*Maschmann* BetrVG § 1 Rn. 75.

111 Richardi BetrVG/*Maschmann* BetrVG § 1 Rn. 75.

112 *Koller-van Delden/Gallini*, DStR 2017, 206 (208).

113 BAG, Beschl. v. 13.02.2013 – 7 ABR 36/11, AP BetrVG 1972 § 1 Gemeinsamer Betrieb Nr. 34 (Rn. 38) zur Erbringung von Bodenabfertigungsdiensten zweier Unternehmen.

114 BAG, Beschl. v. 13.02.2013 – 7 ABR 36/11, AP BetrVG 1972 § 1 Gemeinsamer Betrieb Nr. 34 (Rn. 36 f.) zur Erbringung von Bodenabfertigungsdiensten zweier Unternehmen.

115 *Kreutz*, in: FS Richardi, 637 (651).

erforderlichen Betriebsmitteln zu verstehen ist. Auch das BAG[116] scheint die gemeinsame Nutzung nicht in Bezug auf sämtliche Betriebsmittel, sondern nur für „wesentliche Betriebsmittel" zu fordern. Eine klare Linie lässt sich seitens des BAG jedoch nicht erkennen. „Wesentliche" Betriebsmittel können eine gemeinsame Lohnbuchhaltung, eine Kantine oder Druckerei sein, wobei die eigentumsrechtlichen Verhältnisse ohne Belang seien.[117] Keine zur Verfolgung der betrieblichen Zwecke „primär" erforderlichen Betriebsmittel seien eine Telefonanlage, die Postverteilung, die Abfallentsorgung, die Warenannahme, die Haustechnik, die Schlüsselverwaltung und die Cafeteria.[118] Im Einklang mit *Kreutz* scheint auch das BAG den Standpunkt zu vertreten, dass es sich bei dem Einsatz von Arbeitnehmern und der Betriebsmittel um ein *notwendiges* Tatbestandsmerkmal handelt, da es davon ausgeht, dass es auf die Leitungsstruktur nicht mehr ankomme, wenn es „bereits an einer Zusammenfassung der Arbeitnehmer sowie der materiellen und immateriellen Betriebsmittel fehlt"[119]. Werden diese nicht gemeinsam, sondern allein durch das jeweilige Eigentümerunternehmen genutzt, handele es sich bei der Organisationseinheit um keinen *gemeinsamen* Betrieb im Sinne des § 1 Abs. 1 S. 1 BetrVG.[120]

(3) Niedrige Anforderungen an den gemeinsamen Einsatz

Jochums[121] steht der Notwendigkeit eines arbeitgeberübergreifenden Personal und Betriebsmitteleinsatzes berechtigterweise kritisch gegenüber. Nehme man dies an, würden dem betriebsverfassungsrechtlichen Gemeinschaftsbetrieb

---

116 BAG, Urt. v. 20.05.2021 – 2 AZR 560/20, AP KSchG 1969 § 23 Nr. 54 m. Anm. Fischels, Reitz (Rn. 22) zum Austausch für die Kalibrierung erforderlicher Wägemittel.

117 ErfK/*Koch* BetrVG §1 Rn. 15 m.w.N.

118 BAG, Beschl. v. 25.05.2005 – 7 ABR 38/04, AP BetrVG 1972 § 1 Gemeinsamer Betrieb Nr. 28 = NJOZ 2005, 3725 (3729).

119 BAG, Beschl. v. 22.06.2005 – 7 ABR 57/04, AP BetrVG 1972 § 1 Gemeinsamer Betriebs Nr. 23 = NZA 2005, 1248 (1250); vgl. auch BAG, Beschl. v. 16.04.2008, AP BetrVG § 1 Gemeinsamer Betrieb Nr. 32, wenn es das Vorliegen eines Gemeinschaftsbetriebs ablehnt, da es an einem wechselseitigen arbeitgeberübergreifenden Personaleinsatz fehle, der für den Betriebsablauf eines Gemeinschaftsbetriebs „kennzeichnend" sei.

120 BAG, Beschl. v. 22.06.2005 – 7 ABR 57/04, AP BetrVG 1972 § 1 Gemeinsamer Betriebs Nr. 23 = NZA 2005, 1248 (1249).

121 *Jochums*, Gemeinschaftsbetrieb, 30 f.

enge Grenzen gesetzt. *Jochums*[122] vergleicht dies mit dem betriebsverfassungsrechtlichen Betrieb eines einzelnen Unternehmens. Auch dort komme es vor, dass zur Verfolgung der verschiedenen arbeitstechnischen Zwecke zwar dieselben Arbeitnehmer, nicht aber dieselben Betriebsmittel eingesetzt würden. Dennoch können diese zu einem einheitlichen Betrieb verbunden sein, wenn eine einheitliche Leitung übergreifend in den mitbestimmungsrelevanten Angelegenheiten entscheide.

Dies könne bei einem Gemeinschaftsbetrieb nicht anders sein. Es entstehe dann ein Gemeinschaftsbetrieb, wenn mehrere Unternehmen zur Verfolgung arbeitstechnischer Zwecke eine gemeinsame betriebliche Rahmenorganisation errichteten und damit zum Entstehen übergreifender Verteilungskonflikte beitragen. Unschädlich sei es, wenn die beteiligten Unternehmen mit jeweils eigenen Maschinen unterschiedliche Produkte herstellen, solang dies innerhalb eines harmonisierten betrieblichen Rahmens geschehe. Greifen mehrere Unternehmen zur Verfolgung arbeitstechnischer Zwecke auf dieselben Betriebsmittel zurück und herrsche ein stetiger Austausch der Arbeitnehmer zwischen den Unternehmen, könne allenfalls vermutet werden, dass die Unternehmen zugleich einen dazu passenden Organisationsrahmen gemeinsam gestaltet haben. Die gemeinsame Nutzung der „primären" Betriebsmittel und der Arbeitnehmeraustausch seien im Ergebnis möglich, jedoch gerade nicht konstitutiv für den betriebsverfassungsrechtlichen Gemeinschaftsbetrieb.

Auch andere Stimmen halten einen Personal und Betriebsmittelaustausch für nicht erforderlich. In einem arbeitsteiligen Betrieb stehe es einer gemeinsamen Organisation nicht entgegen, wenn zwischen den Unternehmen kein Personal oder Betriebsmittelaustausch stattfinde.[123] Nähme man dies als Voraussetzung an, müsste immer eine Austauschbarkeit und damit eine gleichartige Qualifikation der eingesetzten Arbeitnehmer gegeben sein.[124]

Man mag der Forderung einer gemeinsamen Nutzung von Personal und Betriebsmitteln insofern zustimmen, als dass die beiden Trägerunternehmen nicht gänzlich unabhängig voneinander – und damit wie zwei getrennte

---

122 *Jochums*, Gemeinschaftsbetrieb, 30 f.

123 *Schönhöft/Oelze*, BB 2016, 565 (568).

124 *Schönhöft/Oelze*, BB 2016, 565 (568 f.), die aber das Vorliegen einer nachweislichen Führungsvereinbarung und einer bestehenden einheitlichen Leitung fordern.

Betriebe – existieren können. In diesem Fall würde es zumindest fernliegen, dass ein gemeinsamer Betrieb gegeben ist. Dennoch sollten an das Vorliegen dieses Kriteriums keine zu hohen Anforderungen gestellt werden, um den Einsatzbereich des gemeinsamen Betriebes nicht übermäßig zu begrenzen.

c. Weitere Kriterien

Teilweise wird vertreten, dass die räumliche Nähe eine Voraussetzung für das Vorliegen eines Gemeinschaftsbetriebs sei.[125] Richtig erscheint es aber, das Vorliegen einer räumlichen Nähe ebenso nur als Indiz für das Vorhandensein einer einheitlichen Leitung zu werten und nicht als Voraussetzung für das Bestehen einer Organisationseinheit.[126] Auch ein einheitlicher Inhaber kann nicht konstitutiv für die Annahme eines gemeinsamen Betriebs mehrerer Unternehmen sein.[127] Diese Annahme widerspricht der Idee des gemeinsamen Betriebs. Der gemeinsame Betrieb kann zu verschiedenen Rechtsträgern gehören, die jeweils Inhaber des Betriebs sind, ohne dass zu diesem Zweck ein weiteres eigenständiges Unternehmen gegründet werden müsste.[128]

Nunmehr erkennt das BAG auch die Errichtung eines gemeinsamen Betriebsrats (*Gemeinschaftsbetriebsrat*) als Indiz für das Bestehen eines gemeinsamen Betriebs an. Existieren hingegen mehrere Betriebsräte, kann das ein Indiz dafür sein, dass kein gemeinsamer Betrieb vorliegt.[129]

d. Führungsvereinbarung als Fundament gemeinsamer Leitung

Bereits das Erfordernis einer *gemeinsamen* Leitung deutet darauf hin, dass diese auf einer rechtlichen Verbindung zwischen den Arbeitgebern

---

125 *Wiedemann*, in: FS Fleck, 447 (462).

126 BAG, Beschl. v. 23.09.1982 – 6 ABR 42/81, AP BetrVG 1972, § 4 Nr. 3 unter III 2 d der Gründe; BAG, Beschl. v. 25.09.1986 – 6 ABR 68/84, AP BetrVG 1972, § 1 Nr. 7 unter 3 der Gründe; WHSS/*Hohenstatt*, D. Rn. 41 f.

127 *Bonanni*, Der gemeinsame Betrieb, 37 f.

128 *Bonanni*, Der gemeinsame Betrieb, 37 f.

129 Gleichwohl ist die Annahme eines gemeinsamen Betriebs in dem Fall nicht per se ausgeschlossen, vgl. BAG, Urt. v. 24.05.2022 – 9 AZR 337/21, AP AÜG § 1 Nr. 44; dieses Kriterium ablehnend: *Sura*, Anm. zu BAG, Urt. v. 24.05.2022 – 9 AZR 337/21, NZA-RR 2022, 668.

basieren muss.[130] Diese sogenannte „Führungsvereinbarung“ verlangte bereits das BAG als Grundlage für den einheitlichen Leitungsapparat bis zum Inkrafttreten des BetrVerf-Reformgesetzes.[131] Diese musste nicht ausdrücklich abgeschlossen werden, sondern konnte vielmehr auch konkludent zustande kommen. Das Vorhandensein einer konkludent abgeschlossenen Führungsvereinbarung ließ sich den tatsächlichen Umständen entnehmen.[132] Insbesondere die im Wesentlichen einheitliche Ausübung von Arbeitgeberfunktionen im sozialen und personellen Bereich ließ regelmäßig den Schluss auf eine konkludente Führungsvereinbarung zu.[133] Diese Rechtsprechung des BAG wird im Ergebnis durch § 1 Abs. 2 Nr. 1 BetrVG bestätigt. Die zum Gemeinschaftsbetrieb entwickelten Grundsätze gelten auch nach Inkrafttreten des BetrVerf-Reformgesetzes fort. Es ist weiterhin das Vorliegen einer (konkludenten) Führungsvereinbarung erforderlich.[134]

---

130 *Jochums*, Gemeinschaftsbetrieb, 22; a.A., die auf eine rein tatsächliche einheitliche Leitung abstellt: *Däubler*, in: FS Zeuner, 19 (23); *Joost*, Betrieb und Unternehmen, 259.

131 Vgl. nur BAG, Beschl. v. 05.12.1975 – 1 ABR 8/74, AP BetrVG 1972 § 47 Nr. 1 m. Anm. Strohn, Wiedemann = NJW 1976, 870 (871); BAG, Urt. v. 13.06.1985 – 2 AZR 452/84, AP KschG 1969 § 1 Nr. 10 m. Anm. Wiedemann = NZA 1986, 600 (601); BAG, Beschl. v. 07.08.1986 – 6 ABR 57/85, AP BetrVG 1972 § 1 Nr. 5 m. Anm. Wiedemann = NZA 1987, 131 (132); BAG, Beschl. v. 29.01.1987 – 6 ABR 7/86, BeckRS 1987, 30982237 unter B III 1 der Gründe; BAG, Beschl. v. 14.09.1988 – 7 ABR 10/87, AP BetrVG 1972 § 1 Nr. 9 m. Anm. Reuter unter B 2 der Gründe; BAG, Urt. v. 18.01.1990 – 2 AZR 355/89, AP KSchG 1969 § 23 Nr. 9 = NZA 1990, 977 (978); BAG, Beschl. v. 24.01.1996 – 7 ABR 10/95, AP BetrVG 1972 § 1 Gemeinsamer Betrieb Nr. 8 m. Anm. Däubler = NZA 1996, 1110 (1111); BAG, Beschl. v. 21.02.2001 – 7 ABR 9/00, NJOZ 2002, 154 (155).

132 BAG, Urt. v. 18.01.1990 – 2 AZR 355/89, AP KSchG 1969 § 23 Nr. 9 = NZA 1990, 977 (978); BAG, Beschl. v. 24.01.1996 – 7 ABR 10/95, AP BetrVG 1972 § 1 Gemeinsamer Betrieb Nr. 8 m. Anm. Däubler = NZA 1996, 1110 (1111).

133 BAG, Beschl. v. 14.09.1988 – 7 ABR 10/87, AP BetrVG 1972 § 1 Nr. 9 m. Anm. Reuter = NZA 1989, 190 (191); BAG, Urt. v. 18.01.1990 – 2 AZR 355/89, AP KSchG 1969 § 23 Nr. 9 = NZA 1990. 977 (978); BAG, Beschl. v. 14.12.1994 – 7 ABR 26/94, AP BetrVG 1972 § 5 Rotes Kreuz Nr. 3 = NZA 1995, 906 (908); BAG, Urt. v. 18.10.2000 – 2 AZR 494/99, AP KSchG 1969 § 15 Nr. 49 m. Anm. Schleusener = NZA 2001, 321 (324).

134 Vgl. nur BAG, Beschl. v. 11.02.2004 – 7 ABR 27/03, AP BetrVG 1972 § 1 Gemeinsamer Betrieb Nr. 22 m. Anm. Joost = NZA 2004, 618 (619); BAG, Beschl. v. 25.05.2005 – 7 ABR 38/04, AP BetrVG 1972 § 1 Gemeinsamer Betrieb Nr. 28 = NJOZ 2005, 3725 (3728); BAG, Beschl. v. 13.08.2008 – 7 ABR 21/07, NZA-RR 2009, 255 (257); BAG, Beschl. v. 13.02.2013, AP BetrVG 1972 § 1 Gemeinsamer Betrieb Nr. 34 (Rn. 29); BAG,

Im Grunde handelt es sich bei der „rechtlichen Vereinbarung“ um keine „echte“ Voraussetzung des Gemeinschaftsbetriebs, da bei der Feststellung einer konkludenten Führungsvereinbarung regelmäßig auf die tatsächlichen Umstände Bezug genommen wird. Aus diesen wird auf das Vorliegen einer Führungsvereinbarung geschlossen.[135] So sprechen wiederum vor allem die Indizien für das Vorliegen einer konkludenten Führungsvereinbarung, die schon zur Bestimmung der einheitlichen Leitung herangezogen werden, wie beispielsweise der arbeitgeberübergreifender Personaleinsatz.[136] Ebenso Indizwirkung entfalten die gemeinsame Nutzung personeller und sächlicher Betriebsmittel, die personelle oder organisatorische Verknüpfung von Arbeitsabläufen, sowie das Vorhandensein einer unternehmensübergreifenden Leitungsstruktur zur Durchführung der arbeitstechnischen Zwecke und zur Wahrnehmung von Weisungsbefugnissen.[137]

Begründet wird das Erfordernis einer Führungsvereinbarung damit, dass der Betriebsrat in Fragen der sozialen und personellen Mitbestimmung einen zu einer einheitlichen Willensbildung für beide Unternehmen fähigen Ansprechpartner haben soll, was ohne eine entsprechende Vereinbarung nicht gewährleistet werde.[138]

aa. Erfordernis einer Führungsvereinbarung

Ob es sich bei der Führungsvereinbarung um ein konstitutives Merkmal des Gemeinschaftsbetriebs handelt, wird in der Literatur kontrovers diskutiert. In Teilen der Literatur wird das Erfordernis einer Führungsvereinbarung nicht anerkannt.[139]

Urt. v. 20.05.2021 – 2 AZR 560/20, AP KSchG 1969 § 23 Nr. 54 m. Anm. Fischels, Reitz (Rn. 13); Richardi BetrVG/*Maschmann* BetrVG § 1 Rn. 66 ff.

135 *Steckhan*, JbArbR 34 (1997), 111 (113); DKW/*Trümner* BetrVG § 1 Rn. 94.

136 BAG, Beschl. v. 24.01.1996 – 7 ABR 10/95, AP BetrVG 1972 § 1 Nr. 8 m. Anm. Däubler = NZA 1996, 1110 (1111).

137 BAG, Urt. v. 23.03.1984 – 7 AZR 515/82, AP KSchG 1969 § 23 Nr. 4 = NZA 1984, 88 (89).

138 BAG, Urt. v. 23.11.1998 – 7 AZR 121/88, AP BGB § 613a Nr. 77 = NZA 1989, 422 (434).

139 Ausf. zum Meinungsstand: *Bonanni*, Der gemeinsame Betrieb, 57 ff.; *Hopfe*, Der gemeinsame Betrieb, 39 ff.; *Herrmann*, Der gemeinsame Betrieb, 49 ff.

Unter anderem *Däubler*[140] kritisiert den Rückschluss aus bestimmten Äußerlichkeiten auf die Existenz einer Führungsvereinbarung. In Frage stellt er, ob sich hieraus eine Fiktion ergeben kann, die eine weitere Sachaufklärung überflüssig macht. Die Führungsvereinbarung sei ein „systemfremdes Element der Betriebsverfassung".[141] Ihm zu Folge darf die *identische Organisation* nicht in einem Moment – je nachdem, ob die beteiligten Träger sich in bestimmter Weise verständigt haben oder nicht – als *ein* Betrieb und in einem anderen Moment als zwei, drei oder vier Betriebe qualifiziert werden.

Joost[142] sieht in der der Betriebsverfassung eine gesetzliche Reaktion auf die vom Arbeitgeber durch einseitige Gestaltungsmacht geschaffenen Verhältnisse. Führen mehrere Arbeitgeber gemeinsam einen Betrieb, schaffen diese einen Tatbestand, der nach dem Gesetz eine einheitliche Interessenvertretung notwendig mache. Hieran vermag die Art der Beziehung zwischen den Arbeitgebern nichts zu ändern.

Auch *Konzen*[143] sieht in dem Erfordernis einer rechtlichen Vereinbarung die Gefahr begründet, dass der Betriebsbegriff dem Arbeitgeber zur Disposition überlassen wird. Dies drohe, wenn der Arbeitgeber über die Führungsvereinbarung Einfluss auf die Organisationsstruktur nehmen könnte.

Kohte[144] kritisiert, dass sich die rechtliche Verbindung regelmäßig in Form einer BGB-Innengesellschaft vollziehe. Auf die Einhaltung der einer solchen Innengesellschaft zugrunde liegenden schuldrechtlichen Abreden könne sich der Betriebsrat nicht verlassen und deren Einhaltung auch nicht rechtlich durchsetzen. Die Gesellschaft bürgerlichen Rechts könne kein

---

140 *Däubler*, in: FS Zeuner, 19 (22).

141 In diese Richtung auch: *Joost*, Betrieb und Unternehmen, 259; *Konzen*, Unternehmensaufspaltungen, 29 ff.; gegen das Erfordernis einer rechtlichen Vereinbarung auch: *Gamillscheg*, ZfA 1975, 357 (360 f.); DKW/*Trümner* BetrVG § 1 Rn. 94; *Wendeling-Schröder*, NZA 1984, 247 (249); gemäß *Polzin*, Drittbezogener Personaleinsatz, 61, eigne sich die Führungsvereinbarung kaum dazu, Klarheit bezüglich bestehender Verhältnisse zu schaffen; nach *Wiedemann*, Anm. zu BAG, Beschl. v. 07.08.1986 – 6 ABR 57/85, AP BetrVG 1972 § 1 Nr. 5, müsse die Suche nach konkludent abgeschlossenen Vereinbarungen „in Fiktion enden".

142 *Joost*, Betrieb und Unternehmen, 260 ff.

143 *Konzen*, Unternehmensaufspaltungen, 114 f.

144 *Kohte*, RdA 1992, 302 (304 f.).

verlässlicher und zur einheitlichen Willensbildung in sozialen und personellen Angelegenheiten fähiger Ansprechpartner für den Betriebsrat sein.[145]

Trotz der starken Gegenströmung in Teilen der Literatur sollte der Führungsvereinbarung keinesfalls ihre Bedeutung abgesprochen werden. *Jochums*[146] empfindet diese als notwendig, um den Gemeinschaftsbetrieb nicht als ein flüchtiges Gebilde erscheinen zu lassen. Um diesen zu einer grundlegenden und nachhaltigen Verbindung zu machen, bedürfe es einer Führungsvereinbarung, die dem generellen Willen der Arbeitgeber Rechnung trage, eine gemeinsame Organisation bilden zu wollen und somit auch einen gemeinsamen Willen in den jeweiligen mitbestimmungsrelevanten Angelegenheiten herauszubilden.

Nach *Bonanni*[147] biete eine Führungsvereinbarung den Arbeitnehmern und ihrer betrieblichen Interessenvertretung Sicherheit, wenn man diese mit dem BAG als Voraussetzung für das Bestehen eines Gemeinschaftsbetriebs ansieht. Durch ihre Existenz könnten bestehende Unsicherheiten über die gemeinsame Bildung eines Betriebsrats beseitigt werden. Ferner würden hierdurch Zuständigkeiten geklärt, sodass der Betriebsrat seinen jeweiligen Ansprechpartner kenne. Erst die Führungsvereinbarung mache die einheitliche Leitung fassbar.

Unabhängig davon, ob eine Führungsvereinbarung für erforderlich gehalten wird, kommt man – sofern man mit dem BAG das Bestehen einer Führungsvereinbarung aufgrund tatsächlicher Umstände annimmt – praktisch zum selben Ergebnis. Der Diskurs um die Notwendigkeit einer Führungsvereinbarung wird nur in seltenen Fällen relevant werden.[148] Dafür spricht auch, dass selbst eine „negative" Führungsvereinbarung einen Gemeinschaftsbetrieb nicht verhindern kann, wenn dieser tatsächlich gelebt wird.[149] Dennoch soll festgehalten werden, dass eine Führungsvereinbarung Rechtssicherheit schaffen kann, wenn sich anhand der übrigen – teils

---

145 Nach *Kohte*, RdA 1992, 302 (304) ließe sich dies ebenso wenig durch die Qualifizierung der GbR als Außengesellschaft ohne Gesamthandsvermögen erreichen.

146 *Jochums*, Gemeinschaftsbetrieb, 23.

147 *Bonanni*, Der gemeinsame Betrieb, 76 ff.

148 *Greiwe*, Unternehmensmitbestimmung und Gemeinschaftsbetrieb, 105 m.w.N.

149 Vgl. Bonanni, Der gemeinsame Betrieb, 79 ff. m.w.N.

verschieden gewichteten – Merkmale nicht abschließend feststellen lässt, ob es sich um einen gemeinsamen Betrieb mehrerer Unternehmen handelt.

bb. Rechtliche Einordnung der Führungsvereinbarung

Hält man das Vorliegen einer Führungsvereinbarung zur Annahme eines Gemeinschaftsbetriebs für erforderlich, stellt sich die Frage, wie diese rechtlich einzuordnen ist. Es drängt sich die Einordnung als Gesellschaft bürgerlichen Rechts gemäß § 705 BGB auf. Ein Gesellschaftsvertrag setzt voraus, dass sich die Gesellschafter als Vertragsparteien gegenseitig verpflichtet haben, die Erreichung eines bestimmten Zwecks in der durch den Vertrag bestimmten Weise zu fördern.[150] Die gemeinschaftliche Führung eines Gemeinschaftsbetriebs wird als zulässiger Gesellschaftszweck im Sinne des § 705 BGB angesehen.[151] Gefördert werde dieser Zweck, indem sich die beteiligten Unternehmen in der Führungsvereinbarung verpflichten, den einheitlichen Leitungsapparat zu errichten und diesen aufrecht zu erhalten.[152]

Die Möglichkeit der Ausgestaltung der Führungsvereinbarung in Form der Gesellschaft bürgerlichen Rechts im Sinne des § 705 BGB scheint das BAG zumindest für denkbar zu halten,[153] obgleich es an anderer Stelle ausdrücklich offen lässt, ob eine derartige Vereinbarung eine gesellschaftsrechtliche Verbindung zum Inhalt haben muss, oder ob auch andere vertragsrechtliche Gestaltungen möglich sind.[154] Grundsätzlich aber – so das BAG – vollziehe sich die Vereinbarung zur Schaffung eines einheitlichen Leitungsapparats

---

150 BeckOK/*Schöne*l BGB § 705 Rn. 64.

151 Vgl. *Hopfe*, Der gemeinsame Betrieb, 73; *Kraft*, Anm. zu BAG, Beschl. v. 25.11.1980 – 6 ABR 108/78, AP BetrVG 1972 § 1 Nr. 2; BAG, Beschl. v. 24.01.1996 – 7 ABR 10/95, AP BetrVG 1972 § 1 Gemeinsamer Betrieb Nr. 8 m. Anm. Däubler = NZA 1996, 1110 (1113), wenn es dort heißt, dass sich der Gesellschaftszweck in der gemeinsamen Verfolgung arbeitstechnischer Zwecke durch einen einheitlichen Leitungsapparat bestehe.

152 *Hopfe*, Der gemeinsame Betrieb, 76.

153 BAG, Beschl. v. 07.08.1986 – 6 ABR 57/85, AP BetrVG 1972 § 1 Nr. 5 m. Anm. Wiedemann = NZA 1987, 131 (132).

154 BAG, Beschl. v. 25.11.1980 – 6 ABR 108/78, AP BetrVG 1972 § 1 Nr. 2 unter II 2 d der Gründe.

„regelmäßig in Form einer BGB-Gesellschaft“[155]. Auch in der rechtswissenschaftlichen Literatur finden sich Stimmen, die in der rechtlichen Vereinbarung eine BGB-Gesellschaft begründet sehen.[156] Gründe für die Rechtsform der BGB-Gesellschaft seien unter anderem die Schaffung eines einheitlichen betriebsverfassungsrechtlichen Verhandlungspartners oder die Annahme, dass nur mittels einer gesellschaftsrechtlichen Verbindung eine einheitliche Belegschaft von Arbeitnehmern unterschiedlicher Arbeitgeber heranwachsen könne.[157]

Im Ergebnis wird die rechtliche Vereinbarung der am Gemeinschaftsbetrieb beteiligten Trägerunternehmen regelmäßig zur Gründung einer Gesellschaft bürgerlichen Rechts im Sinne des § 705 BGB führen, auch wenn dies – wie aus der Rechtsprechung des BAG ersichtlich wird – nicht zwingend erforderlich ist.

cc. Regelmäßig keine Rechtssubjektqualität

Der gemeinsame Betrieb als solcher hat regelmäßig keine Rechtssubjektqualität, wenn dieser in Form einer BGBInnengesellschaft vollzogen wird. Bei Betätigung in Form einer BGB-Innengesellschaft im Sinne der §§ 705 ff. BGB kann diese selbst nicht am Rechtsverkehr teilnehmen. Der Gemeinschaftsbetrieb als solcher kann insofern keine Verträge schließen und auch kein Entleiher im Rahmen einer Arbeitnehmerüberlassung sein.[158] Die Innengesellschaft bürgerlichen Rechts kann nicht Inhaberin des Gemeinschaftsbetriebs sein, sodass

---

155 BAG, Beschl. v. 24.01.1996 – 7 ABR 10/95, AP BetrVG § 1 Gemeinsamer Betrieb Nr. 8 = NZA 1996, 1110 (1113); zust. auch BAG, Beschl. v. 16.04.2008 – 7 ABR 4/07, AP BetrVG 1972 § 1 Gemeinsamer Betrieb Nr. 32 (Rn. 30).

156 Vgl. *Bonanni*, Der gemeinsame Betrieb, 53: Diese nimmt an, dass die Führungsvereinbarung regelmäßig den Schluss auf das Vorliegen einer BGB-Gesellschaft zulasse; so auch *Greiwe*, Unternehmensmitbestimmung und Gemeinschaftsbetrieb, 101; *Herrmann*, Der gemeinsame Betrieb, 68; *Hopfe*, Der gemeinsame Betrieb, 75; *Jochums*, Gemeinschaftsbetrieb, 32; *Reuter*, Anm. zu BAG, Beschl. v. 14.09.1988 – 7 ABR 10/87, AP BetrVG 1972 § 1 Nr. 9.

157 Vgl. *Windbichler*, Arbeitsrecht im Konzern, 286 ff.

158 BAG, Urt. v. 24.05.2022 – 9 AZR 337/21, AP AÜG § 1 Nr. 44 (Rn. 46); *Bähr*, Fremdpersonaleinsatz, 328; *Schüren/Hamann/Hamann* AÜG § 1 Rn. 86; *Lembke/Fischels*, RdA 2021, 222 (226); *Seel*, öAT 2017, 48 (50); zur Abgrenzung von Gemeinschaftsbetrieb und Arbeitnehmerüberlassung siehe unter Kapitel 5 A.II.4.

die beteiligten Unternehmen gemeinsam als betriebsverfassungsrechtlicher Arbeitgeber anzusehen seien.[159] Überall dort, wo das BetrVG den Arbeitgeber als Inhaber der betrieblichen Organisationsgewalt anspricht, sind mithin auch die beteiligten Unternehmen jeweils Adressaten.[160] Möglich ist auch, die Leitungsbefugnisse auf eine externe Betriebsführungsgesellschaft zu delegieren,[161] solang diese externe Gesellschaft durch die beteiligten Unternehmen bevollmächtigt ist und die Leitung im Namen der Unternehmen ausübt.[162]

Daneben ist es zumindest denkbar, den Gemeinschaftsbetrieb als BGB-Außengesellschaft auszugestalten.[163] Aufgrund der Anerkennung der Rechts und Parteifähigkeit einer BGB-Außengesellschaft[164], kann dies jedoch dazu führen, dass der gemeinsame Betrieb als Unternehmen im Sinne des § 14 Abs. 1, 2 BGB verstanden wird.[165] In dem Fall bliebe für die Annahme eines gemeinsamen Betriebs wohl kein Raum mehr. Vielmehr würde der Betrieb eines – nunmehr – einzelnen Unternehmens vorliegen und nicht mehr ein Betrieb zweier oder mehrerer – verschiedener – Unternehmen.[166] In diesem Fall würde viel eher ein Gemeinschaftsunternehmen anzunehmen sein.[167] Zum Teil wird angenommen, dass selbst bei Ausgestaltung als BGB-Außengesellschaft nicht ohne Weiteres die Unternehmenseigenschaft des Gemeinschaftsbetrieb zu bejahen sei, sondern es vielmehr auf die Ausgestaltung der konkreten Vereinbarung ankommen soll.[168] Um einen gemeinsamen Betrieb handele es sich weiterhin, wenn die Gesellschafter jeweils Vertragsarbeitgeber der Arbeitnehmer und Eigentümer der von ihnen in den Betrieb eingebrachten Sachmittel blieben. Nur wenn neben

---

159 *Bonanni*, Der gemeinsame Betrieb, 55; Jochums, Gemeinschaftsbetrieb, 32 f.

160 Vgl. BAG, Beschl. v. 29.09.2004 – 1 ABR 39/03, NZA 2005, 420 unter B I 2 a der Gründe; BAG, Beschl. v. 15.05.2007 – 1 ABR 32/06, AP BetrVG 1972 § 1 Gemeinsamer Betrieb Nr. 30 (Rn. 18).

161 *Rieble/Gistel*, NZA 2005, 242 (246).

162 *Jochums*, Gemeinschaftsbetrieb, 33.

163 *Reuter* meint, dass es sich bei dem gemeinsamen Betrieb mangels Gesamthandsvermögens lediglich um eine BGB-Innengesellschaft handeln könne, vgl. *Reuter*, Anm. zu BAG, Beschl. v. 14.09.1988 – 7 ABR 10/87, AP BetrVG 1972 § 1 Nr. 9.

164 BAG, Urt. v. 01.12.2004 – 5 AZR 597/03, NZA 2005, 318.

165 *Fitting* BetrVG § 1 Rn. 122.

166 *Fitting* BetrVG § 1 Rn. 122.

167 Siehe zur Abgrenzung zum Gemeinschaftsunternehmen unter Kapitel 2 A.II.3.

168 So ErfK/*Koch* BetrVG § 1 Rn. 14.

der gemeinsamen Führung des Betriebs vereinbart wird, dass die Gesellschaft Vertragsarbeitgeberin und Eigentümerin der Betriebsmittel wird, soll es sich um eine Gesellschaft mit eigenem Betrieb handeln.[169]

Will man einen gemeinsamen Betrieb errichten, wird es weiterhin der rechtssichere Weg sein, diesen im Wege einer BGB-Innengesellschaft zu vollziehen. Insbesondere, wenn man erwägt, sich den Gemeinschaftsbetrieb als Alternative zur Arbeitnehmerüberlassung zunutze zu machen, ist es ratsam, dies in Form einer BGB-Innengesellschaft zu tun, um sich nicht der Gefahr ausgesetzt zu sehen, als Entleiher nach dem AÜG zu gelten. Einen eben solchen könnte die BGB-Außengesellschaft aufgrund ihrer Rechtsfähigkeit nämlich darstellen.[170]

2. Vermutungsregelung in § 1 Abs. 2 BetrVG

Die Vermutungstatbestände dienen dem Zweck, Betriebsräten und Wahlvorständen den in der Praxis oftmals schwer zu erbringenden Nachweis einer Führungsvereinbarung zu ersparen.[171] Diese wurden im Zuge des BetrVerfReformgesetzes in das BetrVG aufgenommen und führen, sofern sie vorliegen, zur Fiktion eines Gemeinschaftsbetriebs.[172] Hierdurch sollten jedoch die durch die Rechtsprechung entwickelten Tatbestandsvoraussetzungen nicht obsolet gemacht werden.[173] Im Vordergrund stand die Beweiserleichterung auf Grundlage der bisherigen Rechtsprechung.[174]

Gemäß § 1 Abs. 1 S. 2 BetrVG kann auch in einem gemeinsamen Betrieb mehrerer Unternehmen ein Betriebsrat gewählt werden, wenn die Voraussetzungen des § 1 Abs. 1 S. 1 BetrVG erfüllt sind. Nach § 1 Abs. 2 BetrVG wird ein gemeinsamer Betrieb vermutet, wenn zur Verfolgung arbeitstechnischer Zwecke Betriebsmittel und Arbeitnehmer von den Unternehmen gemeinsam eingesetzt werden, oder die Spaltung eines Unternehmens zur Folge hat, dass von einem Betrieb ein oder mehrere Betriebsteile einem an der Spaltung beteiligten Unternehmen zugeordnet werden, ohne dass

---

169 So ErfK/*Koch* BetrVG § 1 Rn. 14.

170 Zum Gemeinschaftsbetrieb als Alternative zur Arbeitnehmerüberlassung siehe unter Kapitel 5 A.

171 Vgl. BT-Drs. 14/5741, 33.

172 ErfK/*Koch* BetrVG § 1 Rn. 15 m.w.N.

173 *Hopfe*, Der gemeinsame Betrieb, 65.

174 *Hopfe*, Der gemeinsame Betrieb, 65.

sich dabei die Organisation des Betriebs wesentlich ändert. Liegt der Vermutungstatbestand vor, bedarf es keines weiteren Nachweises darüber, dass die beteiligten Unternehmen sich zur gemeinsamen Führung des Betriebs verabredet haben.[175] Verlangt man über die Vermutung des § 1 Abs. 2 BetrVG hinaus eine Führungsvereinbarung, wäre die Vermutung „inhaltsleer und überflüssig“[176].

Es handelt sich allerdings um eine *widerlegbare* Vermutung.[177] Soll die Vermutung widerlegt werden, müssen die beteiligten Unternehmen nachweisen, dass keine gemeinsame Leitung der organisatorischen Einheit in den wichtigen Aufgaben eines Arbeitgebers besteht.[178]

3. Abgrenzung zum Gemeinschaftsunternehmen

Für das Vorliegen eines gemeinsamen Betriebs mehrerer Unternehmen bedarf es schon dem Wortlaut nach eines Zusammenwirkens mindestens zweier einzelner Unternehmen. Die für den Gemeinschaftsbetrieb erforderliche Mehrheit beteiligter Trägerunternehmen ist nicht gegeben, wenn es sich um ein Gemeinschaftsunternehmen handelt. In einem solchen gründen mehrere Unternehmen für die Erfüllung bestimmter Arbeitsaufgaben eine Gesellschaft, mit welcher der Arbeitnehmer einen Arbeitsvertrag abschließt. Diese Gesellschaft tritt dem Arbeitnehmer als eigener Arbeitgeber gegenüber. In diesem Fall kann es sich betriebsverfassungsrechtlich nicht um einen gemeinsamen Betrieb mehrerer Unternehmen handeln, sondern lediglich um den Betrieb eines Unternehmens.[179]

B. Zusammenfassung Kapitel 2

Für den Begriff des Gemeinschaftsbetriebs existiert keine gesetzliche Definition. Bei der Bestimmung, ob ein gemeinsamer Betrieb vorliegt, ist regelmäßig auf die gemeinsame Nutzung sächlicher und immaterieller

---

175 *Schipp*, ArbRB 2019, 212 (213).

176 *Fitting* BetrVG § 1 Rn. 126 m.w.N.

177 BAG, Beschl. v. 11.02.2004 – 7 ABR 27/03, AP BetrVG 1972 § 1 Gemeinsamer Betrieb Nr. 22 m. Anm. Joost = NZA 2004, 618 (619); *Fitting* BetrVG § 1 Rn. 128; *Schipp*, ArbRB 2019, 212 (213); ausf. zur Vermutungswirkung DKW/*Trümner* BetrVG § 1 Rn. 126 ff.

178 *Fitting* BetrVG § 1 Rn. 130 m.w.N.

179 Richardi BetrVG/*Maschmann* BetrVG § 1 Rn. 62.

Betriebsmittel zur Verfolgung eines oder mehrerer arbeitstechnischer Zwecke durch die Trägerunternehmen abzustellen. Ebenso bedarf es einer einheitlichen Leitung, deren Vorliegen anhand einer Gesamtschau von Indizien zu beurteilen ist. Der Umfang der gemeinsamen Leitung bestimmt sich in Übereinstimmung mit der Auffassung des BAG danach, ob eine institutionell einheitliche Leitung in personellen und sozialen Angelegenheiten vorhanden ist. Ob es einer Führungsvereinbarung bedarf, wird uneinheitlich beurteilt. Aus Gründen der Rechtssicherheit sollte eine solche jedoch zwischen den beteiligten Unternehmen abgeschlossen werden. Existiert keine ausdrückliche Führungsvereinbarung, kann diese dennoch konkludent zu Stande kommen. Eine „negative" Führungsvereinbarung kann die Entstehung eines Gemeinschaftsbetriebs nicht verhindern, wenn dieser tatsächlich „gelebt" wird. Die vorgenannten Erkenntnisse werden der übrigen Untersuchung zugrunde gelegt.

Gemeinschaftsbetrieb im Betriebsverfassungsrecht

A. Betriebsverfassungsrechtliche Gremienstrukturen und Gemeinschaftsbetrieb

Gemäß § 1 Abs. 1 S. 1 BetrVG werden in Betrieben mit in der Regel mindestens fünf ständigen wahlberechtigten Arbeitnehmern, von denen drei wählbar sind, Betriebsräte gewählt. Dies gilt nach § 1 Abs. 1 S. 2 BetrVG auch für Gemeinschaftsbetriebe, für die ein gemeinsamer Betriebsrat gebildet werden kann. Ferner ermöglicht das BetrVG die Errichtung eines Gesamtbetriebsrats, wenn in einem Unternehmen mehrere Betriebsräte bestehen, § 47 Abs. 1 BetrVG. Dieser ist zuständig für die Behandlung von Angelegenheiten, die das Gesamtunternehmen oder mehrere Betriebe betreffen und nicht durch die einzelnen Betriebsräte innerhalb ihrer Betriebe geregelt werden können, § 50 Abs. 1 BetrVG.

Mit Einführung des § 47 Abs. 9 BetrVG hat auch der Gemeinschaftsbetrieb Einzug in die auf den Gesamtbetriebsrat bezogenen Organisationsvorschriften des BetrVG gefunden. Dem gemeinsamen Betrieb wird hierdurch zumindest mittelbar die Gesamtbetriebsratsfähigkeit zugesprochen.[180] Der Betriebsrat eines Gemeinschaftsbetriebs darf Mitglieder in sämtliche, bei

---

[180] Der gemeinsame Betrieb reicht aber nicht weiter als die von den beteiligten Unternehmen gemeinsam getragene Betriebsorganisation. Beschränkt sich die einheitliche Leitung nur auf einen einzelnen Teilbereich – wird beispielsweise nur ein Teil der Arbeitnehmer auf einem Werksgelände zweier Unternehmen gemeinsam eingesetzt – so wird auch nur dieser Teil der Arbeitnehmer durch einen, bei dem Unternehmen gebildeten, Gesamtbetriebsrat vertreten, vgl. Richardi BetrVG/*Annuß* BetrVG § 47 Rn. 77 f.

den Trägerunternehmen zu errichtende Gesamtbetriebsräte, entsenden. Dies ergibt sich zwingend aus der Vorschrift des § 47 Abs. 9 BetrVG.[181]

Auf Konzernebene existiert gemäß § 54 Abs. 1 BetrVG die Möglichkeit, durch Beschluss der einzelnen Gesamtbetriebsräte einen Konzernbetriebsrat für einen Konzern im Sinne des § 18 Abs. 1 AktG zu bilden. Die Zuständigkeit des Konzernbetriebsrats vollzieht sich nach dem gleichen Prinzip wie die des Gesamtbetriebsrats. Der Konzernbetriebsrat ist für Angelegenheiten zuständig, die den Konzern oder mehrere Konzernunternehmen betreffen und nicht durch die einzelnen Gesamtbetriebsräte innerhalb ihrer Unternehmen geregelt werden können. Seine Zuständigkeit erstreckt sich ebenso auf Unternehmen, die keinen Gesamtbetriebsrat gebildet haben, § 58 Abs. 1 BetrVG. Der Gemeinschaftsbetrieb kann Mitglieder in den Konzernbetriebsrat entsenden, wenn in einem oder mehreren Trägerunternehmen kein anderer Betriebsrat besteht.[182]

B. Betriebsrat in der Entstehung des Gemeinschaftsbetriebs

Die Bildung eines Gemeinschaftsbetriebs kann die Neuwahl des Betriebsrats erforderlich machen, wenn die bisherige betriebliche Identität verloren geht.[183] Dies ist anzunehmen, wenn das betriebliche Substrat, auf das sich das Betriebsratsamt bezieht, aufgrund eines nicht mehr bestehenden räumlichen und funktionalen Zusammenhangs mit dem Ursprungsbetrieb entfällt. Das ist der Fall, wenn Betriebe zusammengelegt werden, die zuvor jeweils einem einzelnen Unternehmen zugeordnet waren.[184] Gemäß

---

181 BAG, Urt. v. 13.02.2007 – 1 AZR 184/06, AP BetrVG 1972 § 47 Nr. 17 (Rn. 19); *Fitting* BetrVG § 47 Rn. 80; GK-BetrVG/*Franzen* § 47 Rn. 22; *Schmidt*, in: FS Küttner, 499 (502).

182 BAG, Beschl. v. 29.07.2020 – 7 ABR 27/19, AP BetrVG 1972 § 54 Nr. 20 (Rn. 51).

183 BAG, Beschl. v. 29.09.1988 – 1 ABR 37/87, AP BetrVG 1972 § 99 Nr. 55 = NZA 1989, 188 (189) stellt maßgeblich auf die Betriebsidentität ab; vgl. auch BAG, Beschl. v. 31.05.2000 – 7 ABR 78/98, AP BetrVG 1972 § 1 Gemeinsamer Betrieb Nr. 12 m. Anm. v. Hoyningen-Huene = NZA 2000, 1350 (1352); BAG, Beschl. v. 05.06.2002 – 7 ABR 17/01, AP BetrVG 1972 § 47 Nr. 11 m. Anm. v. Hoyningen-Huene = NZA 2003, 336 (336); *Schipp*, ArbRB 2019, 213 (215).

184 BAG, Urt. v. 24.05.2012 – 2 AZR 62/11, AP KSchG 1969 § 1 Betriebsbedingte Kündigung Nr. 194 (Rn. 49); *Bonanni*, Der gemeinsame Betrieb, 141.

§ 21a Abs. 2 BetrVG übernimmt der Betriebsrat des nach der Zahl der wahlberechtigten Arbeitnehmer größten Betriebs das Übergangsmandat. Die anderen Betriebsräte entfallen und die Amtsstellung ihrer Mitglieder endet, soweit sie nicht ein Restmandat wahrnehmen. Spätestens sechs Monate nach dem Zusammenschluss ist gemäß § 21a Abs. 1 S. 3 BetrVG eine Neuwahl durchzuführen.

Entsteht der gemeinsame Betrieb im Wege der Unternehmensspaltung, bleibt der Betriebsrat bis zum Ende der regulären Amtszeit im Amt, wenn ein einheitlicher Betrieb verbleibt. In diesem Fall besteht der Betrieb, für den der Betriebsrat gewählt wurde, unverändert fort. Dies gilt unabhängig davon, ob die Arbeitsverhältnisse auf das andere an der Spaltung beteiligte Unternehmen übergehen. Übergangsmandate entstehen in diesem Fall nicht.[185]

C. Errichtung eines unternehmensübergreifenden Gesamtbetriebsrats

Grundsätzlich sieht das Betriebsverfassungsrecht eine dreigliedrige Struktur der betrieblichen Interessenvertretung vor. Neben dem Betriebsrat können sowohl Gesamt als auch Konzernbetriebsräte bestehen. Obgleich das Gesetz klare Vorgaben in Bezug auf diese Interessenvertretungen macht, ergeben sich bei der Gründung eines Gemeinschaftsbetriebs weitere betriebsverfassungsrechtliche Fragestellungen. Bis zum Inkrafttreten des BetrVerf-Reformgesetzes war umstritten, ob und wie ein Gemeinschaftsbetrieb bei den Trägerunternehmen zu berücksichtigen ist.[186] Mit dem BetrVerf-Reformgesetz wurde zwar der Begriff des gemeinsamen Betriebs in das BetrVG eingeführt, jedoch bestehen

---

185 BAG, Beschl. v. 31.05.2000 – 7 ABR 78/98, AP BetrVG 1972 § 1 Gemeinsamer Betrieb Nr. 12 m. Anm. v. Hoyningen-Huene = NZA 2000, 1350 (1352).

186 Zur Vermeidung von Mitbestimmungslücken für die Berücksichtigung aller Arbeitnehmer des gemeinsamen Betriebs bei jedem Trägerunternehmen u.a.: *Bonanni*, Der gemeinsame Betrieb, 155; *Däubler*, in: FS Zeuner, 19 (29); *Fromen*, in: FS Gaul, 151 (185); *Herrmann*, Der gemeinsame Betrieb, 143 f.; *Joost*, Betrieb und Unternehmen, 264; *Säcker*, Wahlordnungen, Rn. 209; *Sick*, BB 1992, 1129 (1133); a.A. *Hanau*, in: FS Kissel, 347 (351 f.); *Konzen*, Unternehmensaufspaltungen, 119; *Windbichler*, Arbeitsrecht im Konzern, 294 f.

nach wie vor Unklarheiten bezüglich der Behandlung gemeinsamer Betriebe bei der Gesamtbetriebsratsbildung.

Nicht abschließend geklärt ist, ob die Betriebsräte mehrerer Gemeinschaftsbetriebe derselben Trägerunternehmen *einen* gemeinsamen unternehmensübergreifenden Gesamtbetriebsrat errichten dürfen.

Ferner wird teils kontrovers diskutiert, ob der Betriebsrat eines Gemeinschaftsbetriebs unternehmensfremde Mitglieder in den Gesamtbetriebsrat eines Trägerunternehmens entsenden kann oder ob eine Entsendung den Vertragsarbeitnehmern des jeweiligen Unternehmens vorbehalten ist, wobei sich das BAG nunmehr für die Entsendemöglichkeit auch unternehmensfremder Mitglieder ausgesprochen hat.

I. Zulässigkeit der Errichtung

Zunächst soll sich der Frage gewidmet werden, ob die Errichtung eines unternehmensübergreifenden Gesamtbetriebsrats grundsätzlich zulässig ist. Nimmt man dies an, wäre dieser für Betriebe verschiedener Trägerunternehmen zuständig. Nicht alle Betriebe, für die der Gesamtbetriebsrat gebildet worden ist, würden demselben Unternehmen angehören. Es wird sich zeigen, dass ein solcher zwar nicht auf Grundlage des § 47 BetrVG, wohl aber unter Einhaltung der strengen Voraussetzungen des § 3 Abs. 1 BetrVG errichtet werden kann.

1. Notwendigkeit eines einheitlichen Rechtsträgers

Das BAG spricht sich klar gegen die Konstellation eines unternehmensübergreifenden Gesamtbetriebsrats auf Grundlage von § 47 BetrVG aus. Diese Ansicht erfährt auch in Teilen des Schrifttums Zustimmung.[187] Ein Unternehmen im Sinne des § 47 Abs. 1 BetrVG setze einen einheitlichen Rechtsträger voraus. Somit könne ein Gesamtbetriebsrat nicht unternehmensüberschreitend gebildet werden.[188] Dies soll selbst für den Fall gelten, dass

---

187 DKW/*Deinert* BetrVG § 47 Rn. 23; *Fitting* BetrVG § 1 Rn. 152; *Hoffmann/Alles*, NZA 2014, 757 ff.; ErfK/*Koch* BetrVG § 47 Rn. 3; MHdB-ArbR/*Nebendahl* § 300 Rn. 12; *Peix*, Errichtung und Fortbestand, 46 ff.; *Romero*, ArbRAktuell 2018, 7 (8); *Schmidt*, in: FS Küttner, 499 (503).

188 BAG, Beschl. v. 29.11.1989 – 7 ABR 64/87, AP ArbGG 1979 § 10 Nr. 3 = NZA 1990, 615 (618); auch BAG, Urt. v. 13.02.2007 – 1 AZR 184/06, AP BetrVG 1972 § 47 Nr. 17 (Rn. 18 f.) geht grundsätzlich von der Unzulässigkeit aus, sofern keine – nicht näher

die beteiligten Trägerunternehmen ausschließlich Gemeinschaftsbetriebe unterhalten.[189]

Das BetrVG kenne keinen eigenständigen Unternehmensbegriff, sondern setzt ihn voraus. Dabei knüpfe es an die in anderen Gesetzen für das Unternehmen vorgeschriebenen Rechts und Organisationsformen an.[190] Sowohl nach den Vorschriften des AktG, des GmbHG des HGB als auch nach dem BGB könnten die einschlägigen Gesellschaften und Vereine jeweils nur Träger eines einheitlichen Unternehmens sein.[191] Insbesondere gehe die rechtliche Selbstständigkeit des Unternehmens nicht dadurch verloren, dass es mit einem oder mehreren Unternehmen wirtschaftlich verflochten ist oder Personengleichheit der Geschäftsführer besteht.[192] Dies folgt für das BetrVG aus der dort in mehreren Bestimmungen getroffenen Unterscheidung zwischen Unternehmen und Konzern[193] und den Normen des BetrVG über den Gesamtbetriebsrat (§§ 47 ff. BetrVG) sowie den Konzernbetriebsrat (§§ 54 ff. BetrVG i.V.m. § 18 Abs. 1 AktG).[194] Auch der Konzern sei trotz seiner einheitlichen Leitung kein einheitliches Unternehmen, sondern der Zusammenschluss verschiedener, rechtlich selbständiger Unternehmen, die ihre Selbstständigkeit nicht aufgrund des Zusammenschlusses verlieren sollen.[195] So spreche das BetrVG ausdrücklich von „Konzernunternehmen“

---

benannten – besonderen Umstände in der Unternehmensorganisation gegeben seien, deren Vorliegen die Bildung eines unternehmensübergreifenden Gesamtbetriebsrats ausnahmsweise rechtfertigen; BAG, Urt. v. 17.03.2010 – 7 AZR 706/08, AP BetrVG 1972 § 47 Nr. 18 (Rn. 15); BAG, Beschl. v. 01.06.2022, AP BetrVG 1972 § 47 Nr. 19 (Rn. 34).

189 BAG, Urt. v. 17.03.2010 – 7 AZR 706/08, AP BetrVG 1972 § 47 Nr. 18 (Rn. 18); *Fitting* BetrVG § 47 Rn. 80 m.w.N.

190 BAG, Urt. v. 13.02.2007 – 1 AZR 184/06, AP BetrVG 1972 § 47 Nr. 17 (Rn. 17).

191 BAG, Beschl. v. 29.11.1989 – 7 ABR 64/87, AP ArbGG 1979 § 10 Nr. 3 = NZA 1990, 615 (618); BAG, Beschl. v. 09.09.2000 – 7 ABR 56/98, AP BetrVG 1972 § 47 Nr. 9 = NZA 2001, 116 (117); BAG, Urt. v. 13.02.2007 – 1 AZR 184/06, AP BetrVG 1972 § 47 Nr. 17 (Rn. 17); BAG, Beschl. v. 25.02.2020 – 1 ABR 40/18, AP BetrVG1972 § 3 Nr. 16 (Rn. 14).

192 BAG, Beschl. v. 11.12.1987 – 7 ABR 49/87, AP BetrVG §47 Nr. 7 unter 2. der Gründe; BAG, Urt. v. 13.02.2007 – 1 AZR 184/06, AP BetrVG 1972 § 47 Nr. 17 (Rn. 18).

193 Vgl. §§ 8 Abs. 1, 87 Abs. 1 Nr. 8, 88 Nr. 2 BetrVG.

194 BAG, Beschl. v. 11.12.1987 – 7 ABR 49/87, AP BetrVG §47 Nr. 7 unter 2. der Gründe; BAG, Urt. v. 13.02.2007 – 1 AZR 184/06, AP BetrVG 1972 § 47 Nr. 17 (Rn. 18).

195 BAG, Urt. v. 13.02.2007 – 1 AZR 184/06, AP BetrVG 1972 § 47 Nr. 17 (Rn. 18).

(vgl. § 58 Abs. 1 BetrVG).[196] Das Unternehmen im Sinne des BetrVG könne sich nicht über den Geschäfts und Tätigkeitsbereich seines Rechtsträgers hinaus erstrecken.[197] Hierdurch werden die Grenzen seines Unternehmens markiert.[198]

Betriebe desselben Rechtsträgers können betriebsverfassungsrechtlich allein diesem zugeordnet werden. Soll ein Gesamtbetriebsrat gebildet werden, müssten die Betriebe allesamt von demselben Unternehmen betrieben werden. Dies gelte ebenso für Gemeinschaftsbetriebe, deren Betriebsräte jeweils Mitglieder in sämtliche bei den Trägerunternehmen zu errichtende Gesamtbetriebsräte entsenden. Das BAG sieht einen Hinweis auf die notwendige Identität des Rechtsträgers bei der Gesamtbetriebsratsbildung ferner in der Vorschrift des § 27 Abs. 1 S. 1 SchwbG a.F. (nunmehr § 180 Abs. 1 S. 1 SGB IX). Dieser sieht vor, dass „mehrere Betriebe eines Arbeitgebers" einen Gesamtbetriebsrat errichten können. Dies lasse den Schluss darauf zu, dass Betriebe, die gemäß § 47 Abs. 1 BetrVG Vertreter in einen Gesamtbetriebsrat entsenden, *demselben* Rechtsträger zugehörig sein müssen.[199]

In systematischer Hinsicht spreche auch die Regelung des § 3 Abs. 1 BetrVG gegen die Möglichkeit der Bildung unternehmensübergreifender Gesamtbetriebsräte. Die Organisationsvorschriften des BetrVG stellen zweiseitiges zwingendes Recht dar, soweit das Gesetz nicht ausdrücklich Abweichungen zulässt.[200] Aus der in § 3 BetrVG vorgesehenen Möglichkeit, andere Arbeitnehmervertretungen durch Tarifvertrag zu errichten, ergebe sich im Umkehrschluss, dass die Organisation des BetrVG in allen anderen Fällen einer Regelung durch Tarifvertrag oder Einzelabrede entzogen sei.[201]

---

196 BAG, Beschl. v. 29.11.1989 – 7 ABR 64/87, AP ArbGG 1979 § 10 Nr. 3 = NZA 1990, 615 (618).

197 BAG, Beschl. v. 29.11.1989 – 7 ABR 64/87, AP ArbGG 1979 § 10 Nr. 3 = NZA 1990, 615 (618).

198 BAG, Beschl. v. 11.12.1987 – 7 ABR 49/87, AP BetrVG 1972 § 47 Nr. 7 unter 2. der Gründe.

199 BAG, Beschl. V. 29.11.1989 – 7 ABR 64/87, AP ArbGG 1979 § 10 Nr. 3.

200 BAG, Beschl. v. 10.11.2004 – 7 ABR 17/04, AP BetrVG 1972 § 3 Nr. 4 = NJOZ 2005, 3038 (3044); ErfK/*Koch* BetrVG § 3 Rn. 1; *Romero*, ArbRAktuell 2018, 7 (8); Teusch, NZA 2007, 124 (124).

201 *Romero*, ArbRAktuell 2018, 7 (8); zur Abweichungsmöglichkeit nach § 3 BetrVG siehe Kapitel 3 C.II.

2. Möglichkeit der Errichtung unter bestimmten Voraussetzungen

Teile der rechtswissenschaftlichen Literatur halten die Errichtung eines einheitlichen Gesamtbetriebsrats aller Gemeinschaftsbetriebe für möglich, wenn dieselben Unternehmen mehrere Gemeinschaftsbetriebe besitzen.[202]

So wie der Betriebsrat des Gemeinschaftsbetriebs bei betriebsinternen Angelegenheiten als Verhandlungspartner auftrete, müsse dies bei überbetrieblichen Angelegenheiten der aus den Gemeinschaftsbetrieben zu bildende Gesamtbetriebsrat sein. *Hanau*[203] bezeichnet dies als „logische Fortsetzung des Betriebsrats eines gemeinsamen Betriebes“, der schließlich auch gegenüber den beteiligten Unternehmen als „berechtigender und verpflichtender Verhandlungspartner“ auftrete.

Fischer[204] geht davon aus, dass das Thema „Gemeinschaftsbetrieb“ bei der Schaffung des § 47 BetrVG noch nicht virulent war. Zwar stimmt er dem BAG insoweit zu, als dass er den Wortlaut des § 47 Abs. 1 BetrVG für eindeutig hält, will jedoch aufgrund der Novellierung des BetrVG im Jahre 2001[205] eine Neuinterpretation des § 47 Abs. 1 BetrVG zulassen. Darauf deute zum einen die Schaffung des § 1 Abs. 2 BetrVG, und zum anderen die durch § 3 BetrVG ermöglichte Einführung von „unternehmensübergreifenden“ Betriebsratsstrukturen hin.

Fischer bezweifelt, dass der Wortlaut des § 47 Abs. 1 BetrVG dem Sinn und Zweck des Gesetzes wirklich Rechnung zu tragen vermag. Angesichts der stetigen Veränderungen im Arbeits und Wirtschaftsleben sei es ständige Aufgabe der höchstrichterlichen Rechtsprechung, eine Fortentwicklung der Rechtsordnung behutsam und mit Augenmaß zu betreiben. Auch wenn er der Rechtsauffassung des BAG kritisch gegenübersteht, erkennt er dennoch

---

202 *Bonanni*, Der gemeinsame Betrieb, 145; *Fischer*, jurisPR-ArbR 40/2007 Anm. 3; *Däubler*, in: FS Zeuner, 19 (28) erkennt aber auch an, dass dies in der Praxis selten anzutreffen sein wird; *Hanau*, in: FS Kissel, 347 (352); GK-BetrVG/*Franzen* § 47 Rn. 23; *Konzen*, Unternehmensaufspaltungen, 119, will auf Unternehmensebene von einem gemeinschaftlichen Unternehmen der beteiligten Trägerunternehmen ausgehen; *Küttner*, in: FS Hanau, 465 (474); *Schönhöft/Wertz*, RdA 2010, 100 (101 f.); *Windbichler*, Arbeitsrecht im Konzern, 294.

203 *Hanau*, in: FS Kissel, 347 (352).

204 Vgl. *Fischer*, jurisPR-ArbR 40/2007 Anm. 3.

205 BGBl. I, 1852.

an, dass dieses die Frage nach der Beteiligung mehrerer Unternehmen an der Bildung *eines* Gesamtbetriebsrats klar und eindeutig für sich entschieden hat.

Zwar mag *Fischer* recht in der Annahme gehen, dass arbeitsrechtliche Strukturen eine gewisse Dynamik aufweisen, jedoch verkennt er, dass der Gesetzgeber sich mit der Einführung des § 1 Abs. 2 BetrVG bewusst für eine von § 47 BetrVG abweichende Regelung hätte entscheiden können, dies aber unterlassen hat.[206] Auch aus rechtsdogmatischen Gründen ist diese Sichtweise abzulehnen. § 50 Abs. 1 S. 1 BetrVG enthält eine klare Umgrenzung der Zuständigkeiten des Gesamtbetriebsrats, die mit dem Bereich des Unternehmens korrespondieren. Die Existenz eines einzigen, einheitlichen Gesamtbetriebsrats für den Gemeinschaftsbetrieb würde einen Verstoß gegen § 50 Abs. 1 S. 1 BetrVG darstellen.[207] Da ein Unternehmen stets das Vorhandensein eines einheitlichen Rechtsträgers für alle ihm zugehörigen Betriebe voraussetzt, sind die Betriebsräte verschiedener Rechtsträger daran gehindert, einen einheitlichen Gesamtbetriebsrat zu errichten.[208]

Schönhöft/Wertz[209] sehen in der Rechtsprechung des BAG einen Hinweis darauf, dass Umstände vorliegen können, die ausnahmsweise eine Errichtung eines unternehmensübergreifenden Gesamtbetriebsrats zulassen. Solche Umstände seien jedenfalls anzunehmen, wenn dieselben Trägerunternehmen ausschließlich Gemeinschaftsbetriebe führen, da dies einer Unternehmenseinheit nahekäme. Diese Auffassung sehen sie durch den ersten Senat bestätigt. In dessen Urteil[210] heißt es, „dass in dem zu beurteilenden Fall [keine] Umstände vorliegen, die ausnahmsweise die Errichtung einer als ‚Gesamtbetriebsrat' bezeichneten unternehmensüberschreitenden Arbeitnehmervertretung ermöglichten"[211].

---

206 Vgl. auch *Hoffmann/Alles*, NZA 2014, 757 (758).

207 *Peix*, Errichtung und Fortbestand, 46.

208 Dies gilt selbst dann, wenn die verschiedenen Unternehmen wirtschaftlich verflochten sind, Personengleichheit der Geschäftsführer besteht oder dieselben Trägerunternehmen ausschließlich Gemeinschaftsbetriebe unterhalten, vgl. *Schmidt*, in: FS Küttner, 499 (503).

209 *Schönhöft/Wertz*, RdA 2010, 100 (101 ff.), diese erkennen aber selbst an, dass ein „Gesamt(gemeinschafts)betriebsrat" aufgrund der ungeklärten Rechtsfrage seiner Zulässigkeit keine sichere Lösungsmöglichkeit für die beteiligten Unternehmen darstellt.

210 BAG, Urt. v. 13.02.2007 – 1 AZR 184/06, AP BetrVG § 47 Nr. 17.

211 BAG, Urt. v. 13.02.2007 – 1 AZR 184/06, AP BetrVG § 47 Nr. 17 (Rn. 20).

Entgegen der Ansicht von *Schönhöft/Wertz* sollte dieser Feststellung des ersten Senats nicht allzu viel Gewicht beigemessen werden, da der Senat in derselben Entscheidung betont, dass für Betriebe verschiedener Rechtsträger kein gemeinsamer Gesamtbetriebsrat errichtet werden kann.[212] Dies gelte grundsätzlich auch für Gemeinschaftsbetriebe im Sinne des § 1 Abs. 2 BetrVG.[213] Obgleich der Senat lediglich von einer *grundsätzlichen* Unzulässigkeit im Falle des Gemeinschaftsbetriebs ausgeht, lässt sich nicht erkennen, warum eine Abweichung von der gesetzlichen Konzeption bei Vorliegen eines Gemeinschaftsbetriebs zulässig sein sollte. Dem Gesetzgeber war die Existenz des Gemeinschaftsbetriebs bekannt. Für diesen wurden im Rahmen des BetrVerf-Reformgesetzes[214] in § 47 Abs. 9 BetrVG explizit Abweichungsmöglichkeiten im Hinblick auf das Stimmgewicht bei den aus einem gemeinsamen Betrieb in den Gesamtbetriebsrat entsandten Arbeitnehmern zugelassen. Der Gesetzgeber hat es indes unterlassen, eine äquivalente Modifikationsmöglichkeit für die Bildung von unternehmensübergreifenden Gesamtbetriebsräten aufzunehmen. Auch aus historischer Sicht darf nicht außer Acht gelassen werden, dass sich für den Gemeinschaftsbetrieb ein nur langsamer Integrationsprozess in das betriebsverfassungsrechtliche Geschehen abzeichnet. Es würde die Grenze betriebsverfassungsrechtlich intendierter Gestaltungsmöglichkeiten überschreiten, wenn man den Rechtsträgern gemeinsamer Betriebe abweichend vom „Normalfall" des Betriebs umfassende Abweichungsmöglichkeiten bei der Gesamtbetriebsratsbildung einräumte. Insofern muss es bei der Grundsatzregelung des § 47 Abs. 1 BetrVG bleiben, nach welcher *ein* Gesamtbetriebsrat in *einem* Unternehmen gebildet wird, und nicht einer für mehrere.

Schönhöft/Wertz[215] stellen ferner darauf ab, dass das Bestehen von Gesamtbetriebsräten bei jedem beteiligten Trägerunternehmen – sofern diese ausschließlich Gemeinschaftsbetriebe unterhalten – aufgrund zu befürchtender Konflikt bzw. Kollisionsfälle weder sach noch praxisgerecht sei. Eine Kritik an der praktischen Umsetzung der Normen des BetrVG kann jedoch

---

212 BAG, Urt. v. 13.02.2007 – 1 AZR 184/06, AP BetrVG § 47 Nr. 17 (Rn. 19).
213 BAG, Urt. v. 13.02.2007 – 1 AZR 184/06, AP BetrVG § 47 Nr. 17 (Rn. 19).
214 BetrVerf-Reformgesetz vom 23. Juli 2001, BGBl. Jg. 2001, Teil I, Nr. 36 Buchst. e.
215 *Schönhöft/Wertz*, RdA 2010, 101 f.

nicht als ausreichend angesehen werden, um sich von dessen Vorgaben zu lösen. Der Wortlaut des § 47 Abs. 1 BetrVG und damit auch der Anspruch des BetrVG, sind eindeutig. Praktische Bedenken müssen dahinter zurücktreten.

Auch *Franzen*[216] hält die Errichtung eines unternehmensübergreifenden Gesamtbetriebsrats für möglich. Unterhalten die beteiligten Unternehmen ausschließlich mehrere gemeinsame Betriebe, so sei eine „Unternehmenseinheit" anzunehmen. Bestehen in einer derartigen Konstellation mehrere Betriebsräte, haben diese nur einen gemeinsamen Gesamtbetriebsrat zu errichten. Sähe man hierin einen Verstoß gegen § 47 BetrVG, resultiere dies nur aus einem „Beharren auf dogmatische[r] Folgerichtigkeit"[217]. Außer Acht werde indes gelassen, dass „schon mit der gesetzlichen Anerkennung der Gesamtbetriebsratsfähigkeit der Betriebsräte gemeinsamer Betriebe die Unternehmensgrenze (ausnahmsweise) überschritten wird"[218]. Dadurch weiche die Errichtung eines gemeinsamen Gesamtbetriebsrats nicht vom Grundprinzip ab, sondern modifiziere dieses nur folgerichtig. Begründet wird diese Sichtweise ferner damit, dass ein Nebeneinander verschiedener Gesamtbetriebsräte kostenaufwendig und komplizierter als nötig sei, wenn die Gemeinschaftsbetriebe von den Arbeitgebern ohnehin einheitlich geführt würden.[219]

Diese Sichtweise wird der Natur des Gemeinschaftsbetriebs nicht gerecht. Der gemeinsame Betrieb mehrerer Unternehmen bildet eine Ausnahme zur Regel. Der Unternehmensbezug kann nur im Rahmen des Konzernbetriebsrats überwunden werden. Eine mögliche Kostenersparnis kann kein hinreichender Grund sein, um eine Abweichung von der Betriebsverfassung zu rechtfertigen. Im Übrigen ist nicht außer Acht zu lassen, dass falls eines der eingebundenen Unternehmen noch einen zusätzlichen Betrieb hat – welcher kein Gemeinschaftsbetrieb ist – gleichwohl die Notwendigkeit besteht, in diesem Unternehmen einen Gesamtbetriebsrat zu errichten. In der Konsequenz bestünden zwei Gesamtbetriebsräte, deren Verhältnis zueinander nicht geklärt wäre.[220] Aufgrund des unternehmensweiten Zuständigkeitsbereichs

---

[216] GK-BetrVG/*Franzen* § 47 Rn. 23, der aber i.E. darauf hinweist, dass sich die Praxis an der Rspr. orientieren sollte, die in einem unternehmensübergreifenden Gemeinschaftsbetrieb einen Verstoß gegen § 47 BetrVG sieht.

[217] GK-BetrVG/*Franzen* § 47 Rn. 23.

[218] GK-BetrVG/*Franzen* § 47 Rn. 23.

[219] Ebenso *Schönhöft/Wertz*, RdA 2010, 100 (102).

[220] Vgl. auch DKW/*Deinert* BetrVG § 47 Rn. 23.

des Gesamtbetriebsrats kann für *ein* Unternehmen nur *ein* Gesamtbetriebsrat gebildet werden, der sämtliche Betriebe des Unternehmens erfasst.[221] Der Zuständigkeitsbereich eines Gesamtbetriebsrats knüpft allein an die Unternehmenszugehörigkeit an. Der arbeitnehmer oder arbeitgeberseitigen Organisationsstruktur innerhalb des Betriebs darf hierbei keine Bedeutung zukommen.[222] Nach der gesetzgeberischen Wertung ist der Gemeinschaftsbetrieb nicht anders zu behandeln als jeder andere Betrieb des Unternehmens. Der gemeinsame Betrieb ist jedem an diesem beteiligten Unternehmen als Betrieb zuzuordnen und bildet mit dessen übrigen eigenen oder gemeinsamen Betrieben ein einheitliches Unternehmen im Sinne des § 47 Abs. 1 BetrVG.[223]

3. Ergebnis: Keine Abweichungsmöglichkeit in § 47 BetrVG

Für verschiedene Trägerunternehmen kann kein unternehmensübergreifender Gesamtbetriebsrat gebildet werden, da die Trägerunternehmen durch die Bildung nicht zu *einem* Unternehmen im Sinne des § 47 Abs. 1 BetrVG werden. Vielmehr entsenden die Betriebsräte der Gemeinschaftsbetriebe jeweils Mitglieder in die bei den Trägerunternehmen zu errichtenden Gesamtbetriebsräte.

4. Kompetenzverteilung bei Bestehen mehrerer Gesamtbetriebsräte

Bestehen mehrere Gesamtbetriebsräte bei verschiedenen am gemeinsamen Betrieb beteiligten Trägerunternehmen, liegen Kompetenzüberschneidungen nicht fern. Im Regelfall steht der Betriebsrat als Interessenvertreter der Belegschaft dem Arbeitgeber als Verhandlungspartner gegenüber. Bei gemeinsamen Betrieben mehrerer Unternehmen muss jedoch von diesem Muster abgewichen werden, da diese nicht von einem einzigen, sondern von mehreren Arbeitgebern geführt werden. Nicht die Betriebsleitung, sondern die Trägerunternehmen sind Inhaberin und Adressatin der Rechte nach dem BetrVG.

---

221 Vgl. *Fitting* BetrVG § 47 Rn. 7; DKW/*Deinert* BetrVG § 47 Rn. 14 f.
222 *Peix*, Errichtung und Fortbestand, 47.
223 *Peix*, Errichtung und Fortbestand, 50.

Für die Frage, welcher Gesamtbetriebsrat für Angelegenheiten zuständig ist, die den Gemeinschaftsbetrieb betreffen, kommt es vor allem auf den Regelungsgegenstand an.[224] Zunächst muss es sich gemäß § 50 Abs. 1 S. 1 BetrVG um eine Angelegenheit handeln, die das Gesamtunternehmen oder mehrere Betriebe – mithin ebenso andere Betriebe als den Gemeinschaftsbetrieb – betrifft, und nicht durch die Betriebsräte in den einzelnen Betrieben geregelt werden kann.[225] Zuständig ist in diesem Fall der Gesamtbetriebsrat, der die weiteren von der Angelegenheit betroffenen Betriebe repräsentiert.[226] Abhängig vom Regelungsgegenstand ist jedoch nicht in jedem Fall eine einvernehmliche Regelung innerhalb des gemeinsamen Betriebs mehrerer Trägerunternehmen möglich. Kommt es zu einem Konflikt verschiedener Gesamtbetriebsvereinbarungen, bedarf es einer interessengerechten Lösung. Unterscheiden muss man zwischen Angelegenheiten mit arbeitsvertraglichem Bezug, betriebsbezogenen Angelegenheiten und solchen, die gemäß § 50 Abs. 2 S. 1 BetrVG kraft Auftrags übertragen werden.

a. Originäre Zuständigkeit

aa. Angelegenheiten mit arbeitsvertraglichem Bezug

Zuständig in Angelegenheiten mit stark ausgeprägten arbeitsvertraglichen Bezügen ist der Gesamtbetriebsrat, der im Unternehmen des Vertragsarbeitgebers gebildet ist.[227] Diese Sichtweise vermeidet auf Ebene des Gesamtbetriebsrats von vornherein Zuständigkeitskonflikte. Es handelt sich hierbei um Regelungen, die konfliktfrei nebeneinander innerhalb eines Betriebs bestehen können, sodass einschlägige Gesamtbetriebsvereinbarungen auch im Verhältnis zu den Arbeitnehmern des gemeinsamen Betriebs

---

224 BAG, Beschl. v. 23.09.2003 – 1 ABR 35/02, AP BetrVG 1972 § 99 Eingruppierung Nr. 28 = NZA 2004, 800 bei einer Eingruppierung ist Vertragsarbeitgeber Adressat des Mitbestimmungsrechts; MHdB-ArbR/*Nebendahl* § 300 Rn. 43; *Schmidt*, in: FS Küttner, 499 (505 f.).

225 MHdB-ArbR/*Nebendahl* § 300 Rn. 43.

226 *Fitting* BetrVG § 50 Rn. 33.

227 *Fitting* BetrVG § 50 Rn. 33; MHdB-ArbR/*Nebendahl* § 300 Rn. 43 führt als Anwendungsfall beispielhaft unternehmensweite Bonusprogramme oder Altersversorgungsregelungen an; *Schmidt*, in: FS Küttner, 499 (506).

Geltung entfalten können.[228] Geht es um unternehmenseinheitliche freiwillige Leistungen oder eine unternehmensweite Altersversorgung, ist der Gesamtbetriebsrat des Vertragsarbeitgebers zuständig.[229] Eine mit diesem abgeschlossene Gesamtbetriebsvereinbarung wirkt im gemeinsamen Betrieb normativ für die Vertragsarbeitnehmer nur dieses Unternehmens.[230]

Dies führt im Einzelfall zu einer Ungleichbehandlung der Arbeitnehmer im gemeinsamen Betrieb, welche jedoch keine Verletzung des arbeitsrechtlichen Gleichbehandlungsgrundsatzes darstellt. Dieser fordert keine „schematische Gleichbehandlung“[231] aller Arbeitnehmer in einem gemeinsamen Betrieb.[232] Es kommt vielmehr auf die Kompetenzbezogenheit des Gleichbehandlungsgrundsatzes an, sodass dieser den Vertragsarbeitgeber nur gegenüber dem einzelnen Vertragsarbeitnehmer bindet.[233]

bb. Betriebsorganisationsbezogene Angelegenheiten

Betriebsorganisationsbezogene Mitbestimmungsrechte richten sich an die Gemeinschaft der Trägerunternehmen.[234] Diese müssen in der Gesamtheit der beteiligten Trägerunternehmen einheitlich geregelt und koordiniert werden. In diesen Fällen wird nur selten eine originäre Zuständigkeit des Gesamtbetriebsrats anzunehmen sein.[235] Ist jedoch eine betriebsübergreifende Regelung vorgesehen, ist der Gesamtbetriebsrat zuständig, der diejenigen Arbeitnehmer der Betriebe repräsentiert, die von der Regelung erfasst werden sollen.[236] Gehören die am gemeinsamen Betrieb beteiligten Unternehmen zu einem Konzern und soll eine Regelung Betriebe beider Unternehmen

---

228 Richardi BetrVG/*Annuß BetrVG* § 50 Rn. 72.

229 *Fitting* BetrVG § 50 Rn. 33.

230 *Fitting* BetrVG § 50 Rn. 33 m.w.N.

231 *Schmidt*, in: FS Küttner, 499 (506).

232 BAG, Urt. v. 19.11.1992 – 10 AZR 290/91, AP BGB § 611 Gratifikation Nr. 145 = NJW 1993, 1813 (1814).

233 *Schmidt*, in: FS Küttner, 499 (506).

234 *Schmidt*, in: FS Küttner, 499 (506) führt beispielhaft die Ordnung des Betriebs, die Festlegung von Beginn und Ende der Arbeitszeit, die Einführung technischer Überwachungseinrichtungen und Regelungen zum Arbeitsschutz auf.

235 Vgl. *Schmidt*, in: FS Küttner, 499 (506 f.).

236 *Fitting* BetrVG § 50 Rn. 34.

erfassen, ist der Konzernbetriebsrat zuständig.[237] Anderenfalls bietet das Gesetz keine unmittelbare Lösung an.[238]

Kommt es zu Kompetenzkonflikten zwischen mehreren Gesamtbetriebsräten in betriebsorganisatorischen Fragen, will *Schmidt*[239] auf das Prinzip der größten Zahl zurückgreifen. Dieses Zuordnungsprinzip werde in § 21a Abs. 2 S. 1 BetrVG zum Ausdruck gebracht. Hiernach bestimmt sich bei der Zusammenfassung von Betrieben die Kompetenz zur Übernahme des Übergangsmandats nach der Zahl des nach wahlberechtigten Arbeitnehmern größten Betriebs(-teils). Hierdurch werde, so *Schmidt*, eine einheitliche Interessenvertretung durch Zuweisung einer Alleinkompetenz gewährleistet, wenn für eine Angelegenheit eine Zuständigkeit verschiedener Arbeitnehmervertretungen in Betracht kommt. Dem entspreche die Lage im gemeinsamen Betrieb mehrerer Unternehmen bei betriebsorganisatorischen Angelegenheiten mit überbetrieblichem Regelungsbedarf.[240] Bemessungsgrundlage soll die Zahl der durch eine solche Regelung betroffenen Arbeitnehmer sein. Zur Vermeidung von Verzerrungen biete es sich an, den Gesamtbetriebsrat als zuständig anzusehen, dessen Trägerunternehmen im Gemeinschaftsbetrieb die meisten Arbeitnehmer beschäftigt.

Zwar mag sich dieser Ansatz zumindest an anderen Lösungen des Betriebsverfassungsrechts in Kompetenzfragen (§ 21a Abs. 2 S. 1 BetrVG) orientieren, jedoch mangelt es im konkreten Fall an einer gesetzlichen Anordnung.[241] Auch erscheint ein Abstellen auf die Arbeitnehmerzahl praxisfremd. Hierbei handelt es sich um einen unbeständigen Wert, der einem stetigen Wechsel unterliegt. Gerade wenn die Trägerunternehmen zu etwa gleichen Teilen Arbeitnehmer im gemeinsamen Betrieb beschäftigen, wird schwerlich ein eindeutiger Verhandlungspartner auf Gesamtbetriebsratsebene auszumachen sein.[242] Im Übrigen ist bereits zu hinterfragen, ob es auf Ebene des Gesamtbetriebsrats eines einheitlichen Verhandlungspartners bedarf.

---

237 *Fitting* BetrVG § 50 Rn. 34.

238 *Fitting* BetrVG § 50 Rn. 34.

239 *Schmidt*, in: FS Küttner, 499 (507); zust. *Däubler*, in: FS Zeuner, 18 (29).

240 *Schmidt*, in: FS Küttner, 499 (507).

241 MHdB-ArbR/*Nebendahl* § 300 Rn. 43.

242 So auch *Salamon*, RdA 2008, 24 (31): Der Gesetzgeber hat dieselbe Problematik in § 21a Abs. 2 S. 1 BetrVG nur in Kauf genommen, da eine Zuständigkeit mehrerer Betriebsräte in einem Betrieb nicht denkbar ist.

Eine Zuständigkeit könnte mangels korrespondierender Regelungsmacht von jeweils nur *einem* am Gemeinschaftsbetrieb beteiligten Unternehmen, das als Ansprechpartner auf Gesamtbetriebsratsebene zur Verfügung steht, ohnehin nicht umfassend wahrgenommen werden.[243]

Der Ansicht *Schmidts* ist ferner entgegenzuhalten, dass die Grenze des originären Zuständigkeitsbereichs des Gesamtbetriebsrats der des jeweiligen Unternehmens entspricht. Abgeschlossene Gesamtbetriebsvereinbarungen erfassen gerade nicht die unternehmensfremden Arbeitnehmer, sodass jene Rechtsauffassungen abgelehnt werden müssen, die Gesamtbetriebsvereinbarungen eines einzelnen Gesamtbetriebsrats unterschiedslos auf alle im Gemeinschaftsbetrieb beschäftigten Arbeitnehmer ohne Rücksicht auf die übrigen Gesamtbetriebsräte erstrecken wollen.[244] Die im gemeinsamen Betrieb tätigen Arbeitnehmer gehören nicht etwa mehreren, sondern lediglich *einem* Unternehmen an. Die Regelung in § 47 Abs. 9 BetrVG erlaubt eine Zurechnung des gemeinsamen Betriebs zu jedem Trägerunternehmen und den dortigen Gesamtbetriebsräten. Auf der anderen Seite fehlt es an einer Regelung, die die in dem Gemeinschaftsbetrieb beschäftigten Arbeitnehmer betriebsverfassungsrechtlich mehreren Unternehmen zuordnet. Dies lässt sich als Indiz dafür werten, dass die ausgehandelten Vereinbarungen in persönlicher Hinsicht allein die unternehmensangehörigen Arbeitnehmer treffen sollen.[245] Hiernach könnte ein Arbeitnehmer also nicht von mehreren Vereinbarungen erfasst werden.

Däubler[246] will bei Erfassung des Gemeinschaftsbetriebs durch unterschiedliche Gesamtbetriebsvereinbarungen in Anlehnung an die Regeln zur Tarifkonkurrenz das Günstigkeitsprinzip anwenden. Hierfür verbleibt jedoch kein Raum. Der Vergleich zweier Regelungen ist nur innerhalb der Normenhierarchie möglich. Hieran fehlt es bei den rechtlich gleichwertigen Gesamtbetriebsvereinbarungen.[247]

---

243 *Salamon*, RdA 2008, 24 (31).

244 So *Peix*, Errichtung und Fortbestand, 39 ff.

245 So im Ergebnis auch GK-BetrVG/*Franzen* § 50 Rn. 90; *Lindemann/Simon*, BB 2003, 2510 (2513); ausf. dazu *Peix*, Errichtung und Fortbestand, 40 ff.

246 *Däubler*, in: FS Zeuner, 18 (29).

247 *Salamon*, RdA 2008, 24 (31) m.w.N.

Ein anderer Teil des Schrifttums will in Fällen, in denen eine parallele Existenz unterschiedlicher Regelungen nicht in Betracht kommt, bereits die Zuständigkeit der Gesamtbetriebsräte ablehnen, da die Angelegenheit nur auf Betriebs und nicht auf Unternehmensebene getroffen werden könne.[248] Existiere demnach – auch nur eine – Gesamtbetriebsvereinbarung in einem beteiligten Unternehmen und fehle eine solche im Gemeinschaftsbetrieb, soll diese keine Geltung in Letzterem entfalten.[249] In diesem Fall wäre kein Gesamtbetriebsrat für die Angelegenheit zuständig. Eine solche Sichtweise nimmt Mitbestimmungslücken in Kauf.[250] Die Zuständigkeit des örtlichen Betriebsrats wäre aufgrund der notwendig überbetrieblichen Regelung nach der gesetzlichen Konzeption gerade nicht gegeben.[251]

Andere Vertreter der rechtswissenschaftlichen Literatur halten den Abschluss paralleler Gesamtbetriebsvereinbarungen für erforderlich, die normativ für die Vertragsarbeitnehmer des Trägerunternehmens wirken.[252] Dies schließe die Zuständigkeit von keinem bei einem Trägerunternehmen gebildeten Gesamtbetriebsrat von vornherein aus. Der Geltungsbereich müsse jedoch auf die jeweils unternehmensangehörigen Arbeitnehmer beschränkt werden.[253] Für diese Überlegung spreche auch, dass es widersinnig wäre, Mitglieder in den Gesamtbetriebsrat eines Trägerunternehmens zu entsenden, obwohl deren Mitwirkung im Gremium sich niemals auf den entsendenden Gemeinschaftsbetrieb auswirken könnte.[254] Nur so könne eine effektive Mitbestimmung auf Ebene des Unternehmens gewährleistet werden. Dem muss entgegengehalten werden, dass hierdurch das Problem einer notwendig einheitlich zu regelnder betriebsorganisatorischer Angelegenheit nicht gelöst würde.[255] Insofern darf es nicht möglich sein, dass von den beteiligten Gesamtbetriebsräten unterschiedliche Gesamtbetriebsvereinbarungen

---

248 So wohl implizit Richardi BetrVG/*Annuß BetrVG* § 50 Rn. 72.

249 Richardi BetrVG/*Annuß BetrVG* § 50 Rn. 72.

250 So auch *Fitting* BetrVG § 50 Rn. 34.

251 MHdB-ArbR/*Nebendahl* § 300 Rn. 43.

252 *Salamon*, RdA 2008, 24 (31); GK-BetrVG/*Franzen*, § 50 Rn. 90; *Peix*, Errichtung und Fortbestand, 40 ff.

253 *Salamon*, RdA 2008, 24 (31).

254 So auch *Salamon*, RdA 2008, 24 (31).

255 So *Fitting* BetrVG § 50 Rn. 34.

zum gleichen Regelungsgegenstand nebeneinander abgeschlossen werden können.[256]

Eine interessengerechte Lösung ermöglicht allein die Annahme, dass alle Gesamtbetriebsräte gemeinsam für den Gemeinschaftsbetrieb zuständig sind.[257] Falls unter den Gesamtbetriebsräten keine Einigung herbeigeführt wird, kann zur Konfliktlösung eine (gemeinsame) Einigungsstelle angerufen werden, die eine einheitliche Entscheidung treffen muss.[258] Folgt man dieser Ansicht, müssen Anpassungen bei der Besetzung der Einigungsstelle vorgenommen werden. Die Gesamtbetriebsräte dürfen gemeinsam nur so viele Beisitzer benennen wie die Betriebsarbeitgeber. Dies habe die „bizarre Folge“[259], dass ein unternehmensfremder Gesamtbetriebsrat an der Normsetzung für Arbeitnehmer eines am Gemeinschaftsbetriebs beteiligten Unternehmens beteiligt ist. Im Ergebnis ist diese Ansicht aber letztendlich deshalb vorzugswürdig, da sie auf der einen Seite ein Vertretungsdefizit ausschließt und andererseits eine Normsetzung durch ein nicht durch Wahl legitimiertes Gremium vermeidet.[260] Darüber hinaus ergibt sich hier ein für die Praxis wünschenswertes Ergebnis. Würde man betriebsorganisatorische Fragen für jeden einzelnen Arbeitnehmer unterschiedlich regeln, ergäbe sich ein unüberschaubares Durcheinander von Regelungen, das unter Umständen die Arbeitsabläufe negativ beeinflusst. Man mag nur den Fall beschreiben, dass für Arbeitnehmer unterschiedlicher Vertragsarbeitgeber in derselben Produktionsstätte abweichende Zeiten für den Beginn und das Ende der Arbeitszeit festgelegt werden oder einige technische Überwachungseinrichtungen für Arbeitnehmer des einen Arbeitgebers gelten, während andere Arbeitnehmer durch diese streng genommen nicht einmal erfasst werden dürften.

b. Auftragsangelegenheiten

Der Gesamtbetriebsrat darf gemäß § 50 Abs. 2 BetrVG kraft ihm vom Einzelbetriebsrat des Gemeinschaftsbetriebs übertragener Zuständigkeit

---

256 MHdB-ArbR/*Nebendahl* § 300 Rn. 43.
257 So DKW/*Deinert* BetrVG § 50 Rn. 54; i.E. wohl auch *Fitting* BetrVG § 50 Rn. 34.
258 *Fitting* BetrVG § 50 Rn. 34; MHdB-ArbR/*Nebendahl* § 300 Rn. 43.
259 DKW/*Deinert* BetrVG § 50 Rn. 54.
260 DKW/*Deinert* BetrVG § 50 Rn. 54.

tätig werden.[261] Über den Auftrag entscheidet der Einzelbetriebsrat durch Beschluss, der nach § 50 Abs. 2 S. 3 i.V.m. § 27 Abs. 2 S. 2 BetrVG der absoluten Mehrheit und der Schriftform bedarf. Der Betriebsrat bleibt dabei Träger des Mitbestimmungsrechts. Der Gesamtbetriebsrat nimmt dieses nur gegenüber dem betroffenen Arbeitgeber wahr.[262] Der Gesamtbetriebsrat handelt nicht aus originärem, sondern aus einem vom Einzelbetriebsrat abgeleiteten Recht.[263] Durch die Übertragung der auch materiellen Entscheidungsbefugnis ist der Gesamtbetriebsrat gleichwohl in vollem Umfang ermächtigt und hat das Abschlussmandat.[264]

Eine Beauftragung bietet sich an, wenn eine Regelung auf Unternehmensebene nicht zwingend notwendig ist, aber dennoch zweckmäßig erscheint.[265]

Da der Gesamtbetriebsrat eine Zuständigkeit erwirbt, die grundsätzlich dem ihn beauftragenden Einzelbetriebsrat zukommt, richtet sich auch der Zuständigkeitsbereich des Gesamtbetriebsrat nach dem des Einzelbetriebsrats. Die von ihm abgeschlossenen Vereinbarungen sind daher keine Gesamt-, sondern (Einzel-)Betriebsvereinbarungen.[266] Damit beschränkt sich die Zuständigkeit des Gesamtbetriebsrats in diesem Fall allein auf den Betrieb des beauftragenden Betriebsrats.

Auch im Gemeinschaftsbetrieb ist eine Delegation an einen der Gesamtbetriebsräte nicht ausgeschlossen, soweit es um Angelegenheiten geht, in denen der Vertragsarbeitgeber Adressat des Mitbestimmungsrechts ist.[267] Für den beauftragenden Gemeinschaftsbetriebsrat bedeutet dies, dass sich die Zuständigkeit des Gesamtbetriebsrats ausnahmsweise von vornherein in persönlicher Hinsicht auf sämtliche – und damit auch unternehmensfremde – Arbeitnehmer des gemeinsamen Betriebs erstreckt.[268]

---

261 Ausf. zur Rechtsnatur der Übertragung: *Fitting* BetrVG § 50 Rn. 62a ff.

262 Vgl. BAG, Beschl. v. 17.03.2015 – 1 ABR 49/13, AP BetrVG 1972 § 58 Nr. 6 zur Beauftragung des Konzernbetriebsrats; *Fitting* BetrVG § 50 Rn. 71 m.w.N.

263 *Fitting* BetrVG § 50 Rn. 73a.

264 ErfK/*Koch* BetrVG § 50 Rn. 9.

265 ErfK/*Koch* BetrVG § 50 Rn. 9.

266 BAG, Beschl. v. 18.05.2010 – 1 ABR 6/09, AP BetrVG 1972 § 77 Betriebsvereinbarung Nr. 51 m. Anm. Bergwitz (Rn. 19); *Fitting* BetrVG § 50 Rn. 73a.

267 *Fitting* BetrVG § 50 Rn. 67; a.A. *Rieble*, RdA 2005, 26 (28, 31).

268 *Peix*, Errichtung und Fortbestand, 44.

Sofern also der Betriebsrat des gemeinsamen Betriebs einen von mehreren Gesamtbetriebsräten gemäß § 50 Abs. 2 BetrVG beauftragt, gilt die getroffene Regelung prinzipiell für alle Arbeitnehmer des Gemeinschaftsbetriebs.[269]

II. Bildung abweichender Organstrukturen durch Tarifvertrag (§ 3 Abs. 1 Nr. 1 bis 3 BetrVG)

§ 3 BetrVG[270] stellt eine Art Öffnungsklausel dar, die unter bestimmten Voraussetzungen ermöglicht, durch Tarifvertrag Betriebsratsstrukturen zu bilden, die von den zwingenden Organisationsbestimmungen des Betriebsverfassungsrechts abweichen.[271] Die in § 3 Abs. 1 BetrVG aufgeführten Tatbestände ermöglichen den Tarifpartnern, zumindest auf unterster Repräsentationsebene betriebsverfassungsrechtliche Organisationseinheiten festzulegen. Diese gelten kraft gesetzlicher Fiktion[272] als Betriebe im Sinne des BetrVG. Daneben ermöglichen § 3 Abs. 1 Nr. 4 und 5 BetrVG die Schaffung *zusätzlicher* Gremien und Vertretungen, die die vorhandenen Arbeitnehmervertretungen ergänzen.[273] Letztere bieten keine Möglichkeit, einen unternehmensübergreifenden Gesamtbetriebsrat zu errichten. Die Errichtung aufgrund der in § 3 Abs. 1 Nr. 1 bis 3 BetrVG vorgesehenen Befugnisse zuzulassen, erscheint zumindest denkbar. Ebenso gilt es zu klären,

---

269 Richardi BetrVG/*Annuß BetrVG* § 50 Rn. 72; GK-BetrVG/*Franzen* § 50 Rn. 90; *Peix*, Errichtung und Fortbestand, 44.

270 Str., ob insbes. Nr. 1 bis 3 verfassungsgemäß sind: Das BAG hält § 3 BetrVG für verfassungsgemäß, vgl. BAG, Beschl. v. 20.07.2009 – 7 ABR 27/08, AP BetrVG 1972 § 3 Nr. 7 m. Anm. Kort (Rn. 16); BAG, Beschl. v. 13.03.2013 – 7 ABR 70/11, AP BetrVG 1972 § 3 Nr. 10 m. Anm. Kort (Rn. 32); auch *Kort*, Anm. zu BAG, Beschl. v. 13.03.2013 – 7 ABR 70/11, AP BetrVG 1927 § 3 Nr. 10, sieht die verfassungsrechtliche Fragwürdigkeit der Verwendung vager Begriffe durch die besonders Strenge Prüfung der Voraussetzungen von § 3 Abs. 1 Nr. 1 bis 3 BetrVG als neutralisiert an; zum Diskussionsstand näher Richardi BetrVG/*Richardi/Maschmann* BetrVG § 3 Rn. 8 ff.; allg. zur verfassungsrechtlichen Zulässigkeit exklusiver Tariföffnungsklauseln: *Kingreen*, NZA 2021, 1 ff.

271 Durch § 3 BetrVG wird die Regelungsbefugnis nach dem TVG inhaltlich konkretisiert. Ein Rückgriff auf die allgemeine Ermächtigung zur Regelung betriebsverfassungsrechtlicher Fragen in § 1 Abs. 1 TVG ist insoweit ausgeschlossen, vgl. *Teusch*, NZA 2007, 124 (124).

272 Vgl. § 3 Abs. 5 S. 1 BetrVG.

273 ErfK/*Koch* BetrVG § 3 Rn. 1; *Teusch*, NZA 2007, 124 (128).

in welchem Verhältnis die neu geschaffenen Vertretungsstrukturen zu den gesetzlichen stehen.

1. § 3 Abs. 1 Nr. 1 BetrVG

a. Bildung eines unternehmenseinheitlichen Betriebsrats (§ 3 Abs. 1 Nr. 1a BetrVG)

Nach § 3 Abs. 1 Nr. 1a BetrVG kann durch Tarifvertrag anstelle der gesetzlich vorgeschriebenen Arbeitnehmervertretungen die Bildung eines unternehmenseinheitlichen Betriebsrats für Unternehmen mit mehreren Betrieben vorgesehen werden. Voraussetzung hierfür ist, dass dies die Bildung von Betriebsräten erleichtert oder einer sachgerechten Wahrnehmung von Arbeitnehmerinteressen dient.[274] Die Bildung eines unternehmenseinheitlichen Betriebsrats hebt die Unterscheidung in Betrieb und Unternehmen auf, da sowohl der Gesamtbetriebsrat als auch die örtlichen Betriebsräte ersetzt werden.[275] Ebenso entfällt die Möglichkeit der (zusätzlichen) Bildung von Betriebsräten in den Betrieben.[276] Dies führt zu einer Zentralisierung der Vertretungsstrukturen.[277]

Die Bildung eines unternehmenseinheitlichen Betriebsrats vollzieht sich jedoch ausschließlich auf *Betriebsratsebene*. Die Anwendung des § 3 Abs. 1 Nr. 1a BetrVG setzt voraus, dass die Betriebe *demselben* Unternehmen angehören. Aus diesem Grund eröffnet § 3 Abs. 1 Nr. 1a BetrVG keine Befugnis zur Schaffung unternehmensübergreifender Repräsentationseinheiten.[278]

---

274 BT-Drs. 14/5741, 34 nennt beispielhaft den Anwendungsfall, dass Entscheidungskompetenzen in beteiligungspflichtigen Angelegenheiten zentral auf Unternehmensebene angesiedelt sind.

275 *Fitting* BetrVG § 3 Rn. 32; Richardi BetrVG/*Richardi/Maschmann* BetrVG § 3 Rn. 19.

276 Richardi BetrVG/*Richardi/Maschmann* BetrVG § 3 Rn. 19.

277 Krit. *Fitting* BetrVG § 3 Rn. 32, da die Berücksichtigung örtlicher Besonderheiten erschwert werde; *Richardi* spricht von einem „Unternehmensrat“, vgl. Richardi BetrVG/*Richardi/Maschmann* BetrVG § 3 Rn. 19; DKW/*Trümner* BetrVG § 3 Rn. 41.

278 BAG, Beschl. v. 13.03.2013 – 7 ABR 70/11, AP BetrVG 1972 § 3 Nr. 10 m. Anm. Kort (Rn. 32 ff.); *Fitting* BetrVG § 3 Rn. 26 f. m.w.N.; Richardi BetrVG/*Richardi/Maschmann* BetrVG § 3 Rn. 17; a.A. ErfK/*Koch* § 3 Rn. 3, der auch gemeinsame Betriebe als erfasst ansieht, hierfür aber zur Voraussetzung macht, dass der Tarifvertrag mit jedem am gemeinsamen Betrieb beteiligten Unternehmen abgeschlossen werden muss;

Ebenso wenig ist der Tatbestand erfüllt, wenn das Unternehmen neben einem eigenen Betrieb an einem gemeinsamen Betrieb beteiligt ist.[279]

b. Zusammenfassung von Betrieben (§ 3 Abs. 1 Nr. 1b BetrVG)

§ 3 Abs. 1 Nr. 1b BetrVG ermöglicht, durch Tarifvertrag in Unternehmen mit mehreren Betrieben einzelne dieser Betriebe zusammenzufassen. In der Folge werden diese von nur einem Betriebsrat vertreten. Voraussetzung ist auch hier – wie bereits bei § 3 Abs. 1 Nr. 1a BetrVG – dass dies die Bildung von Betriebsräten erleichtert oder dies einer sachgerechten Wahrnehmung von Arbeitnehmerinteressen dient. Anders als bei § 3 Abs. 1 Nr. 1a BetrVG wird die mehrstufige Vertretungsstruktur nicht durch eine einstufige ersetzt.[280] Auch bei § 3 Abs. 1 Nr. 1b gilt der Unternehmensbezug als äußere Grenze der Zusammenfassung von Betrieben. Die zusammenzufassenden Betriebe müssen demselben Unternehmen angehören. Dies gilt selbst dann, wenn ein Unternehmen gemeinsam mit einem anderen Unternehmen einen gemeinsamen Betrieb führt.[281] Folgen für die überbetrieblichen Mitbestimmungsorgane können sich allenfalls mittelbar ergeben und nicht selbst Gegenstand von § 3 Abs. 1 Nr. 1b BetrVG sein. § 3 Abs. 1 Nr. 1a und 1b BetrVG eröffnen den Tarifpartnern keinerlei Dispositionsbefugnis zur Festlegung unternehmensübergreifender Repräsentationseinheiten.

---

ebenso ausgeschlossen ist die Möglichkeit eines konzerneinheitlichen Betriebsrats, vgl. Richardi BetrVG/*Richardi/Maschmann* BetrVG § 3 Rn. 17.

279 BAG, Beschl. v. 13.03.2013 – 7 ABR 70/11, AP BetrVG 1972 § 3 Nr. 10 m. Anm. Kort (Rn. 32 ff.); Richardi BetrVG/*Richardi/Maschmann* BetrVG § 3 Rn. 18; a.A. ErfK/*Koch* BetrVG § 3 Rn. 3, der auch die Erfassung gemeinsamer Betriebe in unternehmenseinheitlichen Betriebsräten zulässt, hierfür aber die Tarifgebundenheit jedes am gemeinsamen Betrieb beteiligten Unternehmens voraussetzt.

280 Es bleibt weiterhin bei der Bildung eines Gesamtbetriebsrats, vgl. *Fitting* BetrVG § 3 Rn. 35.

281 BAG, Beschl. v. 13.03.2013 – 7 ABR 70/11, AP BetrVG 1972 § 3 Nr. 10 m. Anm. Kort (Rn. 32 ff.); Kort, AG 2003, 13 (18); *Rolf*, Unternehmensübergreifende Betriebsratsstruktur, 2; a.A. ErfK/*Koch* BetrVG § 3 Rn. 4, der – wie auch bei § 3 Abs. 1 Nr. 1a BetrVG – die Erfassung gemeinsamer Betriebe in unternehmenseinheitlichen Betriebsräten zulassen will, hierfür aber die Tarifgebundenheit jedes am gemeinsamen Betrieb beteiligten Unternehmens voraussetzt; DKW/*Trümner* BetrVG § 3 Rn. 47.

2. Bildung von Spartenbetriebsräten (§ 3 Abs. 1 Nr. 2 BetrVG)

Auch aus § 3 Abs. 1 Nr. 2 BetrVG ergibt sich keine Möglichkeit zur Bildung eines unternehmensübergreifenden Gesamtbetriebsrats. § 3 Abs. 1 Nr. 2 BetrVG ermöglicht es, Unternehmen und Konzernen, soweit sie nach produkt oder projektbezogenen Geschäftsbereichen (sog. „Sparten") organisiert sind und die Leitung der Sparte auch Entscheidungen in beteiligungspflichtigen Angelegenheiten trifft, Spartenbetriebsräte zu bilden. Dies muss der sachgerechten Wahrnehmung der Aufgaben des Betriebsrats dienen.[282] Damit ermöglicht die Bestimmung zum einen die spartenmäßige Zergliederung *eines* Betriebs. In der Folge werden gemäß § 3 Abs. 5 BetrVG aus einem Betrieb mehrere Betriebe, für die jeweils ein Spartenbetriebsrat zu wählen ist.[283] Zum anderen können Sparten mehrerer Betriebe betriebsübergreifend mit ebenso organisierten Sparten anderer Betriebe zusammengefasst werden.[284] In Konzernen[285] besteht ferner die Möglichkeit, unternehmensübergreifende Spartenbetriebsräte zu errichten.[286]

Die Bildung besonderer Spartengesamtbetriebsräte[287] – und damit die Errichtung von Arbeitnehmervertretungen auf höherer Ebene – ist entgegen dem Regierungsentwurf[288] jedoch nicht möglich.[289] Schon der

---

[282] Richardi BetrVG/*Richardi/Maschmann* BetrVG § 3 Rn. 33.

[283] *Friese*, RdA 2003, 92 (92) bezeichnet die neu zu bildenden Räte als „Spartenräte", da es vom Grundsatz her zur Auflösung der Betriebsstruktur gekommen ist; zust. *Peix*, Errichtung und Fortbestand, 123.

[284] *Fitting* BetrVG § 3 Rn. 37.

[285] Umstritten ist, ob es sich um einen Unterordnungskonzern handeln muss oder ob solche „unternehmensübergreifenden" Spartenbetriebsräte auch für Gleichordnungskonzerne gebildet werden können; näher hierzu Richardi BetrVG/*Richardi/Maschmann* BetrVG § 3 Rn. 30 m.w.N.

[286] *Fitting* BetrVG § 3 Rn. 44; ErfK/*Koch* BetrVG § 3 Rn. 5; Richardi BetrVG/*Richardi/Maschmann* BetrVG § 3 Rn. 30.

[287] Bislang ist nicht geklärt, was sich hinter dem Begriff verbirgt, da der Gesetzeswortlaut einen Spartengesamtbetriebsrat nicht vorsieht, vgl. zu den unterschiedlichen Verständnismöglichkeiten DKW/*Trümner* BetrVG § 3 Rn. 78 ff.; das BAG hat die Bildung von Spartengesamtbetriebsräten im Ergebnis als zulässig angesehen, jedoch nichts zu dem Begriffsverständnis beigetragen, vgl. BAG, Beschl. v. 16.05.2007 – 7 AZN 34/07, BeckRS 2011, 69152.

[288] Vgl. BT-Drs. 14/5741, 34.

[289] Ebenso *Hoffmann/Alles*, NZA 2014, 757 (759); *Kania/Klemm*, RdA 2006, 22 (26); *Utermark*, Betriebsverfassung als Verhandlungsgegenstand, 135 ff.; *Thüsing*, ZIP 2003,

Wortlaut des § 3 Abs. 1 Nr. 2 BetrVG lässt daran zweifeln, dass auf höherer Ebene Spartengesamtbetriebsräte gebildet werden dürfen. Das Gesetz kennt nicht einmal den Begriff des „Spartengesamtbetriebsrats". So spricht § 3 Abs. 1 Nr. 2 BetrVG lediglich von Sparten*betriebsräten*, mithin dem Basisorgan.[290]

Zu einem anderen Ergebnis mag man nur kommen, wenn man in der vom Gesetz gewählten Pluralform (Spartenbetriebs*räte*) einen Oberbegriff sieht, der sowohl den Sparteneinzelbetriebsrat als auch den Spartengesamtbetriebsrat umfasst. Jedoch würde dies weit über den Wortlaut als Auslegungsgrenze[291] hinausgehen, zumal eine allgemein anerkannte Begriffsbildung dieser Art bisher nicht vorliegt.[292] Auch der gesetzessystematische Zusammenhang mit § 3 Abs. 5 BetrVG spricht gegen ein solches Verständnis, da dieser für die mittels § 3 Abs. 1 Nr. 2 BetrVG gebildeten Spartenbetriebs*räte* normiert, dass diese als Betriebe gelten.[293] Daneben streitet § 3 Abs. 4 S. 2 BetrVG dafür, dass lediglich das Basisorgan Betriebsrat gemeint sein kann, da dieser anordnet, dass die Amtszeit bestehender Betriebsräte endet. Bei Gesamt und Konzernbetriebsräten handelt es sich um Dauerorgane, die im Vergleich zu dem Basisorgan Betriebsrat keine festgelegte Amtszeit haben, sondern deren Bestehen an das Vorliegen ihrer Errichtungsvoraussetzungen geknüpft ist.[294]

Wie auch § 3 Abs. 1 Nr. 1 BetrVG, ermöglicht § 3 Abs. 1 Nr. 2 BetrVG einzig die Errichtung von Gremien auf der untersten Repräsentationsstufe.

---

693 (703 f.); ausf. dazu DKW/*Trümner* BetrVG § 3 Rn. 78 ff.; *Wolter-Roßteutscher*, Zuständigkeitsabgrenzung von Betriebsrat und Gesamtbetriebsrat, 24 f.; a.A. BT-Drs. 14/5741, 34; LAG Hessen, Teilbeschl. v. 21.05.2005 – 9/5 TaBV 115/04, Rn. 29, *Friese*, RdA 2003, 92 (96); Richardi BetrVG/*Richardi* Rn. 34.

[290] *Thüsing*, ZIP 2003, 693 (703); DKW/*Trümner* BetrVG § 3 Rn. 79.

[291] Zum Wortsinn als Auslegungsgrenze: *Larenz/Canaris*, Methodenlehre, 145.

[292] DKW/*Trümner* BetrVG § 3 Rn. 79; zum Wortlaut als Auslegungsgrenze: *Larenz/Canaris*, Methodenlehre, 163 f.

[293] Die Organisationseinheiten gelten gerade nicht als Unternehmen, für die ein atypischer Gesamtbetriebsrat gebildet werden könnte, vgl. DKW/*Trümner* BetrVG § 3 Rn. 79.

[294] DKW/*Trümner* BetrVG § 3 Rn. 79.

3. Bestimmung anderer Vertretungsstrukturen (§ 3 Abs. 1 Nr. 3 BetrVG)

a. Keine Begrenzung auf die unterste Repräsentationsebene

Der Tatbestand des § 3 Abs. 1 Nr. 3 BetrVG erlaubt die Bestimmung anderer *Arbeitnehmervertretungsstrukturen*. Der nicht eindeutige gesetzliche Wortlaut meint andere als die herkömmlichen, gesetzlichen Arbeitnehmervertretungsstrukturen.[295] Ferner muss es sich um Arbeitnehmervertretungsstrukturen handeln, die nicht schon in § 3 Abs. 1 Nr. 1 und 2 BetrVG geregelt sind.[296] § 3 Abs. 1 Nr. 3 BetrVG gewinnt insofern Brisanz, als dass die generalklauselartige Formulierung eine Vielzahl erfasster Konstellationen denkbar macht.

Beziehen sich Strukturvereinbarungen gemäß § 3 Abs. 1 Nr. 3 BetrVG auf die unterste Repräsentationsebene, gelten aufgrund der Fiktion in § 3 Abs. 5 BetrVG die gesetzlichen Regelungen für die Errichtung von Gesamt und Konzernbetriebsräten.[297] Es ist nicht abschließend geklärt, ob durch die Bestimmung zur Schaffung anderer Arbeitnehmervertretungsstrukturen die Möglichkeit eröffnet wird, über die unterste Repräsentationsstufe hinaus auf die darüber liegenden Ebenen[298] Einfluss zu nehmen. Auf diesen werden grundsätzlich nach dem gesetzlichen Modell Arbeitnehmervertretungen gebildet.[299] Nimmt man dies an, wird auch die Möglichkeit eröffnet sein, einen unternehmensübergreifenden Gesamtbetriebsrat zu bilden.

---

295 *Kort*, AG 2003, 13 (21); a.A. *Teusch*, Organisation der Betriebsverfassung, 131, der als „andere“ Arbeitnehmervertretungsstrukturen nur solche ansieht, die nicht schon in § 3 Abs. 1 Nr. 1 und 2 BetrVG geregelt sind.

296 *Teusch*, NZA 2007, 124 (127).

297 *Annuß*, NZA 2002, 290 (292); *Utermark*, Betriebsverfassung als Verhandlungsgegenstand, 151.

298 Unternehmen und Konzern.

299 Dafür u.a. *Annuß*, NZA 2002, 290 (292); *Fitting* BetrVG § 3 Rn. 50; *Kania/Klemm*, RdA 2006, 22 (23 f.); *Linse*, Arbeitnehmervertretungsstrukturen, 155 f.; Richardi BetrVG/*Richardi/Maschmann* BetrVG § 3 Rn. 42d ff.; DKW/*Trümner* BetrVG § 3 Rn. 93; grds. auch BAG, Beschl. v. 13.03.2013 – 7 ABR 70/11, AP BetrVG 1972 § 3 Nr. 10 m. Anm. Kort (Rn. 43), wenn es nach § 3 Abs. 1 Nr. 3 BetrVG einen unternehmensübergreifenden Gesamtbetriebsrat für möglich hält; offengelassen: BAG, Urt. v. 13.12.2016 – 1 AZR 148/15, BeckRS 2016, 117544 (Rn. 13); in einer neueren

aa. Wortlaut

Dem Wortlaut des § 3 Abs. 1 Nr. 3 BetrVG kann nicht eindeutig entnommen werden, ob sich eine abweichende Strukturvereinbarung lediglich auf die Basiseinheit „Betrieb" erstrecken darf. Dieser spricht zwar grundsätzlich nicht dagegen, es bei einer horizontalen Gliederung zu belassen,[300] schließt aber auch die Möglichkeit nicht aus, dass es sich um kein rein horizontales Verständnis handelt, sondern auch eine vertikale, überbetriebliche Gestaltungsmacht der Tarifpartner ermöglicht werden sollte.[301]

bb. Historie

Die Entstehungsgeschichte des § 3 Abs. 1 Nr. 3 BetrVG spricht für die Annahme, dass auch Vereinbarungen über Mitbestimmungsorgane höherer Stufe zulässig sind. Dies zeigt der Vergleich mit dessen Vorgängerregelung (§ 3 Abs. 1 Nr. 2 BetrVG a.F.). An diese knüpft § 3 Abs. 1 Nr. 3 BetrVG zwar an, löst sich aber von dem dortigen engen Regelungsbezug auf den Betrieb.[302] Der heutige § 3 Abs. 1 Nr. 3 BetrVG deutet somit an, dass es um die Errichtung einer alternativen Vertretungsorganisation geht. Dabei wird aber nicht mehr explizit auf die Ebene des Betriebsrats verwiesen. Dem lässt sich entnehmen, dass gegenüber der alten Gesetzeslage eine Erweiterung des Regelungsgegenstandes eintreten sollte, wenn das Gesetz von anderen Arbeitnehmervertretungs*strukturen* spricht.[303]

Entscheidung scheint der erste Senat grundsätzlich von einer Zulässigkeit auszugehen: BAG, Beschl. v. 25.02.2020 – 1 ABR 40/18, AP BetrVG 1972 § 3 Nr. 16 (Rn. 16); dagegen u.a. GK-BetrVG/*Franzen* § 3 Rn. 56; *Sabotta*, Autonome Organisation, 105 ff.; *Thüsing*, ZIP 2003, 693 (703 f.); *Wolter-Roßteutscher*, Zuständigkeitsabgrenzung von Betriebsrat und Gesamtbetriebsrat, 27.

300 *Annuß*, NZA 2002, 290 (292).

301 *Thüsing*, ZIP 2003, 693 (706).

302 § 3 Abs. 1 Nr. 2 BetrVG a.F. sah vor, dass durch Tarifvertrag die Errichtung einer anderen Vertretung der Arbeitnehmer für Betriebe bestimmt werden kann, in denen wegen ihrer Eigenart der Errichtung von Betriebsräten besondere Schwierigkeiten entgegenstehen.

303 Richardi BetrVG/*Richardi/Maschmann* BetrVG § 3 Rn. 42e, die einen Vergleich zu § 3 Abs. 1 Nr. 1 und 2 BetrVG heranzieht; DKW/*Trümner* BetrVG § 3 Rn. 93 m.w.N.; *Utermark*, Betriebsverfassung als Verhandlungsgegenstand, 152.

Teilweise will man durch einen Vergleich mit der Vorgängerregelung ein gegenteiliges Ergebnis erzielen.[304] Es handele sich um keine vollständige Neuerung, sondern es bestünden weiterhin Ähnlichkeiten zu der früheren Fassung.[305] Während durch den Begriff „Vertretungen" in der Vorgängerregelung noch klar ersichtlich war, dass es sich um die Befugnis zur Errichtung von Arbeitnehmervertretungen auf der untersten Repräsentationsebene handelte, spreche das Gesetz in seiner neuen Fassung nunmehr von Vertretungs*strukturen*.[306] Hierdurch würden zwar auf den ersten Blick Interpretationsspielräume eröffnet, da aber der Gesetzgeber in § 3 Abs. 5 BetrVG weiterhin von Arbeitnehmer*vertretungen* spreche, könne nur geschlussfolgert werden, dass sich die Befugnis in § 3 Abs. 1 Nr. 3 BetrVG ausschließlich auf die Schaffung anderer *Zuständigkeitsbereiche* beziehe, nicht aber auf die *Errichtung von Vertretungsorganen*.[307] Der Gesetzgeber habe sich bewusst gegen eine weitergehende Verwendung des Begriffs „Vertretungen" in § 3 Abs. 1 Nr. 3 BetrVG entschieden.[308]

Nach dieser Ansicht würde den Arbeitgebern eine Gestaltung der Arbeitnehmervertretungen – und auch die reine Zuständigkeitsgestaltung – auf höherer Ebene nicht gestattet. Auf der höheren Ebene würde aus einer Zuständigkeitsgestaltung immer *auch* eine Gremiengestaltung resultieren, da sich die Regelungen über den Konzern und Gesamtbetriebsrat, anders als beim Betriebsrat, nicht generell sinnvoll auf andere Strukturen übertragen ließen. Diese Gremiengestaltung solle aber gerade nicht von der Befugnis in § 3 Abs. 1 Nr. 3 BetrVG abgedeckt werden.[309]

Dieser Sichtweise ist angesichts der in der Gesetzesbegründung ersichtlichen Intention, den Regelungsgegenstand zu erweitern, nicht zu folgen. Der Gesetzgeber verfolgte mit der Neuregelung das Ziel,[310] auch die höheren Vertretungsstufen einer tarifvertraglichen Gestaltung zu öffnen. Dies schließt eine dahingehende Interpretation, eine nur horizontale

---

304 *Utermark*, Betriebsverfassung als Verhandlungsgegenstand, 152.
305 *Utermark*, Betriebsverfassung als Verhandlungsgegenstand, 152 f.
306 *Utermark*, Betriebsverfassung als Verhandlungsgegenstand, 152 f.
307 *Utermark*, Betriebsverfassung als Verhandlungsgegenstand, 152 f.
308 *Utermark*, Betriebsverfassung als Verhandlungsgegenstand, 152 f., sieht dies durch die weitere Verwendung der Begrifflichkeit in § 3 Abs. 5 BetrVG als bestätigt an.
309 *Utermark*, Betriebsverfassung als Verhandlungsgegenstand, 153.
310 Vgl. BT-Drs. 14/5741, 34.

Wirkungsweise des § 3 Abs. 1 Nr. 3 BetrVG anzuerkennen, aus. Auch *Richardi/ Maschmann*[311] verweisen auf den Willen des Gesetzgebers, der ausdrücklich die Möglichkeit eröffnen wollte, im Rahmen der Gestaltungsform in Nr. 3, statt einer dreistufigen, eine zwei oder gar nur einstufige Interessenvertretung vorzusehen.[312] Hieraus lässt sich zutreffend entnehmen, dass andere Arbeitnehmervertretungsstrukturen nicht nur auf der untersten, sondern auf allen Ebenen geschaffen werden dürfen.

cc. Systematik

Weniger eindeutige Ergebnisse vermag man mit Blick auf die Systematik zu erzielen. Im Ergebnis ist aber auch hier der Auslegung dahingehend, dass eine unternehmensübergreifende Gestaltung der höheren Repräsentationsebenen möglich ist, der Vorzug zu geben.

Zugegeben „[i]rritierend“[313] wirkt unter systematischen Gesichtspunkten § 3 Abs. 5 BetrVG, der sich seinem Wortlaut nach auf den „Betrieb“ und damit allein auf die unterste Repräsentationsstufe bezieht.[314] Teilweise wird daraus der Schluss gezogen, dass durch Tarifvertrag oder Betriebsvereinbarung nur die Vertretungsebene Betrieb verdrängt werden kann, und nicht die Vertretungsebenen im Bereich des Unternehmens oder des Konzerns.[315] Unbenommen bliebe es den Tarif und Betriebsparteien aber, eine ein oder zweistufige Interessenvertretung vorzusehen.[316] Bei einer einstufigen, ausschließlich betriebsbezogenen Interessenvertretung könne es mangels Anknüpfungspunkt keinen Gesamtbetriebsrat geben. Verbleibt ein mindestens zweistufiges Vertretungsmodell, so dürfe der Gesamtbetriebsrat wegen der gemäß § 3 Abs. 5 BetrVG auf die Betriebsebene beschränkte

---

311 BetrVG Richardi/ *Richardi/Maschmann* BetrVG § 3 Rn. 42e; ebenso *Fitting* BetrVG § 3 Rn. 50.

312 BT-Drs. 14/5741, 34.

313 DKW/*Trümner* BetrVG § 3 Rn. 96.

314 *Thüsing*, ZIP 2003, 693 (703 f.).

315 GK-BetrVG/*Franzen* § 3 Rn. 20; *Rolf*, Unternehmensübergreifende Betriebsratsstruktur, 27; *Teusch*, NZA 2007, 124 (127).

316 BT-Drs. 14/5741, 34.

Gestaltungsmöglichkeit nicht ersetzt oder verdrängt werden.[317] Gegenteilige Ansichten seien aufgrund des eindeutigen Wortlauts des § 3 Abs. 5 BetrVG abzulehnen.[318] Vielmehr stelle § 3 Abs. 1 Nr. 3 BetrVG einen Auffangtatbestand zu § 3 Abs. 1 Nr. 1 und Nr. 2 BetrVG dar, der zwar die Schaffung neuer, betriebsratsfähiger Organisationseinheiten ermögliche, nicht aber die Möglichkeit zur Errichtung zusätzlicher überbetrieblicher Mitbestimmungsorgane eröffne.[319]

Eine Auslegung erscheint hingegen ebenso in eine andere Richtung möglich. Gerade bei einem Vergleich von § 3 Abs. 1 Nr. 1 und 2 BetrVG mit § 3 Abs. 1 Nr. 3 BetrVG drängt es sich auf, dass es sich bei den anderen Arbeitnehmervertretungs*strukturen* nicht um Betriebe handelt, für die ein klassischer Betriebsrat gebildet wird. Dies ist daraus zu folgern, dass in § 3 Abs. 1 Nr. 1 und 2 BetrVG ausdrücklich von Betriebsräten die Rede ist, während diese Formulierung in § 3 Abs. 1 Nr. 3 BetrVG vermieden wird.[320] § 3 Abs. 1 Nr. 3 BetrVG ist vielmehr als Erweiterung der Befugnisse auf höhere Repräsentationsebenen der Tarifpartner anzusehen und nicht als ein bloßer Auffangtatbestand.

Bemerkenswert ist, dass das Gesetz in § 3 Abs. 5 BetrVG genaue Vorgaben für die erste Repräsentationsstufe enthält, die Ausgestaltung etwaiger überbetrieblicher Repräsentationsorgane aber gänzlich den Tarifpartnern überlassen zu sein scheint. Dies könnte den Schluss darauf zulassen, dass auf höherer Stufe keine Abweichungen zulässig sind.[321]

Dem ist mit *Jacobs/Münder*[322] entgegenzuhalten, dass die Einbeziehung von § 3 Abs. 1 Nr. 3 BetrVG in § 3 Abs. 5 S. 1 BetrVG schon grundsätzlich fragwürdig ist. „Organisationseinheiten" im Sinne des § 3 Abs. 5 S. 1 BetrVG sind nur solche, die gemäß § 3 Abs. 1 Nr. 1 und 2 BetrVG errichtet wurden. Im Fall des § 3 Abs. 1 Nr. 3 BetrVG entsteht aber nicht nur eine neue Organisationseinheit, sondern es wird die Schaffung anderer Arbeitnehmervertretungs*strukturen*

---

317 *Wolter-Roßteutscher*, Zuständigkeitsabgrenzung von Betriebsrat und Gesamtbetriebsrat, 27.

318 *Wolter-Roßteutscher*, Zuständigkeitsabgrenzung von Betriebsrat und Gesamtbetriebsrat, 27.

319 *Giesen*, BB 2002, 1480 (1481); Richardi BetrVG/*Richard/ Maschmann* BetrVG § 3 Rn. 39.

320 *Hohenstatt/Dzida*, DB 2001, 2498 (2500); *Kania/Klemm*, RdA 2006, 22 (23 f.); *Schönhöft/ Wertz*, RdA 2010, 100 (103).

321 *Peix*, Errichtung und Fortbestand, 185.

322 *Jacobs/Münder*, NZA 2018, 148 (149).

ermöglicht. Als Beispiel ist die Begründung des Regierungsentwurfs[323] anzuführen, die exemplarisch für eine andere Arbeitnehmervertretungsstruktur einen kleinen Konzern nennt, in dem eine zweistufige, oder sogar nur einstufige Interessenvertretung vorgesehen werden kann. § 3 Abs. 1 Nr. 3 BetrVG ermögliche mehr als das bloße Zusammenfassen und die Schaffung von Organisationseinheiten. Der hinter § 3 Abs. 1 Nr. 3 BetrVG stehende Regelungsgedanke geht über die in § 3 Abs. 5 S. 1 BetrVG genannten „Organisationseinheiten" hinaus.[324] Ferner wäre es aufgrund der Vielzahl der sich durch § 3 Abs. 1 Nr. 3 BetrVG eröffnenden Möglichkeiten kaum möglich, den Gesetzgeber dazu zu verpflichten, für jegliche Strukturen genaue Vorgaben zu machen. Eine Übertragung festgelegter Regeln, wie sie in § 3 Abs. 5 BetrVG aufgeführt sind, ist generell nur sinnvoll in Bezug auf die erste Repräsentationsstufe möglich. Die Tarifpartner werden bei der Etablierung neuer Arbeitnehmervertretungsstrukturen ausreichend durch die in § 3 Abs. 1 Nr. 3 BetrVG erwähnten Voraussetzungen angeleitet.

Auch *Trümner*[325] erkennt die Wortlautproblematik, versucht sich aber an einer korrigierenden Auslegung. Der § 3 Abs. 1 Nr. 3 BetrVG sei derart zu verstehen, dass er sowohl andere Arbeitnehmer*vertretungsstrukturen* als auch andere Arbeitnehmer*vertretungen* erfasse. § 3 Abs. 5 BetrVG komme somit nur zur Anwendung, soweit die Vereinbarung Regelungen über die Mitbestimmung auf Betriebsebene enthalte.[326] Die Betriebsfiktion ließe sich auch so verstehen, dass diese nicht in jedem Fall des § 3 Abs. 1 Nr. 1 bis 3 BetrVG eingreift, sondern nur dann, wenn tatsächlich eine betriebsverfassungsrechtliche Organisationseinheit auf einer Ebene gebildet wurde. Möglich sei immerhin auch ein nur *struktur*regelnder Tarifvertrag, der sich auf die Ebene des Konzerns oder des Unternehmens beschränkt.[327] Seien also oberhalb der Betriebsebene angesiedelte Vertretungsorgane durch den

323 BT-Drs. 14/5741, 34.

324 Vgl. *Gaul/Mückl*, NZA 2011, 657 (663); Richardi BetrVG/*Richardi/Maschmann* BetrVG § 3 Rn. 42e; *Salamon*, NZA 2018, 143 (146).

325 DKW/*Trümner* BetrVG § 3 Rn. 94.

326 DKW/*Trümner* BetrVG § 3 Rn. 94, der auch auf das Verständnis der Gesetzesänderung, BT-Drs. 14/5741, 34 hinweist, wo explizit an die Vertretungen nach § 3 Abs. Nr. 1 und 2 BetrVG anknüpfend erläutert wird, dass nach § 3 Abs. 1 Nr. 3 BetrVG darüberhinausgehend Interessenvertretungen der Arbeitnehmer errichtet werden können.

327 DKW/*Trümner* BetrVG § 3 Rn. 96.

Tarifvertrag betroffen, muss der Tarifvertrag selbst eine Regelung in Bezug auf das Verhältnis verschiedener Organe auf derselben Vertretungsebene treffen.[328] Dies ist schon allein deshalb notwendig, da es ansonsten zu Kompetenzüberschneidungen kommen kann.[329]

Dass sich § 3 Abs. 1 Nr. 3 BetrVG ausschließlich auf die Abgrenzung von Zuständigkeitsbereichen beziehen soll[330], ist ebenso unter systematischen Gesichtspunkten abzulehnen.[331] Gegen dieses Verständnis spricht § 3 Abs. 4 BetrVG, der ausdrücklich auf die Fallgruppe des § 3 Abs. 1 Nr. 3 BetrVG Bezug nimmt und die Amtszeitbeendigung von Betriebsräten regelt, die im Geltungsbereich eines Tarifvertrags nach § 3 Abs. 1 Nr. 3 BetrVG entfallen. Demzufolge geht das Gesetz selbst davon aus, dass im Rahmen von Vereinbarungen nach § 3 Abs. 1 Nr. 3 BetrVG regelmäßig Arbeitnehmervertretungen gebildet werden, wenn es von einem *Entfallen* der bestehenden Betriebsräte aufgrund von § 3 Abs. 1 Nr. 1 bis 3 BetrVG spricht.

Im Ergebnis streiten die besseren Argumente dafür, auch unter systematischen Gesichtspunkten die Möglichkeit zur Errichtung eines unternehmensübergreifenden Gesamtbetriebsrats anzuerkennen. § 3 Abs. 5 BetrVG kann nur dann zur Anwendung kommen, wenn die Vereinbarung tatsächlich Regelungen auf Betriebsebene enthält. Daneben wurde den Tarifpartnern aber bewusst gestattet, abweichende Arbeitnehmer*vertretungsstrukturen* zu bestimmen, die über die Betriebsebene hinausgehen und ebenso auf höheren Repräsentationsebenen gestalterisch tätig zu werden.

dd. Telos

Dieses Ergebnis wird bestätigt durch den mit der Vorschrift des § 3 BetrVG verfolgten Zweck. Das Ziel der Bestimmungen ist es, möglichst allen Arbeitnehmern eine den jeweiligen betrieblichen oder unternehmensbezogenen Gegebenheiten entsprechende, wirkungsvolle Interessenvertretung

---

328 DKW/*Trümner* BetrVG § 3 Rn. 96.

329 Vgl. *Schönhöft/Wertz*, RdA 2010, 100 (103); DKW/*Trümner* BetrVG § 3 Rn. 96.

330 Siehe hierzu unter Kapitel 3 C.II.3.a.bb.

331 *Utermark*, Betriebsverfassung als Verhandlungsgegenstand, 152 f.

zu geben.[332] Das BetrVG hat sich für neue Organisationsformen als „zu starr erwiesen"[333]. Um unternehmensspezifischen Besonderheiten und noch nicht absehbaren Betriebs und Unternehmensstrukturen zu begegnen, wurde den Tarifpartnern ein vielgestaltiges Angebot an Vereinbarungslösungen an die Hand gegeben. Nur durch die eingeräumten Freiheiten können die Struktur des Unternehmens auf der einen Seite und die Interessen der Arbeitnehmervertretung auf der anderen Seite entsprechend der jeweiligen Bedürfnisse vor Ort in Einklang gebracht werden.[334] Will der Gesetzgeber den Parteien „weitreichende und flexible Gestaltungsmöglichkeiten"[335] einräumen, so ginge es diesem Ziel zuwider, wenn man diese Freiheit im nächsten Schritt wieder auf die Basisrepräsentationsstufe „Betrieb" beschränken würde, obwohl grundsätzlich die besonderen Strukturen auf allen Ebenen Berücksichtigung finden sollen.[336]

Kritisch äußert sich *Utermark*[337] im Hinblick auf die Vereinbarkeit mit dem Rechtsstaats und Demokratieprinzip. Billigte man den Parteien eine Regelungsbefugnis auf höherer Repräsentationsebene zu, ermögliche dies ein umfassendes Eingreifen in die Grundlagen des Betriebsverfassungsrechts. Es würde beispielsweise von der strikten Zuständigkeitsbegrenzung abgerückt.

Dem ist entgegenzuhalten, dass die Tarifpartner nicht gänzlich frei in der Ausübung ihrer Gestaltungsbefugnisse, sondern an die im BetrVG hinreichend zum Ausdruck gebrachten Grundwertungen des Gesetzgebers gebunden sind. Das im Wege der Tarifeinigung erzielte Ergebnis wird im Wesentlichen durch das Gesetz vorgezeichnet.

Obgleich der Tatbestand des § 3 Abs. 1 Nr. 3 BetrVG eine gewisse Unschärfe aufweist, sieht *Annuß*[338] hier zutreffend einen Verweis auf das materielle Betriebsverfassungsrecht, dessen Regelungen mithin den Maßstab für die in § 3 Abs. 1 Nr. 3 BetrVG eröffnete Rechtskontrolle bilden. Der

---

332 DKW/*Trümner* BetrVG § 3 Rn. 11.
333 BT-Drs. 14/5741, 23.
334 BT-Drs. 14/5741, 27, mit Verweis darauf, dass dies schnelle und unbürokratische Entscheidungen erleichtert.
335 BT-Drs. 14/5741, 33.
336 BT-Drs. 14/5741, 33, spricht von der besonderen Struktur „des jeweiligen Betriebs, Unternehmens oder Konzerns".
337 *Utermark*, Betriebsverfassung als Verhandlungsgegenstand, 154.
338 *Annuß*, NZA 2002, 290 (291 f.).

Gesetzgeber hat den Tarifpartnern aufgrund der anhaltenden dynamischen Entwicklung in den Unternehmensstrukturen eine Möglichkeit in Form der Befugnis zur Schaffung abweichender Arbeitnehmervertretungsstrukturen an die Hand geben wollen. Für ihre Ausübung hat er aber gleichsam in § 3 Abs. 1 Nr. 3 BetrVG strenge Voraussetzungen festgeschrieben. Die alternative Struktur muss einer wirksamen und zweckmäßigen Interessenvertretung der Arbeitnehmer dienen. Es ist mithin nicht zu erwarten, dass es zu einer Benachteiligung der betroffenen Arbeitnehmer kommt. Ferner kann man einer verfassungsrechtlichen Problematik vorbeugen, indem man zwar auch für höhere Repräsentationsstufen einen Gestaltungsfreiraum der Tarifparteien anerkennt, diesen jedoch – angelehnt an den Umfang der Befugnisse auf der untersten Repräsentationsstufe – auf die Abgrenzung der einzelnen Repräsentationsbereiche beschränkt.[339]

Nur durch die Einräumung der Befugnis, abweichende Arbeitnehmervertretungsstrukturen ebenso auf höherer Repräsentationsebene zu errichten, kann dem Sinn und Zweck des § 3 Abs. 1 Nr. 3 BetrVG Genüge getan werden.

ee. Zusammenfassung

Der Auslegung dahingehend, dass sich die tarifvertragliche Gestaltungsbefugnis auch auf die oberhalb der Basisrepräsentationsstufe Betrieb liegenden Arbeitnehmervertretungen erstreckt, ist der Vorzug zu gewähren. Hierfür sprechen sowohl die historische und systematische Auslegung als auch Sinn und Zweck der Norm. Es wird dem mit der Neuregelung verfolgten Ziel nicht gerecht, wenn man die Einflussnahmemöglichkeiten der Tarifvertragsparteien auf die unterste Repräsentationsebene beschränkt.

b. Binnenorganisation der Gremien

Zumindest für die unterste Repräsentationsebene kann die Fiktion in § 3 Abs. 5 BetrVG nur dahingehend verstanden werden, dass Regeln über die betriebliche Binnenorganisation nicht zur Disposition der Tarifparteien

---

[339] Vgl. *Annuß*, NZA 2002, 290 (292 f.); eine solche Beschränkung ist jedoch i.E. abzulehnen, vgl. zur Binnenorganisation der Gremien unter Kapitel 3 C.II.3.b.

stehen.[340] Es können gemäß § 3 Abs. 5 S. 2 BetrVG weder Regelungen über die gesetzlichen Mitwirkungsbefugnisse der Arbeitnehmervertreter, noch über die Rechtsstellung ihrer Mitglieder getroffen werden.[341] Nicht abschließend geklärt ist, ob den Tarifvertragsparteien eine Dispositionsbefugnis auf Ebene oberhalb des Basisorgans in Bezug auf die Wahl, die Amtszeit, die Mitgliedschaft und die Geschäftsführung zukommt, oder ob sich die Gestaltungsbefugnis auf das zur Abgrenzung der Repräsentationseinheiten Erforderliche beschränkt.

Aus der Entstehungsgeschichte der Regelung lassen sich keine Hinweise darauf entnehmen, ob die Tarifpartner eine Veränderung der Binnenorganisation vorsehen dürfen. Die Entwurfsverfasser[342] weisen darauf hin, dass die Ausgestaltung der Arbeitnehmervertretungsstruktur „im Einzelnen" den Tarifvertragsparteien obliegen soll. Zutreffend ist hierin kein weiterführender Hinweis auf die Zulässigkeit einer abweichenden Gestaltung der Binnenorganisation zu sehen, da durch diese Wortwahl die Reichweite der Norm nicht erkennbar wird.[343] Vielmehr wäre ein solches Argument zirkelschlüssig, da es gerade fraglich ist, ob sich der Begriff der

---

340 BAG, Beschl. v. 07.05.2008 – 7 ABR 17/07, AP BetrVG 1972 § 9 Nr. 12 (Rn. 18), welches die Vorgaben in § 9 BetrVG für zwingend hält; *Annuß*, NZA 2002, 290 (292) sieht dies in jedem Fall für die unterste Repräsentationsebene vor; zweifelnd *Fitting* BetrVG § 3 Rn. 51; *Friese*, RdA 2003, 92 (101); ErfK/*Koch* BetrVG § 3 Rn. 6; Richardi/*Richardi/Maschmann* BetrVG § 3 Rn. 67; *Thüsing*, ZIP 2003, 693 (703 f.); DKW/*Trümner* BetrVG § 3 Rn. 113 schließt eine Vergrößerung der Vertretung in bestimmten Fällen jedoch nicht aus; a.A. *Hohenstatt/Dzida*, DB 2001, 2498 (2499 f.) sehen eine Abweichung bei der Bildung abweichender Arbeitnehmervertretungsstrukturen gem. § 3 Abs. 1 Nr. 3 BetrVG als möglich an mangels Anwendbarkeit von § 9 BetrVG; *Jacobs/Münder*, NZA 2018, 148 (149) wollen eine Abweichung von § 9 BetrVG nach oben zulassen; *Kania/Klemm*, RdA 2006, 22 (24) nehmen eine Dispositionsbefugnis zumindest auf Ebenen oberhalb der Betriebsebene an.

341 A.A. *Windeln*, Reform des Betriebsverfassungsgesetzes, 67 f., der die Beschränkung des Gestaltungsspielraums als Widerspruch zur Intention des Gesetzgebers sieht, anpassungsfähige Betriebsratsstrukturen zu schaffen. Er schlägt vor, dass die Vertragspartner mittels Vereinbarung auch eine Unterschreitung des gesetzlichen Niveaus vorsehen können.

342 BT-Drs. 14/5741, 34.

343 Vgl. *Annuß*, NZA 2002, 290 (292 f.).

Arbeitnehmervertretungsstruktur nicht lediglich auf die Abgrenzung der zu errichtenden Repräsentationsbereiche bezieht.[344]

Allerdings sprechen sowohl Wortlaut als auch Systematik und Telos dafür, dass die Dispositionsbefugnis der Tarifvertragsparteien über die Möglichkeit zur Abgrenzung der Repräsentationseinheiten hinausgeht. Gemäß § 3 Abs. 5 S. 1 BetrVG gelten die „betriebsverfassungsrechtlichen Organisationseinheiten" als Betriebe im Sinne des BetrVG. Dies beschreibt jedoch nur zutreffend, wie Organe, die auf Grundlage des § 3 Abs. 1 Nr. 1 und 2 BetrVG gebildet werden, rechtlich einzuordnen sind. Im Fall des § 3 Abs. 1 Nr. 3 BetrVG wird hingegen nicht nur eine neue *Organisationseinheit* geschaffen, sondern andere Arbeitnehmervertretungs*strukturen* ermöglicht. Dies geht über die Schaffung neuer Organisationseinheiten hinaus.[345]

Ferner handelt es sich bei der Binnenorganisation um organisatorische Fragen des Gesetzes, wie bereits anhand der Vielzahl der tarifdispositiven Normen zu diesem Themenkomplex des BetrVG außerhalb von § 3 BetrVG erkennbar ist (z.B. § 47 Abs. 4 und 9; § 55 Abs. 4; § 72 Abs. 4 und 8; § 76 Abs. 8 BetrVG). Dies spricht ebenfalls dafür, dass zumindest die Arbeitnehmervertretungsstrukturen oberhalb des Basisorgans auch bezogen auf die Binnenorganisation tarifdispositiv sind.[346]

Darüber hinaus wird eine Übertragung der gesetzlichen Regelungen über den Konzern und Gesamtbetriebsrat auf Arbeitnehmervertretungen mit neuem Zuständigkeitsbereich praktisch kaum möglich sein. Dies würde voraussetzen, dass sie gleichsam den spezifischen Repräsentationsbereich von Konzern und Gesamtbetriebsrat haben. Durch die Schaffung neuer Gremien werden aber vielmehr neue Fragen aufgeworfen, da eine Übertragung gesetzlicher Regelungen auf abweichende Strukturen nur schwerlich umsetzbar sein wird.[347] In dieser Problematik kann nur Abhilfe geschaffen werden, indem

---

344 *Utermark*, Betriebsverfassung als Verhandlungsgegenstand, 153.

345 *Jacobs/Münder*, NZA 2018, 148 (149), die sich ausschließlich auf Abweichungen in der Mitgliederzahl beziehen. Der dahinterstehende Gedanke lässt sich allerdings auch auf die Binnenorganisation insgesamt übertragen.

346 *Kania/Klemm*, RdA 2006, 22 (24)

347 *Utermark*, Betriebsverfassung als Verhandlungsgegenstand, 155, die diese Bedenken jedoch zum Anlass nimmt, den Tarifvertragsparteien eine Dispositionsbefugnis auf Ebene oberhalb des Basisorgans zu versagen.

im Tarifvertrag zwingend Bestimmungen über deren Zusammensetzung und Befugnisse aufzunehmen sind, da das Gesetz gerade keine Vorgaben enthält.

Eindeutig nicht vom Mandat nach § 3 Abs. 1 Nr. 3 BetrVG gedeckt sind jedoch solche Bestimmungen, die eine Veränderung der Mitbestimmungsrechte selbst zur Folge haben. In dem Fall geht es nicht mehr um die Veränderung der „Arbeitnehmervertretungsstrukturen“. Vielmehr handelt es sich um Eingriffe im inhaltlichen, statt im organisatorischen Bereich. Dies darf aufgrund der „verfassungsrechtlichen Sensibilität der Vorschrift“[348] nicht möglich sein. In der Folge sind weder Einschränkungen noch die Erweiterung gesetzlicher Beteiligungsrechte von der Vorschrift des § 3 BetrVG gedeckt.[349]

Annuß[350] sieht keine Möglichkeit, zu einem zweifelsfreien Ergebnis zu kommen. Er geht davon aus, dass es zumindest ungereimt wäre, wenn auf der untersten Ebene aufgrund der in § 3 Abs. 5 BetrVG enthaltenen Betriebsfiktion die Regeln über die Binnenorganisation zwingend zu beachten wären, die Gestaltung aber auf der höheren Ebene den Tarifparteien überlassen würde. Ließe man den Tarifvertragsparteien eine umfassende Gestaltungsbefugnis zukommen, würde dies mit verfassungsrechtlichen Bedenken einhergehen.[351]

Einer verfassungsrechtlich bedenklichen Ausweitung wird jedoch ausreichend durch das Erfordernis einer wirksamen und zweckmäßigen Interessenvertretung der Arbeitnehmer in § 3 Abs. 1 Nr. 3 BetrVG vorgebeugt. Ferner dürfen derartige Bestimmungen nicht im Widerspruch zu den grundsätzlichen Wertungen des BetrVG stehen.[352] Insofern handelt es sich bei diesen Bedenken um Fragen der Umsetzung im Einzelfall. Diese dürfen nicht von vornherein dazu führen, den Parteien die Einflussnahme auf die Binnenorganisation auf höherer Ebene als der Betriebsratsebene zu versagen. Ziel des Entwurfsverfassers war es, den Tarifvertragspartnern eine Möglichkeit zu geben, auf die vielfältigen modernen Unternehmensstrukturen angemessen zu reagieren und diesen weitreichende und flexible Gestaltungmöglichkeiten einzuräumen.[353] Dieser Zweck kann nur dann bestmöglich erfüllt werden,

---

348 *Kania/Klemm*, RdA 2006, 22 (24).
349 *Kania/Klemm*, RdA 2006, 22 (24).
350 *Annuß*, NZA 2002, 290 (292 f.).
351 Krit. hierzu *Utermark*, Betriebsverfassung als Verhandlungsgegenstand, 155.
352 *Kania/Klemm*, RdA 2006, 22 (24).
353 BT-Drs. 14/5741, 33.

wenn den Parteien auch in Bezug auf die Binnenorganisation umfassende Dispositionsmöglichkeiten gewährt werden, soweit der Gesetzeswortlaut und betriebsverfassungsrechtliche Grundprinzipien es zulassen.

Auch die Binnenorganisation neu geschaffener Gremien auf Gesamtbetriebsratsebene ist der Gestaltung der Tarifpartner zugänglich.

c. Verhältnis zur gesetzlichen Struktur

Errichtet man auf Grundlage von § 3 Abs. 1 Nr. 3 BetrVG einen unternehmensübergreifenden Gesamtbetriebsrat, handelt es sich um ein Mitbestimmungsorgan. Daraus ergibt sich die Notwendigkeit, dessen Verhältnis zu den bereits bestehenden gesetzlich errichteten Vertretungen zu bestimmen. Im Vordergrund steht die Frage, ob die zusätzlich geschaffenen Arbeitnehmervertretungsstrukturen neben oder an die Stelle der gesetzlichen Interessenvertretungen treten.

In Bezug auf das Basisorgan Betriebsrat macht § 3 Abs. 5 BetrVG deutlich, dass die gemäß § 3 Abs. 1 Nr. 1 bis 3 BetrVG gebildeten Organisationseinheiten als legitimierte Arbeitnehmervertretungen anzusehen sind, die sämtliche Rechte und Pflichten eines Betriebsrats innehaben. Sie ersetzen insoweit den an sich zuständigen Betriebsrat und treten daher nicht neben ihn.[354]

Für das Ersetzen der gesetzlichen Arbeitnehmervertretungsstrukturen spricht auch der Wortlaut des § 3 Abs. 4 S. 2 BetrVG, der ein *Entfallen* der bestehenden Betriebsräte aufgrund der Regelungen in § 3 Abs. 1 Nr. 1 bis 3 BetrVG anordnet.

Die grundsätzliche Unzulässigkeit von Doppelvertretungsstrukturen lässt sich auch unter systematischen Gesichtspunkten erklären. Während in § 3 Abs. 1 Nr. 4 und 5 BetrVG ausdrücklich von *zusätzlichen* Gremien und Vertretungen gesprochen wird, lässt sich diese Formulierung in § 3 Abs. 1 Nr. 1 bis 3 BetrVG nicht wiederfinden.[355] Daneben heißt es in § 3 Abs. 5 S. 2 BetrVG, dass die nach § 3 Abs. 1 Nr. 1 bis 3 BetrVG errichteten Arbeitnehmervertretungen alle Rechte und Pflichten eines Betriebsrats innehaben. Dies spricht ebenfalls dafür, dass diese an die Stelle und nicht neben den gesetzlichen Betriebsrat treten.[356]

---

354 *Löwisch/Kaiser* BetrVG § 3 Rn. 60; DKW/*Trümner* BetrVG § 3 Rn. 198.

355 *Fitting* BetrVG § 3 Rn. 52.

356 *Fitting* BetrVG § 3 Rn. 80.

Ein praktisches Problem würde sich bei Doppelvertretungsstrukturen im Übrigen daraus ergeben, dass es an einer gesetzlichen Zuständigkeitsregelung fehlt.[357] Ein Nebeneinander von gesetzlicher und tariflicher Struktur muss es nur dann geben, wenn ansonsten ein betriebsratsloser Teil verbliebe.[358]

Wie dargelegt, handelt sich bei den gemäß § 3 Abs. 1 Nr. 3 BetrVG geschaffenen Strukturen jedoch nicht nur um Basisorgane der Mitbestimmung, sondern es können auch Organe höherer Stufen betroffen sein. Aus § 3 Abs. 4 und 5 BetrVG ergibt sich in dem Fall keine unmittelbare Lösung. Sind Organe oberhalb der Betriebsebene durch den Tarifvertrag betroffen, muss dieser folglich selbst Regelungen in Bezug auf das Verhältnis von Organen auf derselben Stufe treffen, um Kompetenzüberschneidungen zu vermeiden.[359] Diese können beispielsweise vorsehen, dass Gremien auf Grundlage einer tariflichen Zuständigkeitsregelung nebeneinander bestehen.[360] Unterbleiben die notwendigen tariflichen Klarstellungen über die Zuständigkeiten, ist ohnehin fraglich, ob derartige Strukturen noch einer wirksamen und zweckmäßigen Interessenvertretung der Arbeitnehmer dienen und damit den gesetzlichen Anforderungen entsprechen.[361]

Denkbar ist aber auch, dass die gesetzlichen Gremien durch die tariflich geschaffenen Strukturen verdrängt werden. Für diese Sichtweise spricht insbesondere § 3 Abs. 4 BetrVG, welcher zwar an sich nur das Basisorgan Betriebsrat erfasst, dessen Sinn und Zweck der eindeutigen Kompetenzzuweisung aber ohne Weiteres auch auf höhere Repräsentationsstufen übertragen werden kann. Nur im Fall der Verdrängung der gesetzlichen Struktur können rechtssichere Zuständigkeiten herbeigeführt würden. Es wird zudem

---

357 *Kort*, AG 2003, 13 (20) spricht von einem „Horror-Szenario von Kompetenzgerangel“ für den Fall, dass beispielsweise Spartenbetriebsräte neben die gesetzlichen träten.

358 *Fitting* BetrVG § 3 Rn. 52 und BetrVG/*Richardi/Maschmann* BetrVG § 3 Rn. 36 sehen für den Fall der Bildung von Spartenbetriebsräten dann ein Nebeneinander der Vertretungen vor, wenn neben den Spartenbetriebsräten ein Restbetrieb verbleibt, dessen Arbeitnehmer durch die Spartenbetriebsräte nicht repräsentiert sind. neben die gesetzlichen träten.

359 DKW/*Trümner* BetrVG § 3 Rn. 96.

360 DKW/*Trümner* BetrVG § 3 Rn. 90, 96, der eine Zuständigkeitsregelung angelehnt an § 50 BetrVG als angemessen empfindet, daneben aber auch die Benennung genauer Kriterien (ggf. sogar die Auflistung einzelner Gegenstände beteiligungspflichtiger Angelegenheiten) für denkbar hält.

361 DKW/*Trümner* BetrVG § 3 Rn. 96.

praktisch nur schwer möglich sein, mittels Tarifvertrag eine derart klare Kompetenzzuweisung mehrerer Organe auf gleicher Stufe vorzunehmen, dass es nicht zu Überschneidungen oder einer Unschärfe der zugewiesenen Kompetenzen kommt.

Ebenso wie auf der Ebene des Basisorgans ist aus Gründen der Rechtssicherheit anzunehmen, dass die Errichtung abweichender Arbeitnehmervertretungsstrukturen auch auf höherer Ebene zu einer Verdrängung der gesetzlichen Strukturen führt.

d. Zuständigkeit des unternehmensübergreifenden Gesamtbetriebsrats

Kommt es zur Errichtung eines unternehmensübergreifenden Gesamtbetriebsrats, ist dessen Zuständigkeitsbereich festzulegen. Das Gesetz gibt keinen Hinweis darauf, in welchen Fällen ein auf Grundlage des § 3 Abs. 1 Nr. 3 BetrVG errichteter unternehmensübergreifender Gesamtbetriebsrat zuständig ist. Hier wird sich eine an den hinter § 50 BetrVG stehenden Gedanken angelehnte Regelung anbieten. Ein unternehmensübergreifender Gesamtbetriebsrat muss zuständig sein, wenn es sich um Angelegenheiten handelt, die auch unternehmensübergreifend entschieden werden müssen. Andere Mitbestimmungskompetenzen würden hingegen bei den einzelnen beteiligten Unternehmen und den dort vorhandenen Mitbestimmungsstrukturen verbleiben. Angelegenheiten, die innerhalb des einzelnen Betriebs entschieden werden können, werden auch weiterhin dort entschieden.

Hierfür spricht auch folgende Überlegung: Die Errichtung neuer, unternehmensübergreifender Arbeitnehmervertretungsstrukturen führt zur Verdrängung der bisherigen gesetzlichen Mitbestimmungsorgane. Die abweichenden Arbeitnehmervertretungsstrukturen treten an die Stelle der gesetzlich vorgesehenen Strukturen.[362] Es wäre nur folgerichtig, wenn diese auch den Zuständigkeitsbereich der gesetzlichen Vertretungsstrukturen teilen. In einigen Fällen mag es zwar notwendig sein, spezielle Regelungen in den Tarifvertrag mit aufzunehmen, um der abweichenden Struktur gerecht zu werden, jedoch wird es die wohl rechtssicherste Lösung darstellen, zumindest im Grundsatz die Zuständigkeitsregelung nach § 50 BetrVG als Maßstab zu nehmen.

---

[362] Siehe hierzu unter Kapitel 3 C.II.3.c.

Selbst wenn man annähme, dass ein auf Grundlage des § 3 Abs. 1 Nr. 3 BetrVG geschaffener unternehmensübergreifender Gesamtbetriebsrat neben den bei einem Trägerunternehmen vorhandenen gesetzlichen Gesamtbetriebsrat tritt,[363] wäre es widersinnig, dem mittels Tarifvertrags geschaffenen unternehmensübergreifenden Gesamtbetriebsrat gänzlich abweichende Kompetenzen als dem gesetzlich vorgesehenen Gesamtbetriebsrat einzuräumen. Dadurch würde der grundsätzlich durch das BetrVG vorgesehene Zuständigkeitsbereich des Gesamtbetriebsrats verkannt.

Bei der Bestimmung der Zuständigkeit des unternehmensübergreifend geschaffenen Gesamtbetriebsrats ist den Tarifvertragspartnern zu raten, sich an den Grundsätzen des § 50 BetrVG zu orientieren und nur vereinzelt Anpassungen aufgrund des individuellen Sachverhalts vorzunehmen.

e. Voraussetzungen

Gemäß § 3 Abs. 1 Nr. 3 BetrVG können durch Tarifvertrag andere Arbeitnehmervertretungsstrukturen bestimmt werden, „soweit dies insbesondere aufgrund der Betriebs, Unternehmens oder Konzernorganisation oder aufgrund anderer Formen der Zusammenarbeit von Unternehmen einer wirksamen und zweckmäßigen Interessenvertretung der Arbeitnehmer dient".

Hierdurch hat der Gesetzgeber eine Generalklausel geschaffen, die den Tarifvertragsparteien die Möglichkeit eines umfassenden Zugriffs auf den betriebsverfassungsrechtlichen Repräsentationsbereich der Arbeitnehmer eröffnet.[364] Die Einstufung als Generalklausel wird durch den Wortlaut „insbesondere" des § 3 Abs. 1 Nr. 3 BetrVG bekräftigt.[365] Zielsetzung des Gesetzgebers ist es, den Tarifparteien zu ermöglichen, auf zukünftige, neue Entwicklungen von Unternehmensstrukturen mithilfe von entsprechenden Arbeitnehmervertretungssystemen angemessen zu reagieren, ohne dabei auf ein Tätigwerden des Gesetzgebers angewiesen zu sein.[366]

---

[363] In dem Fall müsste jedenfalls deren Verhältnis zueinander durch Tarifvertrag bestimmt werden.

[364] Richardi BetrVG/*Richardi/Maschmann* BetrVG § 3 Rn. 37.

[365] *Kort*, AG 2003, 13 (21).

[366] BT-Drs. 14/5741, 34.

Diesen steht sowohl ein Beurteilungs als auch ein Gestaltungsspielraum zu, der der uneingeschränkten gerichtlichen Kontrolle nur zugänglich ist, um unzulässige Delegationen oder Ermessensüberschreitungen auszuschließen.[367] Dies gilt insbesondere hinsichtlich der unbestimmten Tatbestandsmerkmale. In der Verwendung dieser unbestimmten Rechtsbegriffe in § 3 Abs. 1 Nr. 3 BetrVG („wirksam" und „zweckmäßig") ist ein Einfallstor für die umfangreiche gerichtliche Zulässigkeits und Wirksamkeitskontrollen zu sehen.[368]

Notwendig ist eine zweistufige Prüfung der Tatbestandsvoraussetzungen. Auf erster Prüfungsstufe ist das Vorhandensein einer alternativen Repräsentationseinheit festzustellen, während auf zweiter Stufe die Dienlichkeit der Repräsentationseinheit zu untersuchen ist.[369]

aa. Vorhandensein einer alternativen Repräsentationsstruktur

Der Beurteilungsspielraum der Parteien bezieht sich auf deren Einschätzung, inwiefern es sich bei der neu geschaffenen Einheit um eine solche handelt, die sich für die Repräsentation der Arbeitnehmer eignet. Dabei kann an Organisationslogiken in Betrieb, Unternehmen oder Konzern, sowie an andere Formen der Zusammenarbeit von Unternehmen angeknüpft werden.[370] In Übereinstimmung mit dem ersten Senat des BAG[371] ist

---

[367] BAG, Beschl. v. 13.03.2013 – 7 ABR 70/11, AP BetrVG 1972 § 3 Nr. 10 m. Anm. Kort (Rn. 38); *Kania/Klemm*, RdA 2006, 22 (23); Richardi BetrVG/*Richardi/Maschmann* BetrVG § 3 Rn. 101 m.w.N.; HWGNRH/*Rose* § 3 Rn. 126; a.A. für eine Beschränkung der gerichtlichen Kontrolle auf grobe Fehler in der Beurteilung bzw. der Ermessensausübung DKW/*Trümner* BetrVG § 3 Rn. 216; *Sobotta*, Autonome Organisation, 164 f. spricht sich gegen einen Beurteilungsspielraum der Tarifvertragsparteien aus; *Teusch*, Organisation der Betriebsverfassung, 209 f., lehnt einen Beurteilungsspielraum der Tarifpartner ab und befürwortet eine vollumfängliche gerichtliche Kontrolle.

[368] BAG, Beschl. v. 13.03.2013 – 7 ABR 70/11, AP BetrVG 1972 § 3 Nr. 10 m. Anm. Kort (Rn. 38); DKW/*Trümner* BetrVG § 3 Rn. 117; so auch BT-Drs. 14/5741, 33, wonach den Parteien weitreichende Gestaltungsmöglichkeiten eingeräumt werden sollen.

[369] *Sprenger*, NZA 2013, 990 (991).

[370] *Sprenger*, NZA 2013, 990 (991 f.).

[371] BAG, Beschl. v. 13.03.2013 – 7 ABR 70/11, AP BetrVG 1972 § 3 Nr. 10 m. Anm. Kort (Rn. 38); vgl. auch *Sprenger*, NZA 2013, 990 (992); die Gesetzesbegründung nennt beispielhaft die Produktionskette, fraktale Fabrik und shop in shop, vgl. BT-Drs. 14/5741, 34.

§ 3 Abs. 1 Nr. 3 BetrVG als offener Tatbestand zu verstehen, der anhand wertungsmäßig vergleichbarer Strukturen fortgeschrieben werden kann.

Versucht man sich an der Einordnung des unternehmensübergreifenden Gesamtbetriebsrats als alternative Repräsentationseinheit, so ist dieser wohl aufgrund der Besonderheit der Organisation als Fall des § 3 Abs. 1 Nr. 3 BetrVG zu betrachten und stellt somit grundsätzlich eine alternative Repräsentationseinheit im Sinne der Norm dar.[372]

bb. Dienlichkeit der alternativen Repräsentationsstruktur

Auch wenn der unternehmensübergreifende Gesamtbetriebsrat als tarifliche Ausprägung grundsätzlich von § 3 Abs. 1 Nr. 3 BetrVG erfasst ist, muss dieser gleichwohl den hohen Anforderungen, die die Rechtsprechung für dessen konkrete Zulässigkeit voraussetzt, entsprechen. Diese Formulierung in § 3 Abs. 1 Nr. 3 BetrVG, die Bezug auf die „Interessenvertretung der Arbeitnehmer" nimmt, deutet darauf hin, dass das alternative Vertretungsmodell in Relation zum gesetzlichen Vertretungsmodell nach dem BetrVG zu sehen ist.[373] Nicht selbst bestimmen dürfen die Tarifvertragsparteien hingegen die in § 3 Abs. 1 Nr. 3 BetrVG genannten *Voraussetzungen* für die Schaffung neuartiger Vertretungsstrukturen.[374]

(1) Strenge Anforderungen an die Dienlichkeit

Obgleich zunächst der Eindruck erweckt wird, dass diese Norm den Tarifvertragsparteien nahezu unbeschränkte Möglichkeiten zur Schaffung neuer Arbeitnehmervertretungsstrukturen offenbart, stellt die Rechtsprechung[375]

---

372 DKW/*Trümner* BetrVG § 3 Rn. 103a; auch der siebte Senat des BAG, Beschl. v. 13.03.2013 – 7 ABR 70/11, AP BetrVG 1972 § 3 Nr. 10 m. Anm. Kort (Rn. 36 ff.) erklärt die Errichtung eines unternehmensübergreifenden Gesamtbetriebsrats auf Grundlage von § 3 Abs. 1 Nr. 3 BetrVG grundsätzlich für möglich, stellt hieran allerdings hohe Anforderungen.

373 GK-BetrVG/*Franzen* § 3 Rn. 23.

374 *Heinkel*, Organisationseinheit, 180 f.; DKW/*Trümner* BetrVG § 3 Rn. 118; a.A. *Diringer*, AuA 2001, 172 (175), der die Verwendung von „insbesondere" auf die Zulässigkeit anderer Prüfkriterien bezieht.

375 BAG, Beschl. v. 13.03.2013 – 7 ABR 70/11, AP BetrVG 1972 § 3 Nr. 10 m. Anm. Kort (Rn. 38).

klar, dass die Organisation der Betriebsverfassung nicht in Gänze der Dispositionsbefugnis der Tarifvertragsparteien unterliegt. Es geht in erster Linie um Sachverhalte, in denen sich die im BetrVG vorgesehene Organisation bei bloßer Anwendung der gesetzlichen Bestimmungen für eine wirksame und zweckmäßige Interessenvertretung der Arbeitnehmer als nicht ausreichend erweist.[376] In dem Fall soll durch tarifvertragliche Abweichungsmöglichkeiten Abhilfe geschaffen werden können.

§ 3 Abs. 1 Nr. 3 BetrVG soll eine Flexibilisierung ermöglichen, die sich durch zwei Voraussetzungen auszeichnet.[377] Zum einen müssen die mit dem BetrVG verfolgten Zwecke durch die alternative Repräsentationsstruktur besser erreicht werden können als im Rahmen des gesetzlich vorgesehenen Vertretungsmodells.[378] Weiterhin wird ein Bedürfnis nach alternativen Vertretungsstrukturen nur insoweit anerkannt, als aufgrund bestimmter, in erster Linie organisatorischer oder funktionaler Rahmenbedingungen,

---

376 BAG, Beschl. v. 13.03.2013 – 7 ABR 70/11, AP BetrVG 1972 § 3 Nr. 10 m. Anm. Kort (Rn. 38); krit. DKW/*Trümner* BetrVG § 3 Rn. 101, der dieses Erfordernis mangels Ansatzpunktes dazu im Wortlaut ablehnt. Dieses Erfordernis bedeute für die Tarifvertragsparteien unzumutbare Unwägbarkeiten, da diese zunächst die Defizite einer fiktiven gesetzlichen Vertretungsstruktur bestimmen müssten, um dann gezielt besser geeignete Vertretungsstrukturen zu schaffen. Er empfiehlt, die Erwägungen im Tarifvertrag selbst zu dokumentieren, um darzulegen, warum und wie der eingeräumte Gestaltungsspielraum genutzt wurde.

377 Hinterfragen ließe sich allenfalls, ob es sich um zwingende Voraussetzungen handelt oder ob die Formulierung „insbesondere" darauf hindeutet, dass es sich um eine nur beispielhafte Anführung von Gründen handelt, die eine alternative Arbeitnehmervertretungsstruktur rechtfertigen. Zwar geht auch das BAG (BAG, Beschl. v. 13.03.2013 – 7 ABR 70/11, AP BetrVG 1972 § 3 Nr. 10 m. Anm. Kort [Rn. 39]) davon aus, dass die Umstände, die eine solche Vereinbarung veranlassen können, nicht abschließend benannt sind, aber zumindest mit den in § 3 Abs. 1 Nr. 3 BetrVG genannten Gegebenheiten wertungsmäßig vergleichbar sein müssen; *Kania/Klemm*, RdA, 22 (23) sehen die Grenzen des Beurteilungsspielraums jedenfalls dann als überschritten an, wenn die Tarifvertragsparteien sich von sachwidrigen Gesichtspunkten leiten lassen.

378 BAG, Beschl. v. 13.03.2013 – 7 ABR 70/11, AP BetrVG 1972 § 3 Nr. 10 m. Anm. Kort (Rn. 38); *Annuß*, NZA 2002, 290 (292); *ErfK/Koch* § 3 BetrVG Rn. 6; GK-BetrVG/*Franzen* § 3 Rn. 23; *Kania/Klemm*, RdA 2006, 22 (23).

die Errichtung einer wirksamen und zweckmäßigen Interessenvertretung rechtlich oder tatsächlich mit besonderen Schwierigkeiten verbunden ist.[379]

Trümner[380] benennt als wesentliche Prüfkriterien die Einbeziehung möglichst aller Arbeitnehmer des vom Tarifvertrag erfassten Geltungsbereichs in die Vertretungsorganisation, die Effektivierung der Mitbestimmung durch Überschreiten von Schwellenzahlen, die Professionalisierung der Interessenvertretung, sowie eine optimierte Mitbestimmungsausübung durch Einrichtung von Vertretungen in der Nähe des wirklichen Entscheidungsträgers auf Arbeitgeberseite.[381] Selbst bei Orientierung an solchen Kriterien, verbleibt jedoch aufgrund der Unschärfe des Tatbestands ein großer Beurteilungs und Ermessensspielraum auf Seite der Tarifvertragsparteien.[382]

Diesem grundsätzlich weiten Beurteilungsspielraum der Tarifvertragsparteien begegnet die Rechtsprechung[383] mit einer engen Auslegung der Norm im Rahmen der Rechtskontrolle durch die Gerichte.[384] Verlangt wird durch den siebten Senat des BAG, gestützt auf die Verwendung des Wortes „aufgrund" in § 3 Abs. 1 Nr. 3 BetrVG, ein Kausalzusammenhang zwischen der Errichtung anderer Arbeitnehmervertretungsstrukturen einerseits und der Betriebs-,

---

379 BAG, Beschl. v. 13.03.2013 – 7 ABR 70/11, AP BetrVG 1972 § 3 Nr. 10 m. Anm. Kort (Rn. 41); BAG, Beschl. v. 18.11.2014 – 1 ABR 22/13, AP BetrVG 1972 § 3 Nr. 13 (Rn. 26); Richardi BetrVG/*Richardi/Maschmann* BetrVG § 3 Rn. 42 f. führt hier beispielhaft Matrixorganisationen an.

380 DKW/*Trümner* BetrVG § 3 Rn. 117.

381 Im Vgl. dazu verlangt *Sprenger*, NZA 2013, 990 (993), möglichst viele Anknüpfungsmomente im Zuordnungstarifvertrag zu berücksichtigen, über welche sich Unternehmer und Mitarbeiter in ihrem arbeitstechnischen Zusammenwirken identifizieren, das der jeweilige Betriebsrat mitgestalten soll.

382 *Bonanni*, Der gemeinsame Betrieb, 329, hält die materiellen Voraussetzungen für „zu vage"; *Giesen*, BB 2002, 1480 (1481) hält den Tatbestand für „konturenlos"; *Konzen*, RdA 2001, 76 (87) für „ganz unklar"; *Kort*, AG 2003, 13 (21) sieht „große tatbestandliche Unklarheiten"; *Sprenger*, NZA 2013, 990 (992) sieht viele Gestaltungsoptionen aufgrund des Auffangcharakters der Norm eröffnet; DKW/*Trümner* BetrVG § 3 Rn. 118.

383 BAG, Beschl. v. 13.03.2013 – 7 ABR 70/11, AP BetrVG 1972 § 3 Nr. 10 m. Anm. Kort (Rn. 39).

384 Die gerichtliche Überprüfung ist auf eine Rechtskontrolle beschränkt, vgl. Däubler TVG/*Heuschmid/Klein* TVG § 1 Rn. 993; DKW/*Trümner* BetrVG § 3 Rn. 216 m.w.N.; *Däubler*, Tarifvertragsrecht, Rn. 382; a.A. *Teusch*, Organisation der Betriebsverfassung, 210 f. sieht keine Gefahr einer unzulässigen „Tarifzensur" aufgrund der verbindlich vorgegebenen gesetzlich normierten Regelungsmöglichkeiten in § 3 BetrVG.

Unternehmens oder Konzernorganisation andererseits. Für dieses enge Verständnis spricht auch der Sinn und Zweck des § 3 Abs. 1 Nr. 3 BetrVG. So genügt es nicht, wenn den Tarifvertragsparteien eine abweichende Struktur lediglich sinnvoll erscheint.[385] Sie muss vielmehr „besser geeignet“ sein als die gesetzliche Struktur.[386] Ferner gilt die Richtigkeitsvermutung für Tarifverträge angesichts des Spannungsverhältnisses zwischen den Verbandsinteressen und den Interessen der Betriebsbelegschaften in diesem Fall nicht.[387]

Auch im Hinblick auf die Arbeitnehmer, welche einem Tarifvertrag trotz fehlender gewerkschaftlicher Zugehörigkeit unterworfen sind, sollte eine vom Gesetz abweichende Arbeitnehmervertretungsstruktur nur dann adaptiert werden, wenn diese tatsächlich einer wirksameren und zweckmäßigeren Wahrnehmung von Arbeitnehmerinteressen dient. Da ein Strukturvertrag nach § 3 Abs. 1 Nr. 3 BetrVG bereits dann für diese gilt, wenn nur der Arbeitgeber an diesen gebunden ist (§ 3 Abs. 2 TVG), wären diese in ihrer Koalitionsfreiheit aus Art. 9 Abs. 3 GG betroffen.[388] Dies erlaubt die Rechtsprechung nur, wenn mittels § 3 Abs. 1 Nr. 3 BetrVG Anforderungen an den Tarifvertrag gestellt werden, die durch die Gerichte für Arbeitssachen überprüft werden können.[389]

Die Gerichte müssen die bei der Auslegung der in § 3 Abs. 1 Nr. 3 BetrVG verwendeten unbestimmten Rechtsbegriffe sowohl die Vorgaben für die

---

385 *Fitting* BetrVG § 3 Rn. 48; Richardi BetrVG/*Richardi/Maschmann* BetrVG § 3 Rn. 42b.

386 BAG, Beschl. v. 13.03.2013 – 7 ABR 70/11, AP BetrVG 1972 § 3 Nr. 10 m. Anm. Kort (Rn. 38); LAG München, Urt. v. 17.09.2015 – 4 Sa 997/14, BeckRS 2015, 72760 (Rn. 37); LAG Hessen, Beschl. v. 02.09.2019 – 16 TaBV 33/19, BeckRS 2019, 45024 (Rn. 44); *Annuß*, NZA 2002, 290 (292); *Fitting* BetrVG § 3 Rn. 48; GK-BetrVG/*Franzen* § 3 Rn. 23; *Heinkel*, Organisationseinheit, 178 f.; *Plander*, NZA 2002, 483 (487 f.) betont zutreffend, dass es sich nur um eine bessere Vertretung handeln muss, nicht zwangsläufig um die Beste; *Sprenger*, NZA 2013, 990 (992); krit. bzgl. einer notwendigen besseren Eignung, da dies nicht ausdrücklich dem Wortlaut von § 3 Abs. 1 Nr. 3 BetrVG entspricht: Richardi BetrVG/*Richardi /Maschmann* BetrVG § 3 Rn. 42b; auch *Keilich/Witteler*, AuA 2012, 580 (582) wollen hieran keine allzu hohen Anforderungen stellen; *Windeln*, Reform des Betriebsverfassungsgesetzes, 68, hält es für möglich, dass unter bestimmten Umständen sogar eine abgeschwächte Form der Mitbestimmung eine wirksame und interessengerechte Interessenvertretung verspricht.

387 *Fitting* BetrVG § 3 Rn. 21; *Friese*, ZfA 2003, 237 (255 f.) m.w.N.

388 Richardi BetrVG/*Richardi/Maschmann* BetrVG § 3 Rn. 42b; a.A. *Sprenger*, NZA 2013, 990 (993).

389 BAG, Beschl. v. 29.07.2009 – 7 ABR 27/08, AP BetrVG § 3 Nr. 7 m. Anm. Kort (Rn. 22).

Delegation staatlicher Normsetzungsbefugnisse als auch die sich aus der Betriebsverfassung ergebenden Grundsätze für die Bildung demokratisch legitimierter Arbeitnehmervertretungen berücksichtigen.[390]

(2) Dienlichkeit eines unternehmensübergreifenden Gesamtbetriebsrats

Es lässt sich schon daran zweifeln, ob die Arbeitnehmerinteressen bei einer unternehmensübergreifenden Struktur besser wahrgenommen werden können. Bestehen mehrere Gesamtbetriebsräte, erhält der Arbeitnehmer ein höheres Stimmgewicht, da der jeweilige unternehmensbezogene Gesamtbetriebsrat weniger Arbeitnehmer vertritt als der einheitliche unternehmensübergreifende Gesamtbetriebsrat verschiedenen Arbeitgebern gegenüber. Somit folgt aus der Bildung eines unternehmensübergreifenden Gesamtbetriebsrats keine verbesserte Verhandlungsposition des Arbeitnehmers.[391]

Nimmt man mit *Trümner*[392] an, dass auch die Einrichtung von Vertretungen in der Nähe des wirklichen Entscheidungsträgers auf der Arbeitgeberseite ein Prüfkriterium darstellt und nimmt man die Rechtsprechung des siebten Senats[393] ernst, die verlangt, Arbeitnehmervertretungen grundsätzlich dort zu bilden, wo die unternehmerische Leitungsmacht sich konkret entfaltet, müsste man die Dienlichkeit verneinen. Die Errichtung unternehmensübergreifender Gesamtbetriebsräte würde regelmäßig zu einer Verlagerung der Entscheidungsbefugnis auf eine von den Arbeitnehmern entferntere Ebene führen und damit das Gegenteil der gesetzgeberischen Intention bezwecken. Gerade wenn es zu einer Verdrängung der gesetzlichen Arbeitnehmervertretungen durch die tariflichen kommt, wird dies tendenziell ein Mitbestimmungsdefizit zur Folge haben und nicht zu einer verbesserten Beteiligungssituation auf Arbeitnehmerseite führen.

Nachvollziehbar erscheint der Ansatz *Sprengers*[394], der der besseren Eignung der alternativen Vertretungsstruktur mit Blick auf § 3 Abs. 1 Nr. 1 BetrVG, der

---

390 BAG, Beschl. v. 29.07.2009 – 7 ABR 27/08, AP BetrVG § 3 Nr. 7 m. Anm. Kort (Rn. 22).

391 Vgl. auch *Hoffmann/Alles*, NZA 2014, 757 (759).

392 DKW/*Trümner* BetrVG § 3 Rn. 117.

393 BAG Beschl. v. 21.09.2011 – 7 ABR 54/10, AP BetrVG 1972 § 3 Nr. 9 (Rn. 42) konkret zu § 3 Abs. 1 Nr. 1b BetrVG.

394 *Sprenger*, NZA 2013, 990 (992).

eine schlichte Zusammenfassung von Betrieben ermöglicht, kein quantitatives, sondern ein qualitatives Verständnis zugrunde legen will. Nicht immer ist eine Vielzahl von Vertretungen mit einer effektiveren Vertretung gleichzusetzen. Diese Argumentation wird jedoch im Hinblick auf die Errichtung eines unternehmensübergreifenden Betriebsrats nicht verfangen. In diesem Fall würde kein „eigener" Gesamtbetriebsrat mehr im Unternehmen existieren, sondern es gäbe faktisch nur noch einen unternehmensübergreifenden Gesamtbetriebsrat, der eine Art „Teilzuständigkeit" für das einzelne Unternehmen innehätte.

Darüber hinaus ist mit Blick auf die praktische Umsetzung und Haltbarkeit einer derartigen Struktur nicht außer Acht zu lassen, dass die Rechtsprechung hohe Anforderungen an die Erfüllung der Voraussetzungen zur Schaffung eines unternehmensübergreifenden Gesamtbetriebsrats stellt, die nicht ohne ein erhebliches rechtliches Risiko als erfüllt angesehen werden können.[395] Betriebs und Unternehmensstrukturen sowie Tarifverträge sind individuell ausgestaltet, sodass sich im Vorhinein keine pauschalisierte Aussage über die (Un) Zulässigkeit bestimmter abweichender Arbeitnehmervertretungsstrukturen treffen lassen wird. Bereits aufgrund der Natur der Sache wird es sich stets um eine Einzelfallabwägung handeln. Mithin kann auch die Frage danach, ob der unternehmensübergreifende Gesamtbetriebsrat im Einzelfall diesen Anforderungen entspricht, nicht eindeutig beantwortet werden. Den Tarifpartnern können allenfalls Leitlinien an die Hand gegeben werden. Zudem bedarf es der Mitwirkung des jeweiligen Tarifpartners, der in der Regel, wenn es um die Reduzierung der betriebsverfassungsrechtlichen Gremien geht, nicht ohne Weiteres zur Mitwirkung bereit sein wird.

Dies führt im Ergebnis dazu, dass es sich bei der Schaffung eines unternehmensübergreifenden Gesamtbetriebsrats zwar um eine zulässige Gestaltungsmöglichkeit handelt, diese aber in der Praxis aufgrund der vorgenannten Voraussetzungen und notwendigen Mitwirkung des Tarifpartners nur schwer umsetzbar sein wird und somit kaum von praktischer Relevanz ist.

---

395 Krit. dazu *Windeln*, Reform des Betriebsverfassungsgesetzes, 67, der das „ganz oder gar nicht" Prinzip in der Mitbestimmung als Ursache dafür sieht, dass Regelungen am Rande der Legalität existieren. Diesem ist nicht zuzustimmen. Sich auf unzureichende Mitbestimmungsausgestaltung einzulassen, kann kein Grund dafür sein, diese im Ergebnis zu „legalisieren".

Im Ergebnis ist der Gestaltungsspielraum stets daran zu messen, ob die tariflich errichtete Arbeitnehmervertretungsstruktur eine adäquate Alternative darstellt, die eine den gesetzlichen Standards entsprechende Interessenvertretung zulässt. Will man einen unternehmensübergreifenden Gesamtbetriebsrat errichten, wird dies jedoch stets mit erheblichen rechtlichen Risiken verbunden sein.

III. Rechtsfolgen bei Unzulässigkeit

1. Errichtung jenseits von § 47 BetrVG

Wird ein Gesamtbetriebsrat unter Verstoß gegen § 47 BetrVG errichtet, so ist dieser rechtlich nicht existent und sein Handeln unbeachtlich.[396] Wenn selbst funktionelle Zuständigkeitsüberschreitungen im Verhältnis zwischen Betriebsrat, Gesamtbetriebsrat und Konzernbetriebsrat zur Unwirksamkeit der von dem unzuständigen Verfassungsorgan geschlossenen Vereinbarungen führen,[397] muss dies erst recht dann gelten, wenn ein Gremium betriebsverfassungsrechtlich schon gar nicht vorgesehen und unter Verkennung zwingender betriebsverfassungsrechtlicher Organisationsvorschriften errichtet worden ist.[398]

In der Konsequenz stehen einem solchen Organ keine betriebsverfassungsrechtlichen Befugnisse zu. Die von ihm abgeschlossenen Betriebsvereinbarungen und Sozialpläne sind unwirksam.[399] Wurden auf Grundlage der

---

396 BAG, Urt. v. 17.03.2010 – 7 AZR 706/08, AP BetrVG 1972 § 47 Nr. 18 (Rn. 21) am Beispiel eines mit dem unternehmensübergreifenden Gesamtbetriebsrat abgeschlossenen Sozialplans; BAG, Urt. v. 25.02.2020 – 1 ABR 40/18, AP BetrVG 1972 § 3 Nr. 16 (Rn. 12 ff.).

397 BAG, Urt. v. 04.05.2006 – 7 AZR 201/05, AP BetrVG 1972 § 29 Nr. 6 (Ls.).

398 BAG, Urt. v. 17.03.2010 – 7 AZR 706/08, AP BetrVG 1972 § 47 Nr. 18 (Rn. 22).

399 BAG, Urt. v. 17.03.2010 – 7 AZR 706/08, AP BetrVG 1972 § 47 Nr. 18 (Rn. 22); BAG, Beschl. v. 30.06.2021 – 7 ABR 24/20, NZA 2021, 1561 (Rn. 21); zust. BAG, Urt. v. 17.04.2012 – 3 AZR 401/10 (Rn. 39) im Falle einer Gesamtbetriebsvereinbarung; demgegenüber hat der erste Senat noch offengelassen, ob die Bildung eines nicht vorgesehenen unternehmensübergreifenden Gesamtbetriebsrats die Nichtigkeit der von ihm gefassten Betriebsvereinbarungen und Beschlüsse zur Folge hat, vgl. BAG, Urt. v. 13.02.2007 – 1 AZR 184/06, AP BetrVG 1972 § 47 Nr. 17 (Rn. 22).

unwirksamen Betriebsvereinbarungen Leistungen gewährt, müssen diese rückabgewickelt werden.[400]

Die unwirksame Errichtung eines Gesamtbetriebsrats ist nicht analog § 19 BetrVG anzugreifen, sondern kann jederzeit mittels eines Feststellungsantrags geltend gemacht werden.[401] Einwände dagegen gibt es in der Literatur.

Franzen[402] hält diese „rigiden Rechtsfolgen" für unangemessen, wenn ein fehlerhaft errichteter Gesamtbetriebsrat über einen längeren Zeitraum sein Amt unbeanstandet ausgeübt hat und die Unwirksamkeit seiner Errichtung nicht evident ist. In derartigen Fällen sei aus Vertrauensschutzgründen und mit Blick auf die betriebsverfassungsrechtliche Bedeutung des Gesamtbetriebsrats rechtsfortbildend anzunehmen, dass die gerichtliche Feststellung der Unwirksamkeit der Errichtung nur für die Zukunft wirkt.

Auch *Deinert*[403] hält die Konsequenzen „zur einen wie zur anderen Seite hin [für] gravierend", wenn der Gesamtbetriebsrat über Jahre hinweg tätig war und Betriebsvereinbarungen abgeschlossen hat. Er spricht sich für die Unwirksamkeit mit Wirkung für die Zukunft aus. Der Beschluss könne nur dann nichtig sein, wenn es nicht mal den Anschein einer dem Gesetz entsprechenden Wahl[404] gibt.[405]

---

400 MHdB-ArbR/*Arnold* § 316 Rn. 136; *Belling/Hartmann*, NZA 1998, 673 (679); *Hoffmann/Alles*, NZA 2014, 757 (759); *Veit/Waas*, BB 1991, 1329 (1331); a.A.: *Fitting* BetrVG § 77 Rn. 107; GK-BetrVG/*Kreutz* § 77 Rn. 146.

401 Die Errichtung ist nicht analog § 19 BetrVG anzugreifen; die zweiwöchige Anfechtungsfrist gilt nicht, vgl. DKW/*Deinert* BetrVG § 47 Rn. 149; GK-BetrVG/*Franzen* § 47 Rn. 131.

402 GK-BetrVG/*Franzen* § 47 Rn. 133; zust. auch DKW/*Deinert* BetrVG § 47 Rn. 144, der der gerichtlichen Entscheidung über die Unwirksamkeit der Errichtung des Gesamtbetriebsrats lediglich Wirkung für die Zukunft beimisst; *Fitting* BetrVG § 47 Rn. 84, wonach die Feststellung der Nichtigkeit – außer in Fällen offensichtlicher Nichtigkeit – nur für die Zukunft wirkt; a.A. Richardi/*Annuß* § 47 Rn. 83.

403 DKW/*Deinert* BetrVG § 47 Rn. 149.

404 Richtigerweise muss man hier auf den Anschein der Zulässigkeit der Errichtung des Gesamtbetriebsrats abstellen, da es sich um keine Wahl im eigentlichen Sinne handelt, sondern um eine Entsendung.

405 Nach st. Rspr. des BAG ist eine Wahl nur in Ausnahmefälle nichtig, wenn gegen wesentliche Grundsätze des Wahlrechts in so hohem Maße verstoßen wurde, dass nicht einmal der Anschein einer dem Gesetz entsprechenden Wahl vorliegt, vgl. nur BAG, Beschl. v. 02.03.1955 – 1 ABR 19/54, AP BetrVG § 18 Nr. 1 (Ls.); BAG, Beschl.

Fitting[406] sieht unter Betonung der „Bedeutung der Arbeit des Gesamtbetriebsrats" und aus „Gründen der Rechtssicherheit" grundsätzlich ebenfalls nur die alleinige Wirkung für die Zukunft als angemessen an. Anders zu beurteilen sei aber der Fall des für verschiedene Unternehmen errichteten Gesamtbetriebsrats. Dieser sei vom Gesetz nicht vorgesehen und daher rechtlich nicht existent. Mit ihm abgeschlossene Betriebsvereinbarungen seien unwirksam. Dem ist zuzustimmen.

Die Rechtsfolge in Form der Unwirksamkeit der geschlossenen Vereinbarungen darf nicht auf die Zukunft begrenzt werden, sondern muss bereits für die Vergangenheit gelten. Aus der Errichtung gesetzeswidriger Arbeitnehmervertretungen können sich für alle Beteiligten unüberschaubare Konsequenzen ergeben. Diese gehen häufig zu Lasten der Beschäftigten, da ihnen die kollektivrechtlichen Anspruchsgrundlagen genommen werden. In § 47 BetrVG lässt sich kein Anknüpfungspunkt dafür finden, dass ein unternehmensübergreifender Betriebsrat errichtet werden kann. Die Beteiligten müssen sich daher im Klaren darüber gewesen sein, dass sie ein rechtlich nicht existentes Gremium errichten. Ließe man eine derartige Errichtung im Rahmen des § 47 BetrVG zu, würde dies zu einer Art „Freifahrtschein" der Parteien führen. Sie könnten „solang es eben gut geht" Gesamtbetriebsvereinbarungen abschließen, die trotz widerrechtlicher Errichtung auch nach Feststellung der Nichtigkeit weitergelten würden.

Durch den Vollzug der Betriebsvereinbarung in der Vergangenheit hat sich der Arbeitgeber auch nicht für die Zukunft gebunden. Eine unwirksame Gesamtbetriebsvereinbarung kann grundsätzlich nicht in eine Gesamtzusage gemäß § 140 BGB analog umgedeutet werden.[407] Der Arbeitgeber hätte

---

v. 19.11.2003 – 7 ABR 24/03, AP BetrVG 1972 § 19 Nr. 54 (unter B III 1 der Gründe); BAG, Beschl. v. 13.03.2013 – 7 ABR 70/11, AP BetrVG § 3 Nr. 10 (Rn. 15); BAG, Beschl. v. 30.06.2021 – 7 ABR 24/20, NZA 2021, 1561 (Rn. 28).

406 *Fitting* BetrVG § 47 Rn. 84.

407 BAG, Urt. v. 26.01.2017 – 2 AZR 405/16, AP BGB § 626 Unkündbarkeit Nr. 16 (Rn. 27); BAG, Urt. v. 23.01.2018 – 1 AZR 65/17, AP BetrVG 1972 § 77 Nr. 111 (Rn. 27); gem. BAG, Urt. v. 17.04.2012 – 3 AZR 401/10, BeckRS 2012, 73018 kommt eine Umdeutung nur dann in Betracht, wenn besondere Umstände die Annahme rechtfertigen, dass der Arbeitgeber sich unabhängig von einer Betriebsvereinbarung in jedem Fall zur Leistungsgewährung verpflichten wollte; *Kort*, NZA 2005, 620.

sich jederzeit durch Kündigung von seiner Betriebsvereinbarung lösen können, während eine Änderung der Arbeitsverträge, zu deren Inhalt eine Gesamtzusage wird, nur einvernehmlich oder durch gerichtlich überprüfbare Änderungskündigung möglich ist.[408] Eine Umdeutung der Betriebsvereinbarung darf daher nur in Ausnahmefällen angenommen werden.[409]

2. Nichterfüllung der Tatbestandsvoraussetzungen des § 3 Abs. 1 Nr. 3 BetrVG

Die Nichterfüllung der Tatbestandsvoraussetzungen des § 3 Abs. 1 Nr. 3 BetrVG stellt einen Verstoß gegen betriebsverfassungsrechtliches Organisationsrecht dar. Den Tarifpartnern fehlt bei einem Verstoß gegen die ermächtigende Vorschrift des § 3 Abs. 1 Nr. 3 BetrVG die Legitimation zur Rechtssetzung. Dieser Gesetzesverstoß begründet die Unwirksamkeit der Vereinbarung und damit ebenfalls die Nichtigkeit des auf ihr beruhenden Tarifvertrags.[410]

Bisher nicht eindeutig beurteilt wird die Frage, welche Folgen es für die Existenz eines unternehmensübergreifenden Gesamtbetriebsrats und seine Handlungen hat, wenn dessen Errichtung fehlerbehaftet war. Zur Beantwortung dieser Fragestellung ist zunächst die Rechtsprechung des BAG zum Umgang mit einer auf Grundlage eines unwirksamen Tarifvertrags im Sinne des § 3 BetrVG durchgeführten Betriebsratswahl in den Blick zu nehmen. Ferner soll der Meinungsstand in der rechtswissenschaftlichen Literatur dargestellt werden, bevor erörtert wird, welche potenziellen Folgen sich aus der Errichtung eines unternehmensübergreifenden Gesamtbetriebsrats auf Grundlage eines unwirksamen Tarifvertrags ergeben.

---

408 BAG, Urt. v. 26.01.2017 – 2 AZR 405/16, AP BGB § 626 Unkündbarkeit Nr. 16 (Rn. 27).

409 Vgl. etwa BAG, Urt. v. 19.06.2012 – 1 AZR 137/11, NJOZ 2012, 2179 (Rn. 21); BAG, Urt. v. 23.02.2016 –3 AZR 960/13, AP BetrAVG § 1 Betriebsvereinbarung Nr. 12 (Rn. 25); BAG, Urt. v. 26.01.2017 – 2 AZR 405/16, AP BGB § 626 Unkündbarkeit Nr. 16 (Rn. 27).

410 *Fitting* BetrVG § 3 Rn. 23; GK-BetrVG/*Franzen* § 3 Rn. 76; *Thüsing*, ZIP 2003, 693 (700); Wiedemann TVG/*Thüsing* TVG § 1 Rn. 326.

a. Rechtsprechung des BAG zur Anfechtbarkeit von Betriebsratswahlen bei Verkennung des Betriebsbegriffs

Es entspricht ständiger Rechtsprechung des BAG[411], dass wegen der schwerwiegenden Folgen einer von Beginn an unwirksamen Betriebsratswahl ihre jederzeit feststellbare Nichtigkeit nur bei groben und offensichtlichen Verstößen gegen Wahlvorschriften angenommen werden kann. Voraussetzung ist die Offenkundigkeit des Mangels, die einen Vertrauensschutz in die Gültigkeit der Wahl verwehrt. Dies sei bei einer Betriebsratswahl, die unter Verkennung des Betriebsbegriffs durchgeführt worden ist, nicht der Fall. Hier ergebe sich regelmäßig nur die Möglichkeit zur Anfechtung der Wahl.

b. Übertragbarkeit der Rechtsprechung auf Vereinbarungen nach § 3 BetrVG

In der neueren Rechtsprechung des BAG werden die Grundsätze zur Verkennung des Betriebsbegriffs zur Bestimmung der Rechtsfolgen einer auf einer unwirksamen Vereinbarung nach § 3 BetrVG erfolgten Betriebsratswahl, mithin auf Vereinbarungen betreffend die unterste Repräsentationsebene, herangezogen.[412] Dieser Ansicht schließen sich ebenso einige Stimmen in der Literatur an.[413]

Ein anderer Teil der Literatur jedoch lehnt die Übertragbarkeit der Rechtsprechung zur Verkennung des Betriebsbegriffs ab und plädiert für

---

411 Nach st. Rspr. des BAG ist eine Wahl nur in Ausnahmefälle nichtig, wenn gegen wesentliche Grundsätze des Wahlrechts in so hohem Maße verstoßen wurde, dass nicht einmal der Anschein einer dem Gesetz entsprechenden Wahl vorliegt, vgl. nur BAG, Beschl. v. 02.03.1955 – 1 ABR 19/54, AP BetrVG § 18 Nr. 1 (Ls.); BAG, Beschl. v. 10.06.1983 – 6 ABR 50/82, AP BetrVG 1972 § 19 Nr. 10 unter II 2a) der Gründe; BAG, Beschl. v. 13.09.1984 – 6 ABR 43/83, AP BetrVG 1972 § 1 Nr. 3 = NZA 1985, 293 (293); BAG, Beschl. v. 19.11.2003 – 7 ABR 24/03, AP BetrVG 1972 § 19 Nr. 54 (Unter B III 1 der Gründe); BAG, Beschl. v. 19.11.2003 – 7 ABR 25/03, AP BetrVG 1972 § 19 Nr. 55 unter C I 1 der Gründe; BAG, Beschl. v. 13.03.2013 – 7 ABR 70/11, AP BetrVG § 3 Nr. 10 m. Anm. Kort (Rn. 15); BAG, Beschl. v. 30.06.2021 – 7 ABR 24/20, NZA 2021, 1561 (Rn. 28).

412 BAG, Beschl. v. 13.03.2013 – 7 ABR 70/11, AP BetrVG § 3 Nr. 10 m. Anm. Kort (Rn. 17).

413 *Fitting* BetrVG § 3 Rn. 23; GK-BetrVG/*Franzen* § 3 Rn. 76; *Mückl/Koehler*, NZA-RR 2009, 513 (513 f.); ErfK/*Koch* § 3 Rn. 13; *Thüsing*, ZIP 2003, 693 (700 f.).

eine Inexistenz der abweichenden Vertretungsstruktur, wenn der zugrunde liegende Tarifvertrag unwirksam ist.

Im Falle der Unwirksamkeit des der abweichenden Struktur zugrunde liegenden Tarifvertrags fehle es bereits an einer wirksamen Verdrängung des grundsätzlich zwingenden Organisationsrechts des BetrVG und damit an der Grundlage für die Errichtung des Gremiums.[414] Die auf Grundlage eines unwirksamen Tarifvertrags errichteten Arbeitnehmervertretungen haben nicht die Rechte und Pflichten eines Betriebsrats und gelten somit nicht als Betriebe *im Sinne des Gesetzes*.[415]

Im Gegensatz dazu beruhe die Verkennung des Betriebsbegriffs auf der fehlende Definition des selbigen.[416] Bei der Verkennung des Betriebsbegriffs handele es sich um einen Irrtum über tatsächliche arbeitsorganisatorische Zusammenhänge, der anders zu bewerten sei als ein Irrtum über die rechtliche Wirksamkeit von Tarifverträgen als Grundlage der Betriebsratswahl.[417] Eine Wahl ohne Rechtgrundlage müsse nichtig sein.[418] Anderenfalls könnten die Beteiligten mithilfe von § 19 BetrVG sämtliche rechtliche Grenzen außer Kraft setzen, wenn das Versäumnis der Anfechtungsfrist „Überschreitungen der Gestaltungsmacht rechtlich verfestigen würde“[419].

Die vorgenannte Kritik mag zwar im Grundsatz nachvollziehbar sein, dennoch kann die Rechtsprechung zur Verkennung des Betriebsbegriffs auf die auf Grundlage eines unwirksamen Tarifvertrags nach § 3 BetrVG errichteten Organisationseinheit sinnvoll übertragen werden.

Die Auslegung und Anwendung der unbestimmten Rechtsbegriffe in § 3 Abs. 1 BetrVG bereitet nicht weniger Schwierigkeiten als der Betriebsbegriff. Dem Umstand wird es nicht gerecht, wenn man das auf einer unwirksamen Vereinbarung gemäß § 3 BetrVG fußende Gremium ausnahmslos als nicht existent ansieht, mag man den Fehler doch erst im Rahmen einer rechtlichen Bewertung im Einzelfall erkennen und einer Subsumtion unter

---

414 *Spinner/Wiesenecker*, in: FS Löwisch, 375 (387 f.).
415 *Richardi*, NZA 2014, 232 (234).
416 *Spinner/Wiesenecker*, in: FS Löwisch, 375 (387 f.).
417 *Löwisch/Rieble* TVG § 1 Rn. 530 ff.
418 *Löwisch/Rieble* TVG § 1 Rn. 530 ff.
419 *Rolf*, Unternehmensübergreifende Betriebsratsstruktur, 79.

§ 3 BetrVG unterziehen können.[420] Zumal dies außer Acht lassen würde, dass den Tarifpartnern bei der Auslegung und Anwendung der unbestimmten Rechtsbegriffe in § 3 Abs. 1 Nr. 1 bis 3 BetrVG ein Beurteilungs und Gestaltungsspielraum zusteht. Im Übrigen existiert auch bei Verkennung des Betriebsbegriffs bei der für den Betrieb durchgeführten Wahl streng genommen keine rechtliche Grundlage im BetrVG.[421]

Es besteht kein relevanter Unterschied zu der Situation der Nichterfüllung der Tatbestandsvoraussetzungen des § 3 BetrVG. Bei deren Nichterfüllung konnten die geschaffenen Strukturen nicht an die Stelle der gesetzlich vorgesehenen Organisationseinheiten treten. Die Betriebsratswahl hätte in den gesetzlich vorgesehenen Einheiten stattfinden müssen und nicht in den gemäß § 3 Abs. 1 Nr. 1 bis 3 BetrVG gebildeten Strukturen. Somit liegt bezogen auf die Wahl des Betriebsrats ebenso eine Verkennung des Betriebsbegriffs vor.[422]

Im Übrigen sollte sich darum bemüht werden, die Kontinuität der Arbeitnehmervertretung sicherzustellen und betriebsratslose Zustände zu vermeiden.[423]

Hält man die Konstellation, dass ein Gremium auf Grundlage eines unwirksamen Tarifvertrags nach § 3 BetrVG gewählt wird mit den Fällen der Verkennung des Betriebsbegriffs für vergleichbar, kann die Wahl lediglich bei Vorliegen eines evidenten und groben Verstoßes gegen ein Tatbestandsmerkmal des § 3 Abs. 1 Nr. 1 bis 3 BetrVG nichtig sein. Die Frage nach der Erfüllung der Dienlichkeitsklausel jedoch kann nicht von vornherein einen solchen offensichtlichen Mangel begründen.[424]

---

420 *Mückl/Koehler*, NZA-RR 2009, 513 (514) sprechen zutreffend davon, dass es sich bei dem Betriebsbegriff um eine „Ist-Struktur" handelt, während eine Vereinbarung nach § 3 BetrVG „Ziel-Strukturen" betrifft.

421 *Mückl/Koehler*, NZA-RR 2009, 513 (514).

422 So *Spinner/Wiesenecker*, in: FS Löwisch, 375 (386 f.), die i.E. jedoch eine Anfechtungsmöglichkeit ablehnen.

423 *Trümner/Sparchholz*, AiB 2009, 98 (101).

424 *Heinkel*, Organisationseinheit, 340; *Linse*, Arbeitnehmervertretungsstrukturen, 204; *Trümner/Sparchholz*, AiB 2009, 98 (101); a.A. *Sabotta*, Organisation der Betriebsverfassung durch Tarifverträge, 161 f., der bei fehlender Dienlichkeit den Normzweck des § 3 BetrVG als verfehlt ansieht und daher den Anschein einer dem Gesetz entsprechenden Wahl ablehnt.

Angemessen erscheint es daher, grundsätzlich die Anfechtbarkeit der entsprechenden Wahl anzunehmen in Bezug auf die unterste Repräsentationsebene, den Betriebsrat.[425]

c. Unwirksamkeit der Errichtung

aa. Keine Übertragbarkeit auf Geschäftsführungsbeschlüsse

Zwar lässt sich nach der hier vertretenen Auffassung die Rechtsprechung zur Verkennung des Betriebsbegriffs auf eine auf einem unwirksamen Tarifvertrag gemäß § 3 BetrVG beruhende Betriebsratswahl übertragen, dies kann jedoch nicht gleichermaßen für den unternehmensübergreifenden Gesamtbetriebsrat gelten, wenn dieser aufgrund eines unwirksamen Tarifvertrags errichtet wurde. Die Frage nach dessen Existenz ist anhand strenger Maßstäbe zu beurteilen. Ein nicht vom BetrVG vorgesehenes Organ ist grundsätzlich inexistent. Abgeschlossene Gesamtbetriebsvereinbarungen würde das Schicksal der Nichtigkeit ereilen.

Fraglich ist, ob eine derart strikte Rechtsfolge bezüglich eines auf Grundlage eines unwirksamen Tarifvertrags im Sinne des § 3 Abs. 1 Nr. 3 BetrVG errichteten unternehmensübergreifenden Gesamtbetriebsrats angenommen werden kann.

Zwischen der *Wahl* zum Betriebsrat und der *Errichtung* eines Gesamtbetriebsrats bestehen grundlegende Unterschiede. Während es sich bei der Wahl des Betriebsrats um eine Wahl im klassischen Sinne handelt, beruht die Entsendung in den Gesamtbetriebsrat auf einem Geschäftsführungsbeschluss gemäß § 33 Abs. 1 BetrVG.[426] Selbst wenn der Betriebsrat die Entsendung in Gestalt einer „internen Wahl“ durchführt, bleibt die Entsendung ihrer Rechtsnatur nach ein Geschäftsführungsbeschluss des Betriebsrats.[427] Da der Gesamtbetriebsrat kein gewähltes, sondern ein aus entsandten Betriebsratsmitgliedern bestehendes Organ ist, kann man die

---

425 Ebenso *Fitting* BetrVG § 3 Rn. 23; *Linse*, Arbeitnehmervertretungsstrukturen, 204; HWGNRH/*Rose* § 3 Rn. 125; *Thüsing*, ZIP 2003, 693 (700 f.).

426 BAG, Beschl. v. 21.07.2004 – 7 ABR 58/03, AP BetrVG 1972 § 47 Nr. 13 = NZA 2005, 170 (171); es handelt sich hierbei um einen Mehrheitsbeschluss, vgl. nur BAG, Beschl. v. 25.05.2005 – 7 ABR 10/04, AP BetrVG 1972 § 47 Nr. 16 = NZA 2016, 215 (218) m.w.N.

427 *Schwab*, NZA-RR 2007, 505 (506).

Auswirkungen eines Gesetzesverstoßes nicht so beurteilen wie bei betriebsinternen Wahlen.[428]

Dennoch wird trotz der Einordnung als Geschäftsführungsbeschluss heute teilweise angenommen, dass eine analoge Anwendung des § 19 BetrVG auf die Geschäftsführungsbeschlüsse zur Entsendung in den Gesamtbetriebsrat möglich ist.[429] Ebenfalls soll die in § 19 Abs. 2 S. 2 BetrVG vorgesehene zweiwöchige Anfechtungsfrist gelten.[430] Damit richtet sich der Antrag auf die für die Zukunft wirkende Unwirksamkeit der betriebsratsinternen Wahl.[431]

Eine andere Beurteilung soll jedoch dann vorgenommen werden, wenn es nicht bloß um die Entsendung oder Abberufung der Mitglieder in den Gesamtbetriebsrat geht, sondern um die Zulässigkeit der Errichtung des Gremiums als solches. Betrifft die Gesetzesverletzung die Voraussetzungen für die Errichtung eines Gesamtbetriebsrats, muss dessen fehlerhafte Errichtung nichtig sein.[432] Da der Gesamtbetriebsrat – anders als der Betriebsrat – auf der Grundlage eines Tarifvertrags nicht gewählt, sondern errichtet wird, können die Grundsätze zur Verkennung des Betriebsbegriffs nicht übertragen werden.[433] Darüber hinaus vermag lediglich eine Wahl einen Vertrauenstatbestand zu begründen.[434]

---

428 Richardi BetrVG/*Annuß BetrVG* § 47 Rn. 83.

429 BAG, Beschl. v. 15.01.1992 – 7 ABR 24/91, AP BetrVG 1972 § 26 Nr. 10 = NZA 1992, 1091 (1092 f.) zu betriebsratsinternen Wahlen; BAG, Beschl. v. 15.08.2001 – 7 ABR 2/99, AP BetrVG 1972 § 47 Nr. 10 = NZA 2002, 569 (570); BAG, Beschl. v. 21.07.2004 – 7 ABR 58/03, AP BetrVG 1972 § 47 Nr. 13 = NZA 2005, 170 (171); BAG, Beschl. v. 25.05.2005 – 7 ABR 10/04, AP BetrVG 1972 § 47 Nr. 16 = NZA 2006, 215 (216); BAG, Beschl. v. 01.06.2022, AP BetrVG 1972 § 47 Nr. 19 (Rn. 33).

430 BAG, Beschl. v. 25.05.2005 – 7 ABR 10/04, AP BetrVG 1972 § 47 Nr. 16 = NZA 2006, 215 (216).

431 BAG, Beschl. v. 15.08.2001 – 7 ABR 2/99, AP BetrVG 1972 § 47 Nr. 10 = NZA 2002, 569 (571); BAG, Beschl. v. 01.06.2022, AP BetrVG 1972 § 47 Nr. 19 (Rn. 33).

432 BAG, Beschl. v. 25.02.2020 – 1 ABR 40/18, AP BetrVG 1972 § 3 Nr. 16 (Rn. 16).

433 BAG, Beschl. v. 25.02.2020 – 1 ABR 40/18, AP BetrVG 1972 § 3 Nr. 16 (Rn. 16); Richardi BetrVG/*Annuß BetrVG* § 47 Rn. 83 will die „Verkennung des Unternehmensbegriffs" nicht so behandeln wie die Verkennung des Betriebsbegriffs.

434 *Mückl/Koehler*, NZA-RR 2009, 513 (514) m.w.N.

Die Zwei-Wochen-Frist des § 19 Abs. 2 S. 2 BetrVG ist nicht zu beachten.[435] Die Unwirksamkeit der Errichtung kann jederzeit mit einem Feststellungsantrag geltend gemacht werden.[436]

Auch der erste Senat des BAG betont, dass es möglich sei, die *Wahl* einer organisatorischen Einheit nicht als nichtig, sondern bloß als anfechtbar anzusehen, wenn der zugrunde liegende Tarifvertrag nicht den Voraussetzungen des § 3 Abs. 1 BetrVG genügt. Dies gelte aber eben nicht für einen zu errichtenden – nicht zu wählenden – Gesamtbetriebsrat auf Grundlage eines Tarifvertrags.[437]

Damit ist grundsätzlich von der Inexistenz des unternehmensübergreifend errichteten Gesamtbetriebsrats auf Grundlage eines unwirksamen Tarifvertrags auszugehen.

bb. Nichtigkeit mit Wirkung für die Zukunft

Die Inexistenz des unternehmensübergreifenden Gesamtbetriebsrats würde zu dem fragwürdigen Ergebnis führen, dass ein unternehmensübergreifender Gesamtbetriebsrat auf Grundlage des § 3 Abs. 1 Nr. 3 BetrVG das Schicksal eines außerhalb der Voraussetzungen von § 47 BetrVG errichteten Gesamtbetriebsrats teilt und dessen Nichtigkeit sowohl für die Vergangenheit als auch für die Zukunft gilt. Dies scheint angesichts des mit der Neuregelung des § 3 Abs. 1 Nr. 3 BetrVG verfolgten Ziels der Einräumung flexibler Gestaltungsmöglichkeiten von Arbeitnehmervertretungsstrukturen, bezüglich welcher der Gesetzgeber bewusst auf ein behördliches Zustimmungserfordernis verzichtet hat, nicht vertretbar.[438]

Es wäre widersinnig, die Tarifpartner auf der einen Seite zu ermutigen, maßgeschneiderte Vertretungsstrukturen mittels § 3 Abs. 1 BetrVG in Betrieb, Unternehmen und Konzern zu etablieren, sie aber auf der anderen Seite – sofern diese die in § 3 Abs. 1 BetrVG nur vage definierten Grenzen überschreiten – mit der Nichtigkeit aller vergangenen Vereinbarungen zu

---

[435] Richardi BetrVG/*Annuß BetrVG* § 47 Rn. 83.

[436] BAG, Urt. v. 17.03.2010 – 7 AZR 706/08, AP BetrVG 1972 § 47 Nr. 18; DKW/*Deinert* BetrVG § 47 Rn. 149; *Fitting* BetrVG § 47 Rn. 84.

[437] BAG, Beschl. v. 25.02.2020 – 1 ABR 40/18, AP BetrVG § 3 Nr. 16 (Rn. 16).

[438] Siehe hierzu unter Kapitel 3 C.II.3.a.dd.

sanktionieren. Diese strengen Rechtsfolgen haben vielmehr die Konsequenz, dass die Tarifvertragsparteien sich vielmehr in großer Zurückhaltung üben und die durch § 3 Abs. 1 BetrVG eröffneten Möglichkeiten meiden, als mutig in eine effektive Arbeitnehmervertretung zu investieren.

Es kann und wird nicht für jeden Betrieb, jedes Unternehmen oder jeden Konzern die bestmögliche Lösung sein, sich in starren Arbeitnehmervertretungsstrukturen wiederzufinden, anstatt sich mit den Freiheiten auseinanderzusetzen, die der Gesetzgeber ihnen in § 3 Abs. 1 BetrVG eingeräumt hat. Zwar mag man die Möglichkeit einer Anfechtung entsprechend der Rechtsprechung zu Verkennung des Betriebsbegriffs nicht auf die Entsendung von Arbeitnehmern in den Gesamtbetriebsrat übertragen können, jedoch lässt sich ein gewisses Maß an Rechtssicherheit schaffen, indem man dem die Unwirksamkeit feststellenden rechtskräftige Beschluss allein Wirkung für die Zukunft beimisst.[439]

So wird das Vertrauen der Normunterworfenen in die Wirksamkeit von Vereinbarungen jedenfalls in Bezug auf die Vergangenheit geschützt. Es verbietet sich auch nicht, die Rechtsfolgen anders als bei der Errichtung eines unternehmensübergreifenden Gesamtbetriebsrats auf Grundlage des § 47 BetrVG zu beurteilen. Im Gegensatz zu einer Errichtung auf Grundlage des § 47 BetrVG ist es für die Tarifvertragspartner im Rahmen des § 3 Abs. 1 Nr. 3 BetrVG nicht von vornherein ersichtlich, ob die unternehmensübergreifende Errichtung im Einzelfall (un)zulässig sein wird. Auch das BAG[440] sieht in einem gemäß § 47 BetrVG errichteten Gesamtbetriebsrat verschiedener Rechtsträger ein von vornherein inexistentes Gremium, weist aber darauf hin, dass Tarifvertragsparteien nach Maßgabe der gesetzlichen Regelungen betriebsverfassungsrechtliche Organisationseinheiten gestalten dürfen und verweist dabei explizit auf § 3 Abs. 1 BetrVG. Dies lässt eine abweichende Beurteilung dieser Fälle auch durch das BAG erahnen.

---

439 Für die Unwirksamkeit für die Zukunft schon bei Unwirksamkeit einer Gesamtbetriebsrats auf Grundlage des § 47 BetrVG: DKW/*Deinert* BetrVG § 47 Rn. 149 f.; *Fitting* BetrVG § 47 Rn. 84; GK-BetrVG/*Franzen* § 47 Rn. 133.

440 BAG, Urt. v. 17.03.2010 – 7 AZR 706/08, AP BetrVG 1972 § 47 Nr. 18 (Rn. 23).

cc. Ausnahme: Evidenter Verstoß

Etwas anderes muss gelten, wenn es sich um einen evidenten und schweren Verstoß gegen die Voraussetzungen des § 3 Abs. 1 Nr. 3 BetrVG handelt. Der die Unwirksamkeit des Gremiums feststellende Beschluss muss in diesem Fall auch für die Vergangenheit wirken, sodass abgeschlossene Gesamtbetriebsvereinbarungen nichtig sind. In einer solchen Konstellation besteht kein schützenswertes Interesse an der Arbeit der Tarifvertragsparteien.

Unwirksam muss die Errichtung eines unternehmensübergreifenden Gesamtbetriebsrats aufgrund eines gravierenden Fehlers jedenfalls dann sein, wenn diesem schon keine tarifvertragliche Regelung zugrunde liegt.[441] Die Notwendigkeit einer tarifvertraglichen Regelung ist § 3 Abs. 2 BetrVG zu entnehmen. Dieser sieht lediglich für die Fälle des § 3 Abs. 1 Nr. 1, 2, 4 und 5 BetrVG die Möglichkeit vor, bei Nichtvorliegen einer tariflichen Bestimmung, eine Regelung mittels Betriebsvereinbarung zu treffen. Dies ist auf die besondere Tragweite dieser Regelung zurückzuführen.[442] Die Errichtung einer abweichenden Arbeitnehmervertretungsstruktur mittels Betriebsvereinbarung ist durch die numerische Aufzählung in § 3 Abs. 2 BetrVG offenkundig ausgeschlossen. Aufgrund der Schwere des Verstoßes kann dies nur zur Nichtigkeit der Vertretungsstruktur für die Vergangenheit und Zukunft führen, da die Struktur schon den „Stempel der Nichtigkeit auf der Stirn trägt“[443].

Auch die fehlende Tarifgebundenheit eines der betroffenen Unternehmen führt zur Inexistenz des unternehmensübergreifenden Gesamtbetriebsrats. Der erste Senat des BAG[444] hatte in einem Fall zu entscheiden, in dem es um die Mitbestimmungsrechte eines sogenannten „Kino-Gesamtbetriebsrats“ im Zusammenhang mit einem Twitter-Account ging. Auf Grundlage

---

441 Dies gilt insbesondere, wenn der Schriftform nach § 1 Abs. 2 TVG nicht genügt wird, vgl. ErfK/*Franzen* TVG § 1 Rn. 29.

442 BT-Drs. 14/5741, 34.

443 Vgl. nur BAG, Beschl. v. 17.01.1978 – 1 ABR 71/76, AP BetrVG 1972 § 1 Nr. 1 unter II 2. Der Gründe; BAG, Beschl. v. 19.11.2003 – 7 ABR 25/03, AP BetrVG 1972 § 19 Nr. 55 unter C I 1 der Gründe; BAG, Beschl. v. 21.09.2011 – 7 ABR 54/10, AP BetrVG 1972 § 3 Nr. 9 (Rn. 26); BAG, Beschl. v. 30.06.2021 – 7 ABR 24/20, NZA 2021, 1561 (Rn. 28).

444 BAG, Beschl. v. 25.02.2020 – 1 ABR 40/18, AP BetrVG 1972 § 3 Nr. 16; offen ließ der Senat, ob im konkreten Fall die Voraussetzungen des § 3 Abs. 1 BetrVG erfüllt waren.

eines Zuordnungstarifvertrags wurde ein unternehmensübergreifender Gesamtbetriebsrat errichtet. Es fehlte jedoch an der Gebundenheit eines von dem Geltungsbereich des Tarifvertrags erfassten Unternehmens, sodass dieser keine Grundlage für die Bildung des Gesamtbetriebsrats vermittelte und dessen Inexistenz angenommen werden musste.[445] Lediglich einem auf der Grundlage eines unwirksamen Tarifvertrags *gewählten Betriebsrat* können betriebsverfassungsrechtliche Rechtspositionen zukommen, da dessen Wahl in einer organisatorischen Einheit bei einem nicht den Voraussetzungen des § 3 Abs. 1 BetrVG genügenden Tarifvertrag wegen der Verkennung des Betriebsbegriffs nicht nichtig, sondern bloß anfechtbar sei.[446] Für einen nicht zu wählenden, sondern durch Entsendung zu *errichtenden Gesamtbetriebsrat* auf der Grundlage eines Zuordnungstarifvertrags gelte dies hingegen nicht.[447]

D. Entsendung unternehmensfremder Betriebsratsmitglieder in die Gesamtbetriebsräte

I. Entsenderecht in Gesamtbetriebsräte

Dem BetrVG lässt sich nicht entnehmen, ob die aus dem Gemeinschaftsbetrieb in den Gesamtbetriebsrat entsendeten Mitglieder dem jeweiligen Trägerunternehmen angehören müssen. Das BetrVG selbst stellt bei der Errichtung eines Betriebsrats allein auf die Zugehörigkeit des Arbeitnehmers zum Betrieb ab, nicht auf die Zugehörigkeit zum Unternehmen. Dadurch können Mitglieder verschiedener Trägerunternehmen im Betriebsrat vertreten sein. Diese bestimmen jedoch leidglich in solchen Fragen mit, die den Betrieb und damit sie selbst betreffen. Eine Problematik ergibt sich erst, wenn Mitglieder des Betriebsrats in den Gesamtbetriebsrat eines Trägerunternehmens entsendet werden, zu dem sie selbst in keinem

---

445 Wegen § 3 Abs. 2 TVG muss ein Tarifvertrag zur Bildung einer vom Gesetz abweichenden Betriebsratsstruktur nach § 3 Abs. 1 BetrVG von allen beteiligten Unternehmen geschlossen werden, vgl. auch BAG, Urt. v. 13.12.2016 – 1 AZR 148/15, BeckRS 2016, 117544 (Rn. 14).

446 BAG, Beschl. v. 25.02.2020 – 1 ABR 40/18, AP BetrVG 1972 § 3 Nr. 16 (Rn. 16).

447 BAG, Beschl. v. 25.02.2020 – 1 ABR 40/18, AP BetrVG 1972 § 3 Nr. 16 (Rn. 16).

arbeitsvertraglichen Verhältnis stehen und so über interne Angelegenheiten eines Unternehmens mitbestimmen, dem sie selbst nicht angehören.

In der Literatur wird diese Frage gegensätzlich diskutiert. Die verschiedenen Auffassungen sollen im Folgenden dargestellt werden. Es wird sich zeigen, dass die besseren Argumente für die Möglichkeit einer Entsendung von arbeitsvertragsfremden Mitgliedern in die Gesamtbetriebsräte in den Trägerunternehmen sprechen. Dieser Auffassung hat sich nunmehr auch der siebte Senat des BAG angeschlossen.[448]

1. Mitglieder des Gesamtbetriebsrats müssen dem Trägerunternehmen angehören

Im Schrifttum wird teilweise davon ausgegangen, dass nur solche Arbeitnehmer in den Gesamtbetriebsrat entsendet werden können, die dem jeweiligen Unternehmen angehören.[449] Es sei als Systembruch anzusehen, wenn auch unternehmensfremde Arbeitnehmer einem Gesamtbetriebsrat angehören könnten.[450] Dies gelte selbst dann, wenn dadurch im Einzelfall eine Beteiligung des gemeinsamen Betriebs am Gesamtbetriebsrat eines Unternehmens nicht möglich sein sollte.[451]

Säcker[452] schlägt vor, § 15 Abs. 1 BetrVG für Gemeinschaftsbetriebe im Wege richterlicher Rechtsfortbildung zu ergänzen. Der Betriebsrat soll sich aus Arbeitnehmern aller den Gemeinschaftsbetrieb betreibenden Unternehmen zusammensetzen. Für die Entsendung in den Gesamtbetriebsrat kommen dann aber nur die Betriebsratsmitglieder in Betracht, die mit dem jeweiligen Unternehmen in einem Arbeitsverhältnis stehen. Dem ist indes

---

448 BAG, Beschl. v. 01.06.2022 – 7 ABR 41/20, AP BetrVG 1972 § 4 Nr. 19, siehe hierzu unter Kapitel 3 D.I.3.

449 Vgl. Richardi BetrVG/*Annuß* § 47 Rn. 77; WHSS/*Hohenstatt*, D. Rn. 117; Unternehmensumstrukturierung/*Maschmann*, 201.

450 *Hoffmann/Alles*, NZA 2014, 757 (758); Krit. hierzu auch *Windbichler*, Arbeitsrecht im Konzern, 2007, 294 f., die die Bildung eines Gesamtbetriebsrats nur dann in Betracht zieht, wenn die Trägerunternehmen mehrere Gemeinschaftsbetriebe unterhalten, ansonsten aber grundsätzlich die Entsendung von Vertretern des Gemeinschaftsbetriebs in die Gesamtbetriebsräte der Trägerunternehmen ablehnt.

451 Richardi BetrVG/*Annuß* § 47 Rn. 77; beispielsweise, wenn dem Betriebsrat des Gemeinschaftsbetriebs keine Arbeitnehmer desjenigen Unternehmens angehören, in welchem ein Gesamtbetriebsrat errichtet werden soll.

452 *Säcker*, Wahlordnungen, Rn. 208.

entgegenzuhalten, dass dies die Umdeutung des § 15 Abs. 1 BetrVG von einer „Soll“ in eine „Muss“Vorschrift erforderlich machen würde[453] und dem Gesetzeswortlaut zuwider ginge. Hierüber ließe sich jedenfalls die Entsendung ausschließlich unternehmensangehöriger Mitglieder nicht erzwingen.

Die zwingende Unternehmenszugehörigkeit der Gesamtbetriebsratsmitglieder könnte sich unter systematischen Gesichtspunkten begründen lassen. Die für Arbeitnehmer bedeutenden Entscheidungen werden auf verschiedenen Ebenen getroffen. Dies wird durch das Betriebsverfassungsrecht insofern sichergestellt, als dass es zwischen Betrieb, Unternehmen und Konzern unterscheidet und jeder Leitungsebene ein eigenständiges betriebsverfassungsrechtliches Organ der Arbeitnehmervertretung gegenüberstellt. Es ließe sich möglicherweise begründen, dass sich diese Struktur auch in der personellen Zusammensetzung der jeweiligen Arbeitnehmervertretungen widerspiegeln muss.

Gegen die Möglichkeit der Zugehörigkeit unternehmensfremder Mitglieder könnte ferner sprechen, dass diese über solche Angelegenheiten von Arbeitnehmern mitentscheiden könnten, mit deren Arbeitgeber sie selbst in keiner vertraglichen Beziehung stehen.[454] Entsende man solche Mitglieder in den Gesamtbetriebsrat, sei möglicherweise nicht mehr von einer interessengerechten Vertretung der beteiligten Unternehmen auszugehen.[455] Sie könnten in Angelegenheiten mitentscheiden, die sich auf sie selbst nicht unmittelbar auswirken und lediglich die Arbeitnehmer des fremden Unternehmens träfen. Ein in diesem Unternehmen nicht stimmberechtigter Arbeitnehmer könnte durch seine Gesamtbetriebsratszugehörigkeit die Stimmen derjenigen Arbeitnehmer geltend machen, die tatsächlich in einem Arbeitsverhältnis zu dem betreffenden Unternehmen stehen. Daneben diene es auch der Vermeidung von Rechtsunsicherheiten, wenn lediglich Vertragsarbeitnehmer in den Gesamtbetriebsrat des Unternehmens entsandt werden können.[456]

---

453 *Fromen*, in: FS Gaul, 151 (184).
454 *Hoffmann/Alles*, NZA 2014, 757 (758).
455 HWGNRH/*Glock* § 47 Rn. 79.
456 *Hoffmann/Alles*, NZA 2014, 757 (758), die jedoch nicht weiter darauf eingehen, wie sich diese Rechtsunsicherheiten äußern.

§ 47 Abs. 9 BetrVG solle im Übrigen nur gewährleisten, dass Betriebe, die (zufällig) von mehreren Unternehmen geführt werden, nicht allein aufgrund dieser Tatsache keine Vertretung im Gesamtbetriebsrat enthalten, da vor dessen Einführung dem Gemeinschaftsbetrieb teilweise die Entsendung von Mitgliedern in den Gesamtbetriebsrat verwehrt wurde.[457]

Folgt man dieser Ansicht, ergäben sich strenge Rechtsfolgen, wenn dennoch unternehmensfremder Betriebsratsmitglieder in den Gesamtbetriebsrat entsendet würden. Bei der Entsendung handelt es sich um einen Geschäftsführungsbeschluss des Betriebsrats.[458] Dieser kann unter Beachtung der Zwei-Wochen-Frist analog § 19 BetrVG angefochten werden.[459] Der Antrag richtet sich auf die in Zukunft wirkende Unwirksamkeit des Beschlusses.[460] Die bis zur rechtskräftigen Entscheidung getroffenen Beschlüsse des Gesamtbetriebsrats und die bis zu dem Zeitpunkt abgeschlossenen Betriebsvereinbarungen bleiben aus Gründen der Rechtssicherheit wirksam[461] und es würde ein Ersatzmitglied in den Gesamtbetriebsrat nachrücken.[462]

---

457 Unternehmensumstrukturierung/*Maschmann*, 201.

458 BAG, Beschl. v. 25.05.200 – 7 ABR 10/04, AP BetrVG 1972 § 47 Nr. 16 = NZA 2016, 215 (218) m.w.N.

459 BAG, Beschl. v. 15.01.1992 – 7 ABR 24/91, AP BetrVG 1972 § 26 Nr. 10 = NZA 1992, 1091 (1092 f.); BAG, Beschl. v. 15.08.2001 – 7 ABR 2/99, AP BetrVG 1972 § 47 Nr. 10 = NZA 2002, 569 (570 f.); BAG, Beschl. v. 21.07.2007 – 7 ABR 58/03, AP BetrVG 1972 § 47 Nr. 13 = NZA 2005, 170 (171 f.); BAG, Beschl. v. 16.03.2005 – 7 ABR 33/04, AP BetrVG 1972 § 47 Nr. 14 = NJOZ 2005, 3721 (3722); BAG, Beschl. v. 25.05.2005 – 7 ABR 10/04, AP BetrVG 1972 § 47 Nr. 16 = NZA 2006, 215 (216); ErfK/*Koch* BetrVG § 47 Rn. 13; a.A. BAG, Beschl. v. 15.08.1978 – 6 ABR 56/77, AP BetrVG 1972 § 47 Nr. 3 unter III 1 der Gründe: Eine entsprechende Anwendung des § 19 BetrVG ist nicht zulässig, da auch die Entsendung, selbst wenn sie in Form einer betriebsinternen „Wahl" durchgeführt werde, ihrer Rechtsnatur nach ein Geschäftsführungsbeschluss des Betriebsrats bleibe, auf den Vorschriften über das Wahlverfahren keine Anwendung fänden.

460 BAG, Beschl. v. 15.08.2001 – 7 ABR 2/99, AP BetrVG 1972 § 47 Nr. 10 = NZA 2002, 569 (571).

461 Es wäre mit der betriebsverfassungsrechtlichen Ordnung unvereinbar, wenn alle vom gewählten Betriebsrat vorgenommenen Maßnahmen und Beschlüsse bis zum Eintritt der Rechtskraft im Wahlanfechtungsverfahren rechtlich in der Schwebe blieben, vgl. GK-BetrVG/*Kreutz* § 19 Rn. 128; a.A. *Hoffmann/Alles*, NZA 2014, 757 (758): Sofern der Gesamtbetriebsrat aus einem größeren Anteil von unternehmensfremden Mitgliedern gebildet werde, sollen auch vergangene Rechtshandlungen auf Grund der rechtlichen Inexistenz des Gesamtbetriebsrats unwirksam sein.

462 Richardi BetrVG/*Annuß BetrVG* § 47 Rn. 39.

2. Entsendung unternehmensfremder Mitglieder möglich

a. Kein Ausschluss durch gesetzliche Regelung

Zutreffend ist davon auszugehen, dass auch arbeitsvertragsfremde Gemeinschaftsbetriebsratsmitglieder in die Gesamtbetriebsräte bei den Trägerunternehmen entsendet werden können. Hierfür sprechen Normwortlaut und Systematik, sowie Genese und der Sinn und Zweck der Gesamtbetriebsratsarbeit.

Diese Auffassung teilen ebenso einige Stimmen in der Literatur und Teile der instanzgerichtlichen Rechtsprechung, die sich dafür aussprechen, auch unternehmensfremden Mitgliedern eine Entsendung in den Gesamtbetriebsrat zu ermöglichen.[463]

Der Wortlaut des § 47 Abs. 2 BetrVG schließt diese Möglichkeit nicht aus. Es ist die Entscheidung des Gemeinschaftsbetriebsrats, welche Mitglieder er in die Gesamtbetriebsräte der beteiligten Unternehmen entsendet. Dies können auch solche Mitglieder sein, die in keinem Arbeitsverhältnis zu dem Trägerunternehmen stehen.

Dafür spricht bereits der Gesetzesentwurf,[464] welcher beispielhaft den Fall nennt, dass im Gesamtbetriebsrat eines Unternehmens über Angelegenheiten beschlossen werden soll, die nur dieses Unternehmen betreffen. In dem Fall sollen Betriebsvereinbarungen und Tarifverträge verhindern, dass solche Arbeitnehmer, die in keinem Arbeitsverhältnis zu dem jeweiligen Unternehmen stehen, über Angelegenheiten mitentscheiden, die sie selbst nicht betreffen. Es kann vorgesehen werden, dass den Vertretern der Arbeitnehmer des gemeinsamen Betriebs nur die Stimmen der Arbeitnehmer zustehen, die dem Unternehmen angehören.[465] Diese Beschränkung kann generell oder für Entscheidungen des Gesamtbetriebsrats in bestimmten Angelegenheiten

---

[463] LAG München, Beschl. v. 22.12.2017 – 9 TaBV 93/17, BeckRS 2017, 147588 (Rn. 35); LAG Baden-Württemberg, Beschl. v. 05.11.2020 – 14 TaBV 4/20; vgl. etwa *Fitting* BetrVG § 47 Rn. 81; *Herrmann*, Der gemeinsame Betrieb, 1993, 150 f.; GK-BetrVG/*Franzen* § 47 Rn. 118; WPK/*Roloff* BetrVG § 47 Rn. 11; *Schmidt*, in: FS Küttner, 499 (502); *Schönhöft/Wertz*, RdA 2010, 100 (102).

[464] BT-Drs. 14/5741, 42.

[465] § 47 Abs. 9 BetrVG sieht vor, dass vom Grundsatz der Vollrepräsentation abgewichen werden kann. Dies bezieht sich nur auf die Veränderung der Stimmenzahl, nicht auch auf die Veränderung des Stimmgewichts je repräsentiertem Arbeitnehmer. Es darf

festgelegt werden.[466] Es finden sich keine Hinweise darauf, dass es ausgeschlossen ist, ein unternehmensfremdes Mitglied in den Gesamtbetriebsrat eines der Trägerunternehmen zu entsenden. Eine Anpassung ist allein hinsichtlich der Stimmgewichtung und nicht hinsichtlich der Person des entsandten Mitglieds möglich. Die persönliche Entscheidungsbetroffenheit kann kein Kriterium demokratischer Legitimation darstellen[467] und wird auch in anderen Fällen nicht gefordert.[468]

Auch systematische Gesichtspunkte sprechen dafür, dass unternehmensfremde Arbeitnehmer dem Gesamtbetriebsrat angehören können. Gemäß § 47 Abs. 9 BetrVG können für Mitglieder des Gesamtbetriebsrats, die aus einem gemeinsamen Betrieb mehrerer Unternehmen entsandt worden sind, durch Tarifvertrag oder Betriebsvereinbarung von § 47 Abs. 7 und 8 BetrVG abweichende Regelungen getroffen werden. Demnach muss es dem Regelfall entsprechen, dass jedes Mitglied so viele Stimmen hat, wie es wahlberechtigte Arbeitnehmer gibt. Der Gesetzgeber hat offenbar keine Notwendigkeit gesehen, für den Gemeinschaftsbetrieb Abweichungen vorzusehen, die eine Repräsentation unternehmensfremder Arbeitnehmer in den Gesamtbetriebsräten verbieten. Das Gesetz enthält keine Vorgaben über eine notwendige arbeitsvertragliche Beziehung zum Unternehmen, obwohl seit der Einfügung des § 47 Abs. 9 BetrVG bekannt ist, dass auch Gemeinschaftsbetriebe Mitglieder in Gesamtbetriebsräte entsenden.[469] Der Gesetzgeber war sich der Problematik bewusst und hat diese an die Betriebs beziehungsweise Tarifpartner weitergegeben.

Darüber hinaus ist es dem BetrVG nicht fremd, dass Betriebsratsmitglieder die Rechte einer Arbeitnehmervertretung gegenüber Unternehmen geltend

---

beispielsweise keine „pauschale Stimmgewichtszuordnung“ erfolgen, vgl. GK-BetrVG/*Franzen* § 47 Rn. 117 ff.

466 GK-BetrVG/*Franzen* § 47 Rn. 119.

467 LAG Baden-Württemberg, Beschl. v. 05.11.2020 – 14 TaBV 4/20, BeckRS 40020 (Rn. 36)

468 Das LAG München führt an, dass auch ein Gesamtbetriebsratsmitglied, welches selbst nicht im Schichtbetrieb tätig ist, zweifelsohne Gesamtbetriebsvereinbarungen über die Verteilung der Arbeitszeit für Arbeitnehmer im Schichtbetrieb abschließen kann (LAG München, Beschl. v. 22.12.2017 – 9 TaBV 93/17, BeckRS 2017, 147588 [Rn. 42]).

469 LAG München, Beschl. v. 22.12.2017 – 9 TaBV 93/17, BeckRS 2017, 147588 (Rn. 33).

machen, bei denen sie selbst nicht beschäftigt sind. Im gemeinsamen Betrieb mehrerer Unternehmen ist der Betriebsrat unabhängig von seiner Zusammensetzung befugt, Rechte gegenüber jedem Trägerunternehmen geltend zu machen.[470] Eine Parallele kann auch zum Konzernbetriebsrat gezogen werden, dessen Verhandlungspartner regelmäßig das herrschende Unternehmen als Konzernleitung sein wird.[471] Da sich dieser gemäß § 55 Abs. 1 BetrVG aus entsandten Vertretern der Gesamtbetriebsräte zusammensetzt, steht dem herrschenden Unternehmen auch in diesem Fall ein Organ gegenüber, dessen Mitglieder anderen Unternehmen als dem herrschenden angehören und insoweit „fremd" sind.[472] Dieser Argumentation wird entgegengehalten, dass eine arbeitnehmerseitige Bindung an das herrschende Unternehmen zumindest über die Konzernbindung bestehe, sodass ein solches Argument im gemeinsamen Betrieb nicht konzernverbundener Unternehmen keine Geltung beanspruchen könne.[473] Die Kritik ist zurückzuweisen. Gemäß § 18 Abs. 2 AktG bilden rechtlich selbstständige Unternehmen, ohne voneinander abhängig zu sein, auch dann einen Konzern, wenn sie unter einer einheitlichen Leitung zusammengefasst sind. Die Verbindung wird in diesem Fall durch die *einheitliche Leitung* geschaffen. Dies ist dem Gemeinschaftsbetrieb ähnlich, der ebenfalls die Arbeitnehmer rechtlich selbstständiger Unternehmen mittels einer solchen *einheitlichen Leitung* verbindet. Die Verbindung entsteht nicht durch Bindung der Arbeitnehmer

---

470 BAG, Beschl. v. 23.09.2003 – 1 ABR 35/02, AP BetrVG 1972 § 99 Nr. 28: Der Senat geht davon aus, dass der Betriebsrat des gemeinsamen Betriebs unabhängig von der Unternehmenszughörigkeit seiner Mitglieder dem einzelnen Trägerunternehmen als Verhandlungspartner gegenübersteht; vgl. auch *Peix*, Errichtung und Fortbestand, 53; *Wißmann*, NZA 2001, 409 (410 f.)

471 Vgl. nur BAG, Beschl. v. 12.11.1997 – 7 ABR 78/96, AP BetrVG § 58 Nr. 2; BAG, Beschl. v. 17.03.2015 – 1 ABR 49/13, AP BetrVG 1972 § 58 Nr. 6 (Rn. 17); *Fitting* BetrVG § 58 Rn. 6 m.w.N.

472 *Bonanni*, Der gemeinsame Betrieb, 150; *Joost*, Betrieb und Unternehmen, 264; *Peix*, Errichtung und Fortbestand, 54 und *Rieble*, NZA 2002, 233 (240), verweisen darauf, dass eine Mitgliedschaft unternehmensfremder Mitglieder im Gesamtbetriebsrat auch im Falle der unternehmensübergreifenden Betriebsspaltung möglich ist, wenn der übergangsweise amtierende Betriebsrat Mitglieder in die Gesamtbetriebsräte entsendet. Es besteht keine Verpflichtung, nur unternehmensangehörige Mitglieder auszuwählen.

473 *Bonanni*, Der gemeinsame Betrieb, 150.

an das herrschende Unternehmen, sondern durch die Einheitlichkeit der Leitung, auf die sich grundsätzlich selbstständige Unternehmen verständigt haben. Die Mitglieder des Konzernbetriebsrats sind dem jeweiligen Verhandlungspartner nicht weniger fremd als aus dem Gemeinschaftsbetrieb entsandte arbeitsvertragsfremde Gesamtbetriebsratsmitglieder.

Die betriebsverfassungsrechtliche Legitimation unternehmensfremder Gesamtbetriebsratsmitglieder ergibt sich aus deren Wahl in die lokalen Betriebsräte und die damit einhergehende, gemäß § 47 Abs. 2 BetrVG ermöglichte, Entsendung in den Gesamtbetriebsrat.[474] Eine weitergehende, betriebsverfassungsrechtliche Legitimation in Form einer arbeitsvertraglichen Zugehörigkeit ist durch das BetrVG nicht vorgesehen. Dies zeigt ebenso der Vergleich mit betriebsratslosen Betrieben. Mangels Vorhandenseins eines Betriebsrats kann dieser Betrieb keine Mitglieder in den Gesamtbetriebsrat entsenden. Ein betriebsratsloser Betrieb ist im Gesamtbetriebsrat nicht vertreten. Trotz dieses Defizits ist die Zuständigkeit des Gesamtbetriebsrats gemäß § 50 Abs. 1 S. 1 Hs. 2 BetrVG für solche Betriebe gesetzlich angeordnet. Ein vorhandener Gesamtbetriebsrat entscheidet ebenso über Angelegenheiten mit, die den betriebsratslosen Betrieb betreffen, ohne durch die dort beschäftigten Arbeitnehmer legitimiert worden zu sein. Dieses Legitimationsdefizit ist nicht geringer als dasjenige, welches sich daraus ergeben könnte, dass man auch unternehmensfremden Mitgliedern die Entsendung in die bei den Trägerunternehmen errichteten Gesamtbetriebsräten gestattet.

Im Übrigen ist der Mangel an Legitimation eines unternehmensfremden Gesamtbetriebsratsmitglieds, das aber in einem der zugehörigen Betriebe angestellt ist, nicht größer, als wenn ein unternehmensangehöriges Gesamtbetriebsratsmitglied über Betriebe mitbestimmt, in denen es nicht angestellt ist.[475]

b. Interessengerechte und zweckmäßigen Vertretung

Der Entsendung unternehmensfremder Mitglieder steht nicht entgegen, dass eine Vertretung durch diese Mitglieder nicht interessengerecht

---

[474] LAG Hessen, Beschl. v. 11.12.2017 – 16 TaBV 95/17, BeckRS 2017, 146812 (Rn. 38); LAG München, Beschl. v. 22.12.2017 – 9 TaBV 93/17, BeckRS 2017, 147588 (Rn. 40).

[475] GK-BetrVG/*Franzen* § 47 Rn. 41.

sei. Dies ist stets unter Betrachtung der Interessen der Arbeitnehmer zu beurteilen. Eine Vertretung durch ein durch die Arbeitnehmer gewähltes und von ihrem Betriebsrat entsandtes Mitglied ist – unabhängig von der Unternehmenszugehörigkeit – immer interessengerechter als gar keine Vertretung.[476] Ein Vertretungsmangel würde vielmehr dann bestehen, wenn man den unternehmensfremden Mitgliedern des Gemeinschaftsbetriebsrats die Teilhabe am Gesamtbetriebsrat eines Trägerunternehmens verwehrt. Unterstellt, in den Betriebsrat des Gemeinschaftsbetriebs würden ausschließlich unternehmensfremde Mitglieder gewählt, wäre eine Repräsentation des Gemeinschaftsbetriebs im Gesamtbetriebsrat gänzlich ausgeschlossen, wenn man unternehmensfremden Mitgliedern eine Entsendung untersagen will.[477]

Der Leitungsebene soll mit dem Gesamtbetriebsrat ein Vertretungsorgan der Arbeitnehmer gegenübergestellt werden, welches durch die Arbeitnehmer in den einzelnen Betrieben legitimiert worden ist. Nur, wenn man die Entsendung unternehmensfremder Mitglieder in die Gesamtbetriebsräte gestattet, kann der Zweck der §§ 47 ff. BetrVG auch für Arbeitnehmer im Gemeinschaftsbetrieb verwirklicht werden.[478] Die Vertretung der Arbeitnehmer in mitbestimmungspflichtigen Angelegenheiten, die das Gesamtunternehmen betreffen, ist gemäß § 50 BetrVG nur über den Gesamtbetriebsrat möglich. Dem gesetzgeberischen Anliegen der Arbeitnehmerbeteiligung in solchen Entscheidungen kann nur Rechnung getragen werden, wenn man anerkennt, dass ein Arbeitsvertrag mit dem Trägerunternehmen nicht Teil der demokratischen Legitimation von Gesamtbetriebsratsmitgliedern ist.[479] Der Vertragsarbeitgeber muss vom Adressaten der Mitbestimmung unterschieden werden. Die Interessenvertretung über den Gesamtbetriebsrat ist eine betriebliche Angelegenheit, die alle Mitglieder unabhängig vom Bestand eines Arbeitsverhältnisses zum Trägerunternehmen angeht.

Der Gesamtbetriebsrat wird durch Mitglieder legitimiert, die aus allgemeinen Betriebsratswahlen hervorgegangen sind. Es handelt sich um keine

---

476 LAG Baden-Württemberg, Beschl. v. 05.11.2020 – 14 TaBV 4/20, BeckRS 40020 (Rn. 41).

477 LAG Baden-Württemberg, Beschl. v. 05.11.2020 – 14 TaBV 4/20, BeckRS 40020 (Rn. 40); DKW/*Deinert* BetrVG § 47 Rn. 42.

478 LAG München, Beschl. v. 22.12.2017 – 9 TaBV 93/17, BeckRS 2017, 147588 (Rn. 35).

479 LAG München, Beschl. v. 22.12.2017 – 9 TaBV 93/17, BeckRS 2017, 147588 (Rn. 36).

unbeteiligten Dritten, sondern um dem Gemeinschaftsbetrieb angehörige Arbeitnehmer.[480] An den entsprechenden Wahlen sind im Gemeinschaftsbetrieb die Arbeitnehmer unterschiedlicher Vertragsarbeitgeber allein deswegen beteiligt, weil sie einem Betrieb zugeordnet sind, zu dessen Führung sich mehrere Unternehmen verbunden haben. Die Entsendung unternehmensfremder Mitglieder folgt konsequent der Entscheidung zur Betriebsführung und behält das Prinzip der durch das aktive Wahlrecht vermittelten Einflussnahme auf die Arbeitnehmerrepräsentation auf Unternehmensebene bei.[481] Auch für Arbeitnehmer im Gemeinschaftsbetrieb werden letztlich die Entscheidungen auf Ebene der Trägerunternehmen getroffen. Diese beeinflussen entweder direkt oder in Abstimmung mit den übrigen Trägerunternehmen die Arbeitsbedingungen im Gemeinschaftsbetrieb. Das Interesse, hierbei durch die gewählten Interessenvertreter mitbestimmen zu dürfen, bleibt in jedem Fall erhalten.[482]

Es kommt im Übrigen auch nicht zu einer unbilligen Verlagerung der Kosten der Betriebsratsarbeit, wenn man ein unternehmensfremdes Mitglied in den Gesamtbetriebsrat eines Trägerunternehmens entsendet. Gemäß § 40 Abs. 1 BetrVG trägt die durch die Betriebsratsarbeit entstehenden Kosten der Arbeitgeber. Hieraus folgt nicht, dass es sich dabei zwingend um den Vertragsarbeitgeber des betreffenden Mitglieds handeln muss. Der Arbeitgeberbegriff knüpft an das Gremium an, welchem das Mitglied angehört. Sämtliche Trägerunternehmen tragen die Kosten aus der Tätigkeit des dort bestehenden Betriebsrats entsprechend § 421 BGB als Gesamtschuldner. Bei unternehmensfremden Betriebsratsmitgliedern ist ein Innenausgleich hinsichtlich der auf die für die Gesamtbetriebsratstätigkeit entfallende Vergütung zwischen den beteiligten Arbeitgebern vorzunehmen.[483]

Bedenken bestehen auch nicht in Hinblick auf die Weitergabe vertraulicher Daten. § 79 Abs. 2 i.V.m. Abs. 1 BetrVG erlegt den Gesamtbetriebsratsmitgliedern eine Geheimhaltungspflicht auf.[484] Dabei knüpft das Gesetz nicht an die

---

480 LAG Hessen, Beschl. v. 11.12.2017 – 16 TaBV 95/17, BeckRS 2017, 146812 (Rn. 32).

481 *Schmidt*, in: FS Küttner, 499 (502).

482 *Schmidt*, in: FS Küttner, 499 (502).

483 BAG, Beschl. v. 19.04.1989 – 7 ABR 6/88, AP BetrVG 1972 § 40 Nr. 29 = NZA 1990, 233 (233); *Fitting* BetrVG § 40 Rn 7.

484 *Ingenfeld*, Betriebsausgliederung, 337 f.

Unternehmenszugehörigkeit des jeweiligen Mitglieds an. Folgerichtig werden so auch unternehmensfremde Mitglieder des Gesamtbetriebsrats erfasst, sodass keine unbeschadete Weitergabe unternehmensinterner Daten zu befürchten wäre.[485]

3. Beschluss des BAG vom 01.06.2022[486]

An dem Beschlussverfahren vor dem BAG waren verschiedene Arbeitgeber, Betriebsräte und ein Gesamtbetriebsrat beteiligt. Zuletzt war zwischen den Parteien streitig, ob der beteiligte Gesamtbetriebsrat wirksam errichtet wurde. Einer der beteiligten Betriebsräte hat die Ansicht vertreten, dass jeweils nur Mitglieder in den Gesamtbetriebsrat eines Unternehmens entsendet werden könnten, die auch Arbeitnehmer dieses Unternehmens sind. Eine Vertretung innerhalb des Gesamtbetriebsrats durch „unternehmensfremde" Arbeitnehmer sei generell nicht zulässig.

Zwar hob das BAG die abweisende Entscheidung der Vorinstanz teilweise auf und verwies die Sache in diesem Umfang zur neuen Anhörung und Entscheidung aufgrund von Zulässigkeitsfragen zurück an das LAG.[487] Im Übrigen stimmte das BAG dem LAG in der Annahme, unternehmensfremde Mitglieder des Betriebsrats eines Gemeinschaftsbetriebs könnten in den Gesamtbetriebsrat eines Trägerunternehmens entsandt werden, zu und begründete dies umfassend.

Für die Auslegung von Gesetzen sei der in der Norm zum Ausdruck kommende objektivierte Wille des Gesetzgebers maßgebend, wie er sich aus dem Wortlaut und Sinnzusammenhang ergebe. So spreche bereits der Wortlaut des § 47 Abs. 2 BetrVG gegen ein einschränkendes Verständnis der Norm in dem Sinne, dass die Entsendung eines Mitglieds in einen Gesamtbetriebsrat ein Arbeitsverhältnis mit dem Trägerunternehmen voraussetze.[488]

Auch aus historischen und systematischen Erwägungen soll nach Ansicht des BAG nichts anderes folgen. Wie sich an der im Zuge der BetrVG-Reform

---

[485] Ebenso *Bonanni*, Der gemeinsame Betrieb, 150; *Ingenfeld*, Betriebsausgliederung, 337 f., *Peix*, Errichtung und Fortbestand, 56.

[486] BAG, Beschl. v. 01.06.2022 – 7 ABR 41/20, AP BetrVG 1972 § 4 Nr. 19.

[487] Bei der vorhergehenden instanzgerichtlichen Entscheidung handelt es sich um die in dieser Arbeit unter anderem unter Kapitel 3 D.I.2.a. zitierte Entscheidung des LAG Baden-Württemberg, Beschl. v. 05.11.2020 – 14 TaBV 4/20.

[488] BAG, Beschl. v. 01.06.2022 – 7 ABR 41/20, AP BetrVG 1972 § 4 Nr. 19 (Rn. 36 f.).

2001 neu geschaffenen Regelung des § 47 Abs. 9 BetrVG zeige, sei dem Gesetzgeber die Problematik der Entsendung von Mitgliedern eines in einem Gemeinschaftsbetriebs gebildeten Betriebsrats bewusst gewesen. Insofern habe der Gesetzgeber einen besonderen Regelungsbedarf nur hinsichtlich des Stimmgewichts der Gesamtbetriebsratsmitglieder gesehen, die aus einem Gemeinschaftsbetrieb entsandt worden sind. Besondere Regularien für die Entsendung unternehmensfremder Mitglieder seien gerade nicht festgelegt worden.[489]

Auch stelle die Entsendemöglichkeit unabhängig von der Person des Vertragsarbeitgebers keinen Bruch im System des Betriebsverfassungsgesetzes dar, da dies gerade dem gesetzlichen Prinzip der Gesamtbetriebsratsbildung entspreche, nach welchem der Gesamtbetriebsrat durch Mitglieder legitimiert wird, die aus allgemeinen (Gemeinschafts-)Betriebsratswahlen hervorgegangen sind. Auch betont das BAG, dass die unternehmensbezogene Arbeitnehmerrepräsentation gremien und nicht mitgliederbezogen sei.[490] Ebenso liege der Betriebsverfassung kein System zugrunde, nach welchem die gremienbezogene Wahrnehmung von Beteiligungs und Mitbestimmungsrechten an eine Selbstbetroffenheit der Betriebsratsmitglieder gebunden sei. Die Kompetenzen der auf den verschiedenen Ebenen geschaffenen Arbeitnehmervertretungen sollen sich nach der hierdurch jeweils betroffenen Ebene richten und nicht etwa nach einer „überwiegenden Betroffenheit“.[491]

Im Übrigen sei unternehmensfremden Arbeitnehmern die Partizipation am Gesamtbetriebsrat aus teleologischen Gründen zu ermöglichen. Auch für Gemeinschaftsbetriebe würden Entscheidungen auf Ebene der Trägerunternehmen getroffen, die die Arbeitsbedingungen der in dem Gemeinschaftsbetrieb beschäftigten Arbeitnehmer beeinflussen.[492]

Gegen die Beteiligung unternehmensfremder Mitglieder könne nicht vorgebracht werden, dass dies zu Rechtsunsicherheiten führe. Vielmehr seien etwaige konkurrierende Gesamtbetriebsvereinbarungen im Gemeinschaftsbetrieb keine Folge der konkreten personellen Zusammensetzung, sondern in dem

---

489 BAG, Beschl. v. 01.06.2022 – 7 ABR 41/20, AP BetrVG 1972 § 4 Nr. 19 (Rn. 38 f.).
490 BAG, Beschl. v. 01.06.2022 – 7 ABR 41/20, AP BetrVG 1972 § 4 Nr. 19 (Rn. 41 f.).
491 BAG, Beschl. v. 01.06.2022 – 7 ABR 41/20, AP BetrVG 1972 § 4 Nr. 19 (Rn. 44).
492 BAG, Beschl. v. 01.06.2022 – 7 ABR 41/20, AP BetrVG 1972 § 4 Nr. 19 (Rn. 45).

mehrfachen, auf die Gesamtbetriebsräte aller Trägerunternehmen bezogenen Entsendungsrecht des in einem Gemeinschaftsbetrieb gewählten Betriebsrats angelegt.[493]

Zuletzt bestehen keine Bedenken hinsichtlich daten oder geheimnisschutzrechtlicher Gründe, da entsprechende Pflichten für (Gesamt-) Betriebsratsmitglieder nach § 79 Abs. 1, 2 BetrVG und § 79a BetrVG auch insoweit uneingeschränkt gelten.[494]

Die Ausführungen des siebten BAG-Senats sind zu begrüßen.[495] Dieser befindet sich dadurch auf einer Linie mit der hier vertretenen Auffassung, dass Arbeitnehmer unabhängig von ihrer arbeitsvertraglichen Verbundenheit in die Gesamtbetriebsräte der jeweiligen Trägerunternehmen des Gemeinschaftsbetrieb entsandt werden können. Durch den Beschluss dürfte das BAG nunmehr weitgehend Klarheit hinsichtlich dieser Frage geschaffen haben.

II. Entsendung von Mitgliedern des Gemeinschaftsbetriebs in den Konzernbetriebsrat

Auch die Entsendung von Betriebsratsmitgliedern in die Konzernbetriebsräte ist nicht an eine arbeitsvertragliche Zugehörigkeit geknüpft.[496]

Die Zusammensetzung des Konzernbetriebsrats richtet sich nach §§ 54, 55 BetrVG. Gemäß § 54 Abs. 2 i.V.m § 55 Abs. 1 S. 1 BetrVG ist auch der in einem Gemeinschaftsbetrieb gebildete Betriebsrat berechtigt und verpflichtet, Mitglieder in den Konzernbetriebsrat zu entsenden, wenn in einem oder mehreren seiner Trägerunternehmen kein anderer Betriebsrat besteht.[497]

Dies ergibt sich schon aus dem Gesetzeswortlaut, da der Betriebsrat eines Gemeinschaftsbetriebs ein in den jeweiligen Trägerunternehmen gebildeter Betriebsrat ist.[498] Dieser entsendet gemäß § 47 Abs. 9 BetrVG Mitglieder in die bei den Trägerunternehmen errichteten Gesamtbetriebsräte. Es ist folgerichtig, wenn er ebenso Mitglieder in den Konzernbetriebsrat

---

493 BAG, Beschl. v. 01.06.2022 – 7 ABR 41/20, AP BetrVG 1972 § 4 Nr. 19 (Rn. 46).

494 BAG, Beschl. v. 01.06.2022 – 7 ABR 41/20, AP BetrVG 1972 § 4 Nr. 19 (Rn. 47).

495 Zust. auch *Baumgarten*, ArbRAktuell 2022, 601; *Kittner*, GWR 2023, 15.

496 BAG, Beschl. v. 01.06.2022 – 7 ABR 41/20, AP BetrVG 1972 § 4 Nr. 19 (Rn. 43).

497 GK-BetrVG/*Franzen* § 55 Rn. 9.

498 BAG, Beschl. v. 29.07.2020 – 7 ABR 27/19, AP BetrVG 1972 § 54 Nr. 20 (Rn. 51).

entsendet, falls in einem oder mehreren seiner Trägerunternehmen kein anderer Betriebsrat gebildet wurde.[499] Er hat jedoch nicht die Stellung eines Gesamtbetriebsrats inne und repräsentiert nicht alle Arbeitnehmer in den übrigen Betrieben der Trägerunternehmen, in denen kein Betriebsrat besteht, sondern nur die in dem Gemeinschaftsbetrieb beschäftigten Arbeitnehmer der Trägerunternehmen.[500]

Der Gemeinschaftsbetriebsrat darf insgesamt zwei Mitglieder in den Konzernbetriebsrat entsenden.[501] Dass diese einem Konzernunternehmen angehören müssen, geht aus der Gesetzeskonzeption nicht hervor. Der Betriebsrat eines Gemeinschaftsbetriebs vertritt die Interessen der Arbeitnehmer des Gemeinschaftsbetriebs. Eine effektive Interessenvertretung kann durch jedes Mitglied des im Gemeinschaftsbetrieb gewählten Betriebsrats unabhängig von einer Unternehmenszugehörigkeit gewährleistet werden.[502]

E. Stimmgewichtung der entsandten Arbeitnehmer aus dem Gemeinschaftsbetrieb

Gemäß § 47 Abs. 7 BetrVG richtet sich das Stimmgewicht der Mitglieder des Gesamtbetriebsrats nach der Zahl der wahlberechtigten Arbeitnehmer im Betrieb. Für den gemeinsamen Betrieb mehrerer Unternehmen können nach § 47 Abs. 9 BetrVG von § 47 Abs. 7 und 8 BetrVG abweichende Regelungen getroffen werden.[503] Da die Tarifpartner lediglich eine Abweichung vorsehen *können*, richtet sich das Stimmgewicht im Grundsatz nach der Zahl *aller* in

---

499 BAG, Beschl. v. 29.07.2020 – 7 ABR 27/19, AP BetrVG 1972 § 54 Nr. 20 (Rn. 51).

500 BAG, Beschl. v. 29.07.2020 – 7 ABR 27/19, AP BetrVG 1972 § 54 Nr. 20 (Rn. 51).

501 Ausgeschlossen ist es, zwei Mitglieder je Trägerunternehmen zu entsenden, vgl. BAG, Beschl. v. 29.07.2020 – 7 ABR 27/19, AP BetrVG 1972 § 54 Nr. 20 (Rn. 52); BAG, Beschl. v. 01.06.2022 – 7 ABR 41/20, AP BetrVG 1972 § 4 Nr. 19 (Rn. 43).

502 BAG, Beschl. v. 29.07.2020 – 7 ABR 27/19, AP BetrVG 1972 § 54 Nr. 20 (Rn. 55).

503 Eine Abweichung ist jedoch nur auf die Veränderung der Stimmenzahl bezogen möglich, nicht bei der Frage des Stimmengewichts je repräsentiertem Arbeitnehmer oder sonstiger Organisationsgrundsätze und regeln. Unzulässig ist es auch, die Arbeitnehmer des gemeinsamen Betriebs gar nicht zu berücksichtigen, vgl. Richardi BetrVG/*Annuß BetrVG* § 47 Rn. 79 f.; GK-BetrVG/*Kreutz* § 47 Rn. 116 ff.

dem gemeinsamen Betrieb beschäftigten Arbeitnehmer in *jedem* der in den beteiligten Trägerunternehmen errichteten Gesamtbetriebsräte.[504]

Dies hat zur Folge, dass die aus einem zahlenmäßig großen Gemeinschaftsbetrieb entsandten Mitglieder den Gesamtbetriebsrat eines Trägerunternehmens mit wenigen und kleinen anderen Betrieben dominieren können, obwohl nur eine geringe Anzahl der dem Trägerunternehmen angehörigen Arbeitnehmer im gemeinsamen Betrieb beschäftigt ist. Dieses Ergebnis wird teilweise als Widerspruch zu den demokratischen Grundsätzen des BetrVG angesehen.[505] Sachgerecht sei es, bei der Gewichtung der Stimmen nur diejenigen wahlberechtigten Arbeitnehmer zu berücksichtigen, die innerhalb des Gemeinschaftsbetriebs dem Trägerunternehmen angehören.[506]

Dieser Sichtweise kann nicht gefolgt werden. Im Wortlaut des § 47 Abs. 7 BetrVG findet sich kein Hinweis darauf, dass dieser an die Unternehmenszugehörigkeit der Gesamtbetriebsratsmitglieder anknüpft. Der Gesetzgeber hat mit § 47 Abs. 9 BetrVG ein Einfallstor geschaffen, um eine sachgerechte Lösung herbeizuführen, indem er den Beteiligten zugesteht, durch Tarifvertrag oder Betriebsvereinbarung von § 47 Abs. 7 und 8 BetrVG abzuweichen. In der Entwurfsbegründung[507] zu § 47 Abs. 9 BetrVG nennt der Gesetzgeber selbst den Anwendungsfall, dass bei Angelegenheiten, die nur eines der beteiligten Unternehmen betreffen, die Stimmenzahl nur unter Berücksichtigung der dort beschäftigen Arbeitnehmer zu ermitteln sei. Nähme man nun an, dass dieses Ergebnis schon durch eine einschränkende Auslegung des § 47 Abs. 7 BetrVG vorgezeichnet ist, würde der Anwendungsbereich des § 47 Abs. 9 BetrVG weitgehend leerlaufen. Eine derartig enge Auslegung des § 47 Abs. 7 BetrVG würde der gesetzlichen Konzeption widersprechen, eine Abweichung vom Grundprinzip der vollen Stimmgewichtung nur bei expliziter Parteivereinbarung als zulässig anzusehen. Selbst, wenn der Gesetzgeber eine abweichende Stimmengewichtung

---

504 Richardi BetrVG/*Annuß BetrVG* § 47 Rn. 78; DKW/*Deinert* BetrVG § 47 Rn. 130, 136; GK-Kreutz/*Franzen* § 47 Rn. 116.

505 HWK/*Hohenstatt/Dzida* BetrVG § 47 Rn. 29.

506 HWK/*Hohenstatt/Dzida* BetrVG § 47 Rn. 29.

507 BT-Drs. 14/5741, 42, die beispielhaft Angelegenheiten der betrieblichen Altersversorgung nennt.

in bestimmten Sachverhalten als zweckmäßig anzusehen scheint, hat er die endgültige Entscheidung darüber den Tarifpartnern überlassen.

Existiert keine abweichende Vereinbarung bleibt es dabei, dass die Stimmenanzahl der in den Gesamtbetriebsrat entsandten Mitgliedern sich nach der Anzahl aller wahlberechtigten Arbeitnehmer im gemeinsamen Betrieb richtet.

F. Zusammenfassung Kapitel 3

Im Gemeinschaftsbetrieb ist ein gemeinsamer Betriebsrat zu errichten. Ebenso ist der Gemeinschaftsbetrieb an der Errichtung von Konzern und Gesamtbetriebsräten zu beteiligen.

Die Errichtung eines „unternehmensübergreifendenden" Gesamtbetriebsrats stellt grundsätzlich einen Verstoß gegen § 47 BetrVG dar. Zwar besteht die Möglichkeit, im Wege der Verständigung auf abweichende Arbeitnehmervertretungsstrukturen im Sinne des § 3 Abs. 1 Nr. 3 BetrVG einen unternehmensübergreifenden Gesamtbetriebsrat zu errichten, jedoch wird dies in der Praxis aufgrund der unbestimmten Tatbestandsmerkmale nicht unerhebliche Rechtsrisiken mit sich bringen. Auch Unternehmen, die ausschließlich Gemeinschaftsbetriebe führen, bilden hier keine Ausnahme. Bis zur tatsächlichen gerichtlichen Prüfung der vereinbarten Struktur im Einzelfall, wird keine sichere Aussage darüber getroffen werden können, ob ein unternehmensübergreifender Gesamtbetriebsrat wirksam errichtet wurde. Im Zweifel ist den Tarifvertragspartnern zu raten, nach der gesetzlichen Konzeption Gesamtbetriebsräte in jedem beteiligten Trägerunternehmen zu bilden und in vertrauensvoller Zusammenarbeit zu verwertbaren Ergebnissen zu kommen. Ferner verbleibt die Möglichkeit, Verhandlungen von vornherein auf die Betriebsebene (oder Konzernebene) zu verlagern, soweit dies rechtlich zulässig ist.

Bei der Entsendung von Mitgliedern des Betriebsrats im Gemeinschaftsbetrieb kommt es nicht auf ihre Unternehmenszugehörigkeit an. Anknüpfungspunkt ist allein das Betriebsratsmandat des Arbeitnehmers. Dieses legitimiert ihn dazu, auch in überbetrieblichen Gremien ein Amt zu bekleiden. Durch die Entsendung auch unternehmensfremder Mitglieder in den Gesamtbetriebsrat wird die interessengerechte Vertretung der Belegschaft nicht gefährdet, sondern im Einklang mit den Wertungen des BetrVG sichergestellt. Gleiches gilt für die Beteiligung im Konzernbetriebsrat.

Das Stimmgewicht des Gesamtbetriebsratsmitglieds richtet sich auch im Gemeinschaftsbetrieb nach der Zahl aller wahlberechtigten Arbeitnehmer im gemeinsamen Betrieb (§ 47 Abs. 7 BetrVG), sofern nach § 47 Abs. 9 BetrVG keine abweichende Vereinbarung getroffen wurde.

Aufsichtsratsarbeit im Gemeinschaftsbetrieb

A. Einleitung

Unternehmensmitbestimmung durch Arbeitnehmer hängt von dem Überschreiten bestimmter, gesetzlich festgelegter Schwellenwerte ab, die die Arbeitnehmerzahl im Unternehmen betreffen.[508] Hinsichtlich der Zuordnung der in einem Gemeinschaftsbetrieb tätigen Arbeitnehmer bei den einzelnen Trägerunternehmen hat sich ein breites Meinungsspektrum herausgebildet.[509] Inwiefern die dort tätigen Arbeitnehmer bei der Berechnung von Schwellenwerten zu berücksichtigen sind, ist weder gesetzlich geregelt, noch lässt sich eine einheitliche Linie in Literatur und instanzgerichtlicher Rechtsprechung zu dieser Thematik erkennen. Ferner fehlt es an aktueller höchstrichterlicher Rechtsprechung zu dieser Frage.

Neben der Frage nach dem Vorgehen bei der Schwellenwertberechnung im Gemeinschaftsbetrieb ist ungeklärt, welchen Arbeitnehmern zu den Aufsichtsratswahlen in den jeweiligen Trägerunternehmen im Gemeinschaftsbetrieb aktive und passive Wahlrechte einzuräumen sind. Diese Frage wurde durch das BAG bisher lediglich teilweise beantwortet. In der rechtswissenschaftlichen Literatur zeichnet sich kein einheitliches Bild ab.

---

[508] Vgl. § 1 Abs. 1 Nr. 2 MitbestG und § 1 Abs. 1 DrittelbG.

[509] Im Gegensatz dazu besteht zumindest hinsichtlich bestimmter Arbeitnehmergruppen mittlerweile weitestgehend Einigkeit, u.a. bei der Arbeitnehmerüberlassung, vgl. § 14 Abs. 2 S. 5, 6 AÜG; auch im Konzern inklusive der Sonderfälle des Konzerns im Konzern und des Gemeinschaftsunternehmens, sowie in der KG, vgl. dazu ausführlich *Greiwe*, Unternehmensmitbestimmung und Gemeinschaftsbetrieb, 47 ff. m.w.N.

Ziel bei der Beantwortung vorgenannter Rechtsfragen soll die Erzeugung einer in sich harmonischen Konzeption im Gemeinschaftsbetrieb sein. Dies bedeutet jedoch nicht, dass zwangsläufig ein Gleichlauf zwischen *Zählen und Wählen* erzeugt werden muss. Während es bei der Berücksichtigung im Rahmen des Erreichens bestimmter Schwellenwerte um die Eröffnung des Anwendungsbereichs der Mitbestimmungsvorschriften geht, wird dem Arbeitnehmer durch das Zugeständnis von aktivem und passivem Wahlrecht die Möglichkeit eingeräumt, seine Mitbestimmungsrechte auf Unternehmensebene zu verwirklichen.

B. Schwellenwertberechnung im Gemeinschaftsbetrieb

I. Abgrenzung von Unternehmensmitbestimmung zur betrieblichen Mitbestimmung

Zur Verdeutlichung des Charakters der Unternehmensmitbestimmung ist diese von der betrieblichen Mitbestimmung abzugrenzen.

Als Mitbestimmung im Unternehmen wird allgemein jede durch Mitgliedschaft von Arbeitnehmervertretern in Unternehmensorganen vermittelte institutionelle Teilhabe der Belegschaft an Planungen und Entscheidungen des Unternehmens bezeichnet.[510] Diese Terminologie findet sich auch in den einschlägigen Gesetzen[511] wieder.[512] Üblicherweise wird zwischen paritätischer und unparitätischer Mitbestimmung unterschieden, die in erster Linie auf das Zahlenverhältnis zwischen Arbeitnehmervertretern und den Vertretern der Anteilseigner abstellt.[513] Die Unternehmensmitbestimmung soll gewährleisten, dass bei unternehmerischen Planungen und Entscheidungen sowohl die Interessen der Anteilseigner als auch die Interessen der Arbeitnehmer Berücksichtigung finden. In der Verfassung des Unternehmens ist ein Interessenpluralismus angelegt.[514] Auch

---

510 WKS/*Wißmann* Vorbem. Rn. 1.
511 Vgl. nur § 1 Abs. 1 MitbestG, § 1 Abs. 1 S. 1 Montan-MitbestG, § 1 MitbestErgG, § 1 Abs. 1 S. 2 DrittelbG.
512 WKS/*Wißmann* Vorbem. Rn. 1.
513 WKS/*Wißmann* Vorbem. Rn. 1.
514 WKS/*Wißmann* Vorbem. Rn. 2.

die Betriebsverfassung enthält ein System kollektiven Interessenausgleichs, das unabhängig von der Gewerkschaftszugehörigkeit eines Arbeitnehmers alle Arbeitnehmer der jeweils betroffenen Einheit umfasst und Verfahren zur Konfliktlösung vorschreibt.[515] Die Vertretung durch Betriebsräte soll die Interessenvertretung der betroffenen Arbeitnehmer im (Gemeinschafts) Betrieb sicherstellen.[516] Hierfür sieht das BetrVG unterschiedliche (erzwingbare) Beteiligungs und Informationsrechte des Betriebsrats vor.[517]

Sowohl die Unternehmensmitbestimmung als auch die Betriebsverfassung bezwecken den Schutz von Arbeitnehmerbelangen. Betriebsverfassung und Unternehmensmitbestimmung wirken jedoch auf verschiedenen Ebenen, auf welchen die für die Arbeitnehmer relevanten Entscheidungen getroffen werden.[518] Dies führt dazu, dass sie rechtlich selbstständig nebeneinander bestehen können. Die betriebliche Mitbestimmung ist auf das Unternehmen in seiner Funktion als Arbeitgeber und daher auf ausgewählte Fragen im Zusammenhang mit dem Arbeitsverhältnis und der Organisation der Arbeit im Betrieb beschränkt.[519] Die Betriebsverfassung knüpft insofern nicht an das Unternehmen, sondern an den Betrieb und die Zugehörigkeit des Arbeitnehmers zum Betrieb an.[520] Die betriebliche Mitbestimmung wirkt sich primär auf Ebene der Leistungserbringung im Betrieb zur Verwirklichung des arbeitstechnischen Zwecks aus.[521]

Während die betriebliche Mitbestimmung den „tatsächlichen Arbeitsalltag" betrifft, konzentriert sich die Unternehmensmitbestimmung auf die „große Unternehmenspolitik".[522] Die Mitbestimmung im Aufsichtsrat erfasst ohne gegenständliche Begrenzung das Unternehmen als Wirtschaftseinheit und damit alle unternehmerischen Planungs und Entscheidungsprozesse, nicht jedoch die Umsetzung der Ergebnisse im Betrieb.[523] Anders als bei

---

515 WKS/*Wißmann* Vorbem. Rn. 9.
516 *Lüers/Schomaker*, BB 2013, 565 (568).
517 *Lüers/Schomaker*, BB 2013, 565 (568).
518 WKS/*Wißmann* Vorbem. Rn. 9.
519 WKS/*Wißmann* Vorbem. Rn. 10.
520 BT-Drs. VI/334, 59.
521 *Bonanni*, Der gemeinsame Betrieb, 284 f.
522 *Kolbe*, Mitbestimmung und Demokratieprinzip, 158.
523 WKS/*Wißmann* Vorbem. Rn. 10 zeigt jedoch auch Überschneidungen in gewissen Bereichen auf.

der Anwendung des BetrVG, bei dem es vornehmlich um die Ausübung von Beteiligungsrechten geht, steht bei der Unternehmensmitbestimmung die Zurechnung der Arbeitnehmer des Gemeinschaftsbetriebs zu den einzelnen Unternehmen bei der Ermittlung von Schwellenwerten und im Wahlverfahren im Vordergrund.[524] Ein weiterer entscheidender Unterschied besteht darin, dass die Funktionen der betrieblichen Mitbestimmung im Wege der Etablierung eines dem Arbeitgeber gegenüberstehenden Organs, dem Betriebsrat, im Rahmen eines dualistischen Modells wahrgenommen werden, während bei der Unternehmensmitbestimmung die Arbeitnehmervertreter selbst als Mitglieder des Aufsichtsrats tätig werden, mithin gleichsam und gleichberechtigt in ein Arbeitgeberorgan integriert werden.[525]

II. Erforderliche Mindestarbeitnehmerzahl

Zunächst sollen gesetzlichen Bestimmungen, die das Erreichen einer Mindestarbeitnehmerzahl zur Eröffnung des Anwendungsbereichs der einschlägigen Gesetze vorschreiben, dargestellt werden. Aufgrund der praktischen Bedeutung und der Übersichtlichkeit der Darstellung, sowie der Möglichkeit der Übertragbarkeit der Ergebnisse der Untersuchung auf andere Gesetze, soll im Folgenden – sofern nicht ausdrücklich anders bezeichnet – lediglich auf das MitbestG Bezug genommen werden.[526] Auch in Rechtsprechung und Literatur wird in den meisten Fällen nicht inhaltlich erkennbar zwischen den verschiedenen Gesetzen zur Mitbestimmung differenziert.[527] Im Mittelpunkt steht § 1 Abs. 1 Nr. 2 MitbestG. Auf die darüberhinausgehenden Arbeitnehmerzahlen, die für die Zusammensetzung des Aufsichtsrats und den Wahlmodus entscheidend sind,[528] wird nicht unter jedem Gesichtspunkt gesondert eingegangen, da die Untersuchungsergebnisse zu § 1 Abs. 1 Nr. 2 MitbestG insofern übertragen werden können.[529]

---

524 WKS/*Wißmann* MitbestG § 3 Rn. 65.

525 *Bonanni*, Der gemeinsame Betrieb, 285.

526 Daneben schreibt grundsätzlich auch das DrittelbG die Erreichung bestimmter Schwellenwerte zur Eröffnung des Anwendungsbereichs vor, vgl. § 1 Abs. 1 DrittelbG.

527 Die jeweiligen Ansichten gelten insofern grundsätzlich sowohl für das MitbestG als auch für das DrittelbG.

528 §§ 7 Abs. 1, 9 Abs. 1 und 2 MitbestG.

529 So auch *Bonanni*, Der gemeinsame Betrieb, 286; *Wanhöfer*, Gemeinschaftsbetrieb und Unternehmensmitbestimmung, 56.

§ 1 Abs. 1 Nr. 2 MitbestG beschränkt den Anwendungsbereich des MitbestG auf Unternehmen, die in der Regel mehr als 2.000 Arbeitnehmer beschäftigen. Der Begriff des Arbeitnehmers wird in § 3 Abs. 1 MitbestG durch einen Generalverweis auf § 5 BetrVG bestimmt. Da die Beschäftigtenzahl „in der Regel" erfüllt sein muss, kommt es nicht zur Zählung an einem bestimmten Stichtag. Vielmehr ist die Zahl der Beschäftigten unter Berücksichtigung der Vergangenheit und der zukünftigen Entwicklung festzulegen.[530] Die zur Bestimmung angemessene Referenzperiode soll verhindern, dass bei Schwankungen der Beschäftigtenzahl ein Wechsel der Mitbestimmungsformen eintritt.[531] Weder das kurzzeitige Unterschreiten noch das erstmalige Überschreiten des Schwellenwerts führt zur (Nicht) Anwendung des MitbestG.[532]

III. Berücksichtigung bei der Schwellenwertberechnung

Charakteristisch für den Gemeinschaftsbetrieb ist das Zusammenwirken verschiedener Trägerunternehmen innerhalb eines Betriebs, die jeweils eigene Vertragsarbeitnehmer beschäftigen. Diese werden nicht zwangsläufig nur für ihren Vertragsarbeitgeber tätig, sondern ihre Arbeitskraft wird – in unterschiedlichem Ausmaß – auch den übrigen, am gemeinsamen Betrieb beteiligten Trägerunternehmen, zugutekommen. Die Komplexität des Zusammenwirkens führt unweigerlich zu der Frage, inwiefern die innerhalb des Gemeinschaftsbetriebs tätigen Arbeitnehmer den einzelnen Trägerunternehmen zugeordnet werden können, wenn es um das Erreichen der Schwellenwerte und mithin um die Eröffnung des Anwendungsbereichs der Mitbestimmungsgesetze geht. In Ermangelung einer gesetzgeberischen Vorgabe und einer konsistenten höchstrichterlichen Rechtsprechung[533]

---

530 ErfK/*Oetker* MitbestG § 1 Rn. 14 m.w.N.

531 Ausreichend soll ein Zeitraum der Unternehmensplanung von 17 bis 20 Monaten sein, vgl. ErfK/*Oetker* MitbestG § 1 Rn. 14 m.w.N; jedoch reicht die Dauer der Referenzperiode je nach Standpunkt von 6 bis 24 Monaten, vgl. MüKoAktG/*Annuß* MitbestG § 1 Rn. 13 m.w.N.

532 ErfK/*Oetker* MitbestG § 1 Rn. 14 m.w.N.

533 Das BAG hatte erst ein Mal über diese Frage zu entscheiden, vgl. BAG, Beschl. v. 01.12.1961 – 1 ABR 15/60 –, juris. Seitdem hat es keine weitere höchstrichterliche Entscheidung in der Sache gegeben; in einer späteren Entscheidung hat das BAG die Frage nach der Berücksichtigung von Arbeitnehmern gemäß dem DrittelbG im

hat sich zur Beantwortung dieser Frage ein breites Meinungsspektrum in Literatur und Rechtsprechung herausgebildet.

Dieses reicht von der Berücksichtigung eines Arbeitnehmers lediglich bei dem Unternehmen seines Vertragsarbeitgebers bis hin zur Berücksichtigung bei allen Trägerunternehmen unabhängig von einer vertraglichen Zuordnung. In dem zwischen diesen beiden Extremen liegenden Bereich haben sich ebenso eine Reihe verschiedener Anknüpfungspunkte, Kriterien und Berechnungsmethoden herauskristallisiert. Diese reichen von einer prozentualen Berücksichtigung bei den einzelnen Trägerunternehmen bis hin zu einer an bestimmte Voraussetzungen geknüpften Zweit-Zurechnung bei einem vom Vertragsarbeitgeber verschiedenen Unternehmen.

Der folgenden Untersuchung soll der Grundsatz vorangestellt werden, dass es sich bei der arbeitsvertraglichen Verbundenheit um das wesentliche Zuordnungskriterium bei der Bestimmung der Arbeitnehmerzahl handelt. Dass in Bezug auf die Bedeutung arbeitsvertraglicher Verbundenheit weitestgehend Einigkeit in Literatur und Rechtsprechung herrscht, wird sich auch in der weiteren Darstellung der Thematik zeigen.

1. Zuordnung unabhängig von arbeitsvertraglicher Bindung

a. Zurechnung aller Arbeitnehmer bei jedem Trägerunternehmen

aa. Meinungsstand

Eine Vielzahl von Vertretern der Literatur spricht sich für die Zurechnung aller Arbeitnehmer bei jedem einzelnen Trägerunternehmen aus.[534] Diese umfassende Zuordnung wird – teilweise durch die Vertreter dieser Ansicht selbst – als wohl herrschende Ansicht bezeichnet.[535]

Gemeinschaftsbetrieb ausdrücklich offengelassen, vgl. BAG, Beschl. v. 13.03.2013 – 7 ABR 47/11, AP DrittelbG § 5 Nr. 1.

534 *Abend*, DB 2017, 607 (608); *Däubler*, in: FS Zeuner, 19 (31); *Dittmann*, Schwellenwerte und Unternehmensmitbestimmung, 89 ff.; *Hjort*, NZA 2001, 696 (697 f.); *ders.*, ArbRAktuell 2013, 365; *Mückl*, BB 2013, 2298 (2301); *Oetker*, EWiR 2013, 649 (650); WKS/*Wißmann* MitbestG § 3 Rn. 66; *Thüsing/Forst*, in: FS Kreutz, 867 ff.; Lutter/Bayer/*Wackerbarth* Holding-HdB, Rn. 12.224; zweifelnd: ArbR-HdB/Tschöpe/*Schaack*, Teil 4 B. Unternehmensmitbestimmung, Rn. 29; *Thüsing/Pötters*, in: FS Wank 2014, 599 (608).

535 Vgl. LAG Hamburg, Beschl. v. 21.10.2008 – 417 O 171/07, BeckRS 2009, 7094 unter V der Gründe; *Hanau*, ZfA 1990, 115 (127); RVJ/*Jacobs* MitbestG § 3 Rn. 46, der eine

Vereinzelt wird hierfür ein strengerer Maßstab angelegt. Nach diesem wird für die umfassende Zurechnung der im Gemeinschaftsbetrieb beschäftigten Arbeitnehmer bei jedem beteiligten Trägerunternehmen verlangt, dass die Ausübung des Weisungsrechts gemeinschaftlich erfolgt.[536] Dies wird unter anderem dahingehend konkretisiert, dass diese Leitung „[rechtlich] abgesichert, tatsächlich und nachhaltig gemeinsam ausgeübt" wird.[537]

Wiederum andere Vertreter wollen darauf abstellen, dass auch das Weisungsrecht gegenüber dem jeweiligen Arbeitnehmer aufgrund der gemeinsamen Führungsstruktur von allen Trägerunternehmen gemeinschaftlich ausgeübt werden muss.[538]

Zunächst gilt es zu untersuchen, ob eine umfassende Berücksichtigung jedes Arbeitnehmers bei jedem Trägerunternehmen, hilfsweise unter Hinzuziehung des Merkmals einheitlicher Leitung und gemeinsamen Weisungsrechts, sachgerecht ist.

bb. Wortlautauslegung

Nach dem Wortlaut des § 1 Abs. 1 Nr. 2 MitbestG findet das MitbestG in Unternehmen Anwendung, die in der Regel mehr als 2.000 Arbeitnehmer beschäftigen. Dies wirft die Frage auf, ob es sich bei den Arbeitnehmern um Vertragsarbeitnehmer handeln muss, oder ob auch die übrigen, im Gemeinschaftsbetrieb tätigen Arbeitnehmer als Arbeitnehmer im Sinne des MitbestG verstanden werden können. Darüber hinaus soll auf das Merkmal „beschäftigen" und seine Stellung im Kontext der Regelung eingegangen werden.

(1) Arbeitnehmerbegriff

Gemäß § 1 Abs. 1 Nr. 2 MitbestG kommt es maßgeblich auf die Zahl der im Unternehmen vorhandenen „Arbeitnehmer" an. § 3 Abs. 1 MitbestG

---

umfassende Zuordnung i.E. ablehnt; *Thüsing/Forst*, in: FS Kreutz, 867 (869); *Thüsing/Pötters*, in: FS Wank, 599 (604).

536 *Lambrich/Reinhard*, NJW 2014, 2229 (2231 f.); ebenso *Zöllner*, in: FS Semler, 995 (1012).

537 So HWK/*Seibt* MitbestG § 1 Rn. 11; WHSS/*Seibt*, F. Rn. 18; auch *Hanau*, ZfA 1990, 115 (127); in diese Richtung auch ErfK/*Oetker* MitbestG § 1 Rn. 6; wohl auch *Zöllner*, in: FS Semler, 995 (1012 f.).

538 *Hanau*, ZfA 1990, 115 (127); HH/*Henssler* MitbestG § 3 Rn. 121; *Lambrich/Reinhard*, NJW 2014, 2229 (2231 f.).

verweist zur Bestimmung des Arbeitnehmerbegriffs auf § 5 BetrVG. Dieser enthält ebenfalls keine Definition des Arbeitnehmerbegriffs, sondern setzt diesen lediglich voraus.[539] Die Formulierung „im Sinne des Gesetzes“ stellt jedoch klar, dass im Rahmen des BetrVG ein spezieller Arbeitnehmerbegriff gilt, der nicht notwendigerweise mit dem in anderen Gesetzen verwendeten Arbeitnehmerbegriff übereinstimmt.[540] Dieser Begriff kann im Ausgangspunkt mithilfe des allgemeinen arbeitsvertragsrechtlichen Arbeitnehmerbegriffs eingegrenzt werden.[541] Die zu dessen Bestimmung durch die Rechtsprechung entwickelten Wertungen[542] wurden nunmehr durch § 611a BGB kodifiziert[543] und gelten im Grundsatz ebenso für das BetrVG.[544]

Der allgemeine Arbeitnehmerbegriff führt jedoch nicht immer zu einem eindeutigen Ergebnis. Er ist für den Fall des Gemeinschaftsbetriebs unergiebig, da nicht die grundsätzliche Arbeitnehmereigenschaft der Beschäftigten in Frage steht, sondern ihr Verhältnis zum jeweiligen Unternehmen.[545] Da ein starres Festhalten an einer arbeitsvertraglichen Verbindung für den Arbeitnehmerbegriff im Sinne des BetrVG nicht immer sachgerecht erscheint, ist der Arbeitnehmerbegriff nach § 5 BetrVG teilweise weiter auszulegen als der allgemeine Arbeitnehmerbegriff. So können beispielsweise auch überlassene Arbeitnehmer solche nach dem BetrVG sein.[546] Dies erkennt auch das BAG an. Ursprünglich bedurfte es für die Begründung der Arbeitnehmereigenschaft im Sinne des § 5 Abs. 1 BetrVG nach der Zwei-Komponenten-Lehre dem Bestehen eines Arbeitsverhältnisses mit dem Betriebsinhaber.[547] Weiterhin

---

539 BAG, Beschl. v. 04.12.2015 – 7 ABR 42/13, AP MitbestG § 9 Nr. 2 m. Anm. Künzel (Rn. 28).

540 DKW/*Trümner* BetrVG § 5 Rn. 8.

541 DKW/*Trümner* BetrVG § 5 Rn. 8.

542 Vgl. BAG, Urt. v. 21.07.2015 – 9 AZR 484/14, NZA-RR 2016, 344 (Ls.).

543 Durch die Neuregelung kam es lediglich zu einer Kodifizierung der Rechtsprechung, sodass keine inhaltliche Änderung der Rechtslage bezweckt wurde und zu ihrer Auslegung weiterhin auf die bisherige Rechtsprechung und Literatur zurückgegriffen werden kann, vgl. HH/*Henssler* MitbestG § 3 Rn. 8.

544 Richardi BetrVG/*Richardi/Maschmann* BetrVG § 5 Rn. 12.

545 *Dittmann*, Schwellenwerte und Unternehmensmitbestimmung, 91.

546 ErfK/*Koch* BetrVG § 5 Rn. 2.

547 ErfK/*Koch* BetrVG § 5 Rn. 2 m.w.N.

bedurfte es der Eingliederung in den arbeitstechnischen Zweck des Betriebs als zweite Voraussetzung rein tatsächlicher Natur.[548]

Das BAG[549] hat sich jedoch von der Zwei-Komponenten-Lehre abgewandt. Nach dem BAG werde die Zwei-Komponenten-Lehre zwar der „Normalfall-Gestaltung" gerecht, jedoch führe die reine Zwei-Komponenten-Lehre bei einem drittbezogenen Personaleinsatz nicht zu sachgerechten Ergebnissen.[550] Sie hätte in diesen Fällen zur Folge, dass der Arbeitnehmer einerseits dem Betrieb seines Vertragsarbeitgebers mangels Eingliederung nicht zugeordnet werden könne, während es andererseits zum Betriebsarbeitgeber am arbeitsvertraglichen Band fehle.[551] In Fällen aufgespaltener Arbeitgeberstellung und drittbezogenen Arbeitseinsatzes will das BAG eine differenzierte Beurteilung der betriebsverfassungsrechtlichen Zuordnung von Arbeitnehmern vornehmen.[552] Diese solle sich auf eine „normzweckorientierte Auslegung" des jeweiligen Schwellenwerts stützen.[553] Einen Arbeitsvertrag mit dem jeweiligen Unternehmen hält es für die Berücksichtigung bei den Schwellenwerten nicht grundsätzlich für erforderlich.

In einer Entscheidung vom 04.12.2015[554], in der es um die Berücksichtigung von Leiharbeitnehmern bei den Schwellenwerten des § 9 Abs. 1 und 2 MitbestG ging, sollte es nach dem BAG darauf ankommen, welche Funktion dem Arbeitnehmerbegriff im Hinblick auf den dortigen Schwellenwert zukommt.[555] Das BAG betonte explizit, dass dies keine Entscheidung

---

548 ErfK/*Koch* BetrVG § 5 Rn. 2 m.w.N.

549 BAG, Urt. v. 18.10.2011 – 1 AZR 335/10, AP BetrVG 1972 § 111 Nr. 70; BAG, Beschl. v. 05.12.2012 – 7 ABR 48/11, AP BetrVG 1972 § 5 Nr. 81; BAG, Beschl. v. 04.11.2015 – 7 ABR 42/13, AP MitbestG § 9 Nr. 2 m. Anm. Künzel.

550 BAG, Beschl. v. 05.12.2012 – 7 ABR 48/11, AP BetrVG 1972 § 5 Nr. 81 (Rn. 19 f.).

551 BAG, Beschl. v. 05.12.2012 – 7 ABR 48/11, AP BetrVG 1972 § 5 Nr. 81 (Rn. 20).

552 BAG, Beschl. v. 05.12.2012 – 7 ABR 48/11, AP BetrVG 1972 § 5 Nr. 81 (Rn. 20).

553 So wollte das BAG vor Einführung des § 14 Abs. 2 S. 5, 6 AÜG aufgrund der gebotenen normzweckorientierten Auslegung der jeweiligen, auf den Arbeitnehmer abstellenden Vorschrift die Frage, ob Leiharbeitnehmer bei den Schwellenwerten der Unternehmensmitbestimmung zu berücksichtigen sind, nicht allgemein, sondern nur bezogen auf den Zweck des jeweiligen Schwellenwerts beantworten, vgl. BAG, Beschl. v. 04.11.2015 – 7 ABR 42/13, AP MitbestG § 9 Nr. 2 m. Anm. Künzel (Rn. 30).

554 BAG, Beschl. v. 04.11.2015 – 7 ABR 42/13, AP MitbestG § 9 Nr. 2 m. Anm. Künzel.

555 BAG, Beschl. v. 04.11.2015 – 7 ABR 42/13, AP MitbestG § 9 Nr. 2 m. Anm. Künzel (Rn. 30).

darüber erfordere, ob Leiharbeitnehmer bei den Schwellenwerten des § 1 Abs. 1 Nr. 2 MitbestG zu berücksichtigen seien.[556] Hieran wird deutlich, dass es stets auf den konkreten Schwellenwert ankommt, wenn man eine Entscheidung darüber treffen will, inwiefern arbeitsvertragsfremde Arbeitnehmer zu berücksichtigen sind.

Dass es zur Annahme der Arbeitnehmereigenschaft nicht zwangsläufig einer arbeitsvertraglichen Verbindung bedarf, zeigt sich auch an der Entscheidung des BAG vom 13.03.2013[557] zum DrittelbG. Ähnlich wie bei § 1 Abs. 1 Nr. 2 MitbestG erfasst § 5 Abs. 2 S. 1 DrittelbG die „Arbeitnehmer des Unternehmens", wenngleich es hier um die Wahlberechtigung und nicht um die Berücksichtigung bei der Schwellenwertberechnung geht. Dem BAG zufolge liege es nahe, als Arbeitnehmer des Unternehmens nur diejenigen anzusehen, die mit dem Unternehmen einen Arbeitsvertrag abgeschlossen haben. Die Norm formuliere zwar nicht „Vertragsarbeitnehmer", beziehe sich auf der anderen Seite aber auch nicht auf den „Betrieb" oder den „Betriebsarbeitgeber". Auch nach dem BAG könne der Begriff „Unternehmen" nicht dahingehend ausgelegt werden, dass mit diesem auch der „Betrieb" gemeint sei. Auf der anderen Seite verbiete die textliche Fassung des § 5 Abs. 2 S. 1 DrittelbG aber auch kein dahingehendes Verständnis, dass als Arbeitnehmer des Unternehmens auch diejenigen anzusehen seien, die in einem von diesem Unternehmen geführten Gemeinschaftsbetrieb beschäftigt sind, ohne mit diesem Unternehmen einen Arbeitsvertrag abgeschlossen zu haben. Hierdurch würden weder Wortlaut noch Wortsinn überschritten. Das BAG betont in dieser Entscheidung auf der anderen Seite ausdrücklich, dass nicht zu entscheiden war, ob die in einem Gemeinschaftsbetrieb tätigen Arbeitnehmer auch bei der Ermittlung des Schwellenwerts nach § 1 Abs. 1 Nr. 3 DrittelbG zu berücksichtigen sind. Auch dies zeigt, dass stets eine normzweckorientierte Auslegung der einschlägigen Regelungen vorzunehmen ist und derselbe Begriff nicht in jedem Kontext gleich zu werten ist.

Andere Literaturansichten und Teile der instanzgerichtlichen Rechtsprechung hingegen wollen dem Wortlaut des § 1 Abs. 1 Nr. 2 MitbestG entnehmen, dass es allein auf die arbeitsvertragliche Verbundenheit ankommen

---

556 BAG, Beschl. v. 04.11.2015 – 7 ABR 42/13, AP MitbestG § 9 Nr. 2 m. Anm. Künzel (Rn. 30).

557 BAG, Beschl. v. 13.03.2013 – 7 ABR 47/11, AP DrittelbG § 5 Nr. 1.

soll.[558] Denkbar sei es, den Begriff „Arbeitnehmer“ in § 1 Abs. 1 Nr. 2 MitbestG neutral verstehen. Erst durch den Zusatz, dass es sich um Arbeitnehmer im „Unternehmen“ handelt, würde der entscheidende Zusammenhang deutlich, dass es sich um arbeitsvertraglich verbundene Arbeitnehmer handeln müsse und eine Eingliederung nicht ausreiche.[559] Auch diese Sichtweise verbietet sich angesichts der Unergiebigkeit des Wortlauts in § 1 Abs. 1 Nr. 2 MitbestG nicht von vornherein.

Eine bloße Auslegung des Arbeitnehmerbegriff ist aufgrund der verschiedenen Interpretationsmöglichkeiten und dem Erfordernis normzweckorientierter Auslegung des jeweiligen Schwellenwerts nicht zielführend bei der Beantwortung der Frage, inwiefern arbeitsvertragsfremde Arbeitnehmer bei der Schwellenwertberechnung gemäß § 1 Abs. 1 Nr. 2 MitbestG im gemeinsamen Betrieb zu berücksichtigen sind.

(2) „Beschäftigen“

Nach dem Wortlaut des § 1 Abs. 1 Nr. 2 MitbestG sind nur diejenigen Arbeitnehmer zu berücksichtigen, welche die Unternehmen „beschäftigen“. Dies soll nach teilweise vertretener Ansicht sicherstellen, dass die bloße Existenz einer Arbeitsvertragsbeziehung – sofern man diese für notwendig hält – nicht genüge, um die Berücksichtigung eines Arbeitnehmers bei der Berechnung der Schwellenwerte zu rechtfertigen. Der Arbeitnehmer müsse tatsächlich eingesetzt werden.[560] Doch auch, wenn man eine arbeitsvertrag-

---

558 LAG Bremen, Beschl. v. 04.02.2005 – 7 AR 61/04, BeckRS 2010, 17611 unter II 2 der Gründe; *Bonanni/Otte*, BB 2016, 1653 (1655 f.); *Greiwe*, Unternehmensmitbestimmung und Gemeinschaftsbetrieb, 183; *Hohenstatt/Schramm*, NZA 2010, 846 (847 f.); *Künzel/Schmid*, NZA 2013, 300 (301 f.); *Lüers/Schomaker*, BB 2013, 565 (567); Bork/Schäfer/*Rieble* GmbHG § 52 Rn. 52; auch *Oetker*, JbArbR, 53, 2016, 47 (56 f.), erkennt an, dass der Verweis auf § 5 BetrVG darauf hindeutet, dass nur die arbeitsvertraglich an das Unternehmen gebundenen Arbeitnehmer bei den Schwellenwerten zu berücksichtigen seien, will jedoch i.E. auf den Normzweck des Schwellenwerts abstellen und eine umfassende Zurechnung aller Arbeitnehmer vornehme; a.A. *Rentschler*, Arbeitnehmerzuordnung und Wahlberechtigung, 92 f., der eine vertragliche Grundlage nicht für zwingend notwendig hält.

559 So *Künzel*, Anm. zu BAG, Beschl. v. 04.11.2015 – 7 ABR 42/13, AP MitbestG § 9 Nr. 2 zur Berücksichtigung von Leiharbeitnehmern bei den Schwellenwerten.

560 MüKoAktG/*Annuß* MitbestG § 1 Rn. 16.

liche Verbundenheit nicht für erforderlich hält, müsse der Arbeitnehmer tatsächlich eine Arbeitsleistung für das Unternehmen erbringen, das Arbeitsverhältnis mithin vollzogen werden.[561] Dies sei beispielsweise nicht der Fall bei einem ruhenden Arbeitsverhältnis während der Elternzeit oder der Ruhensphase der Altersteilzeit.[562] Arbeitnehmer, die nicht „beschäftigt" werden, seien daher vom Anwendungsbereich des § 1 Abs. 1 Nr. 2 MitbestG auszunehmen.

Keinen Aufschluss gibt die Anforderung des „Beschäftigens" im Hinblick auf die Frage, ob eine Zurechnung unternehmensfremder Arbeitnehmer im Gemeinschaftsbetrieb erfolgen soll. Dem Begriff ist zur Beantwortung dieser Fragestellung daher keine Relevanz zuzumessen.[563] Hierfür spricht auch der Vergleich mit § 3 Abs. 1 DrittelbG, der den Begriff des „Beschäftigens" nicht aufgegriffen hat. Mangels gegenteiliger Anzeichen muss man davon ausgehen, dass der Gesetzgeber nicht gewillt war, in Bezug auf die Arbeitnehmerzurechnung eine Differenzierung zwischen DrittelbG und MitbestG über den Begriff „beschäftigen" vorzunehmen.[564]

Das Erfordernis des „Beschäftigens" in § 1 Abs. 1 Nr. 2 MitbestG trägt mithin nicht zur Beantwortung der Frage bei, inwiefern Arbeitnehmer im Gemeinschaftsbetrieb bei den jeweiligen Trägerunternehmen zu berücksichtigen sind.

(3) Zwischenergebnis

Der Wortlaut des § 1 Abs. 1 Nr. 2 MitbestG ist wenig aufschlussreich. Ebenso wenig trägt der Verweis auf § 5 BetrVG in § 3 MitbestG zur Beantwortung der Frage bei, inwiefern arbeitsvertragsfremde Arbeitnehmer bei der Schwellenwertberechnung der einzelnen Trägerunternehmen im Gemeinschaftsbetrieb zu berücksichtigen sind. Auch das BAG begnügt sich nicht mit der Wortlautauslegung, sondern zieht zur Bestimmung des

561 *Krause*, ZIP 2014, 2209 (2211); *Lambrich/Reinhard*, NJW 2014, 2229 (2232); *Rentschler*, Arbeitnehmerzuordnung und Wahlberechtigung, 94 ff.

562 MüKoAktG/*Annuß* MitbestG § 1 Rn. 16; *Rentschler*, Arbeitnehmerzuordnung und Wahlberechtigung, 95.

563 So zutr. *Greiwe* Unternehmensmitbestimmung und Gemeinschaftsbetrieb, 120; auch *Krause*, ZIP 2014, 2209 (2212) will diese Wortwahl nicht überbewerten.

564 So zutr. *Greiwe* Unternehmensmitbestimmung und Gemeinschaftsbetrieb, 120.

Arbeitnehmerbegriffs eine normzweckorientierte Auslegung der jeweiligen Regelung heran. Es erscheint jedenfalls nicht von vornherein ausgeschlossen, dass eine Zurechnung vertragsfremder Arbeitnehmer im Gemeinschaftsbetrieb bei der Schwellenwertberechnung geboten ist.

Diese Frage soll im Folgenden – neben der Beurteilung unter dem Gesichtspunkt des Normzwecks – auch unter Hinzuziehung systematischer Erwägungen beantwortet werden. Erst nach dieser eingehenden Bewertung lässt sich eine Aussage über die Interpretation des Arbeitnehmerbegriffs ins § 1 Abs. 1 Nr. 2 MitbestG treffen.

cc. Systematische Erwägungen

(1) Keine Vergleichbarkeit mit dem Gemeinschaftsunternehmen

(a) § 5 MitbestG als gesellschaftspolitische Entscheidung

Ein Zurechnungstatbestand findet sich beim Gemeinschaftsunternehmen wieder. Beherrschen mehrere Muttergesellschaften eine Tochtergesellschaft, so ist überwiegend anerkannt, dass das abhängige Tochterunternehmen mehreren Konzernen angehört.[565] Liegen die Voraussetzungen des § 5 Abs. 1 S. 1 MitbestG vor, so werden die Arbeitnehmer des Gemeinschaftsunternehmens jeder Muttergesellschaft zugerechnet und erhalten dadurch ein mehrfaches Mitwirkungsrecht.[566] Dies verleitet teilweise dazu, die für das Gemeinschaftsunternehmen geltenden Grundsätze – sei es durch Übertragung der in § 5 Abs. 1 S. 1 MitbestG zum Ausdruck kommenden Wertungen oder mittels einer Analogie – auf den Gemeinschaftsbetrieb zu übertragen und dort ebenso eine wechselseitige Berücksichtigung von Arbeitnehmern bei den für die Unternehmensmitbestimmung maßgeblichen Schwellenwerten zuzulassen.

An dieser Stelle sollen schon grundsätzlich Bedenken in Bezug auf die Übertragbarkeit der in § 5 MitbestG vorgefundene Grundsätze auf andere Formen der Zusammenarbeit als den Konzern vorgebracht werden. Die Vorschrift des § 5 MitbestG regelt die Unternehmensmitbestimmung im

---

565 Vgl. ErfK/*Oetker* MitbestG § 5 Rn. 11 m.w.N.; a.A. MüKoAktG/*Annuß* MitbestG § 5 Rn. 11 geht davon aus, dass ein Gemeinschaftsunternehmen nur herrschendes und nicht abhängiges Unternehmen sein kann.

566 ErfK/*Oetker* MitbestG § 5 Rn. 13 m.w.N.

Konzern und damit Sachverhalte, in denen über die Unternehmensgrenze hinweg eine einheitliche unternehmerische Leitung besteht.[567] Der dort geregelten Arbeitnehmerbeteiligung auf Konzernebene liegt eine gesellschaftspolitische Entscheidung zugrunde, die in verschiedentlicher Hinsicht auch anders hätte ausfallen können.[568] Es verbietet sich, sich bei der Interpretation des § 5 MitbestG von der Überlegung leiten zu lassen, dass innerhalb eines Konzerns die Mitbestimmung dort eingreifen muss, wo die Leitung tatsächlich ausgeübt wird.[569] Der „allgemeine Gedanke des Gleichlaufs von Leitungsmacht und Mitbestimmung" muss für die Konkretisierung des § 5 MitbestG irrelevant sein.[570] Der durch das MitbestG intendierte Ausgleich zwischen dem Beteiligungsinteresse der Arbeitnehmer und dem Freiheitsinteresse der Unternehmen beruht auf einer allein dem Gesetzgeber vorbehaltenen politischen Grundsatzentscheidung.[571] Die teleologische Erweiterung des im MitbestG vorgefundenen Beteiligungsmodells im Rahmen der Rechtsanwendung ist als unzulässig anzusehen, da diese an das Fundament der nur politisch auszugestaltenden Wirtschaftsverfassung rühren würde.[572] Immer dann, wenn § 5 MitbestG für einzelne Konstellationen nicht eindeutig das Eingreifen der Mitbestimmung anordnet, darf diese auch nicht durch eine an rechtspolitischen Erwägungen orientierte Entscheidung des Rechtsanwenders vorgesehen werden.[573]

Diese Überlegung vorangestellt lassen sich auch Konsequenzen für den Gemeinschaftsbetrieb im Recht der Unternehmensmitbestimmung ziehen. Da die Arbeitnehmerbeteiligung auf Konzernebene eine gesellschaftspolitische Entscheidung darstellt, dürfen ihre Grundsätze und ihr Leitgedanke nicht ohne Weiteres auf andere Sachverhalte übertragen werden, um entgegen dem klaren gesetzgeberischen Willen eine Mitbestimmung zu erreichen. Dies bedeutet für den Gemeinschaftsbetrieb, dass eine analoge Anwendung der

---

567 MüKoAktG/*Annuß* MitbestG § 5 Rn. 1.
568 MüKoAktG/*Annuß* MitbestG § 5 Rn. 1.
569 MüKoAktG/*Annuß* MitbestG § 5 Rn. 1; so aber HH/*Habersack* MitbestG § 5 Rn. 39 und WKS/*Wißmann* MitbestG § 5 Rn. 1.
570 MüKoAktG/*Annuß* MitbestG § 5 Rn. 1.
571 MüKoAktG/*Annuß* MitbestG § 5 Rn. 1.
572 MüKoAktG/*Annuß* MitbestG § 5 Rn. 1.
573 MüKoAktG/*Annuß* MitbestG § 5 Rn. 1.

Vorschrift des § 5 MitbestG oder eine Übertragung des darin enthaltenen Beteiligungsgedankens nur schwerlich begründet werden kann.

(b) Meinungsstand in der Literatur

In der Literatur besteht Uneinigkeit, ob eine umfassende Zurechnung erfolgen soll. Während die eine doppelte Zurechnung bejahenden Literaturstimmen dies primär mit dem Argument der Berücksichtigung der Interessen sämtlicher Arbeitnehmer begründen, wird dies durch die eine umfassende Zurechnung verneinenden Literaturvertreter unter Hinweis auf die fehlende Vergleichbarkeit zwischen Gemeinschaftsbetrieb und Gemeinschaftsunternehmen abgelehnt.

Unter Berücksichtigung der in § 5 MitbestG enthaltenen Wertungen will unter anderem *Hanau*[574] den Gemeinschaftsbetrieb bei der Wahl der Arbeitnehmer zum Aufsichtsrat ebenso behandeln wie ein Gemeinschaftsunternehmen im Konzern. Die Arbeitnehmer wären demnach bei allen beteiligten Unternehmen mitzuzählen. Dies begründet er damit, dass alle beteiligten Unternehmen über das Schicksal des Gemeinschaftsbetriebs mitbestimmen.

Nach Ansicht *Däublers*[575] erscheint die schlichte Übertragung der Grundsätze zum Gemeinschaftsunternehmen „höchst anfechtbar". Gleichwohl will dieser den Beschäftigten des Gemeinschaftsbetriebs umfassende Mitsprachemöglichkeiten einräumen und diesen die Gelegenheit geben, in den Aufsichtsräten aller Trägerunternehmen mitzusprechen. Der Nachteil, dass die Entscheidungsträger pluralisiert seien, dürfe sich nicht nachteilig auf die Arbeitnehmer im Gemeinschaftsbetrieb auswirken. Ihm zufolge mache die Konzernklausel in § 5 MitbestG deutlich, dass das Gesetz darauf abstelle, wie groß die Zahl der *potenziell* von unternehmerischen Entscheidungen betroffenen Arbeitnehmer sei.

Auch nach *Hjort*[576] kann es keinen Unterschied machen, ob sich die am gemeinsamen Betrieb beteiligten Trägerunternehmen zu einem Gemeinschaftsunternehmen zusammengeschlossen haben oder nicht. Aus

---

574 *Hanau*, ZfA 1990, 115 (127).

575 *Däubler*, in: FS Zeuner, 19 (31).

576 *Hjort*, NZA 2001, 696 (698).

Sicht der Arbeitnehmer und unter Berücksichtigung der Interessen ebendieser seien die beiden Formen der Zusammenarbeit als gleichwertig anzusehen.

Thüsing/Forst[577] sehen die Gefahr, dass wichtige Entscheidungen über die Köpfe der Beschäftigten im gemeinsamen Betrieb hinweg entschieden werden könnten. Bei Verneinung einer doppelten Zurechnung könnten Entscheidungen in denjenigen Aufsichtsrat verlagert werden, der nicht mitbestimmt sei. Sie halten eine *analoge Anwendung* des § 5 MitbestG auf den Fall des Gemeinschaftsbetriebs für möglich und erforderlich.

Ein anderer Teil der Literatur spricht sich gegen die Übertragbarkeit der für das Gemeinschaftsunternehmen geltenden Grundsätze auf den Gemeinschaftsbetrieb aus. So lehnt *Zöllner*[578] eine analoge Anwendung ab. Unabhängig von der Tatsache, dass eine solche Zurechnung schon grundsätzlich nicht einhellig anerkannt sei, seien Gemeinschaftsbetrieb und Gemeinschaftsunternehmen aus dem Grund nicht in eine Parallele zu setzen, da das Gemeinschaftsunternehmen einen gemeinsamen Zweck der Trägerunternehmen verfolge, der gemeinsame Betrieb hingegen nicht.[579]

Annuß[580] hält eine Analogie zu § 5 MitbestG für „nicht tragfähig", da es im Gemeinschaftsbetrieb nicht um die – wie in § 5 MitbestG vorausgesetzte – Zusammenfassung unternehmerischer Leitungsmacht gehe, sondern um die „Schaffung einer einheitlichen betriebsorganisatorischen Entscheidungsgewalt als Ergebnis insoweit zwar gleichgerichteter, aber dennoch nicht notwendig auf ein einheitliches Machtzentrum zurückführbarer verschiedener unternehmerischer Entscheidungen".

Auch *Bonanni*[581] weist darauf hin, dass die Lösung über einen Vergleich zum Gemeinschaftsunternehmen nicht möglich sei, da diese auf

---

577 *Thüsing/Forst*, in: FS Kreutz, 867 (875).

578 *Zöllner*, in: FS Semler, 995 (1012) m.w.N.; krit. dazu *Hjort*, NZA 2001, 696 (697).

579 Krit. dazu, ob schon die Verfolgung eines oder mehrerer gemeinsamer Zwecke zur Begründung der Andersartigkeit von Gemeinschaftsunternehmen und Gemeinschaftsbetrieb zur Begründung einer unterschiedlichen Behandlung ausreichen kann: *Greiwe*, Unternehmensmitbestimmung und Gemeinschaftsbetrieb, 140.

580 *Annuß*, in: FS v. Hoyningen-Huene, 17 (24).

581 *Bonanni*, Der gemeinsame Betrieb, 295: Dies soll selbst dann gelten, wenn es sich um einen gemeinsamen Betrieb konzernverbundener Unternehmen handelt.

Konzerntatbeständen beruhe, die sich nicht auf den Gemeinschaftsbetrieb übertragen ließen.

(c) *Vergleich mit dem Unterordnungskonzern*

Eine Konzernierung ist Voraussetzung für die Anwendung des § 5 Abs. 1 S. 1 MitbestG.[582] § 5 Abs. 1 S. 1 MitbestG verweist auf § 18 Abs. 1 AktG und damit auf die aktienrechtliche Definition des *Unterordnungskonzerns*. Dies bedeutet, dass ein herrschendes Unternehmen eine oder mehrere abhängige Unternehmen unter einheitlicher Leitung zusammengefasst hat. Erforderlich ist für diese einheitliche Leitung, dass bestimmte Leitungs und Planungsentscheidungen der beteiligten Unternehmen in den Händen des herrschenden Unternehmens liegen und dieses seine unternehmerische Zielkonzeption in den beteiligten Unternehmen verwirklicht.[583] Im Gegensatz zum Unterordnungskonzern fehlt es bei einem *Gleichordnungskonzern* nach § 18 Abs. 2 AktG an der Abhängigkeit des einen von dem anderen Konzernunternehmen. Der Gleichordnungskonzern wird mitbestimmungsrechtlich nicht anerkannt, da § 5 Abs. 1 MitbestG allein auf § 18 Abs. 1 AktG verweist.[584]

Ausgehend von diesen Grundsätzen wird teilweise ein Rückschluss auf die Behandlung des Gemeinschaftsbetriebs gezogen.[585] Die an einem gemeinsamen Betrieb beteiligten Trägerunternehmen stünden sich auf Augenhöhe gegenüber, da sie als eigenständige Unternehmen bestehen bleiben und kein Unternehmen das andere beherrsche.[586] Insofern entspreche der Gemeinschaftsbetrieb von seinem Wesen her vielmehr dem Gleichordnungskonzern als dem Unterordnungskonzern.[587] Diese Erkenntnis

---

[582] So auch OLG Düsseldorf, Beschl. v. 21.07.2016 – 26 W 1/16, BeckRS 2016, 119291 (Rn. 32) zum DrittelbG.

[583] ErfK/*Oetker* AktG § 18 Rn. 2.

[584] Emmerich/Habersack/*Emmerich* AktG § 18 Rn. 25.

[585] *Rentschler*, Arbeitnehmerzuordnung und Wahlberechtigung, 104 f.; *Wanhöfer*, Gemeinschaftsbetrieb und Unternehmensmitbestimmung, 100.

[586] *Rentschler*, Arbeitnehmerzuordnung und Wahlberechtigung, 104 f.; *Wanhöfer*, Gemeinschaftsbetrieb und Unternehmensmitbestimmung, 100.

[587] *Rentschler*, Arbeitnehmerzuordnung und Wahlberechtigung, 104 f.; *Wanhöfer*, Gemeinschaftsbetrieb und Unternehmensmitbestimmung, 100.

spreche dagegen, die für § 5 Abs. 1 MitbestG geltenden Grundsätze – gleich in welcher Form – auf den Gemeinschaftsbetrieb zu übertragen.[588]

Diese Argumentation verfängt jedoch nicht, da der Gemeinschaftsbetrieb zur Begründung der Parallele zum Gemeinschaftsunternehmen als ein von den Trägerunternehmen abhängiges Arbeitgeberunternehmen fingiert wird. Der fingierte Sachverhalt entspräche mithin vielmehr der Zurechnung in einem Unterordnungskonzern, sodass die Nichtanwendbarkeit der Konzernzurechnungsvorschriften im Gleichordnungskonzern nicht argumentativ für den Fall des Gemeinschaftsbetriebs herangezogen werden kann.[589]

Dennoch wird der Vergleich mit dem Gemeinschaftsunternehmen – wie sich im Folgenden zeigen wird – nicht zu dem Ergebnis führen, dass die für dieses geltenden Wertungen und Vorschriften auf den Gemeinschaftsbetrieb übertragen werden könnten.

(d) Gemeinschaftsbetrieb als Figur des Betriebsverfassungsrechts

Schon an den Zweifeln *Däublers*[590] bezüglich der Übertragbarkeit der Grundsätze zum Gemeinschaftsunternehmen zeigt sich, dass dies nicht gelingen wird.[591] Das lässt sich unter anderem mit der Unterschiedlichkeit der beiden Rechtsfiguren begründen. Der gemeinsame Betrieb ist „ein Kind des Betriebsverfassungsrechts“[592].

Die Einflussnahme in Gemeinschaftsbetrieb und unternehmen wird auf unterschiedliche Art und Weise vermittelt. Die Einflussnahme der Mutterunternehmen auf das Gemeinschaftsunternehmen basiert auf gesellschaftsrechtlichen Befugnissen, während die Zusammenarbeit in einem Gemeinschaftsbetrieb auf einer betrieblich-organisatorischen

---

588 *Rentschler*, Arbeitnehmerzuordnung und Wahlberechtigung, 104 f.; *Wanhöfer*, Gemeinschaftsbetrieb und Unternehmensmitbestimmung, 100.

589 So auch *Greiwe*, Unternehmensmitbestimmung und Gemeinschaftsbetrieb, 137 f.; *Thüsing/Forst*, in: FS Kreutz, 867 (874).

590 *Däubler*, in: FS Zeuner, 19 (31); siehe hierzu unter Kapitel 4 B.III.1.a.cc.(1)(b).

591 Ebenso das LAG Hannover, Beschl. v. 15.05.2012 – 25 O 65/11, BeckRS 12440: „Ebenso wenig lässt sich in den Gemeinschaftsbetrieben ein Gemeinschaftsunternehmen sehen“.

592 *Bonanni/Otte*, BB 2016, 1653 (1656).

Leitungsstruktur beruht. Im Gemeinschaftsbetrieb kommt es in grundlegenden Fragen zu keiner Verlagerung der Entscheidungskompetenzen auf andere Unternehmen und deren Organe.[593] Die Entscheidungshoheit verbleibt in einem gemeinsamen Betrieb bei den einzelnen Trägerunternehmen. Ebenso fehlt es an typischerweise gesellschaftsrechtlich vermittelten Einflussmöglichkeiten wie Gewinnabführungs oder Beherrschungsverträgen. Hieran mag auch das Vorliegen einer Führungsvereinbarung nichts zu ändern.[594] Die einheitliche Leitung erfolgt lediglich im Hinblick auf soziale und personelle Angelegenheiten, während eine wirtschaftliche oder unternehmerische Kooperation der Trägerunternehmen nicht notwendig ist.[595] Die Zusammenarbeit mehrerer Unternehmen innerhalb eines gemeinsamen Betriebs hat somit auf Unternehmensebene weder Voraussetzungen noch Konsequenzen.[596]

Auf der anderen Seite hat auch die unternehmerische Mitbestimmung keinen Einfluss auf die Betriebsorganisation, sondern vermittelt lediglich ein allumfassendes Mitspracherecht in der eigentlichen Steuerung des Unternehmens.[597] Aus diesem Grund kann die Berücksichtigung vertragsfremder Arbeitnehmer bei der Ermittlung des Mitbestimmungsstatus nur in den Fällen gerechtfertigt sein, in denen die unternehmenspolitische Entscheidungs und Leitungsmacht tatsächlich auf ein anderes Unternehmen verlagert wird.[598] Dies gilt nur für den Fall der Konzernierung, während das Bestehen eines gemeinsamen Betriebs die für die Unternehmensbestimmung relevante unternehmerische Entscheidungshoheit der Trägerunternehmen unberührt lässt.[599] Eine derartige Konzernverbundenheit liegt im gemeinsamen Betrieb mehrerer Trägerunternehmen gerade nicht vor.

---

[593] So auch *Hohenstatt/Schramm*, NZA 2010, 846 (848); auch *Rentschler*, Arbeitnehmerzuordnung und Wahlberechtigung, 122 f.

[594] So auch *Rentschler*, Arbeitnehmerzuordnung und Wahlberechtigung, 106 f.

[595] Siehe hierzu unter Kapitel 2 A.II.2.a.

[596] *Bonanni/Otte*, BB 2016, 1653 (1656); *Greiwe*, Unternehmensmitbestimmung und Gemeinschaftsbetrieb, 139.

[597] *Bonanni/Otte*, BB 2016, 1653 (1656).

[598] *Bonanni/Otte*, BB 2016, 1653 (1656).

[599] *Bonanni/Otte*, BB 2016, 1653 (1656).

(e) Unzulässige Vermengung von Unternehmens und Betriebsbegriff

Argumentiert man damit, dass § 5 Abs. 1 MitbestG für die Zurechnung der Arbeitnehmer zum herrschenden Unternehmen keine arbeitsvertragliche Verbundenheit vorsieht und will dies ebenfalls für die Arbeitnehmer eines Gemeinschaftsbetriebs gelten lassen, kommt es zu einer unzulässigen Vermengung von Unternehmens und Betriebsbegriff im Bereich der Unternehmensmitbestimmung.[600] Der Anwendungsbereich des MitbestG ist klar umgrenzt, da dieses abschließend auf das Unternehmen abstellt.[601] Will man in das Recht der Unternehmensmitbestimmung den Betrieb hineinlesen, führt dies zu einer vom Gesetzgeber nicht gewollten Unschärfe bei der Abgrenzung zwischen betrieblicher Mitbestimmung und Unternehmensmitbestimmung.[602]

Man mag dem zwar insofern zustimmen, als dass im Bereich der Zurechnung nach § 5 Abs. 1 MitbestG keine arbeitsvertragliche Verbindung vorausgesetzt wird, jedoch kann dies nicht den Schluss darauf zulassen, dass dies uneingeschränkt auf allen Ebenen – auch außerhalb des Unterordnungskonzerns – zu gelten hat.[603] § 5 MitbestG stellt eine Ausnahmevorschrift für den Fall eines herrschenden Konzernunternehmens dar, dessen Voraussetzungen bei einem gemeinsamen Betrieb gerade nicht erfüllt werden können.[604]

(f) Konzernzurechnung und Teilhabegedanke

Ferner verfängt die Argumentation *Däublers*[605] nicht, dass sich an § 5 MitbestG zeige, dass es auf die Zahl der potenziell von unternehmerischen Entscheidungen betroffenen Arbeitnehmer ankomme. Die Doppelzurechnung in § 5 MitbestG schützt den Teilhabezweck der Mitbestimmung, der im

600 *Lüers/Schomaker*, BB 2013, 565 (568).
601 *Lüers/Schomaker*, BB 2013, 565 (568).
602 *Lüers/Schomaker*, BB 2013, 565 (568).
603 *Lüers/Schomaker*, BB 2013, 565 (568).
604 Das LAG Hannover, Beschl. v. 15.05.2012 – 25 O 65/11, BeckRS 12440 hält daneben in derartigen Konstellationen auch andere Ausnahmetatbestände, die zwar ungeregelt seien, von der Rechtsprechung aber als „mitbestimmungsrechtliche Zurechnungstatbestände" für anwendbar erachtet werden, nicht für einschlägig.
605 *Däubler*, in: FS Zeuner, 19 (31).

abhängigen Unternehmen angesichts der Verlagerung der Mitbestimmung in unternehmerischen Fragen auf das herrschende Unternehmen leerzulaufen droht.[606] Eine derartige Konzernzurechnung knüpft jedoch nicht an die Betroffenheit durch Entscheidungen der Konzernmutter an, sondern ist auf die konzern beziehungsweise gesellschaftsrechtlich vermittelte Abhängigkeit des Tochterunternehmens zurückzuführen.[607] An dieser Wertentscheidung muss auch jede ergänzende Zurechnung aufgrund faktischer Betroffenheit gemessen werden.[608] Die Zuordnung zur Unternehmensbelegschaft unter Betroffenheitsgesichtspunkten lässt sich in keinem Fall als allgemeines Rechtsprinzip etablieren.[609] Die wirtschaftliche Mitbestimmung der Arbeitnehmer dient nicht dem Schutz abhängiger Belegschaften, sondern der Teilhabe an unternehmerischen Entscheidungen.[610] Dementsprechend geht es bei der Konzernzurechnung nicht darum, Nachteile von den Arbeitnehmern untergeordneter Unternehmen abzuwenden, sondern den Arbeitnehmern eine Teilhabemöglichkeit einzuräumen.[611]

(g) Trägerunternehmen als selbstständige Rechtsträger

Ein weiterer entscheidender Unterschied wird auch darin zu sehen sein, dass die Trägerunternehmen als selbstständige Rechtsträger bestehen bleiben, während es sich bei dem Gemeinschaftsunternehmen um ein einziges Unternehmen und damit um *einen* Rechtsträger handelt. Selbst wenn man es für möglich hält, dass es sich bei den fehlenden gesetzlichen Zurechnungsvorschriften im Gemeinschaftsbetrieb um eine planwidrige Regelungslücke handelt, wird es somit jedenfalls an der erforderlichen Vergleichbarkeit der Sachverhalte fehlen. Allein die Tatsache, dass sich einzelne unternehmerischen Entscheidungen eines der Trägerunternehmen möglicherweise auf unternehmensfremde Arbeitnehmer im gemeinsamen Betrieb auswirken, kann an dieser Beurteilung nichts ändern.

---

606 *Kolbe*, Mitbestimmung und Demokratieprinzip, 256.
607 *Kolbe*, Mitbestimmung und Demokratieprinzip, 256.
608 *Kolbe*, Mitbestimmung und Demokratieprinzip, 256 f.
609 *Kolbe*, Mitbestimmung und Demokratieprinzip, 257.
610 *Kolbe*, Mitbestimmung und Demokratieprinzip, 257.
611 *Kolbe*, Mitbestimmung und Demokratieprinzip, 257.

(h) Fiktionswirkung in Konzernsachverhalten

Vielmehr spricht der Wortlaut des § 5 Abs. 1 MitbestG dafür, dass Personen ohne arbeitsvertragliche Verbindung keine Arbeitnehmer im Sinne des § 1 Abs. 1 Nr. 2 MitbestG sein können. In § 5 Abs. 1 MitbestG heißt es, dass Arbeitnehmer eines Konzernunternehmens unter den dort genannten Voraussetzungen als solche des herrschenden Unternehmens „gelten" (und nicht „sind"). Der Gesetzgeber hat eine Fiktion normiert. Daraus lässt sich schließen, dass dieser sich darüber bewusst war, dass Personen, mit denen kein arbeitsvertraglich geregeltes Beschäftigungsverhältnis besteht, grundsätzlich nicht als Arbeitnehmer im Sinne des § 1 Abs. 1 Nr. 2 MitbestG anzusehen sind.[612]

(i) Zwischenergebnis

Entsprechend der vorgenannten Untersuchung scheidet die Anwendbarkeit des § 5 MitbestG auf den Gemeinschaftsbetrieb aus. Der Gemeinschaftsbetrieb stellt eine Organisationseinheit auf Betriebsebene dar und unterscheidet sich damit erheblich von der Figur des Unterordnungskonzerns. Bei § 5 MitbestG handelt es sich um eine konzernrechtliche Zuordnungsvorschrift, unter welche ein gemeinsamer Betrieb mehrerer Unternehmen nicht subsumiert werden kann. Eine umfassende Zurechnung kann nicht mithilfe dieser auf Konzernsachverhalte zugeschnittenen Zurechnungsnorm begründet werden. Vielmehr deutet der Wortlaut des § 5 Abs. 1 MitbestG darauf hin, dass der Gesetzgeber im Grundsatz davon ausgeht, dass Personen ohne arbeitsvertragliche Bindung keine Arbeitnehmer im Sinne des § 1 Abs. 1 Nr. 2 MitbestG sein können.

(2) Parallele zur Arbeitnehmerüberlassung

Abend[613] zieht zur Begründung der Berücksichtigung aller Arbeitnehmer bei jedem Trägerunternehmen eine Parallele zur Berücksichtigung von Leiharbeitnehmern im Unternehmen des Entleihers. Nach der Intention

---

612 *Lüers/Schomaker*, BB 2013, 565 (567).
613 *Abend*, DB 2017, 607 (607 ff.).

des Gesetzgebers baue die Einbeziehung der Leiharbeitnehmer in die Unternehmensmitbestimmung auf dem langjährigen Grundsatz der Parallelität zum Betriebsverfassungsrecht auf. Nach Auffassung des Gesetzgebers seien Leiharbeitnehmer für Unternehmen ähnlich bedeutend wie Stammarbeitnehmer. Auch Aufsichtsratsbeschlüsse seien für Leiharbeitnehmer regelmäßig gleichermaßen relevant wie für regulär beschäftigte Arbeitnehmer. Aus diesem Grund verdienen sie Berücksichtigung bei der Unternehmensmitbestimmung. Für Arbeitnehmer in einem Gemeinschaftsbetrieb könne nichts anderes gelten, denn diese könnten wie Leiharbeitnehmer von Beschlüssen des Aufsichtsrats betroffen sein.

Dieser Argumentation ist nicht zu folgen. Die Situation eines Leiharbeitnehmers im Betrieb ist nicht mit derjenigen eines im Gemeinschaftsbetrieb beschäftigten Arbeitnehmers vergleichbar. Auch § 14 Abs. 2 S. 5 und 6 AÜG lässt keine abweichende Bewertung zu. Die Arbeitnehmerüberlassung und der Gemeinschaftsbetrieb schließen sich gegenseitig aus.[614]

Der Leiharbeit ist es immanent, dass im Einzelfall eine längerfristige Überlassung an den Entleiher erfolgt und der Leiharbeitnehmer in die fremde Betriebsorganisation eingegliedert wird, während der Arbeitnehmer im Gemeinschaftsbetrieb nicht vollständig in den Betrieb eines fremden Unternehmens eingegliedert ist. Der Einfluss, den das einzelne Unternehmen im Gemeinschaftsbetrieb gegenüber den vertragsfremden Arbeitnehmern ausübt, ist weniger einschneidend als der Einfluss, dem sich ein Leiharbeitnehmer in einer gänzlich fremden Betriebsorganisation ausgesetzt sieht.

Auch *Bonanni*[615] erkennt an, dass „im Vergleich zu einer dauerhaften Tätigkeit für ein vertragsfremdes Unternehmen mit ausschließlich eigener Betriebsorganisation im gemeinsamen Betrieb der Einfluss des den Arbeitnehmer beschäftigenden Unternehmens etwas abgeschwächt" ist. Dies spricht gegen die Vergleichbarkeit der Situation des Leiharbeitnehmers im fremden Betrieb mit der eines im Gemeinschaftsbetrieb tätigen Arbeitnehmers, welcher – zumindest – in räumlicher Nähe zu seinem Vertragsarbeitgeber tätig wird.

---

614 Siehe hierzu unter Kapitel 5 A.II.4.

615 *Bonanni*, Der gemeinsame Betrieb, 295.

Durch die Neuregelung des § 14 Abs. 2 S. 5 und 6 AÜG sollte die Rechtsprechung des BAG zur Berücksichtigung von Leiharbeitnehmern für alle Schwellenwertbestimmungen der Mitbestimmungsgesetze lediglich gesetzlich festgeschrieben werden.[616] Der Gesetzgeber verfolgte mit der Schaffung von § 14 Abs. 2 S. 5 und 6 AÜG kein dogmatisches Konzept, das sich auf die Zurechnung von Arbeitnehmern im Gemeinschaftsbetrieb übertragen ließe.[617] In der Vergangenheit waren Leiharbeitnehmer bei der Berechnung der Schwellenwerte nach überwiegender Ansicht nicht zu berücksichtigen.[618] Dass deren rechtliche Behandlung heute in § 14 Abs. 2 S. 5 und 6 AÜG festgeschrieben ist, zeigt umso deutlicher, dass vor Einführung dieser Regelung nicht ohne Weiteres von der Berücksichtigung von Leiharbeitnehmern bei der Schwellenwertberechnung ausgegangen werden konnte, welche – wie die Beschäftigten eines Gemeinschaftsbetriebs – eben nicht in arbeitsvertraglicher Verbindung zum jeweiligen Unternehmen stehen. Vielmehr bedurfte es erst dem Tätigwerden des Gesetzgebers.

Die gesetzgeberische Entscheidung in Bezug auf die Berücksichtigung von Leiharbeitnehmern kann daher nicht in dem Sinne verallgemeinert werden, dass es nur noch auf die betriebliche Eingliederung ankommt und auf ein Arbeitsvertragsband zwischen Arbeitnehmer und Unternehmen verzichtet werden kann.[619] Im Übrigen bestehen schon im Hinblick auf die pauschale Berücksichtigung von Leiharbeitnehmern Bedenken, da in diesem Fall eine am Normzweck orientierte Auslegung – wie sie das BAG vorsieht – nicht mehr möglich erscheint.[620]

Die Berücksichtigung aller Arbeitnehmer bei jedem Trägerunternehmen im Gemeinschaftsbetrieb kann nicht mit einer Parallele zu den Regelungen der Arbeitnehmerüberlassung begründet werden.

---

616 Vgl. BT-Drs. 18/9232, 29.

617 *Dittmann*, Schwellenwerte und Unternehmensmitbestimmung, 97 f.; ausf. zu einer möglichen analogen Anwendung des § 14 Abs. 2 S. 5, 6 AÜG: *Greiwe*, Unternehmensmitbestimmung und Gemeinschaftsbetrieb, 127 ff., der i.E. zutr. sowohl das Vorhandensein einer planwidrigen Regelungslücke als auch die Vergleichbarkeit der Interessenlage ablehnt.

618 Vgl. BeckOK-ArbR/*Motz* AÜG § 14 Rn. 20 m.w.N.

619 MüKoAktG/*Annuß* MitbestG § 1 Rn. 10.

620 Krit. auch *Oetker*, NZA 2017, 29 (32 f.); siehe zur Berücksichtigung von Leiharbeitnehmern im Gemeinschaftsbetrieb unter Kapitel 4 B.IV.

(3) Vergleich mit betriebsverfassungsrechtlichen Regelungen

(a) Keine Übertragbarkeit der Grundsätze betrieblicher Mitbestimmung

Einige Stimmen in der rechtwissenschaftlichen Literatur halten die Kongruenz der Mitbestimmung auf Betriebsebene und der Unternehmensmitbestimmung trotz unterschiedlicher Zielsetzung für so groß, dass sie in Anlehnung an die betriebliche Mitbestimmung eine doppelte Zurechnung auch auf Ebene der Unternehmensmitbestimmung für geboten halten.[621]

Man mag dem insofern zustimmen, als dass es zutrifft, dass das BetrVG grundsätzlich an den Betrieb anknüpfen mag, jedoch unter anderem mit den Vorschriften über den Gesamtbetriebsrat (§§ 47 ff. BetrVG) zugleich auf die Unternehmensebene bezogen ist.[622] Dies vermag jedoch nichts daran zu ändern, dass zwischen der betrieblichen und der unternehmerischen Mitbestimmung grundlegende Unterschiede bestehen, die eine abweichende Bewertung rechtfertigen.[623] Die betriebliche Beteiligung erfolgt über den Betriebsrat als Arbeitnehmerorgan, während bei der Unternehmensmitbestimmung die arbeitnehmerseitige Mitwirkung im Aufsichtsrat als gesellschaftsrechtlichen Organ ermöglicht wird und so direkter Einfluss auf die Unternehmensleitung genommen werden kann.[624] Die Unternehmensmitbestimmung kennt – anders als die betriebliche Mitbestimmung – keine Begrenzung auf soziale, personelle und wirtschaftliche Angelegenheiten, sondern umfasst die gesamte Unternehmenspolitik und damit insbesondere wirtschaftlichunternehmerische Entscheidungen.[625]

Schon aufgrund der unterschiedlichen Aufgabenstellung der Vertretungsorgane verbietet es sich, den Grundgedanken der betriebsverfassungsrechtlichen

---

621 *Abend*, DB 2017, 607 (608); *Thüsing/Pötters*, in: FS Wank, 599 (607).

622 Gleiches gilt für die Betriebsräteversammlung (§ 53 BetrVG), die Vorschriften über den Konzernbetriebsrat (§§ 54 ff. BetrVG), die GesamtJugend und Auszubildendenvertretung (§§ 72 ff. BetrVG), die Unterrichtung in wirtschaftlichen Angelegenheiten (§§ 106 ff. BetrVG) und die Beteiligung des Betriebsrats bei Betriebsänderungen (§§ 111 ff. BetrVG), vgl. GK-BetrVG/*Wiese* Einl. Rn. 45.

623 Siehe hierzu unter Kapitel 4 B.I.

624 Vgl. *Rentschler*, Arbeitnehmerzuordnung und Wahlberechtigung, 128 m.w.N.

625 *Rentschler*, Arbeitnehmerzuordnung und Wahlberechtigung, 129 m.w.N.

Zurechnung unternehmensfremder Arbeitnehmer auf das Recht der Unternehmensmitbestimmung zu übertragen.[626]

Der Gemeinschaftsbetrieb zeichnet sich durch eine gemeinsame betriebliche Organisation aus. Dies bedeutet nicht zugleich, dass auch auf Ebene unternehmerischer Mitbestimmung eine Einheit besteht. Die gemeinsame betriebliche Organisation ist Voraussetzung, um von einem gemeinsamen Betrieb auszugehen.[627] Eine zu einer einheitlichen betrieblichen Organisation verdichtete Kooperation mag zwar bedeuten, dass sich die Unternehmen bei der Betriebsführung untereinander abstimmen, allein die Existenz eines Gemeinschaftsbetriebs lässt darüber hinaus jedoch nicht auf eine homogene Einheit auf der Ebene unternehmerischer Entscheidungen schließen.[628]

Dass grundlegende Unterschiede zwischen der betriebsverfassungsrechtlichen Mitbestimmung und der Unternehmensmitbestimmung existieren, die eine unterschiedliche Handhabung der beiden Instrumente rechtfertigen,[629] zeigt sich auch anhand des Berichts der Mitbestimmungskommission[630]. Während sich der Betrieb durch einen vorgegebenen Produktionsauftrag und durch die an der Erfüllung dieses Auftrags orientierte Produktionsleistung auszeichne, sei für das Unternehmen die Festlegung der wirtschaftlichen Ziele konstitutiv. Das Unternehmen sei ein Ort der unternehmerischen Freiheit zur Planung und damit der Träger unternehmerischer Autonomie. Der Betrieb unterscheide sich vom Unternehmen vor allem auch aufgrund fehlender Autonomie. Treffen betriebliche Organe selbst Planungsentscheidungen, geschehe dies nicht aufgrund autonomer Planungskompetenz, sondern aufgrund der vorherigen Einräumung eines Ermessens durch den unternehmerischen Plan, an dessen Verwirklichung der Betrieb mitwirke.

Aus der unterschiedlichen Zwecksetzung der Organisationen *Unternehmen* und *Betrieb* resultierten unterschiedliche Formen der Leitungs und

---

626 *Lüers/Schomaker*, BB 2013, 565 (568); *Wanhöfer*, Gemeinschaftsbetrieb und Unternehmensmitbestimmung, 58.

627 So auch *Bonanni*, Der gemeinsame Betrieb, 295.

628 So *Wanhöfer*, Gemeinschaftsbetrieb und Unternehmensmitbestimmung, 83; auch Bork/Schäfer/*Rieble* GmbHG § 52 Rn. 53 hält jeden „Import“ dieser Rechtsfigur für „unternehmensmitbestimmungsrechtlich dysfunktional“.

629 So auch *Wanhöfer*, Gemeinschaftsbetrieb und Unternehmensmitbestimmung, 58.

630 BT-Drs. VI/334, 60 f.

Organisationsgewalt, aus denen sich auch ein qualitativer Unterschied zwischen betriebs und unternehmensbezogener Mitbestimmung ergebe. Dieser qualitative Unterschied sei der Grund dafür, dass eine Mitbestimmung auf Unternehmensebene nicht durch eine Ausweitung der Mitbestimmung auf Betriebsebene erzeugt werden könne. Die beiden Formen der Mitbestimmung müssten sich qualitativ unterscheiden, wenn sie dem Charakter der jeweiligen Funktion zutreffend Rechnung tragen sollen. Die unternehmerische Mitbestimmung sei in ihrem Ausgangspunkt, ihrem Gegenstand, ihrem Adressaten und damit auch ihrer normativen Qualität nach von der betrieblichen Mitbestimmung verschieden.

Für eine Berücksichtigung aller Arbeitnehmer bei jedem Trägerunternehmen spricht schließlich auch nicht § 1 Abs. 2 BetrVG, der die Mitbestimmungs und Mitwirkungsrechte des Betriebsrats auf gemeinsame Betriebe erstreckt. Diese Vorschrift ist im BetrVG angesiedelt und befasst sich daher nur mit der Betriebsverfassung, nicht mit der Unternehmensverfassung und damit auch nicht mit der Beteiligung der Arbeitnehmer im Aufsichtsrat.[631]

Es würde zu einer sinnwidrigen Ausdehnung der Anwendbarkeit der Mitbestimmungsgesetze führen, wenn man die für die betriebliche Ebene geltenden Grundsätze auf die Ebene der Unternehmensmitbestimmung überträgt.[632]

(b) Rechtsprechung des BAG zu § 99 und § 106 BetrVG

Thüsing/Forst[633] sehen die Mehrfachzuordnung eines Arbeitnehmers in der Rechtsprechung des BAG zum Gemeinschaftsbetrieb im Betriebsverfassungsrecht bestätigt. Der erste Senat des BAG hatte in einem Beschluss aus dem Jahr 2004[634] § 99 BetrVG analog auf eine GmbH angewandt, die mit einer anderen GmbH einen Gemeinschaftsbetrieb führte und den Schwellenwert als überschritten angesehen, obwohl beide Gesellschaften

631 So zutreffend das LAG Bremen, Beschl. v. 04.05.2005 – 7 AR 61/04, BeckRS 2010, 17611 unter II 2 der Gründe.

632 *Hohenstatt/Schramm*, NZA 2010, 846 (846).

633 *Thüsing/Forst*, in: FS Kreutz, 867 (876).

634 BAG, Beschl. v. 29.09.2004 – 1 ABR 39/03, AP BetrVG § 99 Versetzung Nr. 40 m. Anm. Däubler.

für sich gesehen weniger als 20 Arbeitnehmer beschäftigten. Begründet wurde die analoge Anwendung des § 99 BetrVG mit dem Ziel der betrieblichen Mitbestimmung. Da die maßgeblichen Schwellenwerte lediglich durch Aufspaltung der Betriebsträgerschaft unterschritten wurden, sei die Norm dennoch anzuwenden.

Ähnlich verhält sich die Argumentation des siebten Senats in einer Entscheidung aus dem Jahr 1990[635] zur Errichtung eines Wirtschaftsausschusses analog § 106 BetrVG, wenn keiner der Betriebsträger für sich genommen die Schwelle von 100 Arbeitnehmern überschreitet, diese jedoch bei Zusammenzählung aller Arbeitnehmer überschritten würde.

Thüsing/Forst[636] sehen eine derart große Kongruenz beider Mitbestimmungsregime, dass sie davon ausgehen, dass das BAG zukünftig auch im Bereich der Unternehmensmitbestimmung zu einer umfassenden Zurechnung aller Arbeitnehmer bei allen Trägerunternehmen kommen würde. Dieser Argumentation ist jedoch schon mangels Vergleichbarkeit der betrieblichen Mitbestimmung mit der Unternehmensmitbestimmung der Boden entzogen.[637] Die Mitbestimmung auf betrieblicher Ebene und die auf Ebene des Unternehmens bedürfen einer unterschiedlichen Betrachtung.[638] Dieses Vorgehen ist abzulehnen.[639]

---

635 BAG, Beschl. v. 01.08.1990 – 7 ABR 91/88, AP BetrVG 1972 § 106 Nr. 8.

636 *Thüsing/Forst*, in: FS Kreutz, 867 (876).

637 So wohl auch Bork/Schäfer/*Rieble* GmbHG § 52 Rn. 67: „Eine gesetzliche Grundlage hierfür fehlt, auch wenn das BAG für die betriebsverfassungsrechtliche (!) Unternehmensgröße den größeren Gemeinschaftsbetrieb […] berücksichtigt".

638 Siehe hierzu unter Kapitel 4 B.I. und Kapitel 4 B.III.1.a.cc.(3)(a).

639 Zu dem Ergebnis kommt auch *Rentschler*, Arbeitnehmerzuordnung und Wahlberechtigung, 133, der argumentiert, dass es bei den vorgenannten Entscheidungen des BAG darum gehe, ob die Konstellation des Gemeinschaftsbetriebs unter den Anwendungsbereich des Gesetzes subsumiert werden konnte. Bei der zu untersuchenden Problematik gehe es jedoch um die Eröffnung des Anwendungsbereichs des MitbestG und die Zuordnung von Arbeitnehmern. Eine derartige Unterscheidung *Rentschlers* lässt sich jedoch nur schwer begründen. So geht es im Kern sowohl bei § 1 Abs. 1 Nr. 2 MitbestG als auch bei den §§ 99, 106 BetrVG darum, inwiefern auch vertragsfremde Arbeitnehmer eines Gemeinschaftsbetriebs berücksichtigt werden können, wenn es um die Anwendbarkeit bestimmter Rechtsnormen geht; krit. zur Schlüssigkeit dieser Argumentation auch *Greiwe*, Unternehmensmitbestimmung und Gemeinschaftsbetrieb, 123.

Gegen eine Heranziehung der Rechtsprechung des BAG zu den §§ 99, 106 BetrVG spricht ferner, dass sich § 99 Abs. 1 S. 1 BetrVG ausschließlich auf die innerbetrieblichen personellen Einzelfallmaßnahmen bezieht.[640] Bei dem nach § 106 BetrVG zu errichtenden Wirtschaftsausschuss handelt es sich ebenfalls nicht um ein Mitbestimmungsorgan, sondern um ein Hilfsorgan des Betriebsrats.[641] Obwohl dieser für das Unternehmen und nicht den Betrieb gebildet wird, gehört dieser – ebenso wie der Gesamtbetriebsrat – nicht zur Unternehmensverfassung, sondern ist als Teil der Betriebsverfassung anzusehen.[642] Sofern sich das BAG begründend auf das Telos der Norm bezieht,[643] kann dieser Aspekt zutreffend nicht auf die Unternehmensebene übertragen werden.[644] Schon aufgrund der deutlich geringeren Tragweite der Mitwirkung des Betriebsrats bei personellen Einzelfallmaßnahmen auf Betriebsebene im Vergleich zu einer möglichen Einflussnahme auf das Gesamtunternehmen im Rahmen der unternehmerischen Mitbestimmung sind diese beiden Formen der Mitwirkung nicht vergleichbar.[645] Die Rechtsprechung des BAG zu § 99 Abs. 1 S. 1 und § 106 BetrVG kann nicht zur Begründung einer Zuordnung von Arbeitnehmern im Gemeinschaftsbetrieb auf Ebene der Unternehmensmitbestimmung herangezogen werden.

Im Übrigen finden sich Stimmen in der Literatur, die das BAG ohnehin dafür kritisieren, dass es jegliche Arbeitnehmer des Gemeinschaftsbetriebs für die Bestimmung der Arbeitnehmerzahl in § 99 BetrVG berücksichtigen will,[646] sodass diese Berechnungsweise schon auf Ebene des

---

640 *Greiwe*, Unternehmensmitbestimmung und Gemeinschaftsbetrieb, 123.

641 ErfK/*Kania* BetrVG § 106 Rn. 1.

642 Richardi BetrVG/*Annuß* § 106 Rn. 4.

643 Vgl. zu §§ 106 ff. BetrVG: BAG, Beschl. v. 01.08.1990 – 7 ABR 91/88, AP BetrVG 1972 § 106 Nr. 8 = NZA 1991, 643 (644); zu § 99 BetrVG: BAG, Beschl. v. 29.09.2004 – 1 ABR 39/03, AP BetrVG § 99 Versetzung Nr. 40 m. Anm. Däubler = NZA 2005, 420 (422).

644 *Greiwe*, Unternehmensmitbestimmung und Gemeinschaftsbetrieb, 123.

645 *Greiwe*, Unternehmensmitbestimmung und Gemeinschaftsbetrieb, 123.

646 Vgl. ErfK/*Kania* BetrVG § 99 Rn. 1: In Gemeinschaftsbetrieben spreche der Wortlaut des Gesetzes für ein Abstellen auf die Unternehmensgröße. Es erscheine nicht zwingend, in Bezug auf den Gemeinschaftsbetrieb für die Versetzung von einer analogen Anwendung auszugehen, da die begriffsnotwendige Mehrzahl der Vertragsarbeitgeber im Gemeinschaftsbetrieb eine dem Wortlaut entsprechende Differenzierung rechtfertige.

Betriebsverfassungsrechts nicht „selbstverständlich“ und damit ebenso wenig ohne weitere Auseinandersetzung auf die Unternehmensmitbestimmung übertragbar scheint. Gleiches gilt für die Errichtung eines Wirtschaftsausschusses nach dem BAG gemäß § 106 BetrVG im gemeinsamen Betrieb. Auch die Errichtung eines Wirtschaftsausschusses im Gemeinschaftsbetrieb, wenn nur unter Zusammenzählung aller Arbeitnehmer im Betrieb die Schwelle von 100 Arbeitnehmern überschritten werden kann, wird in der Literatur seit der Einfügung des § 1 Abs. 1 S. 2 BetrVG zunehmend kritisiert.[647]

Unter Zugrundelegung der BAG-Rechtsprechung zu §§ 99, 106 BetrVG lässt sich keine umfassende Berücksichtigung aller Arbeitnehmer bei jedem Trägerunternehmen des Gemeinschaftsbetriebs begründen.

dd. Sinn und Zweck der Aufsichtsratsmitbestimmung

Eine umfassende Zuordnung von Arbeitnehmern bei jedem Trägerunternehmen wird ferner mit dem Sinn und Zweck der Unternehmensmitbestimmung begründet. Mitbestimmung soll Arbeitnehmern in denjenigen Organen des Unternehmens ermöglicht werden, in denen die für sie wesentlichen Entscheidungen rechtlich abgesichert und tatsächlich gefällt werden.[648] Zu diesem Zwecke wurde in den Aufsichtsräten größerer Unternehmen eine gleichberechtigte und gleichgewichtige Mitbestimmung der Arbeitnehmer eingeführt.[649] Dass der Sinn und Zweck der Unternehmensmitbestimmung eine umfassende Zuordnung der Arbeitnehmer bei allen Trägerunternehmen nicht zu begründen vermag, wird die folgende Untersuchung zeigen.

(1) Keine Kompetenzverschiebung von nach dem MitbestG relevanter Rechte

Die Besonderheit des Gemeinschaftsbetriebs bestehe darin, dass der einzelne Arbeitnehmer nicht allein abhängig von den Entscheidungen „seines“ Unternehmens sei, sondern in gleicher Weise von Entscheidungen der anderen

---

647 Richardi BetrVG/*Annuß* BetrVG § 106 Rn. 8.

648 HWK/*Seibt* MitbestG § 1 Rn. 11; WHSS/*Seibt*, F. Rn. 18.

649 So BT-Drs. 7/2172, 1, 16.

am Gemeinschaftsbetrieb beteiligten Unternehmen.[650] Nach dem Sinn und Zweck des MitbestG müsse verhindert werden, dass Unternehmen durch die systematische Heranziehung von Arbeitnehmern fremder, aber organisatorisch verbundener Unternehmen die Schwellenwerte des MitbestG umgingen.[651] Der Zweck der Arbeitnehmerbeteiligung könne nur gewahrt werden, wenn die Arbeitnehmer in jedem der für sie relevante Entscheidungen treffenden Gremien mitwirken, da anderenfalls zu befürchten sei, dass entgegen der gesetzlichen Zielsetzung Entscheidungen über die Köpfe der Arbeitnehmer hinweg gefällt würden.[652]

Verwiesen wird auf den Fall der Betriebsänderung, die für alle im gemeinsamen Betrieb tätigen Arbeitnehmer – unabhängig davon, von welchem beteiligten Unternehmens sie ausgelöst werde – von Relevanz sein soll.[653] Ferner streite für eine umfassende Berücksichtigung auch die im gemeinsamen Betrieb auf alle Arbeitnehmer zu erstreckende Sozialauswahl bei Kündigungen.[654] Entschließe sich ein Trägerunternehmen zum Personalabbau, wirke sich dies auch auf die Ebene des Betriebs aus, wo die Sozialauswahl nach § 1 Abs. 3 KSchG unabhängig vom Vertragsarbeitgeber stattzufinden hätte.[655] Da die Mitbestimmung zunächst dort ansetzen solle, wo die Arbeitnehmer durch ihren Arbeitsplatz mit dem Unternehmen verbunden seien, wäre dieser Anknüpfungspunkt im Gemeinschaftsbetrieb bei der gemeinsame Leitung der an ihm beteiligten Trägerunternehmen zu sehen.[656] Insofern sei es konsequent, die Mitbestimmung aller Arbeitnehmer des gemeinsamen

---

650 *Hjort*, NZA 2001, 696 (697 f.); so auch ErfK/*Oetker* MitbestG § 1 Rn. 6: Der Zweck des Schwellenwerts gebiete die Einbeziehung von Arbeitnehmern, die nicht mit dem Unternehmen arbeitsvertraglich verbunden seien, gleichwohl aber – vermittelt durch die einheitliche Leitung – dessen Einfluss unterlägen.

651 LAG Hamburg, Beschl. v. 21.10.2008 – 417 O 171/07, BeckRS 2009, 7094 unter V der Gründe; auch *Thüsing/Forst*, in: FS Kreutz, 867 (875).

652 *Thüsing/Forst*, in: FS Kreutz, 867 (875) m.w.N.

653 *Hjort*, NZA 2001, 696 (697 f.).

654 *Hjort*, NZA 2001, 696 (697 f.) m.w.N.

655 *Abend*, DB 2017, 607 (608): Gleiches gelte, wenn sich ein Unternehmen dazu entschließt, bestimmte Bereiche auszulagern. Auch in diesem Fall würde sich dies auf Arbeitnehmer auswirken, die im Gemeinschaftsbetrieb tätig sind, jedoch zu einem anderen Unternehmen in Vertragsbeziehung stehen.

656 *Hjort*, NZA 2001, 696 (698).

Betriebs auch gegenüber allen Trägerunternehmen gelten zu lassen.[657] Auch durch die Konzernklausel in § 5 MitbestG werde deutlich, dass das Gesetz darauf abstelle, wie groß die Zahl der potenziell von unternehmerischen Entscheidungen betroffenen Arbeitnehmern ist.[658]

Dass die Mitbestimmung dort ansetzen soll, wo die Arbeitnehmer durch ihren Arbeitsplatz mit dem Unternehmen verbunden sind, ist zutreffend. Dies bedeutet indes nicht zwangsläufig, dass allein aufgrund des Tätigwerdens in einem gemeinsamen Betrieb eine „Verbundenheit" zu einem vertragsfremden Trägerunternehmen entsteht. Ein Zusammenwirken auf betrieblicher Ebene – wie es in einem Gemeinschaftsbetrieb stattfindet – schlägt nicht unmittelbar auf die Unternehmensebene durch. Vertragsfremde Arbeitnehmer im Gemeinschaftsbetrieb mögen zwar zumindest mittelbar von Entscheidungen eines fremden Trägerunternehmens abhängig sein, dies allein genügt jedoch nicht.

Die auf Unternehmensebene fallenden Entscheidungen tangieren die vertragsfremden Arbeitnehmer höchstens über die betriebliche Sphäre.[659] Für diese ist jedoch ausschließlich die Mitbestimmung auf betrieblicher Ebene vorgesehen.[660] Auch kündigungsschutzrechtliche Auswirkungen, die von der betriebsverfassungsrechtlichen Struktur des Gemeinschaftsbetriebs ausgelöst werden, stellen Gegenstände der betrieblichen Mitbestimmung dar.[661]

Der Vergleich zu Konzernsachverhalten im Sinne des § 5 MitbestG schlägt fehl. § 5 MitbestG soll seinem Sinn und Zweck nach der Verlagerung von Entscheidungskompetenzen in Konzernsachverhalten vorbeugen, indem er der Konzernspitze die Arbeitnehmer abhängiger Konzernunternehmen zurechnet.[662] Bei einem Gemeinschaftsbetrieb jedoch werden die Mitbestimmungskompetenzen in sozialen und personellen Angelegenheiten in Richtung der Arbeitnehmer verschoben. Das Wesensmerkmal des Gemeinschaftsbetriebs besteht darin, dass sich die Trägerunternehmen auf eine einheitliche Leitung verständigt haben, die Entscheidungen des

---

657 *Hjort*, NZA 2001, 696 (698).
658 *Däubler*, in: FS Zeuner, 15 (31).
659 *Zöllner*, in: FS Semler, 995 (1013).
660 *Zöllner*, in: FS Semler, 995 (1013).
661 Insbes. §§ 99, 102, 111 ff. BetrVG, vgl. *Hohenstatt/Schramm*, NZA 2010, 846 (849).
662 HH/*Habersack* MitbestG § 5 Rn. 2.

Arbeitgebers im Bereich der sozialen und personellen Angelegenheiten umfasst.[663] Diese Angelegenheiten sind der betriebsverfassungsrechtlichen Mitbestimmung zugeordnet. Die betriebliche Mitbestimmung erfolgt in diesen Angelegenheiten durch den Betriebsrat, dessen Zuständigkeit sich auf sämtliche Arbeitnehmer des Gemeinschaftsbetriebs erstreckt.[664] Allein aufgrund der Verbindung durch einen gemeinsamen Betrieb kommt es nicht zu einer Verlagerung von Entscheidungskompetenzen in unternehmensrelevanten Fragen auf den gemeinsamen Leitungsapparat[665] und damit zu keinem Eingreifen der besonderen Zurechnungsvorschriften des MitbestG, die eine arbeitnehmerseitige Beteiligung im Aufsichtsrat vorsehen.[666]

(2) Schicksalsgemeinschaft von Arbeitnehmern und Anteilseignern

Nach *Rentschler*[667] besteht zwischen Arbeitnehmern und Anteilseignern im Unternehmen eine „Schicksalsgemeinschaft", die auf das Wohl und Wehe des Unternehmens Einfluss nimmt. Während die Anteilseigner über ihre Beteiligung am Stamm beziehungsweise Grundkapital der Gesellschaft teilnehmen, bringen Arbeitnehmer ihre Arbeitsleistung im Unternehmen ein und nehmen über Gehaltszahlungen am Erfolg und Misserfolg des Unternehmens teil. Insofern sollen auch nur diejenigen Arbeitnehmer zur Schicksalsgemeinschaft zählen, die an Erfolg und Misserfolg des Unternehmens unmittelbar teilhaben könnten. Nach *Rentschler* seien dies solche Arbeitnehmer, die eine entsprechende Gegenleistung in Form von Gehaltszahlungen vom Unternehmen erhielten. Hierfür bedürfe es einer vertraglichen Grundlage in Form eines Arbeitsvertrags, da es sonst zu einer Ungleichbehandlung von Anteilseignern und Arbeitnehmern käme. Nur bei einer tatsächlichen Beteiligung am Unternehmen könne das Partizipieren am Unternehmenserfolg sichergestellt werden. Hieraus zieht *Rentschler* den Schluss, dass es nicht auf eine potenzielle Betroffenheit von unternehmerischen Entscheidungen ankommen könne, da sich in dem Fall eine nur

663 Siehe hierzu unter Kapitel 2 A.II.2.a.aa.
664 *Hohenstatt/Schramm*, NZA 2010, 846 (848).
665 *Hohenstatt/Schramm*, NZA 2010, 846 (848).
666 Vgl. auch *Rentschler*, Arbeitnehmerzuordnung und Wahlberechtigung, 138.
667 *Rentschler*, Arbeitnehmerzuordnung und Wahlberechtigung, 116 ff.

schwer bestimmbare Zahl Betroffener ergäbe. Dies sei nicht im Sinne des Gesetzgebers.[668]

Weniger überzeugend scheint jedoch der Einwand *Rentschlers*, dass Arbeitnehmer eines Gemeinschaftsbetriebs bevorzugt würden, wenn diese in sämtlichen Trägerunternehmen mitbestimmen dürften, während diese Möglichkeit anderen Arbeitnehmern in anderen Betrieben desselben Unternehmens verwehrt werde.[669] Will man eine Mehrfachzuordnung damit begründen, dass die in einem gemeinsamen Betrieb beschäftigten Arbeitnehmer möglicherweise mit unternehmerischen Entscheidungen mehrerer Unternehmen konfrontiert werden, kann sich diese Ausgangslage bereits faktisch nur in einem Gemeinschaftsbetrieb realisieren. Arbeitnehmer desselben Unternehmens, die in anderen Betrieben tätig sind, sehen sich dieser „Gefahr" gar nicht erst ausgesetzt, sodass es schon an einer Vergleichbarkeit der Sachverhalte fehlen dürfte und damit auch eine Ungleichbehandlung im Ergebnis abzulehnen wäre.

Im Übrigen ist der Argumentation *Rentschlers* zuzustimmen. Es ist eine Vielzahl potenziell von unternehmerischen Entscheidungen betroffener Dritter denkbar. Eine unternehmerische Entscheidung kann sich auf jegliche geschäftliche Verbindung des Unternehmens auswirken. Dies gilt beispielsweise für Lieferanten, die zukünftig weniger Aufträge erhalten oder gar nicht mehr in Anspruch genommen werden. Dass ein Unternehmen im Falle unternehmensübergreifender Kooperationen wirtschaftlich von seinem Partnerunternehmen abhängig wird, mag zwar zu einer mittelbaren Betroffenheit der Fremd-Arbeitnehmer durch strategische Entscheidungen des vertragsfremden Unternehmens führen, aus dieser Drittbetroffenheit kann indes kein zusätzliches Teilhaberecht erwachsen.[670] Nicht anders zu beurteilen ist die Situation des Arbeitnehmers im Gemeinschaftsbetrieb. Das Risiko, von unternehmerischen Entscheidungen getroffen zu werden, resultiert allein aus der Verbundenheit zu ihrem jeweiligen Vertragsarbeitgeber. Die dort getroffenen Entscheidungen haben unmittelbare Auswirkung auf

---

668 Krit. dazu *Dittmann*, Schwellenwerte und Unternehmensmitbestimmung, 104 f.: Die Abhängigkeit von den Entscheidungen anderer Trägerunternehmen bei Betriebsänderungen und die gemeinsame Sozialauswahl haben zur Folge, dass auch die übrigen Arbeitnehmer des Gemeinschaftsbetriebs Mitglied dieser Schicksalsgemeinschaft sein könnten.

669 *Rentschler*, Arbeitnehmerzuordnung und Wahlberechtigung, 119.

670 So auch *Kolbe*, Mitbestimmung und Demokratieprinzip, 259.

ihr Arbeitsverhältnis.[671] Das bloße Tätigwerden im Gemeinschaftsbetrieb reicht nicht aus, um die Zurechnung zu einem fremden Trägerunternehmen zu begründen.

Der Gedanke des Bestehens einer Schicksalsgemeinschaft lässt sich ebenfalls einem Urteil des BVerfG zur Verfassungsmäßigkeit des MitbestG 1976 vom 01.03.1979[672] entnehmen. Nach dem BVerfG habe das MitbestG unter anderem die Aufgabe, „die mit der Unterordnung der Arbeitnehmer unter fremde Leitungs und Organisationsgewalt in größeren Unternehmen verbundene Fremdbestimmung durch institutionelle Beteiligung an den unternehmerischen Entscheidungen zu mildern".[673] Ferner gehe es auch um die „Kooperation und Integration aller im Unternehmen tätigen Kräfte, deren Kapitaleinsatz und Arbeit Voraussetzung der Existenz und der Wirksamkeit des Unternehmens ist"[674]. Auch das BVerfG scheint insofern auf das besondere Zusammenspiel zwischen dem durch die Anteilseigner eingebrachten Kapital und der durch die Arbeitnehmer geleisteten Arbeitskraft abzustellen. Diese Aspekte entscheiden über das Wohl und Wehe des Unternehmens.

Hieraus zieht *Annuß*[675] zutreffend den Schluss, dass nur die Berücksichtigung der hieran unmittelbar partizipierenden, arbeitsvertraglich verbundenen Arbeitnehmer für die Zwecke der Unternehmensmitbestimmung gerechtfertigt ist. Lediglich das aus der arbeitsvertraglichen Bindung fließende Direktionsrecht des Arbeitgebers unterstelle den Arbeitnehmer der Leitungs und Organisationsgewalt eines Unternehmens. Allein der weisungsbefugten Arbeitgeber könne Einfluss auf die Ausgestaltung des

671 Man denke an ein Trägerunternehmen, das sich nicht mehr in dem bisherigen Umfang an dem Gemeinschaftsbetrieb beteiligen will oder die Existenzgefährdung eines Trägerunternehmens aufgrund unternehmerischer Fehlentscheidungen. Das hieraus resultierende spezifische Arbeitsplatzrisiko trifft allein die mit diesem Unternehmen arbeitsvertragliche verbundenen Arbeitnehmer, während sich die übrigen arbeitsvertragsfremden Arbeitnehmer weiterhin an ihren Vertragsarbeitgeber halten könnten, vgl. *Annuß*, in: FS v. Hoyningen-Huene, 17 (26).

672 BVerfG, Urt. v. 01.03.1979 – 1 BvR 532/77, 1 BvR 533/77, 1 BvR 419/78, 1 BvL 21/78, AP MitbestG § 1 Nr. 1 = NJW 1979, 699.

673 BVerfG, Urt. v. 01.03.1979 – 1 BvR 532/77, 1 BvR 533/77, 1 BvR 419/78, 1 BvL 21/78, AP MitbestG § 1 Nr. 1 = NJW 1979, 699 (705).

674 BVerfG, Urt. v. 01.03.1979 – 1 BvR 532/77, 1 BvR 533/77, 1 BvR 419/78, 1 BvL 21/78, AP MitbestG § 1 Nr. 1 = NJW 1979, 699 (705).

675 *Annuß*, in: FS v. Hoyningen-Huene, 17 (26).

Unterstellungsverhältnisses ausüben. Eine rein faktische Nähebeziehung genüge nicht. So komme es auch für die Frage, welche Ansprüche ein Arbeitnehmer bezüglich der konkreten Ausgestaltung seiner Tätigkeit stellen könne, allein auf den Inhalt des Arbeitsvertrags an. Die spezifische Risikobetroffenheit von Arbeitnehmern durch unternehmerische Entscheidungen könne allein auf das Arbeitsvertragsband gestützt werden. Nur mit dem Abschluss eines Arbeitsvertrags wird der Arbeitnehmer sein wirtschaftliches Schicksal in spezifischer Weise mit dem Unternehmerrisiko seines Arbeitgebers verknüpfen. Allein in diesem Fall könne der Arbeitnehmer ein echtes Interesse am Wohlergehen des Unternehmens haben. Eine derartige spezifische Risikobetroffenheit sei im Gegensatz dazu bei reflexartiger Drittbetroffenheit nicht anzunehmen. Eben dies muss zutreffend auch für den Fall des Gemeinschaftsbetriebs gelten.

(3) Erzeugung realitätsfremder Arbeitnehmerzahlen

(a) Künstlich hohe Arbeitnehmerzahlen

Die pauschale Berücksichtigung aller Arbeitnehmer bei jedem Trägerunternehmen würde zu einer „Aufblähung“ führen, die sich nicht mit der bloßen Existenz des Gemeinschaftsbetriebs begründen lässt.[676] Es würde sich eine Arbeitskräftezahl ergeben, die mit der wirklich beanspruchten Zahl und damit der Bedeutung des Unternehmens nicht einmal entfernt im Zusammenhang stünde.[677] Es ist zudem unwahrscheinlich, dass ein Trägerunternehmen *alle* Arbeitnehmer gemeinsam beansprucht.[678] Statt die Größe des *einzelnen Unternehmens* festzustellen, würde vielmehr auf die Größe des *gemeinsamen Betriebs* Bezug genommen.

Dass eine derartige Ausdehnung zu „grotesken“[679] Ergebnissen führt, zeigt sich auch an folgendem Beispiel[680]:

---

676 *Bonanni*, Der gemeinsame Betrieb, 295.

677 Vgl. *Wiedemann*, SAE 1962, 212 (212f): Dies gelte selbst dann, wenn durch die Trennung der gemeinsamen Betriebsteile ein Arbeitsplatz zweimal besetzt werden müsste (beispielsweise die Beschäftigung zweier Pförtner statt nur einem).

678 *Wiedemann*, SAE 1962, 212 (212f).

679 *Hohenstatt/Schramm*, NZA 2010, 846 (846).

680 Beispiel angelehnt an *Wanhöfer*, Gemeinschaftsbetrieb und Unternehmensmitbestimmung, 79 f.

Drei Trägerunternehmen (A-GmbH, B-GmbH und C-GmbH) haben sich zur Führung eines gemeinsamen Betriebs zusammengeschlossen. Dort beschäftigen sie zu gleichen Teilen gemeinsam insgesamt 2.400 Arbeitnehmer. Würde man jeden Arbeitnehmer bei jedem Trägerunternehmen berücksichtigen, würde jedes Trägerunternehmen den Schwellenwert von 2.000 Arbeitnehmern gemäß § 1 Abs. 1 Nr. 2 MitbestG überschreiten. Dies gilt selbst dann, wenn – wie hier – 800 Arbeitnehmer bei der A-GmbH, 800 Arbeitnehmer bei der B-GmbH und 800 Arbeitnehmer bei der C-GmbH angestellt sind. Dies stellt ein deutlich abweichendes Ergebnis zu der Ausgangssituation dar, die sich ergäbe, wenn die Trägerunternehmen jeweils für sich einen eigenen Betrieb führten. In diesem Fall wären sie weit davon entfernt, die Schwelle von 2.000 Arbeitnehmern zu überschreiten.

An diesem Beispiel wird deutlich, wie durch eine arbeitsvertragsunabhängige umfassende Zurechnung von Arbeitnehmern im Gemeinschaftsbetrieb die Überschreitung des für § 1 Abs. 1 Nr. 2 MitbestG maßgeblichen Schwellenwerts künstlich herbeigeführt würde. Die Trägerunternehmen würden eine Größe vortäuschen, die sie objektiv nicht haben. Dies führt zu einer Verfälschung der strukturellen Größenmerkmale, an die § 1 Abs. 1 Nr. 2 MitbestG anknüpft.[681] Ziel des § 1 Abs. 1 Nr. 2 MitbestG ist es, objektive Größenmerkmale zu erfassen.[682] Bei Zurechnung aller Arbeitnehmer bei allen Trägerunternehmen würde dieses Ziel jedoch verfehlt.[683]

(b) Potenziell mehr Arbeitnehmervertreter als Arbeitnehmer

Thüsing/Pötters[684] führen das Beispiel an, dass ein Trägerunternehmen mit gerade einmal sieben Arbeitnehmern einen gemeinsamen Betrieb mit

---

681 Vgl. *Säcker*, Wahlordnungen, Rn. 196 zum Gemeinschaftsunternehmen.

682 So auch *Säcker*, Wahlordnungen, Rn. 196, dieser will jedoch anhand dieser Argumentation die Arbeitnehmerzahl mittels einer Abstufung entsprechend dem Umfang der Beteiligung an einem Gemeinschaftsunternehmen vornehmen, wobei gleiches für den Gemeinschaftsbetrieb gelten soll.

683 A.A. *Dittmann*, Schwellenwerte und Unternehmensmitbestimmung, 111: Entscheidend sei die strukturelle Größe. Diese verändere sich durch den Gemeinschaftsbetrieb ebenso wie bei der Beschäftigung einer entsprechenden Anzahl arbeitsvertraglich verbundener Arbeitnehmer.

684 *Thüsing/Pötters*, in: FS Wank, 599 (608).

weiteren 10.000 arbeitsvertragsfremden Arbeitnehmern eines anderen Trägerunternehmens bildet. Berechnungsgrundlage wären in diesem Fall 10.007 Arbeitnehmer. Dies führt dazu, dass es gemäß § 7 Abs. 1 Nr. 2 MitbestG acht Arbeitnehmervertreter im Aufsichtsrat desjenigen Unternehmens geben müsste, das gerade einmal sieben Arbeitnehmer in den Gemeinschaftsbetrieb einbringt. Dies kann nicht im Sinne des Gesetzgebers sein.[685] Auch dieses Beispiel verdeutlicht, welche nicht hinnehmbaren Folgen sich aus der künstlichen Erzeugung hoher Arbeitnehmerzahlen bei der Schwellenwertberechnung ergeben könnten.

(c) *Zuschnitt auf größere Unternehmen*

Gemäß § 1 Abs. 1 Nr. 2 MitbestG unterliegen Unternehmen der Mitbestimmung, die in der Regel mehr als 2.000 Arbeitnehmer beschäftigen. Die Mitbestimmungskommission empfahl ein Eingreifen der Unternehmensmitbestimmung ab einer Arbeitnehmerzahl von mindestens 1.000, höchstens jedoch 2.000.[686] Maßgebend für diese Erwägungen war unter anderem, dass Unternehmen mit weniger als 1.000 Arbeitnehmern zu klein seien, um die Institutionen einer gesetzlichen und institutionell geregelten Mitbestimmung zu tragen.[687] Unternehmen dieser Größe wiesen in der Regel keine ausreichend differenzierte Organisation auf, an der Mitbestimmungsregelungen der empfohlenen Art ansetzen könnten.[688] Zudem käme es erst mit dem Überschreiten einer bestimmten Betriebsgröße[689] zur Anonymisierung der Arbeitnehmer, der Bürokratisierung

---

[685] Auch *Thüsing/Pötters*, in: FS Wank, 599 (608) sehen dies kritisch: „Das kann nicht richtig sein"; a.A. *Dittmann*, Schwellenwerte und Unternehmensmitbestimmung, 105 f.: In diesen Fällen müsse schon genau geprüft werden, ob überhaupt ein Gemeinschaftsbetrieb vorliege. Im Übrigen müsse man diese Rechtsfolge im Einzelfall hinnehmen.

[686] BT-Drs. VI/334, 97.

[687] BT-Drs. VI/334, 114.

[688] BT-Drs. VI/334, 114 f.

[689] Dass hier auf die „Betriebsgröße" abgestellt wird, dürfte darauf zurückzuführen sein, dass oftmals der Rückschluss von Betriebs auf Unternehmensgröße gelingt, wenn es sich um den „Regelfall" handelt, dass ein Unternehmen einen Betrieb unterhält. Angesichts der nun anerkannten Rechtsfigur des Gemeinschaftsbetriebs ist

der Unternehmensverwaltungen und der damit verbundenen Entstehung von Dienstwegen, die die Sicherung einer Mitbestimmung durch die Arbeitnehmer mittels entsprechender Institutionen besonders notwendig machten.[690] Hieran knüpfen auch die Bundesregierung in ihrem Gesetzesentwurf[691] und das BVerfG in seiner Entscheidung vom 01.03.1979 an.[692]

Die Anpassung der Unternehmensmitbestimmung an die Unternehmensgröße zeigt sich auch an den abweichenden Schwellenwerten des DrittelbG, welches gemäß § 1 Abs. 1 Nr. 1 DrittelbG ein Mitbestimmungsrecht der Arbeitnehmer vorsieht, wenn in der Regel mehr als 500 Arbeitnehmer vorhanden sind. Dass der Schwellenwert des MitbestG höher angesetzt sein müsse, sei nach Ansicht der Kommission lediglich Konsequenz der Tatsache, dass die innere Organisation der Unternehmen mit wachsender Belegschaft funktionell und damit auch institutionell aufgefächert werde und so auch nach einer entsprechend weiterentwickelten Form der Mitbestimmung verlange.[693] Die Intensität der Unternehmensmitbestimmung durch die Arbeitnehmer folge lediglich den verschiedenen Entwicklungsstufen der inneren Organisation von Unternehmen.[694]

Ausgehend von dem Grundgedanken der Mitbestimmungskommission lassen sich auch Erkenntnisse zur Beantwortung der Frage gewinnen, inwiefern vertragsfremde Arbeitnehmer bei den einzelnen Trägerunternehmen bei der Schwellenwertberechnung berücksichtigt werden können. Ausschlaggebend für die Notwendigkeit einer arbeitnehmerseitigen Mitbestimmung sind nach der Kommission vor allem die veränderten Strukturen und Abläufe, sowie die Anonymisierung, die mit einer zunehmenden Unternehmensgröße einhergeht. Durch den bloßen Zusammenschluss eines Unternehmens mit weiteren Trägerunternehmen wird nicht jedem Unternehmen die Stellung

---

ein solcher Rückschluss jedoch nicht mehr ohne Weiteres möglich; auch *Dittmann*, Schwellenwerte und Unternehmensmitbestimmung, 110, will diese Formulierung nicht überinterpretieren.

690 BT-Drs. VI/334, 114 f.

691 Vgl. BT-Drs. 7/2172, 19.

692 Vgl. BVerfG, Urt. v. 01.03.1979 – 1 BvR 532/77, 1 BvR 533/77, 1 BvR 419/78, 1 BvL 21/78, AP MitbestG § 1 Nr. 1 = NJW 1979, 699 (711).

693 BT-Drs. VI/334, 115.

694 BT-Drs. VI/334, 115.

eines allseitigen Arbeitgebers zuteil. Arbeitsverträge werden nur mit dem jeweiligen Arbeitgeber geschlossen und auch nur im jeweiligen Unternehmen verwaltet. Arbeitsvertragliche Ansprüche sind nur gegenüber dem eigenen Vertragsarbeitgeber geltend zu machen.

Die Kommission spricht von der „Entstehung von Dienstwegen"[695]. Der „Dienstweg" entstammt dem Beamtenrecht und muss beispielsweise bei Beschwerden eingehalten werden, § 125 BBG. Der Dienstweg läuft über den jeweils nächsthöheren Vorgesetzen bis zur obersten Dienstbehörde.[696] Der Weg zu dem Vorgesetzen, beziehungsweise zu einer noch höheren Leitungsebene, verlängert sich jedoch nicht allein durch das Bestehen eines Gemeinschaftsbetriebs, da sich dieser nicht unmittelbar auf die Unternehmensstruktur des jeweiligen Arbeitgebers auswirkt. Die „Dienstwege" werden somit nicht derart verlängert, dass dies eine abweichende Beurteilung im Hinblick auf die Unternehmensmitbestimmung rechtfertigen könnte. Es kommt zwar im gemeinsamen Betrieb zu einem Zusammenspiel verschiedener Unternehmen, dieses schlägt jedoch nicht auf die einzelnen Unternehmen im Kern durch.

Zwar mag es im gemeinsamen Betrieb zu einer gewissen Anonymisierung durch die vergrößerte Zahl an Arbeitnehmern kommen, dennoch bleibt es im Unternehmen – gemessen an der Zahl der Arbeitsverträge – bei der gleichen Arbeitnehmerzahl, sodass auf dieses bezogen eine Anonymisierung abzulehnen ist.[697] Dieses würde nach wie vor keine ausreichend differenzierte Organisation aufweisen, an der die jeweiligen Mitbestimmungsregelungen sinnvoll ansetzen könnten. Die Zusammenarbeit innerhalb des Gemeinschaftsbetriebs vermag keine abweichende Beurteilung zu begründen.

---

695 BT-Drs. VI/334, 114 f.

696 BeckOK-BeamtenR Bund/*Burth* BBG § 125 Rn. 6.

697 A.A. *Dittmann*, Schwellenwerte und Unternehmensmitbestimmung, 110, die diese Effekte auch im Gemeinschaftsbetrieb sieht, da sich durch die Eingliederung aller Arbeitnehmer im Betrieb die Anzahl der Arbeitnehmer erhöhe, deren Arbeit koordiniert werden müsse, was zu bürokratischen Strukturen führe. Ferner sei der Arbeitnehmer von einer größeren Anzahl an Arbeitnehmern im Arbeitsalltag umgeben, was zu einer Anonymisierung führe.

(4) Schutz vor Gesetzesumgehung

Teilweise sieht man in der allein arbeitsvertraglichen Zurechnung der Arbeitnehmer die Gefahr der gezielten Umgehung von Unternehmensmitbestimmung.[698] Zur Umgehung der gesetzlichen Vorschriften reiche es aus, eine Vielzahl von Trägerunternehmen zu schaffen, deren Arbeitnehmerzahl jeweils unter den nach dem MitbestG vorausgesetzten Schwellenwerten liegt.[699]

Geht man von der Zurechnung eines Arbeitnehmers allein bei seinem Vertragsarbeitgeber aus, wird regelmäßig schon keine Missbrauchsgefahr zu sehen sein.[700] Das MitbestG lässt dem Arbeitgeber Raum, um seine wirtschaftlichen Aktivitäten durch die Kooperation mit anderen Unternehmen auszuweiten, ohne dass es unmittelbar zu einer Berücksichtigung der dort beschäftigten Arbeitnehmer bei der Schwellenwertberechnung kommt.[701] Dies stellt keine „anstößige Umgehung der Unternehmensmitbestimmung“[702] dar. Der Sache nach handelt es sich bei einer derartigen Gestaltung vielmehr um eine Realisierung einer von der Regelungswirkung des Gesetzes bewusst[703] nicht erfassten Sachverhaltsgestaltung. Die Nicht-Zuordnung vertragsfremder Arbeitnehmer ist Ausfluss der funktionalen Ausrichtung der Schwellenwerte des Unternehmensmitbestimmungsrechts, die im Gegensatz zu den Schwellenwerten des BetrVG in erster Linie dem Schutz potenziell mitbestimmter Unternehmen dient, welchen „die wirtschaftlichen Lasten durch die Arbeitnehmerbeteiligung im Aufsichtsrat erspart“ werden sollen.[704]

---

698 Vgl. LAG Hamburg, Beschl. v. 21.10.2008 – 417 O 171/07, BeckRS 2009, 7094 unter V der Gründe; *Bachner*, AiB 2013, 615 (616 f.); *Bonanni*, Der gemeinsame Betrieb, 289: Dem Missbrauch sei „Tür und Tor geöffnet“; *Thüsing/Forst*, in: FS Kreutz, 867 (867 f.); *Thüsing/Pötters*, in: FS Wank, 599 (606); *Wanhöfer*, Gemeinschaftsbetrieb und Unternehmensmitbestimmung, 81.

699 *Bachner*, AiB 2013, 615 (616 f.).

700 *Kolbe*, Mitbestimmung und Demokratieprinzip, 261.

701 *Kolbe*, Mitbestimmung und Demokratieprinzip, 261.

702 *Kolbe*, Mitbestimmung und Demokratieprinzip, 261.

703 *Annuß*, in: FS v. Hoyningen-Huene, 17 (27) sieht dies auch durch die Existenz des § 5 MitbestG belegt; zust. *Dittmann*, Schwellenwerte und Unternehmensmitbestimmung, 100; zust. auch *Greiwe*, Unternehmensmitbestimmung und Gemeinschaftsbetrieb, 133.

704 *Kolbe*, Mitbestimmung und Demokratieprinzip, 261 m.w.N.

Nur weil sich ein Unternehmen dazu entschließt, sich mit einem weiteren Unternehmen zur Führung eines gemeinsamen Betriebs zusammenzuschließen, kann dieses nicht mit der Aufsichtsratsmitbestimmung „belastet" werden.[705]

Ferner werden vom Recht der Unternehmensmitbestimmung lediglich Kapitalgesellschaften deutscher Rechtsform erfasst.[706] Es steht dem Unternehmen frei, sich – sofern die Voraussetzungen hierfür vorliegen – beispielsweise in Gestalt einer SE[707] zu organisieren, für die der Anwendungsbereich des MitbestG nicht eröffnet ist.[708] Diese Lückenhaftigkeit nimmt der Gesetzgeber bewusst in Kauf.[709]

Der Vorwurf einer möglichen Gesetzesumgehung durch Etablierung eines Gemeinschaftsbetriebs ist nicht haltbar und kann mithin nicht als Argument für die Berücksichtigung der Arbeitnehmer des Gemeinschaftsbetriebs bei jedem Trägerunternehmen herangezogen werden.

ee. Zwischenergebnis

Obgleich sich dem Wortlaut des § 1 Abs. 1 Nr. 2 MitbestG nicht eindeutig entnehmen lässt, inwiefern arbeitsvertragsfremde Arbeitnehmer bei der Berechnung der Schwellenwerte zu berücksichtigen sind, so ist zumindest die umfassende Zurechnung aller Arbeitnehmer bei jedem Trägerunternehmen

---

705 *Kolbe*, Mitbestimmung und Demokratieprinzip, 262 hält eine derartige Belastung für systemwidrig und verfassungsrechtlich „mehr als zweifelhaft".

706 Vgl. ErfK/*Oetker* MitbestG § 1 Rn. 1: AG, KGaA, GmbH und Genossenschaft.

707 Societas Europaea.

708 Dies gilt selbst dann, wenn die SE ohne Regelungen zur Arbeitnehmermitbestimmung gegründet wurde, vgl. ErfK/*Oetker* MitbestG § 1 Rn. 2; so auch *Annuß*, in: FS v. Hoyningen-Huene, 17 (27); *Kolbe*, Mitbestimmung und Demokratieprinzip, 261.

709 Daneben führt *Rentschler*, Arbeitnehmerzuordnung und Wahlberechtigung, 139 f. an, dass sich die Anteilseigner der Trägerunternehmen des Gemeinschaftsbetriebs in einer Vielzahl der Fälle ohnehin nicht decken würden, sodass Manipulationen überwiegend ausgeschlossen werden könnten. Die Bereitschaft zur bewussten Manipulation mitbestimmungsrechtlicher Folgen durch die abweichenden Anteilseigner und Geschäftsleiterkreise dürfte sich in Grenzen halten. Ferner erschwere, neben der Einbindung eines etwaigen Betriebsrats bei personellen Einzelmaßnahmen, der Referenzzeitraum von 1,5 bis 2 Jahren bei der Schwellenwertermittlung Manipulationen, da es einer gewissen Planung bedürfe.

abzulehnen. Hierfür sprechen sowohl systematische Gesichtspunkte als auch der Sinn und Zweck der Norm und des darin festgelegten Schwellenwerts.

Auf den gemeinsamen Betrieb mehrerer Unternehmen können weder § 5 MitbestG noch dessen Wertungen übertragen werden. Es handelt sich um eine auf Konzernsachverhalte zugeschnittene Vorschrift. Der Gemeinschaftsbetrieb stellt eine Organisationseinheit auf Betriebsebene dar und hat somit auf Unternehmensebene weder Voraussetzungen noch Konsequenzen. Ebenso wenig übertragbar sind die Regelungen zur Berücksichtigung von Leiharbeitnehmern bei der Schwellenwertberechnung. Der Gesetzgeber hat mit der Schaffung von § 14 Abs. 2 S. 5 und 6 AÜG kein dogmatisches Konzept verfolgt, welches sich ohne Weiteres auf den Gemeinschaftsbetrieb spiegeln lässt.

Ferner verbieten die unterschiedlichen Zielsetzungen von betrieblicher Mitbestimmung und Unternehmensmitbestimmung eine Übertragung betriebsverfassungsrechtlichen Grundsätze. Es kommt zu keiner Verlagerung der nach dem MitbestG bedeutenden Entscheidungskompetenzen in unternehmensrelevanten Fragen auf den gemeinsamen Leitungsapparat. Die Grundsätze zur betrieblichen Mitbestimmung dürfen nicht sinnwidrig auf die Unternehmensmitbestimmung ausgedehnt werden. Letztere knüpft an bestimmte Größenverhältnisse des Unternehmens an. Von der Größe des Gemeinschaftsbetriebs lässt sich nicht unmittelbar auf die Größe des Unternehmens schließen.

b. Zurechnung anhand anderer Kriterien

Teile der Literatur und auch das BAG sprechen sich für eine anteilige – vom Arbeitsvertrag losgelöste – Zurechnung der Arbeitnehmer des Gemeinschaftsbetriebs bei den beteiligten Trägerunternehmen aus. Andere Stimmen wollen auf das Bestehen von Leitungs und Weisungsrechten abstellen.

aa. BAG vom 01.12.1961

Das BAG hatte am 01.12.1961[710] zuerst und zuletzt darüber zu beschließen, inwiefern Arbeitnehmer verschiedenen Unternehmen zugerechnet werden können. Hierbei handelte es sich nicht um einen Fall des MitbestG, sondern

710 BAG, Beschl. v. 01.12.1961 – 1 ABR 15/60 –, juris.

um die nunmehr in das DrittelbG überführten Vorschriften §§ 76, 77 BetrVG 1952. Aufgrund der Ähnlichkeiten in der Terminologie und der Struktur des DrittelbG mit dem MitbestG scheint es nicht ausgeschlossen, die Schlussfolgerungen des BAG auf das MitbestG zu übertragen.

Laut Sachverhalt existierten zwei selbstständige Versicherungsvereine, die jeweils einen eigenen Aufsichtsrat und eigene Arbeitnehmer vorweisen konnten. Durch diese Versicherungsvereine betrieb die Deutsche Eisenbahnversicherungskasse ihre Versicherungsgeschäfte im Rahmen eines Gemeinschaftsbetriebs, in welchem sämtliche, den Versicherungsvereinen zugehörige Arbeitnehmer tätig waren. Die antragstellende Gewerkschaft begehrte die Feststellung, dass der bei einem der Versicherungsvereine bestehende Aufsichtsrat aufgrund der Überschreitung des Schwellenwerts von 500 Arbeitnehmern gemäß dem vormals geltenden § 77 Abs. 2 BetrVG 1952 einer arbeitnehmerseitigen Mitbestimmung unterliegen müsse.

Nach dem BAG kommt es für die Zurechnung von Arbeitnehmern nicht darauf an, ob diese „ein schriftliches Anstellungsschreiben in den Händen hätten". Entscheidend sei, in welcher Zahl die Arbeitnehmer bei den jeweiligen Trägerunternehmen *beschäftigt* würden. Nach der Anzahl der Vertragsverhältnisse könne die Größe und wirtschaftliche Bedeutung eines Unternehmens nicht bestimmt werden. Vielmehr seien Arbeitsanfall, ständig besetzte Arbeitsplätze und Arbeitspensen ausschlaggebend. Das BAG will diejenigen Arbeitnehmer hinzuzählen, die in das Unternehmen eingegliedert sind und in diesem Arbeiten verrichten. Zur genaueren Bestimmung dieser Zahl nimmt das BAG eine Gruppenbildung über eine Arbeitsaufteilung für ein und denselben Arbeitsplatz vor. Hierdurch soll die gesamte Arbeitszeit sämtlicher Arbeitnehmer erfasst werden, die diese teilweise nacheinander für verschiedene Unternehmen erbringen.

Das BAG bildet zur Ermittlung der Arbeitnehmerzahl drei Beschäftigungsgruppen, die abbilden sollen, zu welchem Anteil der Arbeitszeit der einzelne Arbeitnehmer jeweils für die einzelnen Unternehmen tätig wird. Unterteilt werden diese Gruppen in zu 100 % tätige Arbeitnehmer für einen Träger, zu 50–99 % tätige Arbeitnehmer und zu 1–49 % tätige Arbeitnehmer. Arbeitet ein Arbeitnehmer für beide Vereine, so ist er anteilig dem einen und dem anderen Verein zuzurechnen. Die so gebildeten Prozentsätze werden zu vollen Arbeitsplätzen aufaddiert und so die relevante Arbeitnehmerzahl bei der Berechnung der Schwellenwerte bestimmt.

Das BAG rechnet somit nicht lediglich weitere, im gemeinsamen Betrieb tätige Arbeitnehmer den jeweils arbeitsvertraglich mit einem Unternehmen verbundenen Arbeitnehmern hinzu, sondern zieht gleichsam Arbeitnehmer ab. Aufgrund der arbeitsplatzbezogenen Betrachtung würden Mehrfachzurechnungen ausgeschlossen. Man stelle sich einen Gemeinschaftsbetrieb vor, an dem die Trägerunternehmen A-GmbH und B-GmbH beteiligt sind. Ein dort beschäftigter Arbeitnehmer verrichtet zu 75 % Tätigkeiten bei der A-GmbH und zu 25 % bei der B-GmbH. Um zu einem ständig besetzten Arbeitsplatz zu gelangen, müsste bei der A-GmbH ein weiterer Arbeitnehmer zu 25 % tätig werden und bei der B-GmbH zu 75 %.[711]

Es stellt sich schon aufgrund des mehr als 60 Jahre zurückliegenden Entscheidungszeitpunktes die Frage, ob das BAG seine Rechtsprechung – angesichts der voranschreitenden Entwicklung in Bezug auf Gemeinschaftsbetriebe – heute noch bestätigen würde.[712] Dennoch soll auch diese Entscheidung einer kritischen Bewertung unterzogen werden.

Die Zuordnung von Arbeitnehmern im Gemeinschaftsbetrieb sollte praktikabel sein und rechtssichere Ergebnisse herbeiführen. Unter diesem Gesichtspunkt sei auf einen – ebenfalls älteren – Beschluss des BAG vom 24.11.1981[713] verwiesen. Gegenstand dieses Beschlusses war nicht die Berücksichtigung von Arbeitnehmern im Gemeinschaftsbetrieb, sondern das Wahlverfahren der Vertreter der Arbeitnehmer zum Aufsichtsrat. Gleichwohl lässt sich diesem Beschluss eine wichtige Erkenntnis entnehmen. Es heißt hier, dass das Verfahren der Wahl der Arbeitnehmervertreter zum Aufsichtsrat „klar und eindeutig" sein müsse und sowohl Wahlrecht als auch Wählbarkeit „zuverlässig festgestellt werden können".[714] Zutreffend wird in der Literatur davon ausgegangen, dass insofern nichts anderes auch für die Berechnung

---

711 Beispiel nach *Hohenstatt/Schramm*, NZA 2010, 846 (847).

712 Krit. auch *Greiwe*, Unternehmensmitbestimmung und Gemeinschaftsbetrieb, 114 f.; *Hjort*, NZA 2001, 696 (698 f.); Bork/Schäfer/*Rieble* GmbHG § 52 Rn. 68 geht davon aus, dass die höchstrichterliche Rechtsprechung „Rechtstreue über sozialpolitische Mitbestimmungsfreude stellt" und schätzt das Rechtsrisiko, dass eine umfassende Zurechnung durch diese vorgegeben werden könnte, als gering ein.

713 BAG, Beschl. v. 24.11.1981 – 1 ABR 80/79, AP BetrVG § 76 Nr. 24.

714 BAG, Beschl. v. 24.11.1981 – 1 ABR 80/79, AP BetrVG § 76 Nr. 24 unter III 3 a der Gründe.

der nach dem MitbestG maßgeblichen Arbeitnehmerzahlen gelten kann.[715] Unter den Gesichtspunkten der Praktikabilität und Rechtssicherheit vermag die Entscheidung des BAG vom 01.12.1961 allerdings nicht zu überzeugen.

Das Konzept des BAG wird in der praktischen Umsetzung einen hohen bürokratischen Aufwand mit sich bringen. Der individuelle Arbeitseinsatz der Arbeitnehmer für jedes einzelne Unternehmen lässt sich kaum bestimmen.[716] Der gemeinsame Betrieb wird regelmäßig aufgrund des ermöglichten flexiblen Arbeitnehmereinsatzes als Gestaltungsform gewählt. Mit diesem wird oftmals ein gewisses Maß an Fluktuation innerhalb der Besetzung der einzelnen Arbeitsplätze einhergehen, sodass es – sofern eine Bestimmung des Umfangs der Beschäftigung für das einzelne Unternehmen überhaupt gelingt – möglich ist, dass sich der Beschäftigungsumfang am nächsten Tag, in der nächsten Woche oder im nächsten Monat wieder verschiebt.[717] Die in die Bestimmung des individuellen Arbeitseinsatzes jedes Arbeitnehmers investierte Zeit wäre vergebens. Darüber hinaus wird es für manche Arbeitnehmer – vor allem für solche in Führungspositionen – oftmals schon gar nicht möglich sein, diese eindeutig einem Rechtsträger zuzuordnen.[718] Ferner stellen „Arbeitsanfall“ und „Arbeitspensen“ keinen gesetzlichen Maßstab dar, um die Größe eines Unternehmens zu bestimmen, da verschiedene Unternehmen für den gleichen Arbeitsanfall einen unterschiedlichen Beschäftigtenkreis benötigen.[719] Probleme zeigen sich auch bei Schichtarbeitern. Ist ein Arbeitsplatz zu nur je 50 % ausgefüllt, wäre den Unternehmen nur *ein* Arbeitsplatz zuzurechnen. Wird in mehreren Schichten gearbeitet, müsste man die Zahl der Beschäftigten, die am gleichen

---

715 *Thüsing/Forst*, in: FS Kreutz, 867 (871).

716 Vgl. auch LAG Hamburg, Beschl. v. 21.10.2008 – 417 O 171/07, BeckRS 2009, 7094: Den exakten Umfang der Tätigkeit eines Arbeitnehmers für die einzelnen Trägerunternehmen zu bestimmen wäre in der Praxis mit „unendlichem Aufwand und einer Fülle von Bewertungen verbunden und würde eine geordnete gerichtliche Prüfung und Festlegung in vielen Fällen faktisch verhindern“.

717 Ebenso *Hjort*, NZA 2001, 696 (698): Gerade für sogenannte „Overhead-Funktionen“ ergebe sich das Problem, dass hier oft nicht für einen längeren Zeitraum feststehe, für welche Gesellschaft und in welchem Umfang kontinuierlich Aufgaben wahrgenommen werden. Angesichts der Fluktuation der Arbeitnehmerzahlen sieht er in einer Bewertung vieler einzelner Arbeitsplätze auch ein erhöhtes Anfechtungsrisiko.

718 *Thüsing/Forst*, in: FS Kreutz, 867 (871); *Thüsing/Pötters*, in: FS Wank, 599 (606).

719 *Wiedemann*, SAE 1962, 212 (213).

Arbeitsplatz tätig werden, durch die Zahl der Schichten dividieren.[720] Es wäre jedoch nicht im Sinne der Unternehmensmitbestimmung, wenn ein dauerhaft von mehreren Arbeitnehmern besetzter Arbeitsplatz als nur ein Arbeitnehmer bei der Berechnung der Schwellenwerte berücksichtigt werden kann.[721]

Gegen das Konzept des BAG zur Gruppenbildung spricht auch der Wortlaut des § 1 Abs. 1 Nr. 2 MitbestG. Dieser stellt auf den „Arbeitnehmer" ab und nicht auf den Arbeitsplatz. Die Person des Arbeitnehmers wiederum kann jedoch nur ganz oder gar nicht gezählt werden.[722] Die „Zählung nach Köpfen" entspricht dem Grundgedanken, dass der Arbeitnehmer als Person angesprochen werden soll und nicht nur als Bruchteil der abstrakten Größe eines Arbeitsfaktors.[723] Als solchen Bruchteil würde man den Arbeitnehmer indes ansehen, wenn man diesen anhand eines bestimmten Beschäftigungsumfangs den Trägerunternehmen anteilig zurechnet.

Nach alldem vermag die Lösung des BAG nicht zu überzeugen.

bb. Ansicht Wiedemanns

Bei *Wiedemann*[724] stößt der Beschluss des BAG vom 01.12.1961 grundsätzlich auf Zustimmung, auch wenn er die auf den Einzelfall zugeschnittenen Ausführungen nur vorsichtig auf andere Fälle übertragen möchte. Nach *Wiedemann* kommt es für die Beteiligung der Arbeitnehmer im Aufsichtsrat auf die wirtschaftlich-soziale Bedeutung des Unternehmens an. Unter diesem Gesichtspunkt müsse eine Aufteilung der Arbeitnehmer auf die am Gemeinschaftsbetrieb beteiligten Unternehmen vorgenommen werden. Aufteilen will er die Arbeitnehmer entgegen dem BAG nicht anhand

---

720 *Wiedemann*, SAE 1962, 212 (213) zeigt dieses Problem auf.

721 *Greiwe*, Unternehmensmitbestimmung und Gemeinschaftsbetrieb, 150, führt an, dass auch ein in Teilzeit beschäftigter Arbeitnehmer anerkanntermaßen vollständig im Rahmen der Schwellenwertberechnung zu berücksichtigen sei.

722 Vgl. *Greiwe*, Unternehmensmitbestimmung und Gemeinschaftsbetrieb, 150 m.w.N.; *Windbichler*, Arbeitsrecht im Konzern, 532.

723 So *Windbichler*, Arbeitsrecht im Konzern, 531 f.; auch *Thüsing/Pötters*, in: FS Wank, 599 (606) halten es für bedenklich, Arbeitnehmer zu teilen, indem sie in Arbeitsplätze umgerechnet werden.

724 *Wiedemann*, SAE 1962, 212 (212f).

des Arbeitsanfalls oder der Arbeitspensen, sondern durch Einteilung in Lohngruppen.[725] Die Gruppeneinteilung der Arbeitnehmer erfolgt anhand der durch die Trägerunternehmen aufgewandten Lohnsummen. Die Arbeitnehmer würden zunächst unabhängig von ihrer arbeitsvertraglichen Zuordnung in verschiedene Lohngruppen eingeteilt. Im Anschluss sollen die jeweils einer Lohngruppe zugeordneten Arbeitnehmer anhand des Anteils der Lohnsumme, den jedes einzelne Trägerunternehmen für die jeweilige Lohngruppe aufwendet, den beteiligten Trägerunternehmen zugerechnet werden.

Der Ansatz *Wiedemanns* begegnet Bedenken. Es ist widersprüchlich, sich prinzipiell im Rahmen der Zurechnung vom Arbeitsvertrag lösen zu wollen, jedoch gleichsam auf Lohnsummen abzustellen, die sich aus dem Arbeitsvertrag ergeben.[726] Ferner könnte es durch die Zahlung außergewöhnlich hoher oder niedriger Löhne bei Teilen der Belegschaft zu einer Verzerrung dieses Bildes kommen.[727] Im Übrigen unterliegen die Lohnsummen einem steten Wandel und erweisen sich als ungeeignet, um Rechtssicherheit zu schaffen.[728]

Möglich – wenn auch unwahrscheinlich – erscheinen Absprachen über die Lohnzahlung unabhängig von dem Bestehen eines Arbeitsvertrags, die auf die tatsächliche Arbeitsleistung für die beteiligten Unternehmen abstellen.[729] Diese Absprachen zwischen den Trägerunternehmen müssten nicht offengelegt werden und könnten somit eine Umgehung der gesetzlichen Normen zur Unternehmensmitbestimmung nicht verhindern.[730]

Das Abstellen auf Lohnsummen – wie es *Wiedemann* vorschlägt – erweist sich als ungeeignetes Kriterium für die Arbeitnehmerzuordnung im Gemeinschaftsbetrieb.

---

725 Er lehnt den Arbeitsanfall oder die Arbeitspensen als Maßstab ab, da verschiedene Unternehmen für den gleichen Arbeitsanfall einen unterschiedlichen Beschäftigtenkreis benötigen würden. Auch eine Anknüpfung an den Arbeitsplatz erscheint ihm ungeeignet.

726 *Bonanni*, Der gemeinsame Betrieb, 290.

727 *Thüsing/Forst*, in: FS Kreutz, 867 (871).

728 *Thüsing/Pötters*, in: FS Wank, 599 (606).

729 *Bonanni*, Der gemeinsame Betrieb, 290.

730 *Bonanni*, Der gemeinsame Betrieb, 290.

cc. Ansicht Säckers

Säcker[731] möchte bei der Arbeitnehmerzuordnung in einem Gemeinschaftsbetrieb ähnlich wie bei der Zurechnung in Gemeinschaftsunternehmen[732] vorgehen. Seiner Ansicht nach verbietet es sich, ein und denselben Arbeitnehmer mehrfach bei der Berechnung der Mindestbeschäftigungszahlen zu erfassen. Dies könne eine Beschäftigtenzahl des Unternehmens vorgeben, die der Realität nicht entspräche. Er will eine Abstufung entsprechend dem Umfang der Beteiligung an einem paritätisch organisierten Gemeinschaftsbetrieb vornehmen. Beispielhaft nennt er die Beteiligung zweier Unternehmen am Gemeinschaftsbetrieb. Diesen sollen jeweils 50 % der Arbeitsplätze des gemeinsamen Betriebs zugerechnet werden.[733]

Das Konzept *Säckers* begegnet praktischen Bedenken. Es bleibt unklar, wie die Beteiligung der verschiedenen Unternehmen an dem Gemeinschaftsbetrieb zahlenmäßig festgestellt werden soll.[734]

Gegen eine Zuordnung anhand der Beteiligungsverhältnisse spricht im Übrigen, dass sich anhand dieser keine Aussage über die Größe der Belegschaft treffen lässt.[735] Die Beteiligungsverhältnisse bilden nicht die Arbeitnehmerseite, sondern lediglich die Einflussmöglichkeiten auf Arbeitgeberseite ab.[736]

Ein Vergleich mit dem Gemeinschaftsunternehmen ist nicht zielführend. Im Gemeinschaftsunternehmen lässt sich die Beteiligung im Gegensatz zum gemeinsamen Betrieb in der Regel unkompliziert anhand der Kapitalbeteiligung der einzelnen Unternehmen feststellen, während diese Möglichkeit bei einem Gemeinschaftsbetrieb mangels

---

731 *Säcker*, Wahlordnungen Rn. 215; ders. ZfA 2008, 51 (61 f.).

732 Vgl. hierzu *Säcker*, Wahlordnungen, Rn. 195 ff.

733 *Säcker*, ZfA 2008, 51 (61 f.).

734 *Bonanni*, Der gemeinsame Betrieb, 290; auch *Zöllner*, in: FS Semler, 995 (1012) hält den Maßstab *Säckers* zur Aufteilung der Arbeitnehmer für schwer nachvollziehbar; auch *Greiwe*, Unternehmensmitbestimmung und Gemeinschaftsbetrieb, 173; *Herrmann*, Der gemeinsame Betrieb, 167.

735 *Thüsing/Forst*, in: FS Kreutz, 867 (871); *Thüsing/Pötters*, in: FS Wank, 599 (606).

736 *Thüsing/Forst*, in: FS Kreutz, 867 (871 f.); *Thüsing/Pötters*, in: FS Wank, 599 (606).

Eigenständigkeit des Rechtsträgers ausscheidet.[737] Versucht man dennoch, bestimmte Beteiligungsverhältnisse festzustellen, ergeben sich hieraus erhebliche Bewertungsprobleme, die in der Folge logistische und finanzielle Belastungen für die Betriebsträger mit sich bringen.[738] Auch im Bericht der Mitbestimmungskommission[739] und der Entwurfsbegründung der Bundesregierung[740] geht man davon aus, dass in Maßstäben wie Umsatz oder Bilanzsumme keine geeigneten Kriterien für die Abgrenzung des Anwendungsbereichs von unternehmerischer Mitbestimmung zu sehen sind. Diese Aspekte seien „in der Mitbestimmungsdiskussion der letzten Zeit deutlich in den Hintergrund getreten"[741].

Säcker stellt die gleichmäßige Zuordnung von jeweils 50 % der Arbeitsplätze voran. Dies deutet darauf hin, dass *Säcker* schon im Grundsatz von einer „Gleichberechtigung" im Gemeinschaftsbetrieb ausgeht. Jedoch ist es realitätsfern, stets von einer derart gleichmäßigen Beteiligung der Trägerunternehmen auszugehen. Geht man trotz objektiv ungleichmäßiger Beteiligung gleichwohl davon aus, dass jedem Unternehmen ein gleicher Anteil zukommt (bei zwei Unternehmen wären dies pauschal 50 %, bei vier Unternehmen beispielsweise 25 %), würde dies den einzelnen Trägerunternehmen nicht gerecht, da ihnen entweder künstlich Arbeitnehmer bei der Schwellenwertberechnung abgezogen oder hinzugerechnet würden. Dies liefe der von *Säcker* im Grundsatz intendierten Berechnung anhand des konkreten Beteiligungsumfangs zuwider.[742] Im Ergebnis vermag auch das Konzept *Säckers* nicht zu überzeugen.

---

737 *Bonanni*, Der gemeinsame Betrieb, 290; *Thüsing/Forst*, in: FS Kreutz, 867 (872) halten die Berücksichtigung des Kapitalanteils schon vom Grundsatz her für ungeeignet, da nicht die Arbeitnehmer als Legitimationsquelle der Mitbestimmung herangezogen würde, sondern der Kapitalanteil. Dieser wiederum unterliege seinerseits Änderungen durch die Arbeitgeberseite; auch *Windbichler*, Arbeitsrecht im Konzern, 532, lehnt schon bei *Gemeinschaftsunternehmen* die Stimmgewichtung anhand der Kapitalbeteiligungen ab, da dies zu einem „quotenkonsolidierten Arbeitnehmer" führen würde.

738 *Thüsing/Forst*, in: FS Kreutz, 867 (872); ebenso *Bonanni*, Der gemeinsame Betrieb, 290.

739 BT-Drs. VI/334, 97.

740 BT-Drs. 7/2172.

741 BT-Drs. 7/2172, 19.

742 Krit. auch *Greiwe*, Unternehmensmitbestimmung und Gemeinschaftsbetrieb, 172 f., der darüber hinaus auch die Anzahl der durch die Unternehmen in den

dd. Prozentual gleiche Zurechnung zu allen Trägerunternehmen

Das Konzept einer prozentual gleichen Zurechnung zu allen Trägerunternehmen hat auch *Greiwe*[743] aufgegriffen, jedoch im Ergebnis zu Recht abgelehnt. Denkbar sei die Addition aller im gemeinsamen Betrieb tätigen Arbeitnehmer, diese durch die Anzahl der Trägerunternehmen zu dividieren und die sich hieraus ergebende Arbeitnehmerzahl jedem einzelnen Trägerunternehmen zuzurechnen. Dieses Konzept überzeugt nicht, obgleich es für den Rechtsanwender eindeutig und mit verhältnismäßig geringem Aufwand umsetzbar wäre.[744] Wie schon bei dem Konzept *Säckers* ist der Annahme einer pauschal gleichmäßigen Beteiligung entgegenzuhalten, dass den Trägerunternehmen bei der Schwellenwertberechnung entweder Arbeitnehmer hinzugerechnet oder solche Arbeitnehmer abgezogen würden, die mit dem Trägerunternehmen tatsächlich einen Arbeitsvertrag abgeschlossen haben.[745] Auch fehlt es an einem gesetzlichen Anknüpfungspunkt, der eine gesetzesimmanente Rechtsfortbildung ermöglichen würde.[746] Ebenfalls abgelehnt werden muss eine gesetzesübersteigende Rechtsfortbildung zur Begründung eines solchen Konzepts.[747] Es ist kein Rechtsprinzip in Form eines fundamentalen Leitgedankens erkennbar, dem nur die prozentual gleiche Verteilung der Arbeitnehmer im Gemeinschaftsbetrieb unabhängig von einer arbeitsvertraglichen Bindung entsprechen würde.[748]

Die prozentual gleiche Zurechnung von Arbeitnehmern zu allen Trägerunternehmen ist ausgeschlossen.

Gemeinschaftsbetrieb entsendeten Arbeitnehmer, sowie die Anzahl der eingebrachten Betriebsmittel zur Bestimmung der Überschreitung bestimmter Schwellenwerte im Ergebnis ablehnt; abl. auch *Herrmann*, Der gemeinsame Betrieb, 166.

743 *Greiwe*, Unternehmensmitbestimmung und Gemeinschaftsbetrieb, 175 ff.

744 *Greiwe*, Unternehmensmitbestimmung und Gemeinschaftsbetrieb, 176.

745 Siehe hierzu unter Kapitel 4 B.III1.b.cc.

746 *Greiwe*, Unternehmensmitbestimmung und Gemeinschaftsbetrieb, 176 f.; zur gesetzesimmanenten Rechtsfortbildung: Larenz, Methodenlehre, 191 ff.

747 *Greiwe*, Unternehmensmitbestimmung und Gemeinschaftsbetrieb, 177.

748 *Greiwe*, Unternehmensmitbestimmung und Gemeinschaftsbetrieb, 177.

ee. Leitungs- und Weisungsrecht als Anknüpfungspunkt

(1) Gemeinsames Leitungsrecht als Anknüpfungspunkt

(a) Ansicht Zöllners

Zöllner[749] will im gemeinsamen Betrieb Beschäftigte einem der Trägerunternehmen insoweit zurechnen, wie die Arbeitnehmer dort Arbeitsleistungen *unter dessen Leitung* erbringen. Die bloße Einordnung in einen gemeinsamen Ordnungsrahmen mache den Arbeitnehmer nicht unmittelbar zu einem Beschäftigten des Unternehmens. Haben alle Trägerunternehmen ein alle Arbeitnehmer umfassendes Leitungsrecht im Betrieb, will *Zöllner* Arbeitnehmer unabhängig von ihren vertraglichen Verbindungen allen Trägerunternehmen zurechnen.

Nicht ersichtlich wird bei *Zöllner*, was genau mit dem „umfassende[n] Leitungsrecht im Betrieb" gemeint sein soll.[750] Für den Gemeinschaftsbetrieb ist es kennzeichnend, dass die beteiligten Trägerunternehmen einen einheitlichen Leitungsapparat – zumindest in sozialen und personellen Angelegenheiten – bilden. Diese einheitliche Leitung erstreckt sich zudem typischerweise nur auf die Betriebsebene. Dies kann kein hervorgehobenes Kriterium für eine allumfassende arbeitsvertragsunabhängige Zurechnung darstellen.[751] Man könnte unter dem Erfordernis einer gemeinsamen Leitung auch ein jedem Unternehmen zustehendes Weisungsrecht gegenüber allen Arbeitnehmern verstehen. Dies wiederum würde dazu führen, dass für jeden Arbeitnehmer gesondert festzustellen wäre, ob er den Weisungen nur eines (und wenn ja, welches Unternehmens) oder mehrerer Trägerunternehmen unterliegt. Ausgehend von diesem Verständnis fehlt es wiederum an einer Messgröße. Es bleibt ungeklärt, ob schon das zeitweise Bestehen eines Weisungsrechts genügt oder ob es einem gewissen Ausmaß oder einer gewissen Dauer in der Ausübung des Weisungsrechts bedarf.[752]

---

749 *Zöllner*, in: FS Semler, 995 (1012).

750 *Thüsing/Pötters*, in: FS Wank, 599 (605) schließen hieraus, dass es sich bei dem Unternehmen, unter dessen Leitung ein Arbeitnehmer seine Arbeitsleistung erbringt, um den Arbeitgeber handeln soll.

751 Krit. auch *Greiwe*, Unternehmensmitbestimmung und Gemeinschaftsbetrieb, 135.

752 Auch *Thüsing/Pötters*, in: FS Wank, 599 (607) sehen hierin praktische Probleme begründet, wenn das Weisungsrecht von beiden Unternehmen gleichzeitig ausgeübt wird oder über eine gewisse Zeit im Wechsel.

Es fehlt an klaren Leitlinien für eine praktische Umsetzung des Konzepts.

(b) Rechtlich abgesicherte gemeinsame Leitung

Auch andere Stimmen in der rechtlichen Literatur und Teile der instanzgerichtlichen Rechtsprechung wollen Arbeitnehmer einem Unternehmen zurechnen, wenn eine einheitliche Leitung gegenüber den Arbeitnehmern besteht.[753] Diese soll sich jedoch nur dann als Anknüpfungspunkt eignen, wenn die Leitung über den Gemeinschaftsbetrieb mit den anderen Unternehmen rechtlich abgesichert sei und tatsächlich und nachhaltig gemeinsam ausgeübt werde.[754]

Diese Ansicht führt zu Ungereimtheiten. Nach dieser Ansicht soll die Mehrfachzurechnung enden, wenn „nur noch einem Trägerunternehmen die Leitungsmacht hinsichtlich des Gemeinschaftsbetriebs zukommt"[755]. Kommt allerdings nur einem der Trägerunternehmen die Leitungsmacht zu, liegen die Voraussetzungen des Gemeinschaftsbetriebs gar nicht erst vor, da es einer einheitlichen Leitung in personellen und sozialen Angelegenheiten bedarf. Ein Gemeinschaftsbetrieb kann schon begrifflich nicht von einem einzelnen Unternehmen geleitet werden.

Dass dieses Abgrenzungskriterium nicht zielführend ist, zeigt sich auch daran, dass die Mehrfachzurechnung enden soll, „wenn der Gemeinschaftsbetrieb aufgespalten wird und die Betriebsteile künftig als eigene Betriebe geführt werden"[756]. Die Auflösung eines gemeinsamen Betriebs wird mit der Verlagerung der Leitungsmacht auf ein einzelnes Unternehmen gleichgesetzt. Diese Wertung hat zur Folge, dass es – zugespitzt – entweder zu einer umfassenden Zurechnung aufgrund einer notwendig bestehenden Leitung im Gemeinschaftsbetrieb oder zu einer Auflösung desselbigen kommt. Im Übrigen lässt das MitbestG eine Zurechnung

---

[753] So *Hanau*, ZfA 1990, 115 (127); HWK/*Seibt* MitbestG § 1 Rn. 11; WHSS/*Seibt*, F. Rn. 18; ErfK/*Oetker* MitbestG § 1 Rn. 6; wohl auch *Zöllner*, in: FS Semler, 995 (1012 f.); für die Unerheblichkeit der gemeinsamen Leitung und des Unterliegens bestimmter Weisungen eines fremden Unternehmens spricht sich das LAG Hamburg aus, vgl. Beschl. v. 21.10.2008 – 417 O 171/07, BeckRS 2009, 7094.

[754] HWK/*Seibt* MitbestG § 1 Rn. 11; WHSS/*Seibt*, F. Rn. 18.

[755] WHSS/*Seibt*, F. Rn. 18.

[756] WHSS/*Seibt*, F. Rn. 18.

unternehmensfremder Arbeitnehmer von vornherein nur zu, wenn die von einem Unternehmen ausgeübte Leitungsmacht *gesellschaftsrechtlich* vermittelt ist.[757] Eine *betrieblich-organisatorisch* bestehende Leitungsstruktur – wie sie für die betriebsverfassungsrechtliche Kategorie des Gemeinschaftsbetriebs maßgeblich ist – reicht demnach nicht aus.[758]

Das Bestehen einer rechtlich abgesicherten gemeinsamen Leitung eignet sich nicht als Zuordnungskriterium.

(2) Weisungsrecht als Anknüpfungspunkt

Andere Stimmen in der Literatur halten die auf der gemeinsamen Führungsstruktur beruhende tatsächliche und gemeinschaftliche Ausübung des Weisungsrechts durch alle Trägerunternehmen für maßgeblich. Unterliege der Arbeitnehmer dem Weisungsrecht nur eines Unternehmens, könne er auch nur diesem zugerechnet werden.[759] Das Abstellen auf die Ausübung des Weisungsrechts begegnet ähnlichen Bedenken wie ein Abstellen auf die gemeinsame Leitung. Die gemeinschaftliche Ausübung ist Kennzeichnungsmerkmal für den gemeinsamen Betrieb mehrerer Unternehmen.[760] Unklar bleibt, wie Fälle behandelt werden sollen, in denen das Weisungsrecht zunächst durch einen Arbeitgeber ausgeübt wird, nach einer gewissen Zeit jedoch Weisungen durch einen anderen Arbeitgeber erteilt werden.

Ferner eröffnet ein Festhalten am Weisungsrecht Manipulationsmöglichkeiten. In der Literatur wird teilweise vorgeschlagen, in einer Führungsvereinbarung explizit klarzustellen, welches der am Gemeinschaftsbetrieb beteiligten Unternehmen das Weisungsrecht welchen einzelnen Arbeitnehmern gegenüber ausübt.[761] Je nach Ausgestaltung der Vereinbarung, kann hierdurch ein Über oder Unterschreiten bestimmter

---

[757] *Hohenstatt/Schramm*, NZA 2010, 846 (848).

[758] *Hohenstatt/Schramm*, NZA 2010, 846 (848).

[759] *Hanau*, ZfA 1990, 115 (127); HH/*Henssler* MitbestG § 3 Rn. 121; *Lambrich/Reinhard*, NJW 2014, 2229 (2231 f.).

[760] Dies erkennen selbst die Stimmen an, die an das Weisungsrecht anknüpfend eine Zurechnung vornehmen wollen, da auch nach ihnen in Ermangelung einer gemeinschaftlichen Ausübung des Weisungsrechts „häufig schon kein gemeinsamer Betrieb vorliegen" soll, vgl. HH/*Henssler* MitbestG § 3 Rn. 121.

[761] So *Hohenstatt/Schramm*, NZA 2010, 846 (850); *Lüers/Schomaker*, BB 2013, 565 (569).

Schwellenwerte erzeugt werden, um Unternehmensmitbestimmung zu vermeiden, obwohl ein Unternehmen objektiv – beispielsweise gemessen an der Zahl der Arbeitsverträge – der Unternehmensmitbestimmung unterliegen müsste.

Das Anknüpfen an die Ausübung des Weisungsrechts stellt ein untaugliches Kriterium dar.

c. Erweiterung arbeitsvertraglicher Zuordnung unter weiteren Gesichtspunkten

aa. Zweit-Zurechnung bei Tätigwerden für arbeitsvertragsfremdes Trägerunternehmen

Ein eigenes Konzept verfolgt das LAG Hamburg in seiner Entscheidung vom 21.10.2008[762]. Dieser lag folgender Sachverhalt zugrunde:

Die Hamburg-Mannheimer SachversicherungsAG (HMSach) führte gemeinsam mit der Hamburg-Mannheimer VersicherungsAG (HMLeben) einen Gemeinschaftsbetrieb, in welchem etwa 3.200 Arbeitnehmer beschäftigt wurden. Beide Unternehmen gehörten zur Ergo-VersicherungsgruppeAG. In dem Gemeinschaftsbetrieb stehen 85 Arbeitnehmer in einem Arbeitsverhältnis zu der HMSach, während die restlichen Arbeitnehmer bei der HMLeben angestellt waren. Nahezu alle Arbeitnehmer der HMLeben waren – zumindest teilweise – auch für die HMSach tätig.[763] Sowohl bei der Konzernobergesellschaft als auch bei der HMLeben war ein Aufsichtsrat gemäß dem MitbestG errichtet worden, während bei der HMSach ein drittelparitätisch mitbestimmter Aufsichtsrat vorhanden war.

Der für den Gemeinschaftsbetrieb zuständige Betriebsrat verlangte, auch bei der HMSach einen Aufsichtsrat nach den Vorschriften des MitbestG zu errichten. Das LAG Hamburg hat dem Antrag des Betriebsrats stattgegeben

---

762 LAG Hamburg, Beschl. v. 21.10.2008 – 417 O 171/07, BeckRS 2009, 7094; das LAG Hamburg spricht hier fälschlicherweise vom „Gemeinschaftsunternehmen“, stellt jedoch später klar, dass es sich um einen Schreibfehler gehandelt habe und stattdessen der „Gemeinschaftsbetrieb“ gemeint worden sei.

763 Das Tätigwerden für ein fremdes Unternehmen ist nach dem LAG Hamburg Voraussetzung für eine Zweit-Zurechnung bei dem jeweiligen Trägerunternehmen. Dies wird jedoch in den meisten Fällen aufgrund der Besonderheit der Zusammenarbeit im Gemeinschaftsbetrieb gegeben sein, sodass sich an diesem Beispiel die Ausmaße einer umfassenden Zurechnung veranschaulichen lassen.

und will diejenigen Arbeitnehmer bei der Berechnung der Schwellenwerte berücksichtigen, die Aufgaben der HMSach miterledigen. Dies führte zu einer deutlichen Überschreitung des maßgeblichen Schwellenwerts von 2.000 Arbeitnehmern bei der HMSach.

Nach dem LAG Hamburg komme es unabhängig von dem Kriterium einer rechtlich verbundenen Leitung der Unternehmen und unabhängig davon, ob ein Arbeitnehmer rechtlich den Weisungen eines fremden Unternehmens unterliegt, auf die tatsächlichen Verhältnisse im Gemeinschaftsbetrieb an. Einem Trägerunternehmen sollen – neben den Arbeitnehmern, die mit diesem arbeitsvertraglich verbunden sind – jegliche Arbeitnehmer im Gemeinschaftsbetrieb zugeordnet werden, die in einer Weise Aufgaben für das Unternehmen übernehmen. Nicht ausreichend für die Berücksichtigung von Arbeitnehmern bei der Schwellenwertberechnung sei die bloße rechtliche oder tatsächliche *Möglichkeit* der Unternehmen, einem vertragsfremden Arbeitnehmer Aufgaben zu übertragen. Unberücksichtigt bleiben somit Arbeitnehmer, die lediglich Aufgaben für ihren Vertragsarbeitgeber erledigen.

Das LAG Hamburg stützt seine rechtliche Bewertung darauf, dass sowohl das MitbestG als auch das DrittelbG „absichtsvoll in keiner Frage auf den Umfang der Tätigkeit der Mitarbeiter" abstellen. Die Ermittlung des tatsächlichen Tätigkeitsumfangs sei in der Praxis mit unendlichem Aufwand und einer Fülle von Bewertungen verbunden, die eine geordnete gerichtliche Prüfung und Festlegung in vielen Fällen faktisch verhindern würde. Daher solle es nur auf die „Kopfzahl" ankommen.

Diese Entscheidung führt zu dem Ergebnis, dass bei einem in diesem Fall bloß 85 Arbeitnehmer beschäftigenden Unternehmen ein paritätischer Aufsichtsrat errichtet werden muss.[764] Gegen die Entscheidung des LAG Hamburg spricht im Übrigen, dass sich nur schwerlich ein verlässliches Bild der Aufgabenerledigung bei einem oder mehreren Trägerunternehmen erzeugen lassen wird. In einem Gemeinschaftsbetrieb bietet es sich an, einen Arbeitnehmer mit Tätigkeiten vertraut zu machen, die unter Umständen verschiedenen Unternehmen zugutekommen.[765]

---

764 Zutreffend kritisch und ausführlich zum Beschluss des LAG Hamburg äußert sich *Greiwe*, Unternehmensmitbestimmung und Gemeinschaftsbetrieb, 151 ff.

765 So auch *Greiwe*, Unternehmensmitbestimmung und Gemeinschaftsbetrieb, 154 f., der durch eine solche Betrachtung erzeugte Zurechnungen für willkürlich hält.

bb. Betroffenheit als Zurechnungskriterium

(1) Ansicht *Wanhöfers*

Wanhöfer[766] geht im Grundsatz von einer Zurechnung anhand des Arbeitsvertrags aus. Darüber hinaus sieht er die Möglichkeit eröffnet, diese Zahl unter den Gesichtspunkten der Verantwortlichkeit und des strukturellen Größenbeitrags zu erweitern. Um der Bedeutung der vertraglichen Bindung gerecht zu werden, sei jedoch bei jedem einzelnen Trägerunternehmen von den Arbeitnehmern, welche auf unternehmerischer Ebene als entscheidungsbetroffen anzusehen sind, als nicht zu unterschreitende Basiszahl auszugehen.[767] Dies sind die Vertragsarbeitnehmer. Während die Erst-Zuordnung über den Arbeitsvertrag erfolgt, sei eine zweite Zählung als Ausnahmefall zu betrachten und nur bei einer vollständigen Tätigkeitsverschiebung zu einem vom Vertragsarbeitgeber verschiedenen Unternehmen zu rechtfertigen.[768]

Zentraler Ausgangspunkt sei die *Betroffenheit* durch unternehmerische Entscheidungen. Diese Betroffenheit erstreckt sich nicht automatisch auf die gesamte Belegschaft. Aus diesem Grund will *Wanhöfer* eine Gruppenbildung vornehmen.

Im Folgenden soll beispielhaft von zwei Trägerunternehmen (A-GmbH und B-GmbH) des Gemeinschaftsbetriebs ausgegangen werden. *Wanhöfer* unterscheidet zwischen drei Gruppen von Arbeitnehmern. Angewendet auf die vorgenannte Konstellation seien dies zum einen solche, die ausschließlich für die A-GmbH tätig sind. Zum anderen seien gemischttätige Arbeitnehmer denkbar, die Aufgaben für die A-GmbH und die B-GmbH wahrnehmen. Eine letzte Gruppe bilden diejenigen Arbeitnehmer, die zwar im Gemeinschaftsbetrieb tätig sind, aber lediglich Leistungen für die B-GmbH erbringen. Die Zuordnung zu der bestimmten Gruppe dürfe nicht befristet sein.[769]

Die intensivste Beziehung der A-GmbH bestehe zu Arbeitnehmern der ersten Gruppe, für die eine Verantwortlichkeit im Sinne der Unternehmensbestimmung angenommen werden müsse.[770]

---

766 *Wanhöfer*, Gemeinschaftsbetrieb und Unternehmensmitbestimmung, 78 ff.

767 *Wanhöfer*, Gemeinschaftsbetrieb und Unternehmensmitbestimmung, 82, 97.

768 *Wanhöfer*, Gemeinschaftsbetrieb und Unternehmensmitbestimmung, 96.

769 *Wanhöfer*, Gemeinschaftsbetrieb und Unternehmensmitbestimmung, 83 ff.

770 *Wanhöfer*, Gemeinschaftsbetrieb und Unternehmensmitbestimmung, 87 f.

Bei gemischttätigen Arbeitnehmern will *Wanhöfer* keinen vergleichbar intensiven Einfluss eines arbeitsvertragsfremden Unternehmens feststellen, sodass diese unter dem Gesichtspunkt der Verantwortlichkeit ausschließlich bei ihrem Vertragsarbeitgeber zu zählen seien.[771] Nach diesem Konzept wären Arbeitnehmer, die ausschließlich für die B-GmbH tätig werden ebenso wenig bei der A-GmbH zu berücksichtigen.

Die unter Anknüpfung an die Verantwortlichkeit errechnete Arbeitnehmerzahl will *Wanhöfer* um solche Beschäftigte ergänzen, die dem zählenden Unternehmen strukturell eindeutig zuordenbar, jedoch in der Basiszahl noch nicht enthalten seien. Dadurch würden solche Stellen erfasst, die ausschließlich einem einzelnen Trägerunternehmen zugutekommen und nicht bereits mit Arbeitnehmern besetzt seien, für die das Unternehmen ohnehin verantwortlich wäre. Dies gelte hingegen nur, wenn das „strukturelle Plus" eines zur Verfügung stehenden Fremdarbeitnehmers nicht durch das „strukturelle Minus" eines nicht zur Verfügung stehenden, aber bereits gezählten Vertragsarbeitnehmers wieder kompensiert würde.[772]

Wanhöfer geht von einem ausschließlichen und damit von einem für eine Zweit-Zurechnung relevanten Tätigwerden für ein Unternehmen ab einer 85 bis 90prozentigen Tätigkeit für ein arbeitsvertragsfremdes Unternehmen aus.[773] Bei der Zuordnung unter dem Gesichtspunkt der Verantwortlichkeit müsse die Bewertung des Tätigkeitsumfangs am individualisierten Arbeitnehmer anknüpfen,[774] bei der Beurteilung unter strukturellen Gesichtspunkten sei die Zuordnung der mit einem Arbeitnehmer besetzten Stelle entscheidend.[775] Während bei der Zählung unter Verantwortlichkeitsgesichtspunkten als Zeitmoment hinzukommt, dass die Beschäftigung auf Dauer vorgesehen sein muss, komme es bei einer

---

771 *Wanhöfer*, Gemeinschaftsbetrieb und Unternehmensmitbestimmung, 88 f.

772 *Wanhöfer*, Gemeinschaftsbetrieb und Unternehmensmitbestimmung, 97, nennt das Beispiel, dass ein Posten nur alle paar Monate durch einen anderen vertragsfremden Arbeitnehmer besetzt werde und es deshalb zu keiner Verantwortlichkeitsbeziehung mit dem jeweiligen Arbeitnehmer käme.

773 *Wanhöfer*, Gemeinschaftsbetrieb und Unternehmensmitbestimmung, 99.

774 Festgestellt werden müsse, ob genau die konkrete Person im beschriebenen Umfang für ein einzelnes vertragsfremdes Unternehmen eingesetzt wird, vgl. *Wanhöfer*, Gemeinschaftsbetrieb und Unternehmensmitbestimmung, 99.

775 *Wanhöfer*, Gemeinschaftsbetrieb und Unternehmensmitbestimmung, 99.

Untersuchung unter strukturellen Gesichtspunkten auf das Vorhandensein der Stelle innerhalb des Rahmens der Referenzperiode an.[776]

(2) Ansicht *Bonannis*

Auch *Bonanni*[777] will von der Existenz eines gemeinsamen Betriebs nicht auf die Zuordnung aller im Gemeinschaftsbetrieb tätigen Arbeitnehmer bei jedem der beteiligten Trägerunternehmen schließen. Sie geht – wie *Wanhöfer* – davon aus, dass ein Arbeitnehmer jedenfalls im Unternehmen seines Vertragsarbeitgebers bei der Ermittlung der Beschäftigtenzahl berücksichtigt werden muss. Sie hält eine Zurechnung bei einem anderen Unternehmen ausnahmsweise für denkbar, wenn der Arbeitnehmer dauerhaft und ausschließlich für das vertragsfremde Unternehmen tätig wird. Das den Arbeitnehmer tatsächlich beschäftigende Unternehmen habe herausragenden Einfluss auf dessen Arbeitsverhältnis. Obgleich dieser Einfluss im gemeinsamen Betrieb im Vergleich zu einer Beschäftigung bei einem vertragsfremden Unternehmen mit *eigener* Betriebsorganisation etwas abgeschwächt sei, gebe die äußere Organisation nur den Rahmen vor. Die Gestaltung des Arbeitsverhältnisses werde hingegen wesentlich durch den Charakter der Tätigkeit bestimmt, der durch das Weisungsrecht des Beschäftigungsunternehmens vorgegeben werde. Das Arbeitsverhältnis werde primär durch Entscheidungen desjenigen Unternehmens betroffen, für das der Arbeitnehmer ausschließlich tätig wird. In diesem Fall will *Bonanni* auf die „Verantwortlichkeit des Beschäftigungsunternehmens im Sinne der Unternehmensbestimmung" schließen. Diese ergebe sich aus der umfassenden Betroffenheit des Arbeitnehmers durch unternehmerische Entscheidungen.[778]

(3) Ansicht *Rentschlers*

Nach *Rentschler*[779] ist ebenfalls „nicht von der Hand zu weisen", dass bei einer nahezu vollständigen Tätigkeitsverschiebung von längerer Dauer für ein

---

776 *Wanhöfer*, Gemeinschaftsbetrieb und Unternehmensmitbestimmung, 99.
777 *Bonanni*, Der gemeinsame Betrieb, 295.
778 *Bonanni*, Der gemeinsame Betrieb, 295.
779 *Rentschler*, Arbeitnehmerzuordnung und Wahlberechtigung, 155 ff.

fremdes Trägerunternehmen dieses in eine „Quasi-Arbeitgeberstellung" einrückt. In der Konsequenz entstehe eine soziale Verantwortung gegenüber dem Arbeitnehmer. Unternehmerische Entscheidungen beträfen auch den vertraglich nicht gebundenen Arbeitnehmer. Ihm zufolge spielt bei der Begründung der Arbeitnehmereigenschaft im Rahmen des § 1 Abs. 1 Nr. 2 MitbestG die persönliche Abhängigkeit beziehungsweise die Eingliederung des Arbeitnehmers in eine fremde Arbeitsumgebung eine bedeutende Rolle. *Rentschler* will daher eine Erst-Zurechnung nach bestehenden Arbeitsverträgen und ausnahmsweise eine Zweit-Zurechnung bei dem fremden Trägerunternehmen vornehmen.

Rentschler stellt eine Zweit-Zurechnung unter zwei Voraussetzungen. Zum einen müsse die Tätigkeit bei dem fremden Trägerunternehmen nahezu die gesamte Arbeitszeit in Anspruch nehmen (*Abhängigkeit in zeitlicher Hinsicht*). Weiterhin müsse die Tätigkeit des Arbeitnehmers der fachlichen Weisung des fremden Trägerunternehmens unterliegen (*Abhängigkeit in fachlicher Hinsicht*). Der Anteil der Arbeitszeit, die dem fremden Unternehmen zugutekommen muss, sei bei 85 bis 90 % anzusetzen.[780] In diesem Fall könne die dort verrichtete Tätigkeit als *überwiegende* Tätigkeit für ein Fremd-Trägerunternehmen angesehen werden. Ergänzend dazu muss nach *Rentschler* die Aufteilung der Arbeitszeit über einen Referenzzeitraum von anderthalb bis zwei Jahren eingehalten werden. Anderenfalls müsse es bei der alleinigen Zuordnung beim Vertragsarbeitgeber bleiben. Für den Fall eines gemischttätigen Arbeitnehmers, der wiederholt auf seinen Arbeitsplatz bei dem Vertragsarbeitgeber zurückkehrt, lehnt er eine Zweit-Zurechnung allerdings ab, da dieser nicht *dauerhaft* für ein anderes Unternehmen tätig sei.[781]

Nach *Rentschler* werde durch die Eingliederung in eine fremde Arbeitsorganisation die Arbeitnehmereigenschaft herausgestellt. Voneiner Eingliederung sei auszugehen, wenn dem Arbeitnehmer vorwiegend Weisungen durch das arbeitsvertragsfremde Trägerunternehmen erteilt

---

780 *Rentschler* orientiert sich an der Größenordnung von *Wanhöfer*, Gemeinschaftsbetrieb und Unternehmensmitbestimmung, 99.

781 *Rentschler* führt eine Verteilung von 50 % zu 50 % oder eine noch geringere Beschäftigung bei dem Fremd-Trägerunternehmen an, geht jedoch nicht auf den Bereich zwischen der genannten Schwelle von 50 % und derjenigen von 85 bis 90 % ein, ab welcher er eine weit überwiegende Tätigkeit annimmt.

werden. Mit zunehmendem Umfang der bei einem Trägerunternehmen verrichteten Tätigkeit sei von einer Verschiebung der „Sozial-Verantwortung" vom Vertragsarbeitgeber hin zum Fremdarbeitgeber auszugehen, die ein mit einer arbeitsvertraglichen Verbindung vergleichbares Verhältnis zwischen dem fremden Trägerunternehmen und dem Arbeitnehmer begründe.

(4) Kritik an Betroffenheitserwägungen

Sowohl *Wanhöfer* als auch *Bonanni* und *Rentschler* wollen eine Zweit-Zuordnung primär aufgrund individueller Betroffenheit vornehmen, die sich aus dem weit überwiegenden – beziehungsweise ausschließlichen – Tätigwerden für das fremde Trägerunternehmen und der Eingliederung in dessen Arbeitsorganisation ergebe. Derartige Betroffenheitserwägungen eignen sich aus verschiedenen Gründen jedoch nicht als Anknüpfungspunkt für eine etwaige Zweitzuordnung.

(a) Keine Anerkennung in der Rechtsordnung

Grundsätzlich ist es bei der Zusammenarbeit mehrere Trägerunternehmen in einem Gemeinschaftsbetrieb nicht auszuschließen, dass sich bestimmte Entscheidungen eines einzelnen Trägerunternehmens auf den Gemeinschaftsbetrieb insgesamt auswirken.[782] Dennoch finden sich in der deutschen Rechtsordnung keine Hinweise darauf, dass es hinsichtlich der Arbeitnehmerbeteiligung in einem Organ des Unternehmens von Relevanz sein kann, ob ein Arbeitnehmer durch dessen unternehmerische Entscheidungen faktisch betroffen ist.[783] Will man eine Betroffenheit mit einem Hinweis auf die Gesetzesbegründung zu § 14 Abs. 2 S. 5 und 6 AÜG[784] rechtfertigen,[785] darf

---

782 So auch *Greiwe*, Unternehmensmitbestimmung und Gemeinschaftsbetrieb, 161 m.w.N.

783 *Annuß*, in: FS v. Hoyningen-Huene, 17 (23, 25).

784 Vgl. BT-Drs. 18/9232, 30: „Die Beschlüsse des Aufsichtsrats [...] sind regelmäßig für Leiharbeitnehmer ebenso relevant wie für die Stammbelegschaft. Deshalb sind sie – ebenso wie Stammarbeitnehmer – in der Unternehmensmitbestimmung zu berücksichtigen".

785 So *Oetker*, WuB 2017, 658 (661) zum DrittelbG, der in § 14 Abs. 2 S. 5 AÜG die ausdrückliche Anerkennung der Durchbrechung der Zwei-Komponenten-Lehre durch den Gesetzgeber sieht.

nicht verkannt werden, dass die Situation von Leiharbeitnehmern nicht mit der Situation derjenigen Arbeitnehmer vergleichbar sein kann, die in einem Gemeinschaftsbetrieb tätig werden.[786] Die Gesetzesbegründung[787] verweist ferner auf eine Entscheidung des Bundesarbeitsgerichts vom 04.11.2015[788], nach welcher Leiharbeitnehmer schon vor der ausdrücklichen gesetzgeberischen Klarstellung in die Unternehmensmitbestimmung mit einbezogen werden sollten. Zutreffend empfindet *Greiwe*[789] es als „interessant", dass das BAG in dieser Entscheidung zu § 9 Abs. 1 MitbestG explizit darauf hinweist, dass es nicht darauf ankomme „inwieweit Leiharbeitnehmer im Rahmen der Unternehmensmitbestimmung von unternehmerischen Planungen und Entscheidungen betroffen sind"[790]. Die Bedeutung von Betroffenheitserwägungen in Bezug auf einzelne Arbeitnehmer scheint angesichts vorgenannter Erwägungen zu schwinden.[791]

(b) Praktische Schwierigkeiten

(aa) Uferlosigkeit der faktischen Betroffenheit

Im Übrigen birgt die Beurteilung anhand des Merkmals der „Betroffenheit" die Gefahr einer „uferlosen Zurechnung"[792] von unternehmensfremden Arbeitnehmern. Vergleicht man verschiedene Arbeitnehmergruppen allein unter dem Merkmal der Betroffenheit, wären auch andere Gruppen von bestimmten unternehmerischen Entscheidungen – wie beispielsweise einer

---

786 Siehe hierzu unter Kapitel 4 B.III.1.cc.(2); so auch *Greiwe*, Unternehmensmitbestimmung und Gemeinschaftsbetrieb, 161.

787 BT-Drs. 18/9232, 29.

788 BAG, Beschl. v. 14.11.2015 – 7 ABR 42/13, AP MitbestG § 9 Nr. 2 m. Anm. Künzel.

789 *Greiwe*, Unternehmensmitbestimmung und Gemeinschaftsbetrieb, 1621 f.

790 BAG, Beschl. v. 14.11.2015 – 7 ABR 42/13, AP MitbestG § 9 Nr. 2 (Rn. 25) m. Anm. Künzel.

791 *Greiwe*, Unternehmensmitbestimmung und Gemeinschaftsbetrieb, 162.

792 *Hohenstatt/Schramm*, NZA 2010, 846 (849); auch *Thüsing/Forst*, in: FS Kreutz, 867 (872) lehnen eine Zuordnung anhand der sozialen Verantwortlichkeit (und der aus dieser resultierenden Betroffenheit) ab. „Zu weich" sei die Begrifflichkeit, die „offensichtliche Fehlgewichtungen bei der Zurechnung nach Arbeitsverhältnissen auffangen soll"; so auch *Thüsing/Pötters*, in: FS Wank, 599 (605), die die Zuordnungskriterien von *Wanhöfer* für „recht schwammig" halten. Nur „wenig präziser" sei *Bonanni* in ihrer Beurteilung.

Stilllegung – betroffen. Eine solche würde sich ebenfalls auf Werkunternehmer oder die Arbeitnehmer von Zuliefererbetrieben auswirken. Geht man allein von der „Betroffenheit“ aus, lässt sich eine nahezu endlose Kette von Arbeitnehmern bilden, die – wenn auch nur in entfernter Weise – von einer bestimmten unternehmerischen Entscheidung betroffen sein könnten. Allerdings werden auch diese nicht bei der Berechnung von Schwellenwerten im Rahmen der Unternehmensmitbestimmung miteinbezogen.[793]

Generell lässt sich die „nicht weiter abgeleitete Behauptung“[794], dass alle Arbeitnehmer des Gemeinschaftsbetriebs – obwohl diese mit vertragsfremden Dritten vergleichbar sind – gleichermaßen von den Entscheidungen eines Trägerunternehmens betroffen würden, nicht nachvollziehen. Es dürfte einem allgemeinen Verständnis entsprechen, dass nicht betriebszugehörige Arbeitnehmer dritter Arbeitgeber zwar strukturell in gleicher Weise betroffen sein könnten, jedoch bei der Bildung des Aufsichtsrats „selbstverständlich“[795] nicht berücksichtigt werden.

Es ist nicht überzeugend, warum gerade das Betroffenheits-Kriterium die Berücksichtigung von Arbeitnehmern im Gemeinschaftsbetriebs bei fremden Trägerunternehmen rechtfertigen soll, während diese Betroffenheit in anderen Konstellationen nicht relevant wird.

(bb) Tätigkeitsumfang lässt nicht auf Betroffenheit schließen

Wanhöfer, *Bonanni* und *Rentschler* gehen davon aus, dass ein Arbeitnehmer im Gemeinschaftsbetrieb nur dann von unternehmerischen Entscheidungen eines der Trägerunternehmen betroffen sein kann, wenn er in einem bestimmten Umfang für dieses tätig wird. Dies bedeutet im Umkehrschluss, dass eine Betroffenheit abzulehnen ist, wenn der Arbeitnehmer allein für seinen Vertragsarbeitgeber innerhalb des gemeinsamen Betriebs tätig wird. Dies ist widersprüchlich. Unternehmerische Entscheidungen eines der

---

793 *Hohenstatt/Schramm*, NZA 2020, 846 (849) führen auch den Leiharbeitnehmer an, der bei der Berechnung der Schwellenwerte nicht mitzuzählen sei. Die Berücksichtigung von Leiharbeitnehmern bei der Berechnung von Schwellenwerten ist jedoch seit der Einführung des § 14 Abs. 2 S. 5 AÜG anerkannt.

794 *Annuß*, in: FS v. Hoyningen-Huene, 17 (23).

795 *Annuß*, in: FS v. Hoyningen-Huene, 17 (23 f.).

Trägerunternehmen können sich – wenn man so will – auf den gesamten Gemeinschaftsbetrieb und alle dort tätigen Arbeitnehmer auswirken. Das gilt unabhängig davon, ob sie diesem Unternehmen unter dem Merkmal der „Betroffenheit" zugeordnet werden können.

Dies wird anhand eines Beispiels deutlich:[796]

Man denke an zwei Trägerunternehmen (A-GmbH und B-GmbH), die gemeinsam einen Betrieb führen. Die meisten der dort tätigen Arbeitnehmer werden ausschließlich für ihren jeweiligen Vertragsarbeitgeber tätig, sodass diese unter dem Kriterium der „Betroffenheit" nach *Wanhöfer*, *Bonanni* und *Rentschler* nur ihrem Vertragsarbeitgeber zugeordnet werden könnten. Entscheidet sich aber die A-GmbH die Kooperation innerhalb des Gemeinschaftsbetriebs zu beenden, ergeben sich hieraus Konsequenzen für alle dort beschäftigten Arbeitnehmer, wenn die Verflechtungen zwischen den beiden Unternehmen so stark sind, dass es zu einer umfassenden Umstrukturierung innerhalb der beiden Unternehmen kommen muss. Im Falle einer Umstrukturierung ist es von geringer Relevanz, zu welchem Umfang die dort tätigen Arbeitnehmer bei dem einen oder bei dem anderen Unternehmen beschäftigt wurden.

(cc) Fehlende Praktikabilität

Betroffenheitskriterien sind ebenso aufgrund ihrer fehlenden Praktikabilität abzulehnen. Durch den Gemeinschaftsbetrieb wird eine unternehmensübergreifende Zusammenarbeit ermöglicht. Es werden im Regelfall sowohl (im)materielle Betriebsmittel als auch Arbeitnehmer gemeinsam innerhalb des Gemeinschaftsbetriebs eingesetzt. Dieser Einsatz erfolgt unabhängig von der jeweiligen arbeitsvertraglichen Zuordnung. Die hierdurch eröffnete Flexibilität ist Charakteristikum des Gemeinschaftsbetriebs.[797] Diese Flexibilität bringt auf der anderen Seite praktische Schwierigkeiten mit sich. Die Erfassung des Beschäftigungsumfangs des einzelnen Arbeitnehmers für

---

[796] Beispiel angelehnt an *Greiwe*, Unternehmensmitbestimmung und Gemeinschaftsbetrieb, 166.

[797] Vgl. nur *Bonanni*, Der gemeinsame Betrieb, 290: „gerade der flexible Einsatz der Arbeitnehmer für mehrere Unternehmen kann Anreiz und Motivation für die Schaffung eines gemeinsamen Betriebs gewesen sein".

jedes Trägerunternehmen wird deutlich erschwert und unter Umständen nur kostenintensiv möglich sein. Dies gilt insbesondere dann, wenn man die Einzelfallbetrachtung eines jeden Arbeitnehmers fordert.[798]

Erschwerend trägt auch das Festhalten an bestimmten Prozentsätzen und Referenzperioden zur Bestimmung der Betroffenheit bei. Sowohl *Wanhöfer* als auch *Rentschler* wollen eine Betroffenheit bei mindestens 85- bis 90prozentiger Tätigkeit eines Arbeitnehmers für ein fremdes Trägerunternehmen annehmen. *Rentschler* erweitert dies um eine Betroffenheit in einem Referenzzeitraum von anderthalb bis zwei Jahren. Unklar bleibt, was geschehen soll, wenn der prozentuale Anteil der Beschäftigung bei einem bestimmten Trägerunternehmen schwankt.[799] Man könnte einen zugespitzten Sachverhalt konstruieren, in dem der Arbeitnehmer über mehrere Monate hinweg zu 85 % bei einem vertragsfremden Trägerunternehmen beschäftigt wird. Für die Dauer von einem Monat ist er nur noch zu 80 % dort tätig. In den folgenden Monaten des Referenzzeitraums erneut zu 85 %. In diesem Fall wäre der Arbeitnehmer unter dem Gesichtspunkt der Betroffenheit streng genommen nicht bei dem vertragsfremden Unternehmen zu berücksichtigen, da er die Schwelle von 85 % im Referenzzeitraum nicht anhaltend überschritten hat.

Rentschler lehnt eine dauerhafte Tätigkeit für ein fremdes Unternehmen ebenso ab, wenn der betreffende Arbeitnehmer wiederholt auf seinen Arbeitsplatz bei dem Vertragsarbeitgeber zurückkehrt, da in diesem Fall die „Sozialverantwortlichkeit" des Fremd-Trägerunternehmens deutlich abgeschwächt sei. Doch auch hier bleibt offen, wann man von einer *wiederholten* Rückkehr auf den Arbeitsplatz beim Vertragsarbeitgeber sprechen kann und ob eine wiederholte Rückkehr eine Zurechnung bei einem fremden Trägerunternehmen auch dann ausschließen würde, wenn der Arbeitnehmer gleichwohl zu einem Anteil von mindestens 85 % bei einem fremden Trägerunternehmen tätig würde.

---

798 So *Wanhöfer*, Gemeinschaftsbetrieb und Unternehmensmitbestimmung, 98 f.

799 Nicht ersichtlich ist bei *Wanhöfer*, woran das Tätigwerden konkret festgemacht wird; *Bonanni*, Der gemeinsame Betrieb, 293, hält jedenfalls eine Orientierung an der Arbeitszeit aus Praktikabilitätsgründen für untauglich; *Rentschler*, Arbeitnehmerzuordnung und Wahlberechtigung, 157, stellt maßgeblich auf die Arbeitszeit ab.

Auf der anderen Seite wird aber auch der Ansatz *Bonannis*, nur solche Arbeitnehmer bei einem fremden Unternehmen zu berücksichtigen, die *ausschließlich* für dieses tätig werden, in kaum einem Fall zu einer Zurechnung führen, da unter den besonderen Bedingungen des Gemeinschaftsbetriebs „nicht in jedem Fall eine 100 %ige Zuordnung erwartet werden [kann]“[800].

Wanhöfer und *Bonanni* wollen die Zurechnung zu dem vertragsfremden Unternehmen unter Verantwortlichkeitsgesichtspunkten unabhängig von einer Referenzzeit vornehmen. Dies birgt jedoch die Gefahr der Erzielung willkürlicher Ergebnisse. Der Einsatz von Arbeitnehmern unterliegt in einem Gemeinschaftsbetrieb nicht selten einem Wandel, der zu verschiedenen Beurteilungszeitpunkten auf verschiedene Zahlen zurechenbarer Arbeitnehmer schließen lassen wird. Derselbe Arbeitnehmer könnte in dem einem Monat gemischt tätig werden und im anderen Monat ausschließlich Arbeiten für ein einzelnes Trägerunternehmen verrichten. Diese Schwierigkeit lässt sich nicht dadurch relativeren, dass die Beschäftigung in einem bestimmten Unternehmen *auf Dauer* vorgesehen sein muss. Dies ist nach *Wanhöfer* der Fall, wenn kein Wechsel zum Vertragsarbeitgeber vorgesehen ist.[801] Doch auch hier gilt es zu bedenken, dass sich der Einsatzbereich eines Arbeitnehmers, der vormals auf Dauer an einem gewissen Arbeitsplatz eingesetzt werden sollte, aufgrund von Anpassungen im Gemeinschaftsbetrieb alsbald ändern kann. Die auf Dauer vorgesehene Zuweisung zu einem gewissen Arbeitsplatz kann schon deshalb kein rechtssicheres Kriterium zur Abgrenzung der Verantwortlichkeitsbereiche darstellen.

(dd) Manipulationsmöglichkeiten

Dass ein Festhalten an bestimmten Prozentsätzen und Referenzzeiträumen Manipulationsmöglichkeiten eröffnet, liegt auf der Hand. Geht man mit *Bonanni* von der Notwendigkeit eines *ausschließlichen* Tätigwerdens für ein fremdes Trägerunternehmen aus, lässt sich diese Bedingung leicht durch die Zuweisung kleinerer Tätigkeiten für ein anderes Unternehmen vereiteln. Das

---

800 Vgl. *Wanhöfer*, Gemeinschaftsbetrieb und Unternehmensmitbestimmung, 98.

801 Vgl. *Wanhöfer*, Gemeinschaftsbetrieb und Unternehmensmitbestimmung, 86; bei *Bonanni*, Der gemeinsame Betrieb, 29, findet sich keine Angabe, wann von einem dauerhaften Tätigwerden ausgegangen werden kann.

erkennt auch *Wanhöfer*[802], der eine „Hauptarbeitsbeziehung" herausarbeiten will, welche gegenüber anderen Tätigkeiten von untergeordneter Bedeutung sei. Dies hilft allerdings nicht darüber hinweg, dass auch der Maßstab *Wanhöfers*, der die Grenze für ein ausschließliches Tätigwerden für ein Trägerunternehmen bei einem Tätigkeitsumfang von 85 bis 90 % annimmt, Raum für Manipulationen durch die Trägerunternehmen lässt. Festgeschriebene Grenzwerte lassen sich bereits durch kleinere Veränderungen gezielt unter oder überschreiten, um bestimmte Rechtsfolgen herbeizuführen oder zu vermeiden.

(ee) Betroffenheit kein Kriterium für die Unternehmensgröße

Die in § 1 Abs. 1 Nr. 2 MitbestG genannten Schwellenwerte stellen auf das objektive Merkmal der *Unternehmensgröße* ab. Im Vordergrund stehen dessen wirtschaftliche Bedeutung und Leistungsfähigkeit. Die wirtschaftliche Bedeutung eines Unternehmens wird nicht dadurch gestärkt, dass ihm Arbeitnehmer unter dem Gesichtspunkt der Betroffenheit zugeordnet werden. In der Konsequenz müssten *Wanhöfer*, *Bonanni* und *Rentschler*, wenn diese einen bestimmten – nicht arbeitsvertraglich zugeordneten – Arbeitnehmer im Wege der Zweit-Zuordnung einem Unternehmen zurechnen, an einer anderen Stelle einen Vertragsarbeitnehmer des Unternehmens abziehen, um die Unternehmensgröße des Trägerunternehmens korrekt darzustellen.[803] Auf der anderen Seite müsste indes auch ein solches, die „Basiszahl" reduzierendes, Vorgehen einer kritischen Betrachtung unterzogen werden, wenn man im Grundsatz auf die Betroffenheit eines Arbeitnehmers abstellen will.

Die Vertreter dieser Ansicht gehen davon aus, dass eine Erst-Zuordnung bei dem Unternehmen des Vertragsarbeitgebers unumgänglich sei, da im Rahmen einer arbeitsvertraglichen Bindung in jedem Fall von einer Betroffenheit des Arbeitnehmers auszugehen sei. Diese „Basiszahl" dürfe nicht unterschritten, sondern lediglich im Rahmen der Zweit-Zuordnung ergänzt werden.[804] Dies ist – anknüpfend an die Betroffenheit – sinnvoll, da der Arbeitnehmer aufgrund seiner arbeitsvertraglichen Bindung von den

802 Vgl. *Wanhöfer*, Gemeinschaftsbetrieb und Unternehmensmitbestimmung, 98.

803 So *Greiwe*, Unternehmensmitbestimmung und Gemeinschaftsbetrieb, 168.

804 *Bonanni*, Der gemeinsame Betrieb, 292: Durch den Arbeitsvertrag werden Arbeitnehmer in besonderem Maße den unternehmerischen Entscheidungen des Trägerunternehmens

unternehmerischen Entscheidungen seines Vertragsarbeitgebers abhängig ist. Zieht dieser sich beispielsweise aus dem gemeinsamen Betrieb zurück, wird es dem Arbeitnehmer nicht weiterhelfen, dass er in der Vergangenheit weit überwiegend oder ausschließlich Arbeiten für ein fremdes Trägerunternehmen erbracht hat. Es ist inkonsequent, dass die Vertreter dieser Ansicht erwägen, diese arbeitsvertragsgebundene Basiszahl um die Arbeitnehmerzahl zu reduzieren, die sie im Wege einer Zweit-Zurechnung zuvor ergänzt haben.

Es besteht keine Möglichkeit, auf einem vertretbaren Weg unter dem Gesichtspunkt der Betroffenheit auf die tatsächliche und für § 1 Abs. 1 Nr. 2 MitbestG maßgebliche objektive Unternehmensgröße zu schließen.

(ff) Zwischenergebnis

Zieht man die Betroffenheit eines Arbeitnehmers als Kriterium für die Schwellenwertberechnung heran, versucht man von der rein faktischen Betroffenheit aufgrund der Eingliederung in den Gemeinschaftsbetrieb auf die objektive Unternehmensgröße zu schließen. Dies wird nicht gelingen. Im Übrigen lassen sich keine gewichtigen Gründe erkennen, die ein derartiges Vorgehen ausnahmsweise rechtfertigen könnten. Es verbietet sich, einen Arbeitnehmer einem Trägerunternehmen allein aufgrund der möglichen Betroffenheit zuzuordnen und es dadurch möglicherweise der Unternehmensmitbestimmung zu unterwerfen. Eine faktische Betroffenheit der Arbeitnehmer im Gemeinschaftsbetrieb durch unternehmerische Entscheidungen von Unternehmen außerhalb des Gemeinschaftsbetriebs genügt im Übrigen auch nicht, um eine institutionalisierte Einflussnahmemöglichkeit der Arbeitnehmer auf unternehmerische Entscheidungen dieser fremden Unternehmen zu begründen. Es ist nicht nachvollziehbar, warum die in einem Gemeinschaftsbetrieb tätigen Arbeitnehmer von Unternehmensentscheidungen arbeitsvertragsfremder Trägerunternehmen anders betroffen sein sollten als von den Unternehmensentscheidungen sonstiger Drittunternehmen.

Im Übrigen erscheint die Berücksichtigung unter Betroffenheitsgesichtspunkten weder praktikabel, noch können hierdurch Manipulationen durch

---

ausgesetzt; *Rentschler*, Arbeitnehmerzuordnung und Wahlberechtigung, 139; *Wanhöfer*, Gemeinschaftsbetrieb und Unternehmensmitbestimmung, 84.

die beteiligten Trägerunternehmen, um das Erreichen der einschlägigen Schwellenwerte zu vermeiden, verhindert werden. Der Tätigkeitsumfang lässt nicht auf die Betroffenheit schließen. Auch kann die Betroffenheit keinen Indikator für die Unternehmensgröße darstellen. Dies zeigt sich bereits an der Uferlosigkeit der Begrifflichkeit.

d. Zuordnung zum Vertragsarbeitgeber

Einige Stimmen in der Literatur und Teile der instanzgerichtlichen Rechtsprechung wollen nur solche Arbeitnehmer bei der Schwellenwertberechnung berücksichtigen, die mit dem jeweiligen Trägerunternehmen arbeitsvertraglich verbunden sind.[805] Anhand der Auslegung der einschlägigen Normen soll ermittelt werden, ob diese Berechnungsweise möglich und ihr im Ergebnis der Vorzug zu gewähren ist. Wie zuvor eingehend dargestellt, eignen sich Berechnungsmethoden, die eine Arbeitnehmerzahl (teilweise) losgelöst vom Arbeitsvertrag bestimmen wollen nicht, um die Unternehmensgröße zutreffend darzustellen.

aa. Wortlaut

Wie dargelegt, lässt sich dem Wortlaut des § 1 Abs. 1 Nr. 2 MitbestG nicht eindeutig entnehmen, welche Arbeitnehmer bei der Schwellenwertberechnung

---

805 LAG Bremen, Beschl. v. 04.02.2005 – 7 AR 61/04, BeckRS 2010, 17611; LAG Hannover, Beschl. v. 14.05.2012 – 25 O 65/11, BeckRS 2013, 12440 zum DrittelbG; OLG Düsseldorf, Beschl. v. 21.07.2016 – 26 W 1/16, BeckRS 2016, 119291 zum DrittelbG; *Annuß*, in: FS v. Hoyningen-Huene, 17 (25 ff.); *Boigs*, jurisPR-ArbR 39/2013 Anm. 7; *Greiwe*, Unternehmensmitbestimmung und Gemeinschaftsbetrieb, 190; *Hohenstatt/Schramm*, NZA 2010, 846 (847); wohl auch RVJ/*Raiser/Jacobs* MitbestG § 3 Rn. 46; *Lüers/Schomaker*, BB 2013, 565 (567); *Manthey/Hinrichs*, NZG 2014, 1096 (1098 f.); *Prinz*, SAE 2013, 90 (93); grds. auch *Rentschler*, Arbeitnehmerzuordnung und Wahlberechtigung, 124 ff.; MHdB-ArbR/*Uffmann* § 373 Rn. 17; auch *Windbichler*, Arbeitsrecht im Konzern, 501, will sich am Arbeitsverhältnis des Arbeitnehmers im Gemeinschaftsbetrieb orientieren; nicht ganz eindeutig *Herrmann*, Der gemeinsame Betrieb, 166 f., der einerseits feststellt, dass „ein gemeinsamer Betrieb zwar jedem der beteiligten Unternehmen zugerechnet wird", auf der anderen Seite würden aber in Bezug auf die Aufsichtsratswahlen die „Arbeitnehmer eines gemeinsamen Betriebs also nur ihrem Unternehmen zugerechnet".

zu berücksichtigen sind. Der Wortlaut schließt es jedenfalls nicht aus, lediglich Vertragsarbeitnehmer des Trägerunternehmens einzubeziehen.[806]

bb. Gesetzessystematik

Unter systematischen Gesichtspunkten spricht in erster Linie der Vergleich mit § 5 MitbestG zur Arbeitnehmerzurechnung im Konzern dafür, dass es sich bei dem Gemeinschaftsbetrieb um keinen mit dem Gemeinschaftsunternehmen vergleichbaren Sachverhalt handelt.[807] Auch bei der Arbeitnehmerüberlassung war der Leiharbeitnehmer vor der Einführung des § 14 Abs. 2 S. 5 und 6 AÜG im Grundsatz lediglich bei seinem Vertragsarbeitgeber zu berücksichtigen. Da Leiharbeitnehmer keine Arbeitnehmer des Entleihers sind, bedurfte es einer ausdrücklichen Regelung des Gesetzgebers hinsichtlich ihrer Berücksichtigung bei den Schwellenwerten. Eine solch ausdrückliche Regelung es Gesetzgebers dürfte auch von Nöten sein, wenn man die Berücksichtigung der Arbeitnehmer im Gemeinschaftsbetrieb bei arbeitsvertragsfremden Unternehmen begründen will.[808] Mangels einer derartigen gesetzgeberischen Klarstellung, muss es bei der am Arbeitsvertrag orientierten Zurechnung bleiben.

cc. Sinn und Zweck der Unternehmensmitbestimmung

(1) Keine ausreichend differenzierte Organisation

Auch der Sinn und Zweck der Unternehmensmitbestimmung spricht gegen die Zurechnung aller Arbeitnehmer bei allen Trägerunternehmen. § 1 Abs. 1 Nr. 2 MitbestG soll sicherstellen, dass Unternehmen erst ab einer bestimmten Größe in den Anwendungsbereich des MitbestG fallen. Erst ab der dort vorgesehenen Arbeitnehmerzahl kann davon ausgegangen werden, dass eine ausreichend differenzierte Organisation vorhanden ist, die ein wirkungsvolles Ansetzen der Mitbestimmungsregelungen ermöglicht.[809] Die Unternehmensgröße wird nicht dadurch beeinflusst, dass

---

806 Siehe hierzu unter Kapitel 4 B.III.1.a.bb.
807 Siehe hierzu unter Kapitel 4 B.III.1.a.cc.(1).
808 Siehe hierzu unter Kapitel 4 B.III.1.a.cc.(2).
809 Siehe hierzu unter Kapitel 4 B.III.1.a.dd.(3)(c).

sich mehrere Unternehmen zur Führung eines Gemeinschaftsbetriebs zusammengeschlossen haben. Auch kann hieraus nicht auf eine ausreichend differenzierten Organisationsstruktur geschlossen werden. Ebenso verändert sich die wirtschaftliche Stärke der Unternehmen nicht durch die Führung eines gemeinsamen Betriebs. Es wäre nicht sachgerecht, kleinere Unternehmen mit den durch die Unternehmensmitbestimmung verursachten Kosten zu belasten.

Dass dies nicht sachgerecht ist, zeigt sich auch anhand eines Vergleichs mit dem nur einen Betrieb besitzenden Unternehmen. Besitzt ein Unternehmen nur einen Betrieb, stellt sich diese Frage nicht. Die Zuordnung von Fremdarbeitnehmern (beispielsweise den Mitarbeitern eines Zulieferers), die lediglich mittelbar von unternehmerischen Entscheidungen des Unternehmens betroffen sind, scheidet aus.[810] Insofern müssen auch arbeitsvertragsfremde Arbeitnehmer anderer Trägerunternehmen im gemeinsamen Betrieb allein ihrem Vertragsarbeitgeber zugerechnet werden. Die übrigen Arbeitnehmer im Gemeinschaftsbetrieb werden von Unternehmensentscheidungen eines fremden Trägerunternehmens allenfalls über die betriebliche Sphäre tangiert.[811] Diese Entscheidungen wirken sich nicht unmittelbar auf das Verhältnis zu ihrem Vertragsarbeitgeber aus.

(2) Praktikabilität und Rechtssicherheit

Im Übrigen ist das Konzept der alleinigen Zurechnung beim Vertragsarbeitgeber auch praktikabel und rechtssicher durchführbar.

Der Vertragsarbeitgeber ist ohne Weiteres feststellbar.[812] In Unternehmen, die das MitbestG aufgrund ihrer Größe erfasst, werden Arbeitsverträge in der Regel schriftlich geschlossen.[813] Daher ist über die Personalabteilung oder durch den Betriebsrat über die Stellenplanung nach § 92 BetrVG die Feststellung der Anzahl der Arbeitnehmer effizient und zeitnah möglich.[814]

---

810 Siehe hierzu unter Kapitel 4 B.III.1.a.dd.(2).

811 Siehe hierzu unter Kapitel 4 B.III.1.a.dd.(1).

812 *Prinz*, SAE 2013, 90 (93).

813 Vgl. *Rentschler*, Arbeitnehmerzuordnung und Wahlberechtigung, 120, der auf BT-Drs. 13/668, 8 verweist: „In Betrieben mit über 100 Beschäftigten liegt die Quote der schriftlichen Arbeitsverträge bei weit über 90 %".

814 *Rentschler*, Arbeitnehmerzuordnung und Wahlberechtigung, 120, 141.

Durch das Abstellen auf den Arbeitsvertrag wird Rechtsklarheit gewährleistet, da sich über das Abgrenzungskriterium des (Nicht-)Bestehens eines Arbeitsvertrags trennscharf zwischen einem im Rahmen von § 1 Abs. 1 Nr. 2 MitbestG zu berücksichtigendem Arbeitnehmer und einem solchen unterscheiden lässt, der dem Trägerunternehmen nicht zuzuordnen ist. Allein diese Berechnungsweise gewährleistet, dass strukturell gleichartige Sachverhalte gleichbehandelt und inkonsistente Ergebnisse vermieden werden.[815] Zudem wird es den Trägerunternehmen erschwert, Manipulationen an den Arbeitnehmerzahlen vorzunehmen, um die Eröffnung des Anwendungsbereichs der Unternehmensmitbestimmung zu verhindern. Kommt es dennoch zu einer arbeitsvertraglichen Umverteilung der Arbeitnehmer innerhalb der Trägerunternehmen, ist diese als von der Regelungswirkung des Gesetzes bewusst nicht erfasste Sachverhaltsgestaltung hinzunehmen.[816] Nur durch das Anknüpfen an den Arbeitsvertrag kann trotz der im Gemeinschaftsbetrieb nahe liegenden Fluktuation von Arbeitnehmern innerhalb des Betriebs eine rechtssichere Aussage über die Arbeitnehmerzahl des jeweiligen Trägerunternehmens getroffen werden, die über die Eröffnung des Anwendungsbereichs des MitbestG entscheidet.

Für die Berücksichtigung eines Arbeitnehmers allein bei seinem Vertragsarbeitgeber wird teilweise angeführt, dass es schwieriger sei, an den gemeinsamen Betrieb anzuknüpfen als an den Vertragsarbeitgeber, da oftmals zweifelhaft sei, ob es sich überhaupt um einen gemeinsamen Betrieb handele.[817] Dies beeinflusse die Verlässlichkeit und Effizienz der Aufsichtsratswahlen.[818] Zu Recht wird hiergegen eingewandt, dass sich die im Einzelfall bestehende Rechtsunsicherheit von den praktischen Schwierigkeiten bei der Zurechnung von Arbeitnehmern im gemeinsamen Betrieb unterscheidet, da der Gemeinschaftsbetrieb vom Gesetzgeber in § 1 Abs. 1 S. 2 BetrVG anerkannt wurde.[819] Probleme bei der Anwendung unbestimmter Rechtsbegriffe sind hinzunehmen und von der Rechtsprechung zu lösen.[820] Die praktischen

---

815 *Annuß*, in: FS v. Hoyningen-Huene, 17 (25).

816 Siehe hierzu unter Kapitel 4 B.III.1.a.dd.(4).

817 *Thüsing/Pötters*, in: FS Wank, 599 (608).

818 *Thüsing/Pötters*, in: FS Wank, 599 (608).

819 *Dittmann*, Schwellenwerte und Unternehmensmitbestimmung, 100.

820 *Dittmann*, Schwellenwerte und Unternehmensmitbestimmung, 100.

Schwierigkeiten bei der Berechnung der Schwellenwerte, die sich angesichts verschiedener Berechnungsmodelle ergeben, resultieren indes daraus, dass sie den Eigenheiten des Gemeinschaftsbetrieb nicht gerecht werden.[821]

dd. Zwischenergebnis

Es zeigt sich, dass die Zurechnung allein beim Vertragsarbeitgeber des jeweiligen Arbeitnehmers der Zurechnung bei jedem Trägerunternehmen vorzuziehen ist. Gleiches gilt für die Berechnungsmodelle, die an weitere Kriterien zusätzlich oder statt der arbeitsvertraglichen Zuordnung anknüpfen wollen. Allein der Arbeitsvertrag kann ein Maß an Rechtssicherheit gewährleisten, welches der Unternehmensmitbestimmung gerecht wird und in gleicher Weise praktikabel ist, wenn Unternehmen im Rahmen eines gemeinsamen Betriebs zusammenarbeiten.

IV. Leiharbeitnehmer und Schwellenwertberechnung im Gemeinschaftsbetrieb

1. Schaffung von Rechtsklarheit durch § 14 Abs. 2 S. 5 und 6 AÜG

Keine Antwort enthält der Gesetzestext des § 1 Abs. 1 Nr. 2 MitbestG auf die Frage, inwiefern Leiharbeitnehmer im Gemeinschaftsbetrieb bei der Berechnung der Schwellenwerte zu berücksichtigen sind. Die im Gemeinschaftsbetrieb arbeitsvertraglich bei einem Trägerunternehmen beschäftigten Arbeitnehmer sind ausschließlich ihrem Vertragsarbeitgeber zuzuordnen.[822] Betrachtet man allein den in § 1 Abs. 1 Nr. 2 MitbestG festgeschriebenen Schwellenwert, wäre der Leiharbeitnehmer aufgrund systematischer Erwägungen und des Telos der Regelung lediglich bei seinem Verleiher als Vertragsarbeitgeber zu berücksichtigen. Ebenso wie bei den im Gemeinschaftsbetrieb Beschäftigten, die in arbeitsvertraglicher Verbindung zu einem der Trägerunternehmen stehen, könnte nicht aufgrund des schlichten Tätigwerdens oder allein wegen der Eingliederung in den Gemeinschaftsbetrieb davon ausgegangen werden, dass ein Leiharbeitnehmer bei der Schwellenwertberechnung in den Trägerunternehmen berücksichtigt werden muss.

---

821 *Dittmann*, Schwellenwerte und Unternehmensmitbestimmung, 100.

822 Siehe hierzu unter Kapitel 4 B.III.

In Bezug auf Leiharbeitnehmer hat der Gesetzgeber in § 14 Abs. 2 S. 5 und 6 AÜG jedoch eine Sonderregelung getroffen. Hiernach sind Leiharbeitnehmer im Rahmen der Schwellenwertberechnung auch im Entleiherunternehmen zu berücksichtigen, wenn ihre Einsatzdauer sechs Monate übersteigt. Mit der Einführung des § 14 Abs. 2 S. 5 und 6 AÜG hat der Gesetzgeber die auf der Rechtsprechung des BAG fußende Rechtslage zur Berücksichtigung von Leiharbeitnehmern klargestellt.[823] Dem Wortlaut der Norm nach bedarf es in Fällen der Leiharbeit bei der Schwellenwertberechnung keiner weiteren Untersuchung des jeweiligen Schwellenwerts im Lichte einer normzweckorientierten Auslegung.[824] Es verbietet sich somit eine am Normzweck orientierte einschränkende Auslegung der jeweiligen Norm, die im Einzelfall zur Nichtberücksichtigung der Leiharbeitnehmer führen könnte.[825] Hiervon scheint auch der Gesetzgeber selbst auszugehen. In der Begründung zum Regierungsentwurf[826] heißt es, dass die Berücksichtigung von Leiharbeitnehmern bei der Unternehmensmitbestimmung der „am Normzweck orientierten Betrachtung des Bundesarbeitsgerichts im Bereich des Betriebsverfassungsrechts" entspreche und diese normzweckorientierte Auslegung ebenso für den Bereich der Unternehmensmitbestimmung gelten solle.[827] Ferner ginge es dem selbsterklärten Ziel, der Schaffung von „Rechtsklarheit"[828], zuwider, wenn man die Einbeziehung von Leiharbeitnehmern weiterhin von dem Zweck des jeweiligen Schwellenwerts

---

[823] Vgl. BT-Drs. 18/9232, 29.

[824] *Bungert/Rogier*, DB 2016, 3022 (3025); Schüren/Hamann/*Hamann* AÜG § 14 Rn. 139.

[825] Ebenso *Bonanni*, ArbRB 2016, 122 (122); *Bungert/Rogier*, DB 2016, 3022 (3025); *Frank/Weber*, NZA 2019, 233 (234); Schüren/Hamann/*Hamann* AÜG § 14 Rn. 139; BeckOK-ArbR/*Motz* AÜG § 14 Rn. 22; *Neighbour/Schröder*, BB 2016, 2869 (2873); *Schubert/Liese*, NZA 2016, 1297 (1302); ErfK/*Wank/Roloff* AÜG § 14 Rn. 15; für eine teleologische Interpretation hingegen: *Dittmann*, Schwellenwerte und Unternehmensmitbestimmung, 156ff; *Oetker*, JbArbR 53 (2016), 47 (61); *ders.*, NZA 2017, 29 (32 f.); *Urban-Crell/Germakowski*, in: Urban-Crell/Germakowski/Bissels/Hurst AÜG § 14 Rn. 78 f.; *Wank*, RdA 2017, 100 (115).

[826] BT-Drs. 18/9232, 29.

[827] Krit. zur undifferenzierten Berücksichtigung von Leiharbeitnehmern: *Bungert/Rogier*, DB 2016, 3022 (3026), die davon ausgehen, dass die Neuregelung durch die Rechtsprechung keine Legitimation erfahren kann.

[828] BT-Drs. 18/9232, 17.

abhängig macht.[829] Ebenso scheint der BGH davon auszugehen, dass die Berücksichtigung von Leiharbeitnehmern bei den Schwellenwerten – ohne eine differenzierte Prüfung vorzunehmen – dem Zwecke der jeweiligen Regelung entspricht.[830]

Damit müssen Leiharbeitnehmer im Gemeinschaftsbetrieb bei der Schwellenwertberechnung nach § 1 Abs. 1 Nr. 2 MitbestG berücksichtigt werden, ohne dass es einer weiteren Prüfung bedarf.

2. Berücksichtigung des Leiharbeitnehmers im Entleiherunternehmen

Nach *Abend*[831] spricht „einiges dafür", den Leiharbeitnehmer – sofern er nur für ein Trägerunternehmen des Gemeinschaftsbetriebs Dienstleistungen erbringt – nur bei diesem Trägerunternehmen zu berücksichtigen. Auf der anderen Seite jedoch sei der Leiharbeitnehmer in den Gemeinschaftsbetrieb eingegliedert, den mehrere Unternehmen zu einem einheitlichen Zweck zusammengefasst haben. Mit der Dienstleistung des Leiharbeitnehmers werde der arbeitstechnische Zweck des gemeinsamen Betriebs erfüllt. Dies spreche wiederum dafür, dass der Leiharbeitnehmer bei allen Trägerunternehmen Berücksichtigung finden müsse.

Weder die Berücksichtigung des Leiharbeitnehmers bei dem Trägerunternehmen, für welches er tätig wird, noch die Berücksichtigung bei allen Trägerunternehmen, ist sachgerecht.

Mit der Einführung von § 14 Abs. 2 S. 5 und 6 AÜG hat der Gesetzgeber zum Ausdruck gebracht, dass es bei Leiharbeitnehmern nicht auf die Person ihres Vertragsarbeitgebers ankommen kann. Diese Grundsatzentscheidung des Gesetzgebers ist hinzunehmen. Dies bedeutet jedoch nicht zugleich, dass ein Leiharbeitnehmer in jedem am gemeinsamen Betrieb beteiligten Trägerunternehmen bei der Schwellenwertberechnung berücksichtigt werden muss.

Dafür spricht bereits der Wortlaut des § 14 Abs. 2 S. 5 AÜG. Hiernach sind Leiharbeitnehmer im „Entleiherunternehmen" zu berücksichtigen. Das „Entleiherunternehmen" ist hingegen allein das Trägerunternehmen,

---

829 *Bungert/Rogier*, DB 2016, 3022 (3025).
830 Vgl. BGH, Beschl. v. 25.06.2019 – II ZB 21/18, NZA 2019, 1232 (Rn. 17).
831 *Abend*, DB 2017, 607 (609).

mit dem der Arbeitnehmerüberlassungsvertrag abgeschlossen wurde und nicht jedes Trägerunternehmen. Im Übrigen seien Leiharbeitnehmer nach dem Gesetzgeber „heute für das Unternehmen zum Teil ähnlich bedeutend wie die Stammarbeitnehmer“[832] und die „Beschlüsse des Aufsichtsrats [...] sind regelmäßig für Leiharbeitnehmer ebenso relevant wie für die Stammbelegschaft“[833]. Wenn jedoch selbst die Stammarbeitnehmer im gemeinsamen Betrieb allein bei ihrem Vertragsarbeitgeber berücksichtigt werden,[834] muss dies ebenso für die Leiharbeitnehmer gelten, die aus diesem Grund allein im Entleiherunternehmen mitgezählt werden können. Wie auch bei Stammarbeitnehmern werden sie im Kontext des Gemeinschaftsbetriebs allein von den Aufsichtsratsbeschlüssen des Entleiherunternehmens unmittelbar und in einem Umfang berührt, der eine Berücksichtigung bei der Schwellenwertberechnung rechtfertigen könnte.

Durch § 14 Abs. 2 S. 5 und 6 AÜG wollte der Gesetzgeber lediglich vermeiden, dass ein Leiharbeitnehmer gar keine Berücksichtigung im Entleiherunternehmen findet. Im gemeinsamen Betrieb wird bereits dadurch ausreichend abgeholfen, dass der Leiharbeitnehmer im Unternehmen seines Entleihers bei der Schwellenwertberechnung mitzählt. Wie auch bei den Vertragsarbeitnehmern der Trägerunternehmen kann die Zusammenarbeit in einem gemeinsamen Betrieb nicht dazu führen, dass jeder Leiharbeitnehmer bei jedem Trägerunternehmen mitzuzählen ist. Auch die Vertragsarbeitnehmer beteiligen sich an der Erfüllung des oder der arbeitstechnischen Zwecke im gemeinsamen Betrieb und sind in diesen eingegliedert. Dennoch werden sie nach vorzugswürdiger Auffassung allein bei ihrem Vertragsarbeitgeber gezählt.[835]

Es kommt somit weder auf das bloße Tätigwerden noch auf die Eingliederung des Leiharbeitnehmers in den gemeinsamen Betrieb an. Leiharbeitnehmer sind im Gemeinschaftsbetrieb allein bei dem entleihenden – und nicht bei allen – Trägerunternehmen im Rahmen der Schwellenwertberechnung nach § 1 Abs. 1 Nr. 2 MitbestG zu berücksichtigen.[836]

---

832 BT-Drs. 18/9232, 29 f.

833 BT-Drs. 18/9232, 30.

834 Siehe hierzu unter Kapitel 4 B.III.

835 Siehe hierzu unter Kapitel 4 B.III.

836 A.A. Schüren/Hamann/*Hamann* AÜG § 14 Rn. 148; ErfK/*Oetker* MitbestG § 1 Rn. 8; wohl auch *Abend*, DB 2017, 607 (609).

Werden jedoch die weiteren Voraussetzungen des § 14 Abs. 2 S. 6 AÜG nicht erfüllt, etwa weil ein Leiharbeitnehmer weniger als sechs Monate an ein Trägerunternehmen des Gemeinschaftsbetriebs entliehen ist, muss es dabei bleiben, dass der Leiharbeitnehmer auch bei der Schwellenwertberechnung nicht zu berücksichtigen ist.[837] Hieran vermag auch der Einsatz innerhalb eines Gemeinschaftsbetriebs nichts zu verändern.[838]

Die Einsatzzeit ist im Übrigen arbeitsplatzbezogen zu verstehen, sodass es unschädlich für die Berücksichtigung bei der Schwellenwertberechnung ist, wenn derselbe Arbeitsplatz nacheinander von verschiedenen Leiharbeitnehmern besetzt wird.[839] Hiervon geht auch der BGH aus und klärt diese umstrittene Frage nunmehr höchstrichterlich.[840] Ein Abstellen auf die individuelle Arbeitszeit des Arbeitnehmers bei der Schwellenwertberechnung wäre systemfremd und würde mitbestimmungsvermeidende Konstellationen begünstigen, da so derselbe Arbeitsplatz abwechselnd mit verschiedenen Leiharbeitnehmern besetzt werden könnte, ohne diese bei den Schwellenwerten berücksichtigen zu müssen.[841] § 14 Abs. 2 S. 6 AÜG trifft eine Regelung zur Berücksichtigung der Leiharbeitnehmer im Rahmen des § 1 Abs. 1 Nr. 2 MitbestG, der selbst gerade nicht das Beschäftigungsverhältnis des einzelnen (Leih)Arbeitnehmers in den Blick nimmt, sondern abstrakt an eine bestimmte Unternehmensgröße anknüpft.[842] Ein Arbeitsplatz ist selbst dann mitzuzählen, wenn zwar die Mindesteinsatzdauer von einem nur

837 *Dittmann*, Schwellenwerte und Unternehmensmitbestimmung, 256 f.

838 *Dittmann*, Schwellenwerte und Unternehmensmitbestimmung, 257.

839 So auch *Dittmann*, Schwellenwerte und Unternehmensmitbestimmung, 143 ff., 257; *Flockenhaus*, EWiR 2019, 73 (74); *Fuchs/Köstler/Pütz*, AG 2017, R104 (R105); Schüren/Hamann/*Hamann* AÜG § 14 Rn. 142; *Kössel/Stütze*, DB 2017, 3071 (3076); WKS/*Wißmann* MitbestG § 1 Rn. 41e; a.A. *Azmons/Homburg/Gerum*, DB 2017, 726 (732); *Bungert/Rogier*, DB 2016, 3022 (3027); *Frank/Weber*, NZA 2019, 233 (235 f.); *Löwisch/Wegmann*, BB 2017, 373 (377); BeckOK-ArbR/*Motz* AÜG § 14 Rn. 26; *Neighbour/Schröder*, BB 2016, 2869 (2873); *Oetker*, NZA 2017, 29 (33); *Schubert/Liese*, NZA 2016, 1297 (1303); *Ulrici*, AÜG § 14 Rn. 42; *Urban-Crell/Germakowski*, in: Urban-Crell/Germakowski/Bissels/Hurst AÜG § 14 Rn. 80.

840 Vgl. BGH, Beschl. v. 25.09.2019 – II ZB 21/18, NZA 2019, 1232 (Rn. 28 ff.).

841 Schüren/Hamann/*Hamann* AÜG § 14 Rn. 142; ausf. zum Bezugspunkt für die Mindesteinsatzdauer: *Dittmann*, Schwellenwerte und Unternehmensmitbestimmung, 143 ff.

842 BGH, Beschl. v. 25.09.2019 – II ZB 21/18, NZA 2019, 1232 (Rn. 31 ff.).

vorübergehend auf diesem Arbeitsplatz tätigen Leiharbeitnehmer nicht erreicht wird, dieser Arbeitsplatz aber ansonsten von einem Stammarbeitnehmer besetzt wird.[843] Der Arbeitsplatz ist hingegen nicht mitzuzählen, wenn dieser nur für kurze Zeit, etwa zur Erledigung von Auftragsspitzen, zu besetzen war.[844]

Im Ergebnis ist ein Leiharbeitnehmer bei der Schwellenwertberechnung des § 1 Abs. 1 Nr. 2 MitbestG im entleihenden Trägerunternehmen zu berücksichtigen, sofern der jeweilige Arbeitsplatz länger als sechs Monate besetzt wird oder der Arbeitsplatz ansonsten von einem Stammarbeitnehmer besetzt ist.

V. Ergebnis zu Schwellenwerten

Die Frage, welche Arbeitnehmer eines Gemeinschaftsbetriebs bei der Schwellenwerteberechnung nach § 1 Abs. 1 Nr. 2 MitbestG zu berücksichtigen sind, wurde bisher nicht abschließend geklärt. Die letzte höchstrichterliche Rechtsprechung scheint angesichts ihres Entscheidungsdatums und der fortschreitenden Entwicklung des Arbeitsrechts in Betrieb und Unternehmen nicht auf heutige Sachverhalte übertragbar. Auch in der instanzgerichtlichen Rechtsprechung und der Literatur zeichnet sich kein einheitliches Bild ab. Das Ziel, die Mitbestimmung der Arbeitnehmer der Unternehmensgröße entsprechend zu gewährleisten, kann unter Praktikabilitätsgründen und unter dem Gesichtspunkt der Rechtssicherheit nur erreicht werden, wenn man den im gemeinsamen Betrieb beschäftigten Arbeitnehmer allein seinem Vertragsarbeitgeber zuordnet. Unter dem Begriff des „Arbeitnehmers" im Sinne des § 1 Abs. 1 Nr. 2 MitbestG ist somit allein der Vertragsarbeitnehmer des Trägerunternehmens zu verstehen. Dies dürfte auf einer Linie mit dem gesetzgeberischen Willen liegen, eine effektive Unternehmensmitbestimmung durch die Arbeitnehmerseite zu ermöglichen. Sofern die höchstrichterliche Rechtsprechung an einer normzweckorientierten Auslegung des Schwellenwerts in § 1 Abs. 1 Nr. 2 MitbestG festhält, dürfte diese ebenfalls dazu führen, dass ein Arbeitnehmer einem Trägerunternehmen ausschließlich anhand des Arbeitsvertrags zugerechnet werden kann.

Dies gilt ebenso für die Berücksichtigung von Leiharbeitnehmern im Gemeinschaftsbetrieb. Diese sind bei der Schwellenwertberechnung lediglich

---

843 *Fuchs/Köstler/Pütz*, AG 2017, R104 (R105); WKS/*Wißmann* MitbestG § 1 Rn. 41e.

844 WKS/*Wißmann* MitbestG § 1 Rn. 41e.

im Entleiherunternehmen mitzuzählen. Allein die Zusammenarbeit der Trägerunternehmen in einem gemeinsamen Betrieb kann konsequenterweise keine abweichende Bewertung rechtfertigen.

C. Wahlrecht der Arbeitnehmer im Gemeinschaftsbetrieb

Mit Erreichen des in § 1 Abs. 1 Nr. 2 MitbestG bezeichneten Schwellenwerts ist der Anwendungsbereich des MitbestG eröffnet. Es ist ein durch die Arbeitnehmer anteilig mitbestimmter Aufsichtsrat in dem jeweiligen Unternehmen zu errichten. Nachdem festgestellt wurde, dass die Arbeitnehmer bei der Schwellenwertberechnung lediglich bei ihrem Vertragsarbeitgeber zu berücksichtigen sind,[845] gilt es nun zu klären, welche Arbeitnehmer im Gemeinschaftsbetrieb zu den mitbestimmten Aufsichtsräten der einzelnen Trägerunternehmen wahlberechtigt und wählbar sind. Die höchstrichterliche Rechtsprechung hat dies bisher unbeantwortet gelassen. In der Literatur wird diese Frage uneinheitlich beantwortet.

I. Kein Gleichlauf von Zählen und Wählen

Ginge man von einem Gleichlauf von *Zählen und Wählen* im gemeinsamen Betrieb mehrerer Unternehmen aus, würde sich die (Nicht-)Berücksichtigung im Rahmen der Schwellenwertberechnung auch auf die Wahlrechte des Arbeitnehmers auswirken. Geht man davon aus, dass die Arbeitnehmer allein ihrem Vertragsarbeitgeber bei der Schwellenwertberechnung zugerechnet werden können, wären sie ebenso allein im Unternehmen ihres Vertragsarbeitgebers bei den Wahlen zum Aufsichtsrat wahlberechtigt und wählbar.

Zu klären gilt es daher zunächst, ob die Berücksichtigung eines Arbeitnehmers im Rahmen der Schwellenwertberechnung zugleich bedeutet, dass diesem das aktive und passive Wahlrecht allein bei dem zählenden Unternehmen einzuräumen ist, oder ob Wahlrechte und die Berücksichtigung bei der Schwellenwertberechnung getrennt voneinander bewertet werden können.

---

[845] Siehe hierzu unter Kapitel 4 B.III.

Teilweise wird vertreten, dass die Frage nach dem Zählen bei der Schwellenwertberechnung und die nach der Einräumung von Wahlrechten nicht einheitlich beantwortet werden müssen.[846] Andere Stimmen sprechen sich hingegen für einen notwendigen Gleichlauf von Zählen und Wählen aus.[847]

1. Arbeitnehmerbegriff im MitbestG

Man könnte aufgrund des Wortlauts des § 1 Abs. 1 Nr. 2 MitbestG – der lediglich von „Arbeitnehmern" spricht – annehmen, dass es bei der Bestimmung der Arbeitnehmerzahl nicht auf die Wahlberechtigung der Arbeitnehmer ankommen soll und diese somit keinen Schluss auf die Berücksichtigung bei der Schwellenwertberechnung und umgekehrt zulässt. Dieser Gedanke ließe sich auf einen Vergleich von § 1 Abs. 1 Nr. 2 MitbestG mit § 9 S. 1 BetrVG stützen. Letzterer spricht von „wahlberechtigten Arbeitnehmern", während ersterer lediglich die „Arbeitnehmer" in Bezug nimmt. Im Umkehrschluss könnte man davon ausgehen, dass § 1 Abs. 1 Nr. 2 MitbestG nicht auf die Wahlberechtigung abstellt.[848]

Ein gegenteiliges Ergebnis ließe sich erzielen, wenn man den Wortlaut des § 3 Abs. 1 S. 1 MitbestG hinzuzieht. Dieser spricht von „Arbeitnehmer[n] im Sinne dieses Gesetzes".[849] Unterstellt man dem Gesetzgeber, dass diesem an der Einheitlichkeit der Rechtsordnung und der Terminologie gelegen war, bedürfte es einer einheitlichen Auslegung des Arbeitnehmerbegriffs innerhalb des MitbestG.[850] Diesen Arbeitnehmerbegriff verwenden sowohl die Vorschriften zu den Schwellenwerten als auch die zum aktiven und passiven

---

846 So i.E. *Greiwe*, Unternehmensmitbestimmung und Gemeinschaftsbetrieb, 193 ff.; RVJ/*Raiser* MitbestG § 1 Rn. 19; *Säcker*, Wahlordnungen, Rn. 195 zum Gemeinschaftsunternehmen: Die Überlegungen zum Wahlrecht können nicht analog auf die Mindestbeschäftigungszahlen angewandt werden; *Thüsing/Pötters*, in: FS Wank, 599 (613 f.); *Wanhöfer*, Gemeinschaftsbetrieb und Unternehmensmitbestimmung, 54 f., 110; *Wiedemann*, SAE 1962, 212 (213): Für die Wahlberechtigung seien andere Gesichtspunkte ausschlaggebend als für die Mindestzahl; *Windbichler*, Arbeitsrecht im Konzern, 512 f.

847 *Hay/Grüneberg*, NZA 2014, 814 (819 f.); *Krause*, ZIP 2014, 2209 (2212 f.); *Thüsing/Forst*, in: FS Kreutz, 867 (878).

848 So *Krause*, ZIP 2014, 2209 (2212 f.) zu Leiharbeitnehmern, der dieser Argumentation i.E. jedoch nicht folgt.

849 Gleiches gilt für § 3 Abs. 1 DrittelbG.

850 *Thüsing/Forst*, in: FS Kreutz, 867 (879) m.w.N.

Wahlrecht der Arbeitnehmer.[851] Dies lässt die Annahme zu, dass es zu einem Gleichlauf von Zählen und Wählen von Arbeitnehmern im gemeinsamen Betrieb mehrerer Unternehmen kommen muss.[852]

Bei alleiniger Betrachtung des Wortlauts scheint es zumindest vertretbar, sich der Ansicht anzuschließen, die von einem Gleichlauf zwischen der Berücksichtigung der Arbeitnehmer im Gemeinschaftsbetrieb bei der Schwellenwertberechnung und der Einräumung von Wahlrechten ausgeht. Auf der anderen Seite schließt der Wortlaut es nicht aus, dass Zählen und Wählen im Gemeinschaftsbetrieb abweichend beurteilt werden können.

2. Gesetzessystematische Erwägungen

a. Standort der Regelungen

Man könnte aus der systematischen Stellung der Regelungen zu den Schwellenwerten und zum Wahlverfahren im MitbestG ableiten, dass beide Aspekte getrennt voneinander zu beurteilen sind.[853] So regeln die §§ 1 bis 9 MitbestG die Anwendungsvoraussetzungen des MitbestG, während die abstrakten Wahlgrundsätze und die Wahldurchführung in den §§ 10 ff. MitbestG zu verorten sind. Die gesetzlichen Verweise zum aktiven Wahlrecht in § 10 Abs. 2 S. 2 MitbestG und § 18 S. 2 MitbestG auf § 7 S. 2 BetrVG stünden in keinem Zusammenhang zu § 1 Abs. 1 Nr. 2 MitbestG und dem dort festgelegten Schwellenwert.[854] Es sei gesetzessystematisch widersprüchlich, wenn man einen derartigen Zusammenhang künstlich konstruierte.[855] Damit würde das aktive Wahlrecht – wie vom Gesetzgeber gewollt – nicht nur auf der Rechtsfolgenseite wirken, sondern bei Einräumung des aktiven Wahlrechts bereits der Geltungsbereich des MitbestG eröffnet werden.[856] Ein

---

[851] Vgl. §§ 1, 7, 10, 18 MitbestG.

[852] *Greiwe*, Unternehmensmitbestimmung und Gemeinschaftsbetrieb, 195.

[853] *Greiwe*, Unternehmensmitbestimmung und Gemeinschaftsbetrieb, 198; *Künzel/Schmid*, NZA 2013, 300 (302); *Lunk*, NZG 2014, 778 (779).

[854] *Greiwe*, Unternehmensmitbestimmung und Gemeinschaftsbetrieb, 198; *Künzel/Schmid*, NZA 2013, 300 (302); *Lunk*, NZG 2014, 778 (779).

[855] *Greiwe*, Unternehmensmitbestimmung und Gemeinschaftsbetrieb, 198; *Künzel/Schmid*, NZA 2013, 300 (302).

[856] *Künzel/Schmid*, NZA 2013, 300 (302).

derartiger Einfluss des jeweiligen Arbeitnehmers auf der „Tatbestandsseite" widerspreche den systematischen Erwägungen des Gesetzgebers und sei nicht gewollt.[857]

Krause[858] sieht die Möglichkeit einer derart scharfen Abgrenzung nicht, da er eine Unstimmigkeit bereits in § 9 MitbestG erkennt. So könnten Leiharbeitnehmer gemäß § 9 Abs. 1 bzw. 2 MitbestG über den Wahlmodus mitentscheiden, obwohl sie bei der Frage, welcher Wahlmodus grundsätzlich zur Anwendung kommt, nicht mitzählen würden. In Bezug auf Leiharbeitnehmer mag zwar nunmehr in § 14 Abs. 2 S. 5 und 6 AÜG festgelegt sein, dass diese bei den Schwellenwerten zu berücksichtigen sind, dennoch vermag diese Klarstellung nichts daran zu ändern, dass eine trennscharfe Abgrenzung zwischen §§ 1 bis 9 MitbestG und §§ 10 ff. MitbestG nicht möglich ist und damit aus dem Standort der Regelungen kein Rückschluss auf das Verhältnis zwischen Zählen und Wählen gezogen werden kann.

b. Rückschluss aus § 14 Abs. 2 S. 5 und 6 AÜG

Greiwe[859] führt unter systematischen Gesichtspunkten an, dass die Einführung von § 14 Abs. 2 S. 5 und 6 AÜG gegen den Gleichlauf von dem Zählen bei den Schwellenwerten und Wahlrechten spreche. Die §§ 10 Abs. 2 S. 2, 18 S. 2 MitbestG verweisen auf § 7 S. 2 BetrVG, aus dem das aktive Wahlrecht von Leiharbeitnehmern hinsichtlich des jeweiligen mitbestimmten Aufsichtsrats hervorgeht. Da der Gesetzgeber die Berücksichtigung von Leiharbeitnehmern bei der Schwellenwertberechnung explizit in § 14 Abs. 2 S. 5 und 6 AÜG geregelt hat – nicht aber die Wahlberechtigung – verdeutliche er, dass Schwellenwertberechnung und aktives Wahlrecht als zwei unabhängige Regelungsbereiche zu verstehen seien. Wäre der Gesetzgeber im Gegensatz dazu davon ausgegangen, dass sich die Schwellenwertzurechnung von Leiharbeitnehmern bereits aus ihrem aktiven Wahlrecht ergebe, wäre die Regelung in § 14 Abs. 2 S. 5 und 6 AÜG nicht notwendig gewesen.

Dieses Argument vermag nicht zu überzeugen. Mit Einführung von § 14 Abs. 2 S. 5 und 6 AÜG wollte der Gesetzgeber die Rechtslage zur

---

[857] *Künzel/Schmid*, NZA 2013, 300 (302).
[858] *Krause*, ZIP 2014, 2209 (2212 f.).
[859] *Greiwe*, Unternehmensmitbestimmung und Gemeinschaftsbetrieb, 196.

Berücksichtigung von Leiharbeitnehmern bei der Schwellenwertberechnung basierend auf der aktuellen Rechtsprechung klarstellen[860] und nicht etwa aufzeigen, dass Zählen und Wählen unterschiedlich zu behandeln sind. Für den klarstellenden Charakter der Regelung spricht ferner, dass diese die zeitlich neuere Regelung darstellt.

Dennoch lassen sich der Gesetzesbegründung zu § 14 AÜG[861] Hinweise darauf entnehmen, dass der Gesetzgeber zwischen Wahlrechten und dem Zählen bei der Schwellenwertberechnung differenzieren wollte. So heißt es in Bezug auf die betriebsverfassungsrechtlichen Schwellenwerte in § 14 Abs. 2 S. 4 AÜG, dass Leiharbeitnehmer aufgrund dieser Regelung zwar bei der Berechnung betriebsverfassungsrechtlicher Schwellenwerte grundsätzlich zu berücksichtigen seien, diese jedoch nicht das Vorliegen gegebenenfalls in der jeweiligen Norm enthaltener weiterer Voraussetzungen – wie zum Beispiel die Wahlberechtigung – fingiere. Auch der Gesetzgeber scheint insofern zwischen Zählen und Wählen differenzieren zu wollen. Zwar bezieht sich die Gesetzesbegründung mit dieser Formulierung auf betriebsverfassungsrechtliche Schwellenwerte, jedoch regelt § 14 Abs. 2 AÜG sowohl den Bereich des Betriebsverfassungsrechts als auch den der Unternehmensmitbestimmung, sodass sich dieser Schluss auch auf die Unternehmensmitbestimmung übertragen lassen könnte. Hierfür spricht auch, dass der Gesetzgeber als Beweggrund für die Berücksichtigung von Leiharbeitnehmern bei den Schwellenwerten den „langjährigen Grundsatz der Parallelität zum Betriebsverfassungsrecht“[862] benennt.

Allein anhand von § 14 Abs. 2 S. 5 und 6 AÜG kann jedoch noch keine eindeutige Aussage darüber getroffen werden, ob Zählen und Wählen einheitlich beurteilt werden müssen.

c. Vergleich mit § 2 DrittelbG

Entscheidend gegen einen Gleichlauf von Zählen und Wählen spricht jedoch ein Vergleich mit dem DrittelbG. Dies zeigt sich bei Betrachtung von § 2 DrittelbG. § 2 DrittelbG macht deutlich, dass die Berücksichtigung

860 Vgl. BT-Drs. 18/9232, 29.

861 BT-Drs. 18/9232.

862 BT-Drs. 18/9232, 29.

eines Arbeitnehmers im Rahmen der Schwellenwertberechnung (§ 2 Abs. 2 DrittelbG) nicht unmittelbar auf dessen Wahlberechtigung schließen lässt (§ 2 Abs. 1 DrittelbG).[863] Ginge man davon aus, dass sich die Berücksichtigung des Arbeitnehmers bei der Schwellenwertberechnung bereits aus dessen Wahlrecht gemäß § 2 Abs. 1 DrittelbG ergibt, würde die Regelung des § 2 Abs. 2 DrittelbG unterlaufen, die die Berücksichtigung von Arbeitnehmern an weitere, gesonderte Voraussetzungen knüpft. Eine derartige Klausel findet sich auch in § 5 MitbestG wieder.

Zwar mangelt es dort an einer ähnlichen Differenzierung zwischen Schwellenwertberechnung und Wahlrechten, dennoch verwendet der Gesetzgeber in § 5 Abs. 1 MitbestG ebenso den Begriff des „Arbeitnehmers", der – wie in § 2 Abs. 2 DrittelbG auch – als Arbeitnehmer des herrschenden Konzernunternehmens angesehen wird. Aufgrund dieser Parallelen lässt sich die im DrittelbG hervortretende Differenzierung zwischen Zählen und Wählen auch auf die Unternehmensmitbestimmung nach dem MitbestG übertragen.

d. Abweichende gerichtliche Zuständigkeitsverteilung

Für eine unterschiedliche Beurteilung der beiden Aspekte sprechen ferner die abweichenden gerichtlichen Zuständigkeiten. Gemäß § 6 Abs. 2 S. 2 MitbestG i.V.m. §§ 98, 99 AktG haben die ordentlichen Gerichte im Statusverfahren zur Ermittlung des Mitbestimmungsstatus bei Streitigkeiten über die Anwendbarkeit des MitbestG zu entscheiden, während die Arbeitsgerichtsbarkeit gemäß § 2a Abs. 1 Nr. 3 ArbGG in Wahlrechtsfragen zuständig ist. Aus dieser unterschiedlichen Verteilung lässt sich der Wille des Gesetzgebers ableiten, dass beide Aspekte voneinander unabhängig zu beurteilen sind.[864] Anderenfalls wäre diese Kompetenzverteilung widersprüchlich, da das jeweils zuständige Gericht wegen des engen Zusammenhangs der Regelungsgegenstände notwendig beides hätte beurteilen können müssen.[865] Ziel dieser Zuständigkeitsverteilung waren die Verfahrensbeschleunigung und die Erzielung von Widerspruchsfreiheit,

---

[863] *Bonanni/Otte*, BB 2016, 1653 (1657).
[864] *Wanhöfer*, Gemeinschaftsbetrieb und Unternehmensmitbestimmung, 55.
[865] *Greiwe*, Unternehmensmitbestimmung und Gemeinschaftsbetrieb, 197.

sowie die Vermeidung von Doppelzuständigkeiten der Arbeitsgerichtsbarkeit. Einer Zuständigkeitszersplitterung zwischen ordentlicher Gerichtsbarkeit und Arbeitsgerichtsbarkeit sollte vorgebeugt werden. Ferner soll durch diese Verteilung der Gefahr sich widersprechender Entscheidungen begegnet und eine zügige Klärung der korrekten Zusammensetzung des Aufsichtsrats erreicht werden.[866]

Sofern es um die Vermeidung derartiger, sich widersprechender Entscheidungen geht, kann dies nur bedeuten, dass widersprüchliche Entscheidungen in verschiedenen Gerichtszweigen einer Gerichtsbarkeit gemeint sind.[867] Es soll vermieden werden, dass innerhalb einer Gerichtsbarkeit unterschiedliche Ergebnisse bei der Frage nach der Anwendbarkeit des Mitbestimmungsstatus und Fragen bezüglich der Wählbarkeit von Arbeitnehmern erzielt werden. Unterschiedliche Ergebnisse erscheinen jedoch nur dann denkbar, wenn diese Fragen im Grundsatz eine unterschiedliche Bewertung zulassen. Die unterschiedliche Zuständigkeitsverteilung deutet darauf hin, dass eben dies der Fall sein kann.

e. Nichtberücksichtigung Minderjähriger

Gegen einen notwendigen Gleichlauf von Zählen und Wählen spricht ferner, dass Minderjährigen in den §§ 10 Abs. 2 S. 1, 18 S. 1 MitbestG das aktive sowie in § 7 Abs. 4 S. 1 MitbestG das passive Wahlrecht versagt wird,[868] es in § 1 Abs. 1 Nr. 2 MitbestG jedoch nicht auf das Alter des erfassten Arbeitnehmers ankommen soll.[869] Das Alter steht der Erfassung bei der Schwellenwertberechnung nicht entgegen, während eine Minderjährigkeit das Bestehen von Wahlrechten ausschließt. Wäre es im Sinne des Gesetzgebers gewesen, einen Gleichlauf von Zählen und Wählen zu gewährleisten, dürfte es zu keiner derartigen Nichtberücksichtigung Minderjähriger in Bezug Wahlrechte kommen.

---

866 Schmidt/Lutter/*Drygala* AktG § 98 Rn. 1 m.w.N.; Henssler/Strohn GesR/*Henssler* AktG § 98 Rn. 1; AktG/*Koch* § 98 Rn. 1; Begründung zum RegE, in: *Kropff* AktG § 98, 129.

867 In diese Richtung auch BeckOGK-AktG/*Spindler* AktG § 98 Rn. 2.

868 Ebenso wenig darf ein Minderjähriger Delegierter sein, vgl. § 10 Abs. 3 MitbestG.

869 *Greiwe*, Unternehmensmitbestimmung und Gemeinschaftsbetrieb, 197; *Wanhöfer*, Gemeinschaftsbetrieb und Unternehmensmitbestimmung, 54 f.

3. Sinn und Zweck von Schwellenwerten und Wahlrechten

Entscheidend gegen den Gleichlauf von Zählen und Wählen spricht jedoch das Telos von Schwellenwerten und Arbeitnehmerwahlrechten. Mithilfe des Schwellenwerts in § 1 Abs. 1 Nr. 2 MitbestG will der Gesetzgeber objektiv die Größe eines Unternehmens bestimmen. Erst ab einer bestimmten Anzahl von Arbeitnehmern ist der Anwendungsbereich des Gesetzes eröffnet.[870] Es handelt sich um ein objektiv-strukturelles Merkmal.[871] Das dem einzelnen Arbeitnehmer eingeräumte Wahlrecht hingegen dient diesem als Mittel zur Verwirklichung seiner Rechte.[872] Wahlrechte stellen höchstpersönliche Rechte des einzelnen Arbeitnehmers dar, für die auch dessen persönliche Anbindung an den Betrieb von Bedeutung ist.[873] Für die in § 1 Abs. 1 Nr. 2 MitbestG maßgebliche Größe hingegen spielt diese persönliche Bindung keine Rolle.[874] Die Verschiedenheit des gedanklichen Ansatzes spiegelt sich auch in dem jeweiligen Erfassungszeitpunkt beziehungsweise zeitraum wider. Bei der Berechnung der Schwellenwerte ist die Beobachtung der Arbeitnehmerzahl über einen bestimmten Zeitraum erforderlich,[875] während die Entscheidung über das Bestehen des aktiven und passiven Wahlrechts des Arbeitnehmers an einem bestimmten Stichtag fällt.[876]

Vorgenanntes spricht gegen einen notwendigen Gleichlauf von Zählen und Wählen.

4. Teleologische Erwägungen ausschlaggebend

Der Wortlaut der einschlägigen Normen im MitbestG lässt keinen eindeutigen Schluss darauf zu, ob ein Gleichlauf zwischen dem Arbeitnehmer eingeräumten Wahlrechten und dessen Berücksichtigung im Rahmen der

---

870 Vgl. § 1 Abs. 1 Nr. 2 MitbestG.

871 *Säcker*, Wahlordnungen, Rn. 195.

872 *Greiwe*, Unternehmensmitbestimmung und Gemeinschaftsbetrieb, 198; *Wanhöfer*, Gemeinschaftsbetrieb und Unternehmensmitbestimmung, 54; *Windbichler*, Arbeitsrecht im Konzern, 512.

873 BGH, Beschl. v. 25.09.2019 – II ZB 21/18, NZA 2019, 1232 (Rn. 36).

874 BGH, Beschl. v. 25.09.2019 – II ZB 21/18, NZA 2019, 1232 (Rn. 36).

875 *Greiwe*, Unternehmensmitbestimmung und Gemeinschaftsbetrieb, 198.

876 RVJ/*Jacobs* MitbestG § 10 Rn. 12; KK-AktG/*Mertens/Cahn* MitbestG § 10 Rn. 6; *Wanhöfer*, Gemeinschaftsbetrieb und Unternehmensmitbestimmung, 54; WKS/*Wißmann* MitbestG § 10 Rn. 27.

Schwellenwertberechnung anzunehmen ist.[877] Bei näherer Betrachtung systematischer Gesichtspunkte zeigt sich, dass vieles darauf hindeutet, dass Zählen und Wählen unterschiedlich beurteilt werden können.[878]

Eindeutig gegen einen derartigen Gleichlauf sprechen Sinn und Zweck von Schwellenwerten und Wahlrechten.[879] Während bei Ersteren die Erfassung einer objektiven Messgröße bezweckt wird, dienen Letztere der Verwirklichung höchstpersönlicher Arbeitnehmerrechte. Dem möglichen Wortsinn und der Systematik des Gesetzes kommen primär ergänzende Funktionen zu, da innerhalb der dadurch gezogenen Grenzen häufig noch mehrere Auslegungen möglich erscheinen.[880] Insofern dürfen diese nicht überschätzt werden.[881] Entscheidend abgestellt werden muss auf teleologische Erwägungen.[882] Diese führen hier zu dem Ergebnis, dass ein Gleichlauf zwischen Zählen und Wählen nicht notwendig ist. Aus dem Ergebnis der Untersuchung zur Berücksichtigung von Arbeitnehmern im Gemeinschaftsbetrieb bei der Schwellenwertberechnung kann kein Rückschluss auf deren Wahlrechte gezogen werden. Es ist eine hiervon unabhängige Bewertung vorzunehmen.

II. Bestehen von Wahlrechten im Gemeinschaftsbetrieb

Erfüllt ein Trägerunternehmen die Voraussetzungen in § 1 Abs. 1 MitbestG, ist ein durch die Arbeitnehmer mitbestimmter Aufsichtsrat zu errichten. Ausgangspunkt für die aktive Wahlberechtigung ist § 10 Abs. 2 S. 1 MitbestG. Hiernach sind diejenigen Arbeitnehmer für die Wahl von Delegierten wahlberechtigt, die das 18. Lebensjahr vollendet haben. Dies gilt gemäß § 18 S. 1 MitbestG ebenso für den Fall der unmittelbaren Wahl. Die passive Wahlberechtigung ist in § 7 MitbestG geregelt. § 7 Abs. 2 MitbestG bestimmt, dass es sich bei den Arbeitnehmervertretern um „Arbeitnehmer des Unternehmens" handeln muss. Ferner müssen diese gemäß § 7 Abs. 4 S. 1 MitbestG das 18. Lebensjahr vollendet haben und seit mindestens einem Jahr dem Unternehmen angehören.

---

877 Siehe hierzu unter Kapitel 4 C.I.1.

878 Siehe hierzu unter Kapitel 4 C.I.2.

879 Siehe hierzu unter Kapitel 4 C.I.3.

880 *Larenz/Canaris*, Methodenlehre, 164 f.

881 *Larenz/Canaris*, Methodenlehre, 164.

882 *Larenz/Canaris*, Methodenlehre, 165.

1. Meinungsstand

Im Gemeinschaftsbetrieb stellt sich die Frage, ob und welchen Arbeitnehmern Wahlrechte zustehen und ob sich diese auf jegliche Trägerunternehmen erstrecken.

Die wohl überwiegende Meinung in der Literatur will allen im Gemeinschaftsbetrieb beschäftigten Arbeitnehmern das aktive und passive Wahlrecht zu allen mitbestimmten Aufsichtsräten und damit auch in Bezug auf vertragsfremde Trägerunternehmen einräumen.[883] Hiervon gehen auch Teile der instanzgerichtlichen Rechtsprechung aus.[884] Teilweise wird für die Annahme eines solchen Wahlrechts die gemeinschaftliche und umfassende Leitung durch die beteiligten Trägerunternehmen vorausgesetzt.[885] Andere Literaturansichten räumen dem Arbeitnehmer im Gemeinschaftsbetrieb ein Wahlrecht bei allen Trägerunternehmen ein, deren Weisungen er unterworfen ist.[886]

Wanhöfer[887] stellt entscheidend auf die persönliche und wirtschaftliche Betroffenheit des Arbeitnehmers durch unternehmerische Entscheidungen ab. Betroffen seien demnach in jedem Fall die Vertragsarbeitnehmer des Unternehmens. Ferner betroffen seien diejenigen Fremdarbeitnehmer, die auf Dauer mit ihrer gesamten Arbeitsleistung ausschließlich für das Trägerunternehmen tätig sind.

---

883 Für das aktive und passive Wahlrecht: *Bachner*, AiB 2013, 615 (616 f.); *Däubler*, in: FS Zeuner, 19 (31); *Dittmann*, Schwellenwerte und Unternehmensmitbestimmung, 82; *Hjort*, NZA 2001, 696 (700 f.); *Oetker*, EWiR 2013, 649 (650); *Säcker*, Wahlordnungen, Rn. 213; *ders.*, ZfA 2008, 51 (61); *Thüsing/Forst*, in: FS Kreutz, 867 (879 f.); *Thüsing/Pötters*, in: FS Wank, 599 (602 f.); wohl auch DKW/*Trümner* BetrVG § 1 Rn. 229; WKS/*Wißmann* MitbestG § 10 Rn. 26; jedenfalls für das aktive Wahlrecht: *Lembke/Fischels*, RdA 2021, 222 (233); zweifelnd MHdB-ArbR/*Uffmann* § 374 Rn. 40.

884 LAG Hamburg, Beschl. v. 21.10.2008 – 417 O 171/07, BeckRS, 7094, das fälschlicherweise vom „Gemeinschaftsunternehmen" spricht, jedoch entspr. der Berichtigung den „Gemeinschaftsbetrieb" meint.

885 *Hanau*, ZFA 1990, 115 (127); auch *Prinz*, SAE 2013, 90 (93) hält dies für vorzugswürdig; angedeutet auch HWK/*Seibt* DrittelbG § 3 Rn. 3; HWK/*Seibt* MitbestG § 1 Rn. 11; in diese Richtung auch *Zöllner*, in: FS Semler, 995 (1012 f.).

886 HH/*Henssler* MitbestG § 10 Rn. 21; *Wiedemann*, SAE 1962, 212 (212f).

887 *Wanhöfer*, Gemeinschaftsbetrieb und Unternehmensmitbestimmung, 111 ff.

Auch *Bonanni*[888] will Arbeitnehmern ein Wahlrecht bei ihrem Vertragsarbeitgeber und einem fremden Trägerunternehmen einräumen, wenn diese ausschließlich und auf Dauer nur für das fremde Unternehmen tätig werden.

Andere Literaturstimmen wollen nur denjenigen Arbeitnehmern ein Wahlrecht zugestehen, die einen Arbeitsvertrag mit dem Trägerunternehmen haben.[889]

Der siebte Senat[890] des BAG will den in einem gemeinsamen Betrieb tätigen Arbeitnehmern zumindest nach der Parallelregelung in § 5 Abs. 2 DrittelbG das aktive Wahlrecht einräumen.[891]

In Bezug auf diese Entscheidung des BAG gilt es zunächst zu untersuchen, ob dessen Ergebnisse sich zum einen auf das passive Wahlrecht der Arbeitnehmer im Gemeinschaftsbetrieb nach dem DrittelbG und zum anderen auf die Unternehmensmitbestimmung nach dem MitbestG übertragen lassen. Dieser Bearbeitung sei vorangestellt, dass eine Übertragbarkeit primär anhand der Argumentation des Gerichts untersucht wird. Ist eine Übertragbarkeit anzunehmen, bedeutet dies nicht zugleich, dass es sich um die bevorzugte Lösung handelt.

2. Entscheidung des BAG vom 13.03.2013

a. Aktives Wahlrecht nach dem DrittelbG

Am 13.03.2013 hatte der siebte Senat des BAG[892] über das Bestehen eines aktiven Wahlrechts der Arbeitnehmer im Gemeinschaftsbetrieb bei den Aufsichtsratswahlen in den Trägerunternehmen zu entscheiden. Beantwortet wurde diese Frage ausschließlich in Bezug auf das aktive Wahlrecht nach dem

---

888 *Bonanni*, Der gemeinsame Betrieb, 296 ff.

889 *Annuß*, in: FS v. Hoyningen-Huene, 17 (27 f.); i.E. auch *Greiwe*, Unternehmensmitbestimmung und Gemeinschaftsbetrieb, 227 f.; wohl auch *Herrmann*, Der gemeinsame Betrieb, 166 f.; *Hohenstatt/Schramm*, NZA 2010, 846 (850 f.); RVJ/*Jacobs MitbestG* § 10 Rn. 11; *Kolbe*, Mitbestimmung und Demokratieprinzip, 336; ErfK/*Oetker* MitbestG § 17 Rn. 3; *Windbichler*, Arbeitsrecht im Konzern, 501.

890 BAG, Beschl. v. 13.03.2013 – 7 ABR 47/11, AP DrittelbG § 5 Nr. 1.

891 Gegen die Entscheidung: RVJ/*Jacobs* MitbestG § 3 Rn. 46.

892 BAG, Beschl. v. 13.03.2013 – 7 ABR 47/11, AP DrittelbG § 5 Nr. 1.

DrittelbG. Die Frage nach der passiven Wahlberechtigung der Arbeitnehmer im Gemeinschaftsbetrieb wurde ausdrücklich offengelassen. Nach dem BAG steht den mit einem der Trägerunternehmen arbeitsvertraglich verbundenen Arbeitnehmern des gemeinsamen Betriebs das aktive Wahlrecht bei der Wahl der Arbeitnehmervertreter in den mitbestimmten Aufsichtsrat bei jedem Trägerunternehmen zu. Sie seien Arbeitnehmer im Sinne des § 5 Abs. 2 S. 1 DrittelbG bezogen auf alle Trägerunternehmen unabhängig von der Person des Vertragsarbeitgebers. Dies ergebe sich aus dem Normwortlaut unter Hinzuziehung der Gesetzeshistorie, aus der Systematik sowie aus der am Sinn und Zweck der Unternehmensmitbestimmung orientierten Auslegung von § 5 Abs. 2 S. 1 DrittelbG.

b. Übertragbarkeit auf das passive Wahlrecht

aa. Unternehmenszugehörigkeit im weitesten Sinne

Offen lässt der siebte Senat die Frage nach dem Bestehen eines passiven Wahlrechts von Arbeitnehmern im Gemeinschaftsbetrieb.[893] Vielfach wird angenommen, dass sich die durch das BAG gefundenen Ergebnisse ebenso auf das passive Wahlrecht übertragen ließen und demnach den Arbeitnehmern im Gemeinschaftsbetrieb auch ein solches bei allen Trägerunternehmen eingeräumt werden müsse.[894] Wie § 4 Abs. 2 DrittelbG spreche auch § 4 Abs. 3 S. 1 DrittelbG von den „Arbeitnehmern des Unternehmens", sodass ein konzeptioneller Gleichlauf von aktivem und passivem Wahlrecht naheliege.[895] Auch das BAG stellt in seiner Entscheidung unter anderem auf den Wortlaut von § 5 Abs. 2 S. 1 DrittelbG ab, nach welchem die „Arbeitnehmer

---

893 BAG, Beschl. v. 13.03.2013 – 7 ABR 47/11, AP DrittelbG § 5 Nr. 1 (Rn. 25).

894 *Bachner*, AiB 2013, 615 (617); *Klasen*, GWR 2013, 381 (381); *Oetker*, EWiR 2013, 649 (650); *Thüsing/Pötters*, in: FS Wank, 599 (602 f.); DKW/*Trümner* BetrVG § 1 Rn. 229; wohl auch Lutter/Bayer/*Wackerbarth* Holding-HdB Rn. 12.224; a.A. *Hjort*, ArbRAktuell 2013, 365 (365): Für das passive Wahlrecht dürfte vermutlich weiterhin der Unternehmensbezug maßgebend sein.

895 Vgl. *Greiwe*, Unternehmensmitbestimmung und Gemeinschaftsbetrieb, 203 f., der davon ausgeht, dass das BAG die Vorschriften parallel auslegen würde; *Oetker*, EWiR 2013, 649 (650) nach dem zudem eine Rechtslage nachvollzogen werde, die in § 10 Abs. 3 MitbestG vorgeprägt sei.

des Unternehmens" wahlberechtigt seien.[896] Hierdurch würden ebenso solche Arbeitnehmer erfasst, die in keinem Arbeitsvertragsverhältnis zum Trägerunternehmen stehen. Durch die Formulierung „des Unternehmens" werde nur die Zugehörigkeit im weitesten Sinne ausgedrückt.[897] Dieser Wortlaut findet sich auch in § 4 Abs. 3 S. 1 DrittelbG wieder. In diesem ist ebenfalls die Rede von „Arbeitnehmern des Unternehmens". Dies könnte darauf hindeuten, dass hiermit gleichermaßen Arbeitnehmer im weitesten Sinne – und damit auch vertragsfremde Arbeitnehmer – gemeint sind. Mit dieser Argumentation würde das BAG bei der Beantwortung der Frage nach dem passiven Wahlrecht zu dem gleichen Ergebnis kommen, wie bei der Beantwortung der Frage nach dem aktiven Wahlrecht.

bb. Entstehungsgeschichte des DrittelbG

Das BAG stellt zur Begründung eines aktiven Wahlrechts unter anderem auf die Entstehungsgeschichte des DrittelbG ab.[898] Vor Inkrafttreten des DrittelbG war die überwiegende Zahl der darin enthaltenen Vorschriften bereits in den §§ 76 ff. des BetrVG 1952 geregelt. Die vormals in § 76 Abs. 2 S. 1 BetrVG 1952 geregelte Wahlberechtigung war betriebsbezogen formuliert, sodass nach ihrer sprachlichen Fassung alle im gemeinsam geführten Betrieb tätigen Arbeitnehmer als solche aller Trägerunternehmen anzusehen waren.[899] Der Gesetzgeber wollte diese Regelungen neu fassen, „ohne den bisherigen Geltungsbereich und den Inhalt des Gesetzes zu verändern"[900]. Es handelt sich um eine redaktionelle Neufassung der unübersichtlich gewordenen Materie im BetrVG 1952, welche anwenderfreundlichere Regelungen zur Verfügung stellen sollte.[901] Die vormals betriebsbezogene Formulierung in § 76 Abs. 2 S. 1 BetrVG 1952 wurde in diesem Zuge durch eine unternehmensbezogene Formulierung ersetzt.[902]

---

896 BAG, Beschl. v. 13.03.2013 – 7 ABR 47/11, AP DrittelbG § 5 Nr. 1 (Rn. 26 ff.).

897 BAG, Beschl. v. 13.03.2013 – 7 ABR 47/11, AP DrittelbG § 5 Nr. 1 (Rn. 28).

898 BAG, Beschl. v. 13.03.2013 – 7 ABR 47/11, AP DrittelbG § 5 Nr. 1 (Rn. 29 ff.).

899 BAG, Beschl. v. 13.03.2013 – 7 ABR 47/11, AP DrittelbG § 5 Nr. 1 (Rn. 31 f.); krit. hierzu *Annuß*, in: FS v. Hoyningen-Huene, 17 (18 ff.).

900 BT-Drs. 15/2542, 1.

901 BT-Drs. 15/2542, 1, 10.

902 BT-Drs. 15/2542, 13.

Es ging dem Gesetzgeber – so der siebte Senat[903] – um eine rein sprachliche Modifikation und nicht um eine inhaltliche Änderung. Daher müsse es dabei bleiben, dass Arbeitnehmer des Unternehmens im Sinne des § 5 Abs. 2 S. 1 DrittelbG die Arbeitnehmer aller Trägerunternehmen des Gemeinschaftsbetriebs seien. Bereits § 76 Abs. 2 S. 2 BetrVG 1952 stellte darauf ab, dass ein Arbeitnehmervertreter im Aufsichtsrat in einem Betrieb des Unternehmens beschäftigt sein muss. Zwar wurden durch § 4 Abs. 3 DrittelbG die Wählbarkeitsvoraussetzungen der Arbeitnehmervertreter konkretisiert, jedoch könnte man – wie auch bei § 5 Abs. 2 S. 1 DrittelbG – trotz der Veränderung des Gesetzestextes von einer Betriebs zu einer Unternehmensbezogenheit hin davon ausgehen, dass das Bestehen eines passiven Wahlrechts weiterhin ausschließlich betriebsbezogen bestimmt werden soll. Hieran bestehen begründete Zweifel.

§ 4 Abs. 3 S. 1 DrittelbG stellt nunmehr darauf ab, dass es sich bei Aufsichtsratsmitgliedern der Arbeitnehmer um Arbeitnehmer des Unternehmens handeln muss, die dem Unternehmen seit einem Jahr angehören. Die Voraussetzung der einjährigen Unternehmensangehörigkeit liegt nur dann vor, wenn ein Arbeitnehmer entweder ein Jahr lang in dem Unternehmen, dessen Aufsichtsrat neu gewählt wird, aufgrund einer arbeitsvertraglichen Verpflichtung tätig ist oder einem anderen Unternehmen angehört, dessen Arbeitnehmer nach diesem Gesetz an der Wahl von Aufsichtsratsmitgliedern des Unternehmens teilnehmen (§ 2 Abs. 1 DrittelbG).[904] Nach § 2 Abs. 1 DrittelbG nehmen an der Wahl der Aufsichtsratsmitglieder der Arbeitnehmer des herrschenden Unternehmens eines Konzerns (§ 18 Abs. 1 AktG) auch die Arbeitnehmer der übrigen Konzernunternehmen teil. Damit steht den Arbeitnehmern abhängiger Konzernunternehmen neben dem aktiven auch das passive Wahlrecht im gleichen Umfang wie Arbeitnehmern der Obergesellschaft zu.[905] Bei einem Gemeinschaftsbetrieb handelt es sich jedoch nicht um einen Konzernsachverhalt oder um eine mit diesem vergleichbare Rechtsfigur,[906]

---

903 BAG, Beschl. v. 13.03.2013 – 7 ABR 47/11, AP DrittelbG § 5 Nr. 1 (Rn. 32).
904 BT-Drs. 15/2542, 12.
905 Vgl. ErfK/*Oetker* DrittelbG § 2 Rn. 12.
906 Siehe insbesondere zum Gemeinschaftsunternehmen unter Kapitel 4 B.III.1.a.cc.(1).

sodass es nicht allein deshalb zu einer Beteiligung aller Arbeitnehmer des Gemeinschaftsbetriebs bei jedem Trägerunternehmen kommen kann.

Die Gesetzesbegründung stellt ausdrücklich darauf ab, dass der Arbeitnehmer demjenigen Unternehmen angehören muss, dessen Aufsichtsrat neu gewählt wird.[907] Es wäre verfehlt, wenn man in diesem Fall über die Unternehmensbezogenheit des Wortlauts hinwegsehen wollte und bereits eine einjährige Betriebszugehörigkeit im Gemeinschaftsbetrieb oder eine einjährige arbeitsvertragliche Verbundenheit zu einem anderen Trägerunternehmen ausreichen ließe.[908] Es bliebe unklar, was den Anknüpfungspunkt für die einjährige Zugehörigkeit darstellen soll, wenn nicht der Arbeitsvertrag.

Zudem verweist die Gesetzesbegründung auf § 7 Abs. 3 MitbestG i.d.F. vom 01.01.2000 (§ 7 Abs. 4 S. 1 MitbestG i.d. heutigen Fassung).[909] Voraussetzung für die Unternehmensangehörigkeit ist nach § 7 Abs. 4 MitbestG der Bestand eines Arbeitsverhältnisses zum Unternehmen, wobei das Bestehen eines Arbeitsverhältnisses mit der Eigenschaft als Arbeitnehmer nach §§ 3 bis 5 MitbestG gleichzusetzen ist.[910] Dem Wortlaut des § 3 Abs. 1 MitbestG lässt sich indes nicht entnehmen, ob es sich bei Arbeitnehmern im Gemeinschaftsbetrieb um solche im Sinne der Regelung handelt.[911] Jedenfalls in Bezug auf die Berücksichtigung arbeitsvertragsfremder Arbeitnehmer bei der Schwellenwertberechnung in den einzelnen Trägerunternehmen ist davon auszugehen, dass diese nicht als Arbeitnehmer anzusehen sind und daher nicht mitzählen.[912] Es liegt nicht fern, dieses Ergebnis ebenfalls auf die Frage nach der passiven Wahlberechtigung nach § 7 Abs. 4 MitbestG zu übertragen, sodass dies aufgrund des Verweises in der Gesetzesbegründung folgerichtig auch für § 4 Abs. 3 DrittelbG gelten müsste.

---

907 BT-Drs. 15/2542, 12.

908 Auch *Annuß*, in: FS v. Hoyningen-Huene, 17 (20), sieht in den Ausführungen zu den Wählbarkeitsvoraussetzungen ein sehr enges Verständnis der Unternehmenszugehörigkeit angedeutet. Als Arbeitnehmer des Unternehmens könnten nur solche verstanden werden, die mit dem Trägerunternehmen arbeitsvertraglich verbunden sind.

909 Vgl. BT-Drs. 15/2542, 12: „Die Neuregelung […] entspricht § 7 Abs. 3 MitbestG".

910 HH/*Henssler* MitbestG § 7 Rn. 35.

911 Siehe hierzu unter Kapitel 4 B.III.1.a.bb.(1).

912 Siehe hierzu unter Kapitel 4 B.III.

Die Gesetzesbegründung scheint zunächst – entgegen dem auf das Unternehmen bezogenen, klaren Normwortlaut – dafür zu sprechen, dass das Wahlrecht betriebsbezogenen zu verstehen ist. Auch wenn der Wortlaut der Norm derart eindeutig ist, dass eine betriebsbezogene Interpretation der Gesetzesbegründung dahinter zurücktreten müsste, kann zumindest nicht ausgeschlossen werden, dass das BAG in dieser Frage ein betriebs und kein unternehmensbezogenes Verständnis vertreten wird, obgleich die besseren Argumente – wie eben dargestellt – für das Abstellen auf die arbeitsvertragliche Zugehörigkeit zum Unternehmen sprechen.

cc. Systematik

Das BAG stützt seine Entscheidung zum aktiven Wahlrecht im Gemeinschaftsbetrieb ferner auf systematische Erwägungen. Nach § 6 S. 1 DrittelbG erfolge die Wahl unter anderem aufgrund von Wahlvorschlägen „der Betriebsräte". „Die Betriebsräte" seien „im Übrigen gemäß § 11 Abs. 2 S. 1 Nr. 1 BetrVG zur Wahlanfechtung berechtigt"[913]. Das BAG nennt hier § 11 Abs. 2 S. 1 Nr. 1 *BetrVG*. Gemeint zu sein scheint jedoch viel eher § 11 Abs. 2 S. 1 Nr. 2 DrittelbG. Hiervon wird im Folgenden ausgegangen. Nach der gesetzlichen Betriebsverfassung sei der gemeinsame Betrieb die für die Bildung der Betriebsräte maßgebliche Organisationseinheit, § 1 Abs. 2 S. 2 BetrVG. Der Betriebsrat repräsentiere demnach alle Arbeitnehmer des Gemeinschaftsbetriebs unabhängig von ihrer arbeitsvertraglichen Zugehörigkeit.[914] Es erscheine unstimmig, bei dem aktiven Wahlrecht der in einem Gemeinschaftsbetrieb tätigen Arbeitnehmer nach dem Vertragsarbeitgeber zu differenzieren, während die Wahlvorschlags und Wahlanfechtungsberechtigung dem Gremium ihrer Interessenvertretung unabhängig vom Vertragsarbeitgeberbezug zukommen soll.[915] Diese Argumentation mag zwar in Bezug auf das Bestehen eines arbeitsvertragsunabhängigen aktiven Wahlrechts nicht abwegig

913 BAG, Beschl. v. 13.03.2013 – 7 ABR 47/11, AP DrittelbG § 5 Nr. 1 (Rn. 33).
914 BAG, Beschl. v. 13.03.2013 – 7 ABR 47/11, AP DrittelbG § 5 Nr. 1 (Rn. 33).
915 BAG, Beschl. v. 13.03.2013 – 7 ABR 47/11, AP DrittelbG § 5 Nr. 1 (Rn. 33).

sein,[916] jedoch lässt sich anhand dieser Argumentation ein unabhängig vom Arbeitsvertrag bestehendes passives Wahlrecht nicht begründen. Es führt nicht zu Unstimmigkeiten, wenn zwar der Betriebsrat als betriebliche Interessenvertretung der Arbeitnehmer wahlvorschlags und anfechtungsberechtigt ist, wählbar jedoch lediglich Vertragsarbeitnehmer des jeweiligen Trägerunternehmens sind. Vorgeschlagen werden können nur wählbare Personen. Ist eine Person nicht wählbar, kann diese auch nicht vorgeschlagen werden. Es kann zu keinem unbeabsichtigten Auseinanderfallen von Wahlvorschlagsrecht (Wahlanfechtungsrecht) und Wählbarkeit kommen.

dd. Telos der Unternehmensmitbestimmung

Zuletzt stellt das BAG auf den Sinn und Zweck der Unternehmensmitbestimmung ab. Dieser streite dafür, nach § 5 Abs. 2 S. 1 DrittelbG alle Arbeitnehmer eines Gemeinschaftsbetriebs zu den Aufsichtsräten aller Trägerunternehmen als wahlberechtigt anzusehen.[917] Der Sinn und Zweck des Mitbestimmungsrechts im DrittelbG sei – wie zuvor in den §§ 76 ff. BetrVG 1952 – die Sicherung der kollektiven Interessenvertretung der Belegschaft im Aufsichtsrat.[918] Die Mitbestimmungsrechte der Arbeitnehmer dienen dazu, die mit ihrer Unterordnung unter fremde Leitungs und Organisationsmacht verbundene Fremdbestimmung durch die institutionelle Beteiligung an unternehmerischen Entscheidungen abzumildern.[919] Arbeitnehmer würden nicht allein durch Entscheidungen des Vertragsarbeitgebers betroffen, sondern gleichermaßen durch unternehmerische Entscheidungen der übrigen am gemeinsamen Betrieb beteiligten Trägerunternehmen.[920] Das Ziel der Repräsentation aller entscheidungsbetroffenen Arbeitnehmer im Aufsichtsrat könne am besten erreicht werden, wenn diese bei allen Trägerunternehmen aktiv wahlberechtigt seien.[921]

---

916 Im Ergebnis ist ein arbeitsvertragsunabhängiges aktives Wahlrecht jedoch abzulehnen, siehe hierzu unter Kapitel 4 C.II.3.a.

917 BAG, Beschl. v. 13.03.2013 – 7 ABR 47/11, AP DrittelbG § 5 Nr. 1 (Rn. 34).

918 BAG, Beschl. v. 13.03.2013 – 7 ABR 47/11, AP DrittelbG § 5 Nr. 1 (Rn. 35).

919 BAG, Beschl. v. 13.03.2013 – 7 ABR 47/11, AP DrittelbG § 5 Nr. 1 (Rn. 35).

920 BAG, Beschl. v. 13.03.2013 – 7 ABR 47/11, AP DrittelbG § 5 Nr. 1 (Rn. 36).

921 BAG, Beschl. v. 13.03.2013 – 7 ABR 47/11, AP DrittelbG § 5 Nr. 1 (Rn. 36).

Will man den Arbeitnehmern umfassende Beteiligungsrecht aufgrund einer möglichen Betroffenheit einräumen, können solche nur konsequent vermittelt werden, wenn man diesen neben dem aktiven Wahlrecht auch die Möglichkeit gewährt, selbst als Arbeitnehmervertreter im Aufsichtsrat mitzuwirken. Es ist davon auszugehen, dass das BAG mit dieser Argumentation auch vom Bestehen eines passiven Wahlrechts bei allen Trägerunternehmen ausgehen würde.

ee. Zwischenergebnis

Wie die Untersuchung der Argumentationsstruktur des siebten Senats in der Entscheidung vom 13.03.2013[922] zeigt, lässt es der Wortlaut des § 4 Abs. 3 S. 1 DrittelbG zwar grundsätzlich zu, arbeitsvertragsfremden Arbeitnehmern im Gemeinschaftstrieb das passive Wahlrecht zu allen Aufsichtsräten der Trägerunternehmen einzuräumen. Jedoch zeigt die Untersuchung der übrigen Gesichtspunkte, dass eine Übertragbarkeit nicht ohne weitere kritische Überprüfung angenommen werden kann. Allein, wenn man sich auf den Standpunkt des BAG stellt und aufgrund von Betroffenheitserwägungen ein aktives Wahlrecht aller Arbeitnehmer zu jedem Aufsichtsrat der einzelnen Trägerunternehmen annehmen will, lässt sich unter diesem Gesichtspunkt auch deren passives Wahlrecht bejahen. Auf Grundlage dieser Entscheidung kann jedoch im Ergebnis nicht ohne Weiteres davon ausgegangen werden, dass sich das BAG in Bezug auf das Bestehen eines passiven Wahlrechts ebenso positionieren wird. Eine höchstrichterliche Entscheidung des BAG zur Wählbarkeit der Arbeitnehmer im Gemeinschaftsbetrieb bleibt abzuwarten.

c. Übertragbarkeit der Entscheidung auf das MitbestG

Ebenso wenig trifft das BAG in seiner Entscheidung vom 13.03.2013[923] eine Aussage über das Bestehen von Wahlrechten der im gemeinsamen Betrieb beschäftigten Arbeitnehmer nach dem MitbestG. Von der vollständigen Übertragbarkeit der Entscheidung auf Sachverhalte nach dem MitbestG wird

---

922 BAG, Beschl. v. 13.03.2013 – 7 ABR 47/11, AP DrittelbG § 5 Nr. 1.

923 BAG, Beschl. v. 13.03.2013 – 7 ABR 47/11, AP DrittelbG § 5 Nr. 1.

vielfach ausgegangen.[924] Unternehmens, Betriebs und Arbeitnehmerbegriff im DrittelbG und MitbestG seien identisch und beide Gesetze verfolgten den gleichen Zweck, der in der Beteiligung der Arbeitnehmer in den Aufsichtsorganen zur Abmilderung wirtschaftlicher Fremdbestimmung bestehe.[925] Die Formulierung „Arbeitnehmer des Unternehmens" in § 5 Abs. 2 S. 1 DrittelbG strahle auch auf das Verständnis der sprachlich übereinstimmenden §§ 10 Abs. 2 und 18 S. 1 MitbestG aus.[926]

Nicht übertragbar ist das Argument des BAG, dass die Betriebsräte gemäß § 6 S. 2 DrittelbG Wahlvorschläge unterbreiten dürfen. Nach § 12 Abs. 1 S. 1 MitbestG können die wahlberechtigten Arbeitnehmer des Betriebs Wahlvorschläge für Delegierte unterbreiten. Auch die Wahl der Aufsichtsratsmitglieder der Arbeitnehmer erfolgt gemäß § 15 Abs. 2 S. 1 Nr. 1 MitbestG auf Grundlage von Wahlvorschlägen der wahlberechtigten Arbeitnehmer. Dies gilt gemäß § 18 S. 3 MitbestG auch für den Fall der unmittelbaren Wahl. Ebenso wie im DrittelbG steht dem Betriebsrat auch nach § 21 Abs. 2 S. 1 Nr. 2 MitbestG ein Anfechtungsrecht für die Delegiertenwahl zu. Gleiches gilt für die Anfechtungsmöglichkeit der Wahl eines Aufsichtsratsmitglieds, § 22 Abs. 2 S. 1 Nr. 2 MitbestG. Auch wenn dem Betriebsrat im MitbestG kein Wahlvorschlagsrecht eingeräumt wird, steht diesem zumindest ein Anfechtungsrecht zu. Folgt man der Argumentation des BAG, verdeutliche dieses Anfechtungsrecht die Position des Betriebsrats als arbeitsvertragsunabhängiges Organ der Interessenvertretung und es würde zu Unstimmigkeiten führen, wenn man bei der Frage nach dem Bestehen eines aktiven Wahlrechts auf den Arbeitsvertrag abstelle, eine Wahlanfechtung aber hiervon losgelöst erfolgen könnte. Es ist daher davon auszugehen, dass das BAG eine derartige Begründung auch für Sachverhalte nach dem MitbestG heranziehen würde.

Sofern das BAG in Bezug auf § 5 Abs. 2 S. 1 DrittelbG auf den Sinn und Zweck der Unternehmensmitbestimmung abstellt, lassen sich die Argumente

---

924 *Bachner*, AiB 2013, 615 (617); *Klasen*, GWR 2013, 381 (381); *Greiwe*, Unternehmensmitbestimmung und Gemeinschaftsbetrieb, 203; *Oetker*, EWiR 2013, 649 (650); *Prinz*, SAE 2013, 90 (93); wohl auch ArbR-HdB/Tschöpe/*Schaack*, Teil 4 B. Unternehmensmitbestimmung, Rn. 43; *Thüsing/Pötters*, in: FS Wank, 599 (602).

925 *Bachner*, AiB 2013, 615 (617).

926 *Oetker*, EWiR 2013, 649 (650).

des BAG auch auf Sachverhalte nach dem MitbestG übertragen, da es in gleichem Maße zu einer Unterordnung der Arbeitnehmer unter eine fremde Leitungs und Organisationsmacht und einer damit verbundenen Fremdbestimmung kommt, die durch eine institutionelle Beteiligung der Arbeitnehmer an unternehmerischen Entscheidungen abgemildert werden kann.

Im Ergebnis spricht vieles dafür, dass sich die Argumentation des BAG in Bezug auf die aktive Wahlberechtigung nach dem DrittelbG auch auf Sachverhalte nach dem MitbestG übertragen lässt. Jedoch kann auch in diesem Fall nicht rechtssicher allein aufgrund der Entscheidung zum aktiven Wahlrecht nach dem DrittelbG davon ausgegangen werden, dass sich durch diese auch ein passives Wahlrecht der Arbeitnehmer nach dem MitbestG im Gemeinschaftsbetrieb begründen lässt.

3. Wahlberechtigung im Gemeinschaftsbetrieb nach dem MitbestG

Im Folgenden gilt es zu untersuchen, ob in Übereinstimmung mit dem BAG bezüglich des DrittelbG ein aktives Wahlrecht der Arbeitnehmer im Gemeinschaftsbetrieb zu den Aufsichtsräten jedes Trägerunternehmens ebenso nach dem MitbestG anzunehmen ist. Ebenso soll begutachtet werden, ob sich ein passives Wahlrecht dieser Arbeitnehmer begründen lässt. Sofern derartige Wahlrechte nicht angenommen werden können, muss es bei dem Bestehen von Wahlrechten bei den Wahlen zum Aufsichtsrat allein beim Vertragsarbeitgeber bleiben.

a. Aktives Wahlrecht

aa. Aktives Wahlrecht unabhängig von arbeitsvertraglicher Zuordnung

(1) Wortlaut des MitbestG

Nach den §§ 10 Abs. 2 S. 1 und 18 S. 1 MitbestG sind die „Arbeitnehmer des Unternehmens“ wahlberechtigt. Das BAG[927] geht in seiner Entscheidung zu § 5 Abs. 2 S. 1 DrittelbG davon aus, dass mit den „Arbeitnehmern des Unternehmens“ auch solche gemeint sein können, die dem jeweiligen Trägerunternehmen arbeitsvertragsfremd sind. Es will alle in einem gemeinsamen Betrieb beschäftigten Arbeitnehmer als Arbeitnehmer aller beteiligten Unternehmen ansehen. Mit der Formulierung „des Unternehmens“ sei

---

[927] BAG, Beschl. v. 13.03.2013 – 7 ABR 47/11, AP DrittelbG § 5 Nr. 1.

eine Zugehörigkeit im weitesten Sinne gemeint.[928] Diese Argumentation lässt sich auf die in dieser Hinsicht wortlautgleichen §§ 10 Abs. 2 S. 1 und 18 S. 1 MitbestG übertragen, die ebenfalls *Arbeitnehmer des Unternehmens* erfassen. Demnach könnte auch nach dem MitbestG zur Begründung eines aktiven Wahlrechts eine Zugehörigkeit zum Unternehmen im weitesten Sinne als ausreichend angesehen werden. Der Wortlaut der §§ 10 Abs. 2 S. 1 MitbestG und 18 S. 1 MitbestG schließt es vom Grundsatz her nicht aus, auch arbeitsvertragsfremde Arbeitnehmer im Gemeinschaftsbetrieb an den Aufsichtsratswahlen in jeglichen Trägerunternehmen zu beteiligen.[929]

(2) Genese des MitbestG

Anders als beim DrittelbG existieren keine historischen Vorgängernormen zum MitbestG. Aufschluss könnte lediglich die Gesetzesbegründung[930] geben. In dieser findet sich jedoch – ähnlich dem Wortlaut in den §§ 10 Abs. 2 S. 1 und 18 S. 1 MitbestG – lediglich die Formulierung, dass wahlberechtigt die Arbeitnehmer „des Unternehmens"[931] seien. Nach dem Vorbild des siebten Senats[932] könnte man diese Formulierung weit auslegen, sodass es sich hierbei lediglich um Arbeitnehmer im weitesten Sinne handeln muss und somit auch arbeitsvertragsfremde Arbeitnehmer im Gemeinschaftsbetrieb erfasst würden. Die Gesetzesbegründung ist im Ergebnis wenig aufschlussreich.

(3) Gesetzessystematik des MitbestG

(a) Wahlvorschlags- und Wahlanfechtungsrecht

Das BAG[933] leitet ein arbeitsvertragsunabhängiges aktives Wahlrecht für Arbeitnehmer im Gemeinschaftsbetrieb unter anderem daraus ab, dass

928 BAG, Beschl. v. 13.03.2013 – 7 ABR 47/11, AP DrittelbG § 5 Nr. 1 (Rn. 28).

929 Vgl. auch HH/*Henssler* MitbestG § 10 Rn. 7; *Rentschler*, Arbeitnehmerzuordnung und Wahlberechtigung, 165 ff., erfordert zusätzlich, dass das jeweilige Trägerunternehmen weisungsbefugt gegenüber dem Arbeitnehmer sein muss; ebenso, jedoch zur wortgleichen Formulierung in § 5 Abs. 2 S. 1 DrittelbG: *Annuß*, in: FS v. Hoyningen-Huene, 17 (18); a.A. *Greiwe*, Unternehmensbestimmung und Gemeinschaftsbetrieb, 206 ff.

930 BT-Drs. 7/2172.

931 BT-Drs. 7/2172, 23.

932 BAG, Beschl. v. 13.03.2013 – 7 ABR 47/11, AP DrittelbG § 5 Nr. 1 (Rn. 28).

933 BAG, Beschl. v. 13.03.2013 – 7 ABR 47/11, AP DrittelbG § 5 Nr. 1 (Rn. 33).

dem Betriebsrat als unternehmensunabhängiges Repräsentationsorgan nach § 6 S. 1 und § 11 Abs. 2 S. 1 Nr. 2 DrittelbG sowohl ein Wahlvorschlags als auch ein Wahlanfechtungsrecht zusteht. Es erscheine unstimmig, bei dem aktiven Wahlrecht der in einem Gemeinschaftsbetrieb tätigen Arbeitnehmer nach dem Vertragsarbeitgeber zu differenzieren, während Wahlvorschlags und Wahlanfechtungsberechtigung dem Gremium ihrer Interessenvertretung unabhängig vom Vertragsarbeitgeber zustehen. Dieser Argumentation kann nicht gefolgt werden.

Dass der Betriebsrat eines Gemeinschaftsbetriebs insgesamt für diesen zuständig ist und dessen Interessen vertritt, trifft zu. Dies ist jedoch allein auf Betriebsebene der Fall. Die Unternehmensebene unterscheidet sich maßgeblich von der des Betriebs.[934] Dass der Betriebsrat im Bereich der Unternehmensmitbestimmung Wahlvorschläge unterbreiten darf, ist auf Praktikabilitätsgründe zurückzuführen.[935] Soll ein Vorschlag unmittelbar durch die Arbeitnehmer eingebracht werden, müsste dieser von mindestens einem Zehntel der Wahlberechtigten oder mindestens 100 Arbeitnehmern unterzeichnet sein, § 6 S. 2 DrittelbG. Dies bedeutet einen erhöhten Organisationsaufwand auf Seiten der Arbeitnehmer. Einfacher erscheint es, wenn der Betriebsrat Wahlvorschläge einbringt. Dass dieses Verfahren primär der Vereinfachung dient und nicht das Bestehen von Wahlrechten unternehmensfremder Arbeitnehmer zu begründen vermag, zeigt auch die Gesetzesbegründung. Es handele sich um ein „organisatorisch einfache[s] Verfahren“, das auch nach Wegfall der Regelung in § 76 Abs. 3 BetrVG 1952 beibehalten werden soll.[936] Dass den Betriebsräten darüber hinaus in § 11 Abs. 2 S. 1 DrittelbG ein Anfechtungsrecht eingeräumt wird, ist lediglich die folgerichtige Reaktion des Gesetzgebers auf das Vorschlagsrecht in § 6 S. 2 DrittelbG.[937] Auch dieses dient der Erleichterung der Verteidigung von Arbeitnehmerrechten, da diese so nicht zwangsläufig darauf angewiesen sind, sich zu einer Gruppe von mindestens drei Wahlberechtigten Arbeitnehmern

---

934 Siehe hierzu unter Kapitel 4 B.I. und Kapitel 4 B.III.1.a.cc.(3)(a).

935 In diese Richtung auch *Annuß*, in: FS v. Hoyningen-Huene, 17 (21); *Greiwe*, Unternehmensmitbestimmung und Gemeinschaftsbetrieb, 210 f.

936 BT-Drs. 15/2542, 13.

937 Für den inneren Zusammenhang der Normen auch HH/*Henssler* DrittelbG § 11 Rn. 3; WKS/*Kleinsorge* DrittelbG § 11 Rn. 11; MHdB-ArbR/*Uffmann* § 380 Rn. 48.

zusammenzuschließen, um einen Wahlverstoß zu rügen (§ 11 Abs. 2 S. 1 Nr. 1 DrittelbG). Ebenso wenig kann diese Argumentation bei der Frage nach einer arbeitsvertragsunabhängigen Wahlberechtigung nach dem MitbestG überzeugen.

Gemäß § 12 Abs. 1 MitbestG[938] sind die „Arbeitnehmer des Betriebs" berechtigt, Wahlvorschläge zu machen. Ferner ist der Betriebsrat gemäß § 12 Abs. 2 Nr. 2 MitbestG zur Wahlanfechtung berechtigt. Dies verleitet teilweise dazu, allen Arbeitnehmern im Gemeinschaftsbetrieb – unabhängig von ihrer arbeitsvertraglichen Zugehörigkeit – ein aktives Wahlrecht zu den Aufsichtsratswahlen bei den Trägerunternehmen einzuräumen zu wollen.[939] Unstimmig erscheine es, bei dem aktiven Wahlrecht nach dem Arbeitsvertrag zu differenzieren, während Wahlvorschlags und Wahlanfechtungsberechtigung dem Gremium ihrer Interessenvertretung (§ 21 Abs. 2 Nr. 2 MitbestG) beziehungsweise den Arbeitnehmern unabhängig von ihrer arbeitsvertraglichen Zugehörigkeit zustehen (§ 12 Abs. 1 MitbestG).[940] Beharre man auf dem Vorhandensein eines Arbeitsvertrags mit dem Trägerunternehmen, bedeute dies eine Beschneidung der Rechte nicht arbeitsvertraglich gebundener Arbeitnehmer, die einerseits Wahlvorschläge unterbreiten könnten, jedoch selbst nicht wählen dürften.[941] In Bezug auf die Wahlanfechtungsberechtigung des Betriebsrats habe ein Festhalten am Arbeitsvertrag zur Folge, dass ein Betriebsratsmitglied in dem arbeitsvertragsfremden Trägerunternehmen nicht wahlberechtigt wäre, die dortige Aufsichtsratswahl jedoch anfechten könnte, obwohl es keine Rechtsverletzung erlitten habe.[942] Dies führe zu dem unstimmigen Ergebnis des Auseinanderfallens von Wahlanfechtungs und Wahlrecht.[943]

Dass dem Betriebsrat ein Wahlanfechtungsrecht zusteht, ist primär auf Praktikabilitätsgesichtspunkte zurückzuführen und nicht auf die Geltendmachung individueller Rechte der einzelnen Betriebsratsmitglieder.[944]

---

938 Gleiches gilt für den Fall der unmittelbaren Wahl, vgl. § 18 S. 3 MitbestG.
939 *Rentschler*, Arbeitnehmerzuordnung und Wahlberechtigung, 169 f.
940 Zum DrittelbG: BAG, Beschl. v. 13.03.2013 – 7 ABR 47/11, AP DrittelbG § 5 Nr. 1 (Rn. 34); *Rentschler*, Arbeitnehmerzuordnung und Wahlberechtigung, 169.
941 So *Rentschler*, Arbeitnehmerzuordnung und Wahlberechtigung, 169.
942 *Rentschler*, Arbeitnehmerzuordnung und Wahlberechtigung, 169 f.
943 So *Rentschler*, Arbeitnehmerzuordnung und Wahlberechtigung, 169 f.
944 So auch *Greiwe*, Unternehmensmitbestimmung und Gemeinschaftsbetrieb, 210 f.

Hierfür spricht auch, dass es zur Anfechtung eines Beschlusses des Betriebsrats nach § 33 BetrVG bedarf.[945] Nach § 33 Abs. 1 S. 1 BetrVG erfordert dieser im Grundsatz die Stimmmehrheit der anwesenden Mitglieder. Dies zeigt, dass es nicht auf das einzelne Betriebsratsmitglied als Arbeitnehmer ankommt, sondern ein gemeinsamer Beschluss des Organs notwendig ist. In diesem Fall kann es nicht schädlich sein, dass Wahlanfechtungs und Wahlrecht auseinanderfallen.

(b) Parallele zur Arbeitnehmerüberlassung

Thüsing/Forst[946] sehen in der gesetzlichen Anerkennung des aktiven Wahlrechts für Leiharbeitnehmer zu den Aufsichtsratswahlen des Unternehmens[947] den gesetzgeberischen Willen zum Ausdruck gebracht, bei der Einräumung von Wahlrechten auf die tatsächliche Betroffenheit der Arbeitnehmer durch Unternehmensentscheidungen abzustellen. Arbeitsverträge hingegen seien nicht ausschlaggebend. Die Situation von Leiharbeitnehmern ist jedoch nicht mit den Arbeitnehmern im Gemeinschaftsbetrieb vergleichbar.[948] Die Arbeitnehmer im Gemeinschaftsbetrieb sind aus Sicht eines vertragsfremden Trägerunternehmens nicht als Leiharbeitnehmer zu qualifizieren. Die Regelung zur Wahlberechtigung von Leiharbeitnehmern lässt sich nicht auf die Situation des Arbeitnehmers im Gemeinschaftsbetrieb übertragen.[949]

(4) Telos

(a) Betroffenheit als ungeeignetes Kriterium

Bonanni[950] und *Wanhöfer*[951] stellen – ebenso wie bei der Schwellenwertberechnung[952] – maßgeblich auf die Betroffenheit der Arbeitnehmer durch unternehmerische Entscheidungen der Trägerunternehmen ab.

---

945 Vgl. HH/*Henssler* MitbestG § 21 Rn. 12.
946 *Thüsing/Forst*, in: FS Kreutz, 867 (879).
947 Vgl. § 10 Abs. 2 S. 2 MitbestG i.V.m. § 7 S. 2 BetrVG und § 18 S. 2 MitbestG i.V.m. § 7 S. 2 BetrVG.
948 Siehe hierzu unter Kapitel 4 B.III.1.cc.(2).
949 So auch *Greiwe*, Unternehmensmitbestimmung und Gemeinschaftsbetrieb, 211 f.
950 *Bonanni*, Der gemeinsame Betrieb, 296 ff.
951 *Wanhöfer*, Gemeinschaftsbetrieb und Unternehmensmitbestimmung, 111 ff.
952 Siehe hierzu unter Kapitel 4 B.III.1.c.bb.(1) und (2).

Wanhöfer will zur Annahme einer Wahlberechtigung aufgrund ihres Individualrechtscharakters auf den einzelnen Arbeitnehmer und dessen Verhältnis zum Unternehmen abstellen. Auslöser der Wahlberechtigung sei dessen persönliche und wirtschaftliche Betroffenheit durch unternehmerische Entscheidungen.[953] Hierfür will *Wanhöfer* von einer „Mindestbetroffenheit" des einzelnen Arbeitnehmers ausgehen. Die als umfassend und langfristig zu charakterisierende Betroffenheit kristallisiere sich als gemeinsame Anknüpfung sowohl der Verantwortlichkeitszählung wie auch der Zuerkennung einer Wahlberechtigung heraus. Die mittelbare Teilhabe an der Entscheidungsfindung auf Unternehmensebene durch Ausübung des Wahlrechts setze eine über die bloße Eingliederung in Arbeitsprozesse hinausgehende, grundsätzliche Verknüpfung mit dem jeweiligen Unternehmen voraus. Eine derartige „mitgliedsähnliche Verbundenheit" könne in der Regel der Arbeitsvertrag herstellen. Ausnahmsweise nimmt *Wanhöfer* eine solche Verbundenheit hingegen auch an, wenn zwischen Arbeitnehmer und Unternehmen eine dauerhafte und vollständig verlagerte Arbeitsbeziehung existiert, aus der eine vergleichbare Betroffenheit des Arbeitnehmers resultiere.

Im Ergebnis will *Wanhöfer* denjenigen Arbeitnehmern eine Wahlberechtigung einräumen, für die das Unternehmen verantwortlich ist. Wie auch bei den Schwellenwerten stellt er für die Annahme einer dauerhaften Beschäftigung bei einem fremden Unternehmen insbesondere darauf ab, dass keine Rückkehr zum Vertragsarbeitgeber vorgesehen ist. Bei gemischttätigen Arbeitnehmern hingegen sei das Vorliegen einer Wahlberechtigung abzulehnen.[954]

Der siebte Senat[955] stützt sich in seiner Entscheidung zum DrittelbG ebenso darauf, dass das Ziel der Repräsentation aller von den unternehmerischen Entscheidungen betroffenen Arbeitnehmer im Aufsichtsrat am ehesten durch die Wahlberechtigung aller Arbeitnehmer im Gemeinschaftsbetrieb erreicht werden könne.

Wie auch im Rahmen der Schwellenwertberechnung kann es bei der Frage nach dem Bestehen von Wahlrechten nicht auf Betroffenheitserwägungen

---

953 Im Gegensatz zu den Kriterien für die Schwellenwertberechnung kommt es nach *Wanhöfer* bei der Wahlberechtigung auf strukturelle Gesichtspunkte nicht an, vgl. *Wanhöfer*, Gemeinschaftsbetrieb und Unternehmensmitbestimmung, 113.

954 *Wanhöfer*, Gemeinschaftsbetrieb und Unternehmensmitbestimmung, 116.

955 BAG, Beschl. v. 13.03.2013 – 7 ABR 47/11, AP DrittelbG § 5 Nr. 1 (Rn. 36).

ankommen, die ihren Ursprung in der Abhängigkeit des Arbeitnehmers von unternehmerischen Entscheidungen haben. Gegen das Abstellen auf die Betroffenheit des Arbeitnehmers können weitestgehend die gleichen Argumente angeführt werden.[956] Eine Betroffenheit als Kriterium zur Einräumung von Wahlrechten hat in der Rechtsordnung keine Anerkennung gefunden. Ferner kann vom Tätigkeitsumfang eines Arbeitnehmers nicht auf einen bestimmten Grad der Betroffenheit geschlossen werden. Die Heranziehung von Betroffenheitskriterien wird regelmäßig auf Probleme in der praktischen Umsetzung stoßen und zu einer Uferlosigkeit bei der Berechnung der Zahl wahlberechtigter Arbeitnehmer führen. Im Übrigen erscheint diese Position dogmatisch bedenklich, da anhand einer bloßen reflexartigen Betroffenheit der Arbeitnehmer aufgrund der Eingliederung in eine Betriebsorganisation eine Teilhabe Dritter auf Unternehmensebene legitimiert würde.[957] Die Grenzen der Unternehmensmitbestimmung würden verschwimmen.[958]

Auch dem siebten Senat[959] ist der Nachweis darüber nicht gelungen, dass bezüglich der durch die Unternehmensmitbestimmung – in dem Fall durch das DrittelbG – verfolgten Zwecke eine strukturell gleiche Betroffenheit der Vertragsarbeitnehmer und der arbeitsvertragsfremden Arbeitnehmer im Gemeinschaftsbetrieb gegeben ist.[960] Eine strukturell gleiche Betroffenheit ist ebenso wenig im Fall des MitbestG anzunehmen.

(b) Gemeinsames Leitungsrecht und Weisungsbefugnis nicht ausschlaggebend

Rentschler[961] stellt darauf ab, dass Arbeitnehmer in demjenigen Gremium repräsentiert werden sollen, welches Entscheidungen herbeiführen kann, die sich auf diese Arbeitnehmer auswirken. Es sei dem Gemeinschaftsbetrieb immanent, dass die dort beschäftigten Arbeitnehmer von Entscheidungen mehrerer Trägerunternehmen betroffen werden. Über die einheitliche

---

956 Siehe hierzu unter Kapitel 4 B.III.1.c.bb.(4).
957 MHdB-ArbR/*Uffmann* § 380 Rn. 29.
958 MHdB-ArbR/*Uffmann* § 380 Rn. 29.
959 BAG, Beschl. v. 13.03.2013 – 7 ABR 47/11, AP DrittelbG § 5 Nr. 1.
960 So auch *Annuß*, in: FS v. Hoyningen-Huene, 17 (22).
961 *Rentschler*, Arbeitnehmerzuordnung und Wahlberechtigung, 170 ff.

Leitung des Gemeinschaftsbetriebs nehmen die Trägerunternehmen Einfluss auf eine Vielzahl von Arbeitnehmern, selbst wenn diese nicht arbeitsvertraglich mit dem Unternehmen verbunden seien. Als Korrektiv sollen nach *Rentschler* die Arbeitnehmer daher in die Lage versetzt werden, ihre Interessen gegenüber sämtlichen Trägerunternehmen durchzusetzen. Dies sei durch Anerkennung des aktiven Wahlrechts für sämtliche Arbeitnehmer im Gemeinschaftsbetrieb möglich, sofern diese einem über die einheitliche Leitung des Gemeinschaftsbetriebs ausgeübten Weisungsrecht unterstehen.

Auch *Hanau*[962] setzt eine gemeinschaftliche Leitung der beteiligten Unternehmen voraus. Werde ein gemeinsamer Betrieb dagegen nur von einem Unternehmen geleitet, wählen jegliche Arbeitnehmer des Gemeinschaftsbetriebs den Aufsichtsrat der leitenden Gesellschaft, während den anderen beteiligten Unternehmen allenfalls ihre eigenen Arbeitnehmer zugerechnet werden könnten.

Zöllner[963] hält die Einordnung in einen gemeinsamen Ordnungsrahmen für nicht ausreichend zur Begründung eines Wahlrechts. Erforderlich zur Annahme eines Wahlrechts sei, dass beide Unternehmen ein alle Arbeitnehmer umfassendes Leitungsrecht im Betrieb haben.

Wie auch bei der Schwellenwertberechnung erscheint ein Anknüpfen an das Bestehen eines gemeinsamen Leitungsrechts oder das Innehaben einer Weisungsbefugnis als Kriterium für die Annahme oder Versagung eines aktiven Wahlrechts als untauglich.[964] Weder kann ein Gemeinschaftsbetrieb von einem einzelnen Unternehmen geleitet werden, sodass eine hieran orientierte Differenzierung nicht möglich ist, noch kann sinnvoll an das Bestehen eines Weisungsrechts angeknüpft werden.

(c) Vergleich mit dem Gemeinschaftsunternehmen

Henssler[965] will im Gemeinschaftsbetrieb die Grundsätze über die Teilnahme von Gemeinschaftsunternehmen an Wahlen gemäß § 5 MitbestG entsprechend

---

962 *Hanau*, ZfA 1990, 115 (127).
963 *Zöllner*, in: FS Semler, 995 (1012).
964 Siehe hierzu unter Kapitel 4 B.III.1.b.ee.
965 HH/*Henssler* MitbestG § 10 Rn. 7.

anwenden. Damit seien die Arbeitnehmer bei allen Aufsichtsratswahlen wahlberechtigt.

Säcker[966] sieht in dem Mitbestimmungsrecht der Arbeitnehmer des Gemeinschaftsbetriebs eine Reaktion auf die gemeinsame Betriebsführung durch die Betriebsgesellschaften.

Auch *Hanau*[967] stellt darauf ab, dass alle beteiligten Unternehmen – wie im Gemeinschaftsunternehmen – über das Schicksal der Arbeitnehmer im Gemeinschaftsbetrieb mitbestimmen und daher ein umfassendes Wahlrecht anzunehmen sei.

Nach *Däubler*[968] macht es keinen Unterschied, ob unternehmerische Dispositionen in einem „Gemeinschaftsmanagement" wie im Gemeinschaftsunternehmen oder „vermutlich nach vorheriger informeller Absprache" in den jeweiligen Gremien der Trägerunternehmen beschlossen werden.[969]

Wie bereits bei der Frage nach der Berücksichtigung von Arbeitnehmern des Gemeinschaftsbetriebs bei der Schwellenwertberechnung kann jedoch auch bei der Frage nach der Einräumung von Wahlrechten kein Vergleich zum Gemeinschaftsunternehmen gezogen werden. Ein solcher ist mit der gleichen Begründung wie schon bei der Schwellenwertberechnung abzulehnen.[970]

(d) Kein Rückschluss von Wahlrechten zum Betriebsrat

Eine Wahlberechtigung des Arbeitnehmers bei den Wahlen zum Aufsichtsrat vermag sich nicht anhand des Umstands begründen lassen, dass der Arbeitnehmer im gemeinsamen Betrieb mehrerer Unternehmen an Betriebsratswahlen teilnehmen darf. Die Zugehörigkeit zum Betrieb bezeichnet eine qualitativ andere Ebene als diejenige zum Unternehmen und kann eine vertragliche Verbundenheit nicht ersetzen.[971] Aus der Wahlberechtigung zum Betriebsrat kann nicht auf ein Wahlrecht zum

---

966 *Säcker*, Wahlordnungen, Rn. 213; *ders.*, ZfA 2008, 51 (61).

967 *Hanau*, ZfA 1990, 155 (127).

968 *Däubler*, in: FS Zeuner, 19 (31).

969 Zust. *Hjort*, NZA 2001, 696 (700 f.).

970 Siehe hierzu unter Kapitel 4 B.III.1.a.cc.(1).

971 So auch *Wanhöfer*, Gemeinschaftsbetrieb und Unternehmensmitbestimmung, 112, der neben der arbeitsvertraglichen Verbundenheit jedoch auch eine vergleichbare

Aufsichtsrat geschlossen werden.[972] Die tatsächliche Arbeitsbeziehung in Gestalt der betrieblichen Eingliederung lässt sich in der Betriebsverfassung eher berücksichtigen, da die dortige Zuerkennung einer Wahlberechtigung „auf der Prägung des Arbeitsverhältnisses durch die Beschäftigung im Dienst des Betriebsinhabers beruht“[973]. Während die Betroffenheit des Arbeitnehmers im Weisungsverhältnis speziell durch die Betriebsverfassung aufgefangen wird, knüpft die Unternehmensbestimmung an eine grundsätzlichere Ebene an.[974] Letztere eröffnet eine wesentlich umfassendere und früher ansetzende Beteiligung als die Vertretung durch den Betriebsrat, die sich „entsprechend den Regeln des BetrVG von vorneherein auf einen Ausschnitt aus der Gesamtthematik Arbeitnehmerinteressen im Unternehmen beschränkt“[975].

(e) Grundsatz der Wahlgleichheit

Nach dem BAG[976] steht es der Anerkennung eines „doppelten“ oder „mehrfachen“ aktiven Wahlrechts von Arbeitnehmern bei den Wahlen ihrer Vertreter in die Aufsichtsräte der Trägerunternehmen nicht entscheidend entgegen, dass die Belegschaft des Gemeinschaftsbetriebs in dem Aufsichtsrat des jeweiligen Trägerunternehmens gegenüber den Belegschaften anderer Betriebe des Unternehmens stärker repräsentiert wäre, als es allein dem Verhältnis aller Vertragsarbeitnehmer der Betriebe des Unternehmens entspreche. Auch andere Literaturvertreter sehen in einer mehrfachen Wahlberechtigung keinen Verstoß gegen die Zählwertgleichheit begründet.[977] Dem ist zu widersprechen.

---

tatsächliche Verknüpfung zwischen Arbeitnehmer und Trägerunternehmen ausreichen lassen will.

972 So auch *Wanhöfer*, Gemeinschaftsbetrieb und Unternehmensmitbestimmung, 112.

973 *Wanhöfer*, Gemeinschaftsbetrieb und Unternehmensmitbestimmung, 112.

974 *Wanhöfer*, Gemeinschaftsbetrieb und Unternehmensmitbestimmung, 112 f.

975 *Wanhöfer*, Gemeinschaftsbetrieb und Unternehmensmitbestimmung, 113.

976 BAG, Beschl. v. 13.03.2013 – 7 ABR 47/11, AP DrittelbG § 5 Nr. 1 (Rn. 37).

977 *Greiwe*, Unternehmensmitbestimmung und Gemeinschaftsbetrieb, 215; *Thüsing/Forst*, in: FS Kreutz, 867 (875 f.); *Wanhöfer*, Gemeinschaftsbetrieb und Unternehmensmitbestimmung, 117 f.

Bereits *Wanhöfer*[978] merkt an, dass ein „vorsichtiger Umgang bei der Verteilung von Wahlberechtigungen [...] auch im Interesse angemessener Mitwirkungsmöglichkeiten der nicht im Gemeinschaftsbetrieb tätigen Arbeitnehmer der einzelnen Trägerunternehmen geboten [ist]".[979] Die allgemein gültigen Wahlrechtsgrundsätze entfalten auch im Recht der Unternehmensmitbestimmung Geltung.[980] Zu diesen gehört der Grundsatz der Wahlgleichheit, der durch Art. 38 Abs. 1 GG abgesichert ist und nach welchem jedem Arbeitnehmer an seine Wahlberechtigung anknüpfend die gleiche Stimmenzahl (gleicher Zählwert) zukommen und jede Stimme bei der Umsetzung der Stimmen berücksichtigt werden muss (gleicher Erfolgswert).[981] Dieser Grundsatz würde verletzt, wenn man den Arbeitnehmern bei jedem Trägerunternehmen des Gemeinschaftsbetrieb ein aktives Wahlrecht zukommen ließe.[982] Der im Gemeinschaftsbetrieb tätige Arbeitnehmer wäre aktiv wahlberechtigt zu den Aufsichtsratswahlen aller Trägerunternehmen, obwohl er mit lediglich einem der Trägerunternehmen einen Arbeitsvertrag unterhält.

Überzeugen kann auch das Beispiel von *Thüsing/Forst*[983] nicht, die darauf hinweisen, dass es ebenso wenig einen Verstoß gegen Art. 38 GG darstelle, wenn zeitgleich Landtags und Kommunalwahlen stattfänden und der Wähler daher bei einem Wahltermin zweimal abstimme. Im Falle von Landtags und Kommunalwahlen wird der Wähler in zweierlei Hinsicht adressiert. Zum einen als Bürger eines bestimmten Bundeslandes und zum anderen als Bürger einer bestimmten Stadt, einer bestimmten Gemeinde oder eines bestimmten Landkreises. Im Fall der Aufsichtsratswahlen wird der Arbeitnehmer jedoch als dem Unternehmen zugehörige und nur (zufällig) in einem gemeinsamen Betrieb tätige Person adressiert. Hierbei existiert nur

---

978 *Wanhöfer*, Gemeinschaftsbetrieb und Unternehmensmitbestimmung, 116 f.

979 Aus diesem Grund will dieser außerhalb einer vertraglichen Bindung nur unter besonderen Umständen eine zusätzliche Wahlberechtigung anerkennen. Nach diesem bezieht sich die Forderung nach gleichgewichtiger Stimme jedoch nur auf die Stimmrechtsausübung in demselben Unternehmen.

980 *Wanhöfer*, Gemeinschaftsbetrieb und Unternehmensmitbestimmung, 117.

981 *Bonanni*, Der gemeinsame Betrieb, 300; BeckOK-GG/*Butzer* GG Art. 38 Rn. 75; *Jarass/Pieroth* GG Art. 38 Rn. 13.

982 *Bonanni*, Der gemeinsame Betrieb, 300; *Säcker*, Wahlordnungen, Rn. 55; a.A. *Thüsing/Forst*, in: FS Kreutz, 867 (875), die alle Wahlen getrennt voneinander betrachten wollen; *Rentschler*, Arbeitnehmerzuordnung und Wahlberechtigung, 170 f.

983 *Thüsing/Forst*, in: FS Kreutz, 867 (876).

ein einziger Anknüpfungspunkt zur Einräumung eines aktiven Wahlrechts. Dieser ist die durch Arbeitsvertrag begründete Unternehmenszugehörigkeit. Dass der Vergleich mit Landtags beziehungsweise Kommunalwahlen fehlgeht, zeigt auch die Verbildlichung der Situation. Während das größere Wahlgebiet der Landtagswahl das kleinere Gebiet der Kommunalwahl „verschluckt", besteht zwischen zwei Unternehmen nur eine kleine Schnittmenge in Form eines Gemeinschaftsbetriebs. Somit ist schon die Ausgangssituation eine andere als bei Landtags und Kommunalwahlen. Ferner haben Landtags und Kommunalwahlen einen unmittelbaren Einfluss auf den Wähler, während sich das Wahlergebnis bei der Aufsichtsratswahl in einem fremden Trägerunternehmen allenfalls mittelbar auf den arbeitsvertragsfremden Arbeitnehmer auswirkt.

Allein aufgrund der Tatsache, dass ein Arbeitnehmer innerhalb eines Gemeinschaftsbetriebs tätig wird, kann dessen Wahlrecht nicht vervielfacht werden. Auch eine Quotelung des einmal anerkannten Stimmrechts ist ausgeschlossen, da jedem Arbeitnehmer – anknüpfend an seine Wahlberechtigung – das gleiche Stimmgewicht zukommen muss.[984]

(f) Wahlbeeinflussung durch fremde Interessen

Will man allen Arbeitnehmern im Gemeinschaftsbetrieb unabhängig von der Person ihres Vertragsarbeitgebers das aktive Wahlrecht bei den Aufsichtsratswahlen aller Trägerunternehmen einräumen, würde dies zu einer überproportionalen Beteiligung der Arbeitnehmer des Gemeinschaftsbetriebs und einer Übergewichtung von deren Belangen führen.[985] Eine überproportionale Beteiligung der Arbeitnehmer des Gemeinschaftsbetriebs in den Aufsichtsräten auch fremder Trägerunternehmen birgt die Gefahr, dass deren Belange die Belange der übrigen unternehmenszugehörigen Arbeitnehmer (anderer Betriebe) verdrängen.[986] Dem Gemeinschaftsbetrieb stünden

984 *Wanhöfer*, Gemeinschaftsbetrieb und Unternehmensmitbestimmung, 117.

985 *Annuß*, in: FS v. Hoyningen-Huene, 17 (27); *Bonanni*, Der gemeinsame Betrieb, 300; ein Beispiel für eine überproportionale Beteiligung stellt *Wanhöfer*, Gemeinschaftsbetrieb und Unternehmensmitbestimmung, 117, dar.

986 *Bonanni*, Der gemeinsame Betrieb, 300; *Greiwe*, Unternehmensmitbestimmung und Gemeinschaftsbetrieb, 216.

insgesamt mehr Stimmen zu, als sich allein bei Betrachtung der Anzahl von Vertragsarbeitnehmern ergäben. Insbesondere, wenn der Anteil von Arbeitnehmern im Gemeinschaftsbetrieb ungleichmäßig ist, besteht die Gefahr, dass die Interessen eines Unternehmens diejenigen des Unternehmens, in welchem der Aufsichtsrat gewählt wird, dominieren.

Dies zeigt sich auch anhand des folgenden Beispiels[987]:

Die A-GmbH und die B-GmbH führen einen Gemeinschaftsbetrieb. In diesem sind für die A-GmbH 2.000 Arbeitnehmer und für die B-GmbH 9.000 Arbeitnehmer tätig. Erkennt man die Wahlberechtigung aller Arbeitnehmer an, könnte bei den Aufsichtsratswahlen bei der A-GmbH der Fall eintreten, dass die Arbeitnehmer der B-GmbH aufgrund ihrer zahlenmäßigen Überlegenheit gezielt diejenigen Delegierten oder Arbeitnehmervertreter wählen, die am ehesten die Interessen ihres Unternehmens (B-GmbH) vertreten, anstatt solche Vertreter zu wählen, deren Zielvorstellungen sich tatsächlich mit denen der A-GmbH decken. Insbesondere dann, wenn die A-GmbH im Übrigen nur wenige weitere und kleinere Betriebe unterhält, würde die Aufsichtsratswahl insgesamt durch den zahlenmäßig überlegenen Gemeinschaftsbetrieb dominiert, dessen Beitrag zur Aufsichtsratswahl durch die Interessen der B-GmbH geprägt wäre. Dieses Übergewicht könnte nicht durch die Arbeitnehmer in den übrigen Betrieben der A-GmbH ausgeglichen werden.

Eine solche Dominanz fremder Interessen bei den Wahlen zum Aufsichtsrat kann weder im Sinne der Unternehmensmitbestimmung noch im Sinne desjenigen Unternehmens sein, in welchem ein Aufsichtsrat zu wählen ist.

(g) *Ausgleich arbeitgeberseitiger Entscheidungsmacht*

Zwar mag man dem BAG[988] in seiner Annahme zustimmen, dass es dem Gemeinschaftsbetrieb eigen sei, dass seine Belegschaft von arbeitnehmerrelevanten Entscheidungen der Gremien zweier oder mehrerer Unternehmen

---

[987] Beispiel angelehnt an *Greiwe*, Unternehmensmitbestimmung und Gemeinschaftsbetrieb, 216 f.

[988] BAG, Beschl. v. 13.03.2013 – 7 ABR 47/11, AP DrittelbG § 5 Nr. 1 (Rn. 37).

betroffen sein kann,[989] jedoch kann die Betroffenheit des Arbeitnehmers in dieser Konstellation nicht das ausschlaggebende Kriterium darstellen, um ein mehrfaches aktives Wahlrecht anzuerkennen. Es ist nicht erforderlich, die (nur mittelbar) von den unternehmerischen Entscheidungen betroffenen arbeitsvertragsfremden Arbeitnehmer in jeglichen Aufsichtsratsgremien partizipieren zu lassen. Der „Wahrung des Gleichlaufs zwischen arbeitgeberseitiger Entscheidungsmacht und Arbeitnehmerbeteiligung"[990] wird bereits dadurch Genüge getan, dass ein arbeitsvertraglich mit dem jeweiligen Trägerunternehmen verbundener Arbeitnehmer im Gemeinschaftsbetrieb an den Wahlen zum Aufsichtsrat seines Trägerunternehmens teilnehmen darf. Entgegen *Däubler*[991] besteht kein Bedürfnis danach, den Beschäftigten des Gemeinschaftsbetriebs „dieselben Artikulationschancen wie anderen Arbeitnehmern" einzuräumen, indem man diesen die Möglichkeit eröffnet, „in den Aufsichtsräten aller beteiligten Unternehmen mitzusprechen". Es genügt, wenn man den Arbeitnehmern diese Artikulationschancen bei ihrem Vertragsarbeitgeber einräumt.

(h) Keine Ungleichbehandlung vertragsfremder Arbeitnehmer

Der Ausschluss der nur mittelbar von unternehmerischen Entscheidungen berührten vertragsfremden Arbeitnehmer verstößt nicht gegen den Grundsatz gleichmäßiger Behandlung.[992] Die Zuerkennung einer Wahlberechtigung knüpft nicht an die Betriebs sondern an die Unternehmenszugehörigkeit an.[993] Insofern besteht ein sachlicher Differenzierungsgrund.[994] Es widerspräche vielmehr dem Grundsatz der Gleichbehandlung, wenn man auch arbeitsvertragsfremden Arbeitnehmer im gemeinsamen Betrieb eine Wahlberechtigung bei dem fremden Trägerunternehmen einräumt, da diese im Vergleich zu Vertragsarbeitnehmern lediglich mittelbar berührt

---

989 In diese Richtung auch *Thüsing/Forst*, in: FS Kreutz, 867 (875 f.), die die Mitbestimmungsgesetze entsprechend ausweiten wollen.

990 BAG, Beschl. v. 13.03.2013 – 7 ABR 47/11, AP DrittelbG § 5 Nr. 1 (Rn. 37).

991 *Däubler*, in: FS Zeuner, 19 (31).

992 *Wanhöfer*, Gemeinschaftsbetrieb und Unternehmensmitbestimmung, 118.

993 Vgl. *Wanhöfer*, Gemeinschaftsbetrieb und Unternehmensmitbestimmung, 118, der auch eine umfassende und langfristig wirksame Betroffenheit für ausreichend hält.

994 *Wanhöfer*, Gemeinschaftsbetrieb und Unternehmensmitbestimmung, 118.

werden.[995] Ungleiches ist in diesem Fall seiner Ungleichheit entsprechend zu behandeln.[996]

bb. Wahlrecht bei jeweiligem Vertragsarbeitgeber

Wie die bisherige Untersuchung gezeigt hat, ist ein vom jeweiligen Arbeitsvertrag unabhängiges Wahlrecht der Arbeitnehmer im Gemeinschaftsbetrieb zu den Aufsichtsratswahlen in den Trägerunternehmen abzulehnen. Bei der Anerkennung eines aktiven Wahlrechts muss es auf die Person des Vertragsarbeitgebers ankommen.[997] Obgleich die Einheitlichkeit von Zählen und Wählen nicht zwingend notwendig ist,[998] ergibt sich so ein harmonisches – und zu begrüßendes – Gesamtkonzept für den Gemeinschaftsbetrieb im Bereich der Unternehmensmitbestimmung.[999]

Dass ein Arbeitnehmer lediglich bei seinem Vertragsarbeitgeber wahlberechtigt ist, entspricht im Übrigen dem Telos der Unternehmensmitbestimmung. Durch die Möglichkeit der Teilhabe der Arbeitnehmervertreter im Aufsichtsrat soll die Fremdbestimmung ausgeglichen werden, die sich aus der Unterordnung unter die Leitung und Weisung des Arbeitgebers ergibt.[1000] Die Unternehmensleitung soll soziale Legitimation erfahren und die Arbeitnehmer bei der Ausübung ihrer gemäß Art. 12 GG geschützten Berufsfreiheit mitwirken.[1001] Die Grenze der Unternehmensmitbestimmung muss jedoch dort gezogen werden, wo unternehmerische Entscheidungen keinen Einfluss mehr auf die Ausübung der Berufsfreiheit entfalten und demnach

---

995 *Wanhöfer*, Gemeinschaftsbetrieb und Unternehmensmitbestimmung, 118.

996 *Wanhöfer*, Gemeinschaftsbetrieb und Unternehmensmitbestimmung, 118.

997 Diese Auffassung findet Zustimmung in der Literatur, vgl. *Annuß*, in: FS v. Hoyningen-Huene, 17 (27 f.); i.E. auch *Greiwe*, Unternehmensmitbestimmung und Gemeinschaftsbetrieb, 227 f.; wohl auch *Herrmann*, Der gemeinsame Betrieb, 166 f.; *Hohenstatt/Schramm*, NZA 2010, 846 (850 f.); RVJ/*Jacobs* MitbestG § 10 Rn. 11; *Kolbe*, Mitbestimmung und Demokratieprinzip, 336; ErfK/*Oetker* MitbestG § 17 Rn. 3; *Windbichler*, Arbeitsrecht im Konzern, 501.

998 Siehe hierzu unter Kapitel 4 C.I.

999 So werden auch bei der Schwellenwertberechnung lediglich die Vertragsarbeitnehmer berücksichtigt, siehe hierzu unter Kapitel 4 B.III.

1000 *Greiwe*, Unternehmensmitbestimmung und Gemeinschaftsbetrieb, 224 f. m.w.N.

1001 *Greiwe*, Unternehmensmitbestimmung und Gemeinschaftsbetrieb, 224 f. m.w.N.

unbedeutend für das einzelne Arbeitsverhältnis sind.[1002] Ermöglicht man die Mitbestimmung auch bei vertragsfremden Trägerunternehmen, könnten die Arbeitnehmer unter Umständen auf Entscheidungen Einfluss nehmen, die sie in keiner Weise berühren.[1003] Dies würde über die durch das Telos definierten Grenzen der Unternehmensmitbestimmung hinausgehen und muss daher abgelehnt werden.[1004] Es genügt, wenn man dem Arbeitnehmer ein Mitspracherecht bei seinem Vertragsarbeitgeber einräumt.[1005]

cc. Delegiertenwahl

Das Bestehen eines Gemeinschaftsbetriebs wirkt sich ebenfalls auf die Wahl der Delegierten in § 10 MitbestG aus. Die Zahl der Delegierten bestimmt sich nach § 11 MitbestG. § 11 Abs. 1 MitbestG nimmt zur Bestimmung dieser Zahl Bezug auf den „Betrieb" und die Anzahl der in diesem tätigen wahlberechtigten Arbeitnehmer. Räumt man das aktive Wahlrecht nur den Vertragsarbeitnehmern des jeweiligen Trägerunternehmens ein, kann es bei der Berechnung der Zahl der Delegierten ebenso nur auf die zu den Aufsichtsratswahlen dieses Trägerunternehmens wahlberechtigten Arbeitnehmer ankommen. Sind in einem Gemeinschaftsbetrieb beispielsweise 6.000 Arbeitnehmer verschiedener Unternehmen (A-GmbH und B-GmbH) beschäftigt und entfallen hiervon 2.000 Arbeitnehmer auf die A-GmbH, müssen diese 2.000 Arbeitnehmer zur Berechnung der Delegiertenanzahl als „Betriebsgröße" herangezogen werden, da nur diese als „wahlberechtigte Arbeitnehmer" im Sinne des § 11 MitbestG zu qualifizieren sind.[1006]

b. Passives Wahlrecht

aa. Wortlaut

Gemäß § 7 Abs. 4 S. 1 MitbestG muss es sich bei den wählbaren Arbeitnehmern um „Arbeitnehmer des Unternehmens" handeln, die „ein Jahr dem

---

1002 *Greiwe*, Unternehmensmitbestimmung und Gemeinschaftsbetrieb, 224 f.
1003 *Greiwe*, Unternehmensmitbestimmung und Gemeinschaftsbetrieb, 224 f.
1004 *Greiwe*, Unternehmensmitbestimmung und Gemeinschaftsbetrieb, 224 f.
1005 Siehe hierzu unter Kapitel 4 C.II.3.a.(4)(g).
1006 So auch *Wanhöfer*, Gemeinschaftsbetrieb und Unternehmensmitbestimmung, 119.

Unternehmen angehören".[1007] Wichtigste Wählbarkeitsvoraussetzung ist der Bestand eines Arbeitsverhältnisses zum Unternehmen.[1008] Das Bestehen eines Arbeitsverhältnisses ist mit der Arbeitnehmereigenschaft nach den §§ 3 bis 5 MitbestG gleichzusetzen.[1009] Wie bereits bei der Frage nach dem aktiven Wahlrecht lässt sich dem Wortlaut der Regelungen nicht entnehmen, ob es zur Begründung der Arbeitnehmerschaft eines Arbeitsverhältnisses bedarf.[1010] Welche Personen als Arbeitnehmer im Sinne der jeweiligen Vorschriften zu qualifizieren sind, bedarf einer weitergehenden Untersuchung.

Dass es sich um Arbeitnehmer *des Unternehmens* handeln muss, könnte man mit der Argumentation des BAG zum DrittelbG[1011] dahingehend verstehen, dass es sich um Arbeitnehmer des Unternehmens im weitesten Sinne handeln muss und damit auch solche erfasst würden, die bei einem anderen Vertragsarbeitgeber im Gemeinschaftsbetrieb beschäftigt sind. Mit einer ähnlichen Begründung könnte man in Bezug auf die weitere Voraussetzung des § 7 Abs. 4 S. 1 MitbestG vertreten, dass mit den Arbeitnehmern, die seit einem Jahr *dem Unternehmen* angehören müssen, auch solche gemeint sein könnten, die einem beliebigen Trägerunternehmen seit einem Jahr angehören.[1012]

Auf der anderen Seite könnte man den Wortlaut „dem" Unternehmen dahingehend auslegen, dass es sich um ein bestimmtes und damit das Trägerunternehmen des Vertragsarbeitgebers handeln muss, dem der Arbeitnehmer seit einem Jahr zugehörig ist. Hätte der Gesetzgeber gewollt, dass ein Arbeitnehmer unabhängig von einer arbeitsvertraglichen Verbundenheit wählbar ist, hätte der Gesetzgeber beispielsweise formulieren können, dass es sich um Arbeitnehmer handeln muss, die „einem Unternehmen angehören". Dafür, dass es sich bei „dem" Unternehmen um ein bestimmtes

---

1007 Eine ähnliche Formulierung enthält auch § 15 MitbestG. Dieser regelt die „Wahl der unternehmensangehörigen Aufsichtsratsmitglieder der Arbeitnehmer". In § 15 Abs. 1 S. 1 MitbestG wird ferner auf die „Aufsichtsratsmitglieder, die nach § 7 Abs. 2 Arbeitnehmer des Unternehmens sein müssen" Bezug genommen.

1008 HH/*Henssler* MitbestG § 7 Rn. 35.

1009 HH/*Henssler* MitbestG § 7 Rn. 35 m.w.N.

1010 Siehe hierzu unter Kapitel 4 C.III.a.aa.(1).

1011 Siehe hierzu unter Kapitel 4 C.II.2.a.

1012 Dies wirft jedoch die Frage auf, ob der Arbeitnehmer durchgehend einem bestimmten Trägerunternehmen angehören muss oder ob in diesem Fall Vorbeschäftigungszeiten bei einem anderen Trägerunternehmen angerechnet werden können.

Unternehmen in Form des Vertragsarbeitgebers handeln muss, spricht auch, dass der Arbeitnehmer diesem „angehören“ muss. Die Formulierung „angehören“ deutet darauf hin, dass hierunter nur arbeitsvertraglich verbundene Arbeitnehmer fallen,[1013] da eine Angehörigkeit oder Zugehörigkeit zu einem Unternehmen in der Regel über den Arbeitsvertrag hergestellt wird.[1014] Nach diesem Verständnis würde die Unternehmenszugehörigkeit aus einer vertraglichen (dem Arbeitsvertrag) – mit Ausnahme der Fiktion in § 4 Abs. 1 S. 1 MitbestG und § 5 Abs. 1 BetrVG – und einer tatsächlichen Komponente (der einjährigen Angehörigkeit) bestehen, die kumulativ vorliegen müssen.[1015]

Im Übrigen verweist § 7 Abs. 4 S. 4 MitbestG auf die Wählbarkeitsvoraussetzungen des § 8 Abs. 1 BetrVG.[1016] Aus diesem Verweis lässt sich jedoch keine Antwort auf die Frage nach der Wählbarkeit von Arbeitnehmern im Gemeinschaftsbetrieb entnehmen.

Nach dem Wortlaut des § 7 Abs. 4 S. 1 MitbestG ist es sowohl denkbar, allen im gemeinsamen Betrieb beschäftigten Arbeitnehmern ein passives Wahlrecht zu den Aufsichtsräten aller Trägerunternehmen einzuräumen, als auch dieses Wahlrecht nur den Arbeitnehmern zuzugestehen, die mit dem jeweiligen Trägerunternehmen einen Arbeitsvertrag abgeschlossen haben.

bb. Genese

Ebenso wenig lässt sich anhand der Gesetzesbegründung zum MitbestG[1017] ein passives Wahlrecht der Arbeitnehmer begründen oder verneinen. Nach der Gesetzesbegründung muss es sich bei den Mitgliedern der Arbeitnehmer im Aufsichtsrat um „Arbeitnehmer aus dem Unternehmen“[1018] beziehungsweise um „unternehmensangehörige Arbeitnehmer“[1019] handeln. Diese Formulierung könnte man – ähnlich wie in den §§ 10 Abs. 2 S. 1,

---

1013 *Rentschler*, Arbeitnehmerzuordnung und Wahlberechtigung, 178.

1014 In diese Richtung auch *Hohenstatt/Schramm*, NZA 2010, 846 (851).

1015 So GroßKommAKtG/*Oetker* MitbestG § 7 Rn. 17.

1016 Einschlägig ist allein § 8 Abs. 1 S. 3 BetrVG, vgl. HH/*Henssler* MitbestG § 7 Rn. 46; GroßKommAktG/*Oetker* MitbestG § 7 Rn. 24; WKS/*Wißmann* MitbestG § 7 Rn. 42.

1017 BT-Drs. 7/2172.

1018 BT-Drs. 7/2172, 18.

1019 BT-Drs. 7/2172, 18.

18 S. 1 MitbestG – nach dem Vorbild des siebten Senats[1020] derart auslegen, dass hiermit Arbeitnehmer aus dem Unternehmen im weitesten Sinne gemeint sind und damit jegliche Arbeitnehmer des Gemeinschaftsbetriebs erfasst werden. Jedoch scheint auch eine Auslegung dahingehend möglich, dass es sich um *aus dem Unternehmen stammende* Arbeitnehmer handeln muss und im Wege einer eng am Wortlaut orientierten Auslegung lediglich Vertragsarbeitnehmer erfasst werden. Insofern lässt auch die Gesetzesbegründung verschiedene Auslegungsmöglichkeiten zu.

cc. Systematik

(1) Vergleich mit Wählbarkeit von Leiharbeitnehmern

Die Situation von Leiharbeitnehmern ist nicht mit der Situation von Arbeitnehmern im Gemeinschaftsbetrieb vergleichbar.[1021] Dennoch lassen sich aus der Regelung des § 14 Abs. 2 S. 1 AÜG Rückschlüsse auf grundlegende gesetzgeberische Vorstellungen ziehen. So steht Leiharbeitnehmern unter bestimmten Voraussetzungen zwar das aktive Wahlrecht zu, jedoch wird diesen das passive Wahlrecht gemäß § 14 Abs. 2 S. 1 AÜG versagt.[1022]. Nachvollziehbar erscheint diese Differenzierung unter dem Aspekt, dass ein Leiharbeitnehmer zumeist vorübergehend in dem Entleiherbetrieb tätig ist. Im Gegensatz zum aktiven Wahlrecht, welches zu einem bestimmten Zeitpunkt ausgeübt wird, erfordert das passive Wahlrecht eine längerfristige Unternehmensverbundenheit. Es wäre widersinnig, einen Leiharbeitnehmer in den Aufsichtsrat des Unternehmens zu wählen, wenn dieser mit Ende seiner Beschäftigung im Betrieb des Entleihers sein Mandat – mitunter nach wenigen Monaten – wieder aufgeben müsste.[1023] Dass dem arbeitsvertragsfremden Leiharbeitnehmer auf der anderen Seite ein aktives Wahlrecht eingeräumt wird, stellt einen Ausnahmefall dar. Diese Ausnahme will der

---

[1020] BAG, Beschl. v. 13.03.2013 – 7 ABR 47/11, AP DrittelbG § 5 Nr. 1 (Rn. 28).

[1021] Siehe hierzu unter Kapitel 4 B.III.1.a.cc.(2).

[1022] Zur Wählbarkeit von Leiharbeitnehmern im Gemeinschaftsbetrieb siehe Kapitel 4 C.II.3.d.

[1023] Der Wegfall der Unternehmenszugehörigkeit führt zum Mandatsende, vgl. § 24 Abs. 1 MitbestG.

Gesetzgeber offenbar jedoch nicht ohne Weiteres auch für die Wählbarkeit desselben gelten lassen.

Gleiches gilt für die Wahlrechte von arbeitsvertragsfremden Arbeitnehmern im Gemeinschaftsbetrieb. Will man diesen das aktive Wahlrecht versagen, muss dies erst recht für das passive Wahlrecht gelten, welches der Gesetzgeber bei arbeitsvertragsfremden Arbeitnehmern noch restriktiver zu handhaben scheint.

(2) Passive Wahlberechtigung von Gewerkschaftsmitgliedern

Rentschler[1024] weist auf die in § 7 Abs. 2 und 5 MitbestG geregelte passive Wahlberechtigung von Gewerkschaftsmitgliedern hin. Die dort bezeichneten Gewerkschaften müssen „in dem Unternehmen selbst oder in einem anderen Unternehmen vertreten sein, dessen Arbeitnehmer nach diesem Gesetz an der Wahl von Aufsichtsratsmitgliedern des Unternehmens teilnehmen", vgl. § 7 Abs. 5 MitbestG. Dies bedeutet nach *Rentschler*, dass im Unternehmen nicht vertretene Gewerkschaften keine Vertreter in den Aufsichtsrat entsenden können, sondern es vielmehr einer Verbindung zwischen Unternehmen und Gewerkschaft, mithin eines Unternehmensbezugs, bedürfe. Da die Wahlberechtigung von Arbeitnehmervertretern und Gewerkschaftsvertretern in demselben Paragrafen geregelt ist, sei davon auszugehen, dass der Gesetzgeber bei Arbeitnehmern eine durch Arbeitsvertrag begründete Unternehmenszugehörigkeit für erforderlich halte. Diese Argumentation verfängt nicht.

Ein Gewerkschaftsvertreter muss weder im Unternehmen beschäftigt sein, noch muss dieser selbst Mitglied der Gewerkschaft sein.[1025] Lediglich die Gewerkschaften selbst müssen im Unternehmen vertreten sein, § 7 Abs. 5 MitbestG. Gewerkschaftsvertreter selbst können unternehmensextern sein.[1026] Es ist ebenfalls nicht erforderlich, dass der Gewerkschaftsvertreter selbst Mitglied der Gewerkschaft ist.[1027] Als Gewerkschaftsvertreter sind entge-

---

1024 *Rentschler*, Arbeitnehmerzuordnung und Wahlberechtigung, 179.

1025 MüKoAktG/*Annuß*, MitbestG § 7 Rn. 15.

1026 HH/*Henssler* MitbestG § 7 Rn. 78.

1027 HH/*Henssler* MitbestG § 7 Rn. 78.

gen § 14 Abs. 2 S. 1 AÜG auch Leiharbeitnehmer wählbar.[1028] Im Übrigen steht den Gewerkschaften gemäß § 16 Abs. 2 MitbestG lediglich ein Vorschlagsrecht für die Gewerkschaftsvertreter zu, während die Wahl der Vertreter durch Delegierte (§ 16 Abs. 1 MitbestG) oder die wahlberechtigten Arbeitnehmer des Unternehmens (§ 16 Abs. 1 i.V.m. § 18 S. 3 MitbestG) erfolgt. Daraus, dass eine Gewerkschaft im Unternehmen vertreten sein muss, kann nicht abgeleitet werden, dass ein Arbeitnehmer mit dem Trägerunternehmen arbeitsvertraglich verbunden sein muss, um in dessen Aufsichtsrat wählbar zu sein. Zwischen diesen beiden Konstellationen kann keine Parallele gezogen werden.

(3) Vertreter der Anteilseigner im Aufsichtsrat

Mitglieder der Aufsichtsräte müssen nach der gesetzlichen Konzeption nicht ausschließlich unternehmensinterne Personen sein.[1029]

Insofern erscheint es nach *Däubler*[1030] unbedenklich, wenn ein Arbeitnehmer in den Aufsichtsrat gewählt würde, der einen Arbeitsvertrag mit einem anderen Trägerunternehmen abgeschlossen hat. Als derartige arbeitsvertragsfremde Aufsichtsratsmitglieder ließen sich neben den Gewerkschaftsvertretern[1031] auch die Anteilseigner sehen.[1032] Die Regelungen zur passiven Wahlberechtigung der Anteilseigner finden sich nicht im MitbestG, sondern in den §§ 100 ff. AktG. § 100 AktG enthält die persönlichen Voraussetzungen für Aufsichtsratsmitglieder, während § 101 AktG deren Bestellung regelt. Den Vorschriften lasse sich nicht entnehmen, dass die *Anteilseigner* in einer bestimmten Beziehung zu dem Unternehmen stehen müssen.[1033] Dies spreche dafür, dass diese dem Unternehmen nicht angehören müssen.[1034]

[1028] HH/*Henssler* MitbestG § 7 Rn. 78.
[1029] *Däubler*, in: FS Zeuner, 19 (31).
[1030] *Däubler*, in: FS Zeuner, 19 (31).
[1031] Siehe hierzu unter Kapitel 4 C.II.3.b.cc.(2).
[1032] So *Rentschler*, Arbeitnehmerzuordnung und Wahlberechtigung, 179 f.
[1033] *Rentschler*, Arbeitnehmerzuordnung und Wahlberechtigung, 179f.
[1034] *Rentschler*, Arbeitnehmerzuordnung und Wahlberechtigung, 179 f.

Nach *Rentschler*[1035] folgt hieraus im Umkehrschluss, dass *Arbeitnehmer und Gewerkschaftsvertreter* in einem Bezug zu dem jeweiligen Unternehmen stehen müssen. § 100 AktG sei für die Arbeitnehmer des Unternehmens nicht einschlägig, während in § 7 Abs. 2 und 4 S. 1 MitbestG – welcher sich nicht auf die Vertreter der Anteilseigner bezieht – ein notwendiger Unternehmensbezug der Arbeitnehmer normiert werde. Dies spreche dafür, dass für die Wählbarkeit eines Arbeitnehmers allein dessen arbeitsvertragliches Verhältnis ausschlaggebend sein kann. Auch dieses Argument *Rentschlers* verfängt nicht.

Dass es sich bei einem Arbeitnehmervertreter im Aufsichtsrat um einen Vertragsarbeitnehmer des Unternehmens handeln muss, ergibt sich nicht daraus, dass das AktG eine arbeitsvertragliche Unternehmenszugehörigkeit des Anteilseigners im Aufsichtsrat nicht vorsieht. Ein Arbeitsvertrag zum Unternehmen stellt keine Voraussetzung dar, um Anteilseigner zu werden. Auf der anderen Seite ist es Voraussetzung, einen Arbeitsvertrag zu unterzeichnen, wenn man Arbeitnehmer eines Unternehmens werden möchte. Die Berechtigung eines Anteilseigners, Mitglied des Aufsichtsrats zu werden, beruht auf der Verflechtung von dessen Kapital und dem Unternehmen und nicht etwa auf einem Arbeitsvertrag, während die Berechtigung des Arbeitnehmers, Mitglied des Aufsichtsrats zu sein, aus seiner Stellung als Arbeitnehmer resultiert und damit aus der unmittelbaren Abhängigkeit von Entscheidungen seines Vertragsarbeitgebers. Dass im AktG keine vertragliche Verbundenheit zwischen Anteilseigner und Unternehmen vorgeschrieben ist, um Aufsichtsratsmitglied zu werden, stützt diese Erkenntnis allenfalls am Rande, kann jedoch nicht als eigenständige Begründung herangezogen werden.

dd. Telos

(1) Teilhabe allein beim Vertragsarbeitgeber ausreichend

Die Betrachtung des Telos der Unternehmensmitbestimmung zeigt, dass dieses ein vom Arbeitsvertrag unabhängiges passives Wahlrecht nicht begründen kann. Die Mitbestimmungsmöglichkeit soll den Arbeitnehmern in denjenigen Organen des Unternehmens ermöglicht werden, in denen die für

---

[1035] *Rentschler*, Arbeitnehmerzuordnung und Wahlberechtigung, 179 f.

die Arbeitnehmer wesentlichen Entscheidungen rechtlich abgesichert und tatsächlich gefällt werden.[1036] Die für die Arbeitnehmer eines Unternehmens ausschlaggebenden Entscheidungen werden bei dessen Vertragsarbeitgeber getroffen. Zwar kann der Arbeitnehmer mittelbar durch unternehmerische Entscheidungen der übrigen Trägerunternehmen berührt werden, dies begründet indes nicht die Notwendigkeit eines umfassenden passiven Wahlrechts. Die dem Arbeitnehmer nach dem Sinn und Zweck der Unternehmensmitbestimmung gewährte Partizipationsmöglichkeit kann dem Arbeitnehmer allein durch seinen Vertragsarbeitgeber eingeräumt werden. Einer weitergehenden Teilhabe bedarf es nicht.

(2) Kein Auseinanderfallen von aktivem und passivem Wahlrecht

Es entspricht am ehesten dem Sinn und Zweck der Unternehmensmitbestimmung, als Arbeitnehmer allein in dem Gremium repräsentiert zu sein, welches die für ihn maßgeblichen Entscheidungen trifft. Diese Sichtweise führt zu einem Gleichlauf zwischen Wahlberechtigung und Wählbarkeit. Ein solcher ist zu begrüßen, da auf diese Art und Weise ein in sich stimmiges Gesamtbild hinsichtlich der Wahlrechte der Arbeitnehmer im Gemeinschaftsbetrieb auf Unternehmensebene erzeugt werden kann.

Nicht zu überzeugen hingegen vermag der Ansatz, dem Arbeitnehmer zwar ein alle Trägerunternehmen umfassendes aktives Wahlrecht einzuräumen, diesem jedoch auf der anderen Seite das passive Wahlrecht zu versagen, da aufgrund des Bestehens eines weitreichenden aktiven Wahlrechts bereits dem Sinn und Zweck der Unternehmensmitbestimmung Genüge getan sei.[1037] Vorzugswürdig erscheint es, dem Arbeitnehmer – wenn man diesem das aktive Wahlrecht lediglich bei seinem Vertragsarbeitgeber einräumt – konsequenterweise auch das passive Wahlrecht nur im Unternehmen seines vertraglichen Arbeitgebers anzuerkennen.

(3) Einseitigkeit der Interessenvertretung

Will man allen Arbeitnehmern im Gemeinschaftsbetrieb unabhängig von der Person ihres Vertragsarbeitgebers ein passives Wahlrecht bei allen

[1036] Siehe hierzu unter Kapitel 4 B.III.1.a.dd.(1).
[1037] So aber *Rentschler*, Arbeitnehmerzuordnung und Wahlberechtigung, 180.

Trägerunternehmen einräumen, lässt dies – zugespitzt formuliert – die Konstellation zu, dass die Arbeitnehmerbank des Aufsichtsrats insgesamt mit Vertretern ohne arbeitsvertragliche Bindung zum Unternehmen besetzt wird.[1038] Hat ein Unternehmen mehrere Gemeinschaftsbetriebe mit wiederum jeweils unterschiedlichen Trägerunternehmen, träfen bei den Arbeitnehmervertretern im Aufsichtsrat möglicherweise stark konträre Interessen aufeinander, wenn aus den verschiedenen Trägerunternehmen Arbeitnehmervertreter in einen einzelnen Aufsichtsrat gewählt würden. Dies dürfte mit der Idee der Mitbestimmung der Arbeitnehmer im Aufsichtsrat eines Unternehmens und dem Arbeitnehmerbegriff nur „schwerlich in Einklang zu bringen sein“[1039]. Ferner kann dies zu ungerechtfertigten „Marktverzerrungen“ zugunsten größerer und auf Kosten kleinerer Unternehmen führen.[1040]

Vorgenannte Überlegungen werden auch durch den Bericht der Mitbestimmungskommission gestützt.[1041] Deren Untersuchungen zur Motivation der unternehmensinternen Arbeitnehmervertreter haben ergeben, dass ein unternehmensorientiertes Verhalten der von der Belegschaft gewählten Aufsichtsratsmitglieder zu einem „gewissen Betriebsegoismus führen kann“[1042]. Die im Aufsichtsrat zur Entscheidung anstehenden Probleme würden oft zu sehr unter Gesichtspunkten der Unternehmens und Belegschaftsinteressen gesehen, weshalb überbetriebliche Fragen keine hinreichende Bedeutung fänden. Es bestehe die „Gefahr der Überbetonung innerbetrieblicher Aspekte“[1043]. Dieser Befund lässt sich auch auf die Situation im Gemeinschaftsbetrieb übertragen. Räumt man allen dort beschäftigten Arbeitnehmern ein passives[1044] Wahlrecht bei jedem Trägerunternehmen ein, werden diese in der Regel im Sinne ihres eigenen Vertragsarbeitgebers handeln, jedoch nicht notwendig im Sinne auch des (vertragsfremden) Trägerunternehmens und dessen überbetrieblichen Belangen. Dies gilt insbesondere dann, wenn die Arbeitnehmerbank im Aufsichtsrat weitestgehend

---

1038 *Boigs*, jurisPR-ArbR 39/2013 Anm. 7.

1039 *Boigs*, jurisPR-ArbR 39/2013 Anm. 7

1040 *Annuß*, in: FS v. Hoyningen-Huene, 17 (27); *Greiwe*, Unternehmensmitbestimmung und Gemeinschaftsbetrieb, 219.

1041 BT-Drs. VI/334, 33 f.

1042 BT-Drs. VI/334, 34.

1043 BT-Drs. VI/334, 34.

1044 Im Kern lässt sich dieser Befund auch auf das aktive Wahlrecht übertragen.

durch vertragsfremde Arbeitnehmervertreter besetzt wird und deren Interessen im Aufsichtsrat dominieren.

Diese Sichtweise steht nicht im Kontrast dazu, dass arbeitsvertragsfremde Arbeitnehmer in die Gesamtbetriebsräte der Trägerunternehmen entsandt werden dürfen.[1045] Die Unternehmensmitbestimmung knüpft an das einzelne Unternehmen und nicht den Betrieb an. Es handelt sich um zwei unterschiedliche Ebenen der Arbeitnehmerbeteiligung.[1046] Während der (Gesamt)Betriebsrat die Interessen des Betriebs vertritt, zielt die Unternehmensmitbestimmung darauf ab, die Interessen des einzelnen Arbeitnehmers durch Arbeitnehmerbeteiligung im Aufsichtsrat miteinzubeziehen. Es wird auf die Ebene „Unternehmen" statt auf die Ebene „Betrieb" Bezug genommen. Aus der Entscheidung, einen Gemeinschaftsbetrieb zu führen, resultiert die Konsequenz, dass auf (Gesamt) Betriebsratsebene Arbeitnehmer aller Trägerunternehmen gemeinsam entscheiden. Diese Entscheidung kann jedoch nicht auf die Unternehmensebene durchschlagen und dort die Mitbestimmung durch unternehmensfremde Arbeitnehmervertreter legitimieren.

(4) Weitere Gesichtspunkte

Wie auch bei der Frage nach dem Bestehen eines aktiven Wahlrechts können für die Wählbarkeit von Arbeitnehmervertretern Betroffenheitsgesichtspunkte nicht ausschlaggebend sein.[1047] Diese rechtfertigen nicht die Einbeziehung vertragsfremder Arbeitnehmer. Ebenso wenig kann das Vorhandensein einer gemeinsamen Leitung oder die Ausübung von Weisungsrechten – wie schon bei der Frage nach dem aktiven Wahlrecht – ein arbeitsvertragsunabhängiges passives Wahlrecht begründen.[1048]

ee. Zwischenergebnis

Wie bereits das aktive Wahlrecht zum Aufsichtsrat des jeweiligen Trägerunternehmens ist vertragsfremden Arbeitnehmern das passive Wahlrecht

---

[1045] Siehe hierzu unter Kapitel 3 D.I.
[1046] Siehe hierzu unter Kapitel 4 B.I.
[1047] Siehe hierzu unter Kapitel 4 C.II.3.a.aa.(4)(a).
[1048] Siehe hierzu unter Kapitel 4 C.II.3.a.aa.(4)(b).

gleichermaßen zu versagen. Zwar lassen weder der Normwortlaut noch die Genese einen eindeutigen Rückschluss auf die Wählbarkeit dieser Arbeitnehmer zu, jedoch sprechen Systematik und Telos gegen das Bestehen eines passiven Wahlrechts. Passive Wahlrechte werden – wie sich an den leiharbeitnehmerbezogenen Regelungen zeigt – durch den Gesetzgeber restriktiv gehandhabt. Die Teilhabe an den Aufsichtsratswahlen beim jeweiligen Vertragsarbeitgeber erscheint im Übrigen ausreichend, um dem Telos der Unternehmensmitbestimmung nach dem MitbestG gerecht zu werden. Nur so kann auch der Gefahr einer einseitigen Interessenvertretung begegnet werden.

c. Wahlberechtigung bei Beteiligung einer Personalführungsgesellschaft

Wanhöfer[1049] will bei Beteiligung einer Personalführungsgesellschaft[1050] am Gemeinschaftsbetrieb ausnahmsweise alle Arbeitnehmer der Personalführungsgesellschaft bei den Aufsichtsratswahlen aller Trägerunternehmen als wahlberechtigt ansehen, wenn die Arbeitnehmer keinem der Trägerunternehmen „eindeutig zuordenbar“ seien. Dem kann nicht zugestimmt werden. Beteiligt sich eine Personalführungsgesellschaft am Gemeinschaftsbetrieb, sind die Vertragsarbeitnehmer der Personalführungsgesellschaft allein bei dieser wahlberechtigt. Die für die Arbeitnehmer relevanten Entscheidungen werden in dieser Gesellschaft gefällt. Dass sich Entscheidungen anderer Trägerunternehmen auf die Arbeitnehmer der Personalführungsgesellschaft auswirken können, ist hinzunehmen und vermag keine Wahlberechtigung zu begründen.

d. Wahlrechte von Leiharbeitnehmern im Gemeinschafsbetrieb

Leiharbeitnehmer sind gemäß § 14 Abs. 2 S. 1 AÜG nicht in den im Entleiherunternehmen gebildeten Aufsichtsrat wählbar. Für das aktive Wahlrecht gilt §§ 10 Abs. 2 S. 2, 18 S. 2 MitbestG i.V.m. § 7 S. 2 BetrVG.

1049 *Wanhöfer*, Gemeinschaftsbetrieb und Unternehmensmitbestimmung, 118 f.

1050 Zum Gemeinschaftsbetrieb unter Beteiligung einer Personalführungsgesellschaft siehe unter Kapitel 5 A.III.

Es ist nach den zu § 7 BetrVG entwickelten Grundsätzen zu differenzieren.[1051] § 7 S. 2 BetrVG findet entsprechende Anwendung.[1052] Leiharbeitnehmer sind aktiv wahlberechtigt, wenn sie länger als drei Monate im Betrieb eingesetzt werden. Wie bei den übrigen im Gemeinschaftsbetrieb tätigen Arbeitnehmern,[1053] darf auch Leiharbeitnehmern allein bei dem entleihenden Trägerunternehmen ein aktives Wahlrecht bei den Aufsichtsratswahlen im Entleiherunternehmen eingeräumt werden. Die Wahlrechte des Leiharbeitnehmers im gemeinsamen Betrieb dürfen nicht umfangreicher sein als die der anderen dort Beschäftigten. Für die alleinige Wahlberechtigung im Entleiherunternehmen spricht ferner, dass sich die geforderte Mindesteinsatzdauer nicht auf den Betrieb, sondern auf das Unternehmen bezieht.[1054] Es kann daher nicht möglich sein, dass ein Leiharbeitnehmer bei einem anderen Trägerunternehmen allein deshalb wahlberechtigt ist, weil dieses mit dem Entleiherunternehmen einen gemeinsamen Betrieb unterhält.

III. Ergebnis zu Wahlrechten

Der Entscheidung des siebten Senats zur Wahlberechtigung im Gemeinschaftsbetrieb[1055] kann nicht zugestimmt werden und wird mitunter als Argument gegen die Konstruktion des Gemeinschaftsbetriebs angesehen.[1056] Gleichwohl ist zu erwarten, dass das BAG zu einem ähnlichen Ergebnis kommen wird, wenn es über das Bestehen eines aktiven Wahlrechts nach dem MitbestG und passiven Wahlrechten im Bereich der Unternehmensmitbestimmung zu entscheiden hat. Dieser Umstand muss in der Praxis beachtet werden.[1057] Vorzugswürdig ist es dennoch, den Arbeitnehmern im Gemeinschaftsbetrieb ein aktives und passives Wahlrecht zu dem jeweiligen Aufsichtsrat allein bei ihrem Vertragsarbeitgeber einzuräumen. Hierdurch werden den Arbeitnehmern in den Grenzen des Normwortlauts und unter Beachtung systematischer Gesichtspunkte

---

1051 HH/*Henssler* MitbestG § 10 Rn. 20.
1052 HH/*Henssler* MitbestG § 10 Rn. 20.
1053 Siehe hierzu unter Kapitel 4 C.II.3.a.
1054 WKS/*Wißmann* MitbestG § 10 Rn. 36.
1055 BAG, Beschl. v. 13.03.2013 – 7 ABR 47/11, AP DrittelbG § 5 Nr. 1.
1056 So *Boigs*, jurisPR-ArbR 39/2013 Anm. 7.
1057 Dies betont auch *Greiwe*, Unternehmensmitbestimmung und Gemeinschaftsbetrieb, 227.

ausreichende Artikulationsmöglichkeiten bei demjenigen Arbeitgeber eingeräumt, dessen Entscheidungen er unterliegt. Es besteht kein Bedarf danach, die arbeitnehmerseitige Mitbestimmung auf arbeitsvertragsfremde Trägerunternehmen im Gemeinschaftsbetrieb auszuweiten.

D. Fiktiver Gemeinschaftsbetrieb in der Unternehmensmitbestimmung

Werden nach § 3 Abs. 1 BetrVG mittels Tarifvertrag oder durch Betriebsvereinbarung Organisationseinheiten gebildet, gelten diese als „Betriebe im Sinne dieses Gesetzes", § 3 Abs. 5 S. 1 BetrVG. Gemäß § 3 Abs. 1 Nr. 3 BetrVG kann für Betriebe mehrerer Unternehmen durch Tarifvertrag ein „gemeinsamer Betriebsrat" auch in den Fällen gebildet werden, in denen die gesetzlichen Voraussetzungen des § 1 Abs. 1 S. 2, Abs. 2 BetrVG nicht vorliegen.[1058] Fraglich ist, ob diese Fiktion außerhalb des Betriebsverfassungsrechts ebenfalls zu Abweichungen vom gesetzlichen Modell führen kann und welche Besonderheiten sich aus § 3 Abs. 1 BetrVG in mitbestimmungsrechtlicher Hinsicht ergeben. Dies wird primär in Bezug auf das Wahlverfahren diskutiert, jedoch könnte sich dies auch auf die Schwellenwertberechnung auswirken.[1059] Bei der Übertragung der Grundsätze des § 3 Abs. 1 BetrVG auf das MitbestG ist „Vorsicht geboten"[1060], da es sich um gesetzlich zwingende Vorgaben außerhalb des BetrVG handelt. Gegen die Übertragbarkeit spricht die in § 3 Abs. 5 BetrVG vorgesehene Rechtsfolge, nach der ein Betrieb „im Sinne dieses Gesetzes" fingiert wird.[1061] Hiermit ist das BetrVG gemeint. Dem Wortlaut nach würde es sich somit um keinen Betrieb im Sinne des MitbestG handeln. Für eine Übertragbarkeit

---

[1058] BAG, Beschl. v. 10.11.2004 – 7 ABR 17/04, AP BetrVG 1972 § 3 Nr. 4 = NJOZ 2005, 3038 (3044); *Fitting* BetrVG § 3 Rn. 50.

[1059] So *Thüsing/Pötters*, in: FS Wank, 599 (611), die jedoch i.E. eine Addition der Arbeitnehmer im fiktiven Gemeinschaftsbetrieb ablehnen.

[1060] *Thüsing/Pötters*, in: FS Wank, 599 (610).

[1061] BAG, Urt. v. 27.06.2019 – 2 AZR 38/19, AP KSchG 1969 § 15 Nr. 78 (Rn. 22); *Fitting* BetrVG § 3 Rn. 76; MHdB-ArbR/*Kreft* § 115 Rn. 59; ErfK/*Koch* BetrVG § 3 Rn. 12; Richardi BetrVG/*Richardi/Maschmann* BetrVG § 3 Rn. 66; ausf. zu den verschiedenen Ansichten *Thüsing/Pötters*, in: FS Wank, 599 (610).

spricht hingegen § 3 Abs. 2 S. 1 MitbestG.[1062] Hiernach sind „Betriebe im Sinne des Gesetzes [...] solche des Betriebsverfassungsgesetzes". Dies veranlasst zahlreiche Stimmen in der rechtswissenschaftlichen Literatur dazu, die Fiktionswirkung des § 3 Abs. 5 BetrVG auf das MitbestG anzunehmen, da sich das MitbestG an dieser Stelle auf den Betrieb nach dem BetrVG bezieht.[1063]

Zwar erkennt das BAG die Fiktionswirkung des § 3 Abs. 5 BetrVG nicht für das Kündigungsschutzrecht an,[1064] jedoch muss etwas anderes gelten, wenn – wie in § 3 Abs. 2 S. 1 MitbestG – ausdrücklich auf den betriebsverfassungsrechtlichen Betriebsbegriff verwiesen wird.[1065] In diesem Fall sind die gebildeten Repräsentationsbereiche auch für die Anwendung dieser Gesetze maßgeblich.[1066] Dafür spricht auch die Entscheidung des siebten Senats vom 10.11.2004[1067], aus der hervorgeht, dass ein Zuordnungstarifvertrag gemäß § 3 BetrVG auch für die Wahl der Schwerbehindertenvertretung maßgeblich sei.[1068] Dies wird unter anderem damit begründet, dass die Schwerbehindertenvertretung eng mit dem Betriebsrat zusammenarbeite und diese daher grundsätzlich für den Betrieb im betriebsverfassungsrechtlichen Sinne zu wählen sei.[1069] Dies sei die Organisationseinheit,

---

1062 Gleiches gilt für § 3 Abs. 2 S. 1 DrittelbG.

1063 MüKoAktG/*Annuß* MitbestG § 3 Rn. 31; HH/*Henssler* MitbestG § 3 Rn. 115; RVJ/*Jacobs* MitbestG § 3 Rn. 49; *Mückl*, DB 2010, 2615 (2616); ErfK/*Oetker* MitbestG § 3 Rn. 3; GK-BetrVG/*Wiese* § 3 Rn. 70; WKS/*Wißmann* MitbestG § 3 Rn. 67.

1064 Vgl. BAG, Urt. v. 27.06.2019 – 2 AZR 38/19, AP KSchG1969 § 15 Nr. 78 (Rn. 23): Die nach § 3 Abs. 1 Nr. 1 bis 3 BetrVG errichteten Organisationseinheiten gelten nicht als „Betrieb" i.S.v. § 15 Abs. 4 KSchG. Die Norm enthält keine Aussage darüber, auf welche Einheit bei der Prüfung der Betriebsstilllegung abzustellen ist; Für das DrittelbG hat das BAG bisher offengelassen, ob auf die gesetzliche oder eine gewillkürte Betriebsverfassung nach § 3 BetrVG abzustellen ist, vgl. BAG, Beschl. v. 14.08.2013 – 7 ABR 46/11, AP DrittelbG § 5 Nr. 2 (Rn. 31).

1065 GK-BetrVG/*Wiese* § 3 Rn. 70.

1066 GK-BetrVG/*Wiese* § 3 Rn. 70.

1067 BAG, Beschl. v. 10.11.2004 – 7 ABR 17/04, AP BetrVG 1972 § 3 Nr. 4 = NJOZ 2005, 3038 ff.

1068 BAG, Beschl. v. 10.11.2004 – 7 ABR 17/04, AP BetrVG 1972 § 3 Nr. 4 = NJOZ 2005, 3038 (3041 f.).

1069 BAG, Beschl. v. 10.11.2004 – 7 ABR 17/04, AP BetrVG 1972 § 3 Nr. 4 = NJOZ 2005, 3038 (3042).

in welcher der Betriebsrat bestehe.[1070] Auch das BAG scheint mithin in bestimmten Sachverhalten eine über das BetrVG hinausgehende Fiktion nach § 3 Abs. 5 BetrVG anzuerkennen. Die notwendige Verknüpfung zwischen dem BetrVG und dem MitbestG folgt aus dem eindeutigen Verweis in § 3 Abs. 2 S. 1 MitbestG auf den Betriebsbegriff des BetrVG.

Für eine Übertragbarkeit spricht im Übrigen, dass dem Gesetzgeber bei der Änderung des BetrVG daran gelegen war, einen Gleichlauf von betriebsverfassungsrechtlichem und mitbestimmungsrechtlichen Betriebsbegriff zu erzielen.[1071] Anderenfalls wäre zudem eine zweifache Bewertung der Betriebsstruktur vorzunehmen. Es müsste zum einen die reale und zum anderen die nach § 3 Abs. 5 BetrVG fingierte Struktur begutachtet werden. Zielführende Bewertungen wären nur verbunden mit einer differenzierenden Rechtsfolgenbewertung möglich.[1072] Ebenso würde eine abweichende Sichtweise den Besonderheiten des tarif beziehungsweise betriebsverfassungsrechtlich gebildeten Betriebs nicht gerecht.[1073] Die Parteien sind aufgrund ihrer Nähe zum Unternehmen oftmals besser in der Lage, sachgerechte Arbeitnehmervertretungsstrukturen zu bilden.[1074] Aus diesem Grund sind auch die durch Vereinbarung geschaffenen Einheiten im Vergleich zu den „herkömmlichen" Betrieben als gleichwertig anzusehen.[1075]

Geht man zutreffend davon aus, dass auch der mitbestimmungsrechtliche Betrieb – vermittelt über § 3 BetrVG – gestaltbar ist, gelten für diesen die gleichen Grundsätze wie für den realen Gemeinschaftsbetrieb.[1076] Allein das Bestehen eines fiktiven Gemeinschaftsbetriebs kann keine rechtlich abweichende Bewertung zum „Normalfall" des Gemeinschaftsbetriebs rechtfertigen.[1077] Nach hier vertretener Auffassung sind allein Vertragsarbeitnehmer des

---

1070 BAG, Beschl. v. 10.11.2004 – 7 ABR 17/04, AP BetrVG 1972 § 3 Nr. 4 = NJOZ 2005, 3038 (3042).

1071 Vgl. BT-Drs. 14/5741, 57: „Der neu gefasste *Absatz 2* stellt klar, dass der Betriebsbegriff ebenfalls dem Betriebsverfassungsrecht folgt".

1072 Hierauf weisen *Mückl/Volmari*, EWiR 2020, 123 (124) hin.

1073 *Mückl*, DB 2010, 2615 (2616).

1074 *Mückl*, DB 2010, 2615 (2616).

1075 *Mückl*, DB 2010, 2615 (2616).

1076 *Mückl*, DB 2010, 2615 (2616), der i.E. jedoch alle Arbeitnehmer berücksichtigen will.

1077 Ebenso, jedoch mit abweichender Begründung: *Thüsing/Pötters*, in: FS Wank, 599 (611 ff.).

Trägerunternehmens bei der Schwellenwertberechnung zu berücksichtigen. Somit verbleibt auch für die Befürchtung, dass die Trägerunternehmen den fiktiven Gemeinschaftsbetrieb nutzen könnten, um die Arbeitnehmerzahl und damit Existenz und Zusammensetzung des Aufsichtsrats zu manipulieren, kein Raum.[1078] Ebenso wenig bestehen Bedenken, die Fiktion im Hinblick auf die Wahlrechte der Arbeitnehmer zum Aufsichtsrat auf das MitbestG zu erstrecken. Die Wahlberechtigung der einzelnen Arbeitnehmer ist ohnehin unabhängig von der Größe des Aufsichtsrats ausgestaltet.

Im Übrigen gelten im fiktiven Gemeinschaftsbetrieb auch in Bezug auf die Wahlrechte die gleichen Grundsätze wie für den realen Gemeinschaftsbetrieb. Diese stehen den Arbeitnehmern allein bei ihrem Vertragsarbeitgeber zu.[1079]

1078 So aber *Thüsing/Pötters*, in: FS Wank, 599 (611), die durch die Ausstrahlung der Fiktion auf das MitbestG die Gefahr begründet sehen, dass die Tarifpartner die Größe, Zusammensetzung und Existenz des Aufsichtsrats gestalten könnten.

1079 Siehe hierzu unter Kapitel 4 C.II.

Gemeinschaftsbetrieb als Alternative zu anderen Formen des Fremdpersonaleinsatzes

A. Gemeinschaftsbetrieb als Alternative zur Arbeitnehmerüberlassung

I. Notwendigkeit einer Alternative

1. Hintergrund: Reform des AÜG

Am 01.04.2017 ist das AÜG-Reformgesetz in Kraft getreten.[1080] Das Gesetz verfolgt unter anderem das Ziel, Missbräuche im Bereich der Arbeitnehmerüberlassung zu bekämpfen und diese auf ihre Kernfunktion zurückzuführen.[1081] § 1 Abs. 1 S. 2 AÜG a.F. sah eine nur „vorübergehende" Überlassung von Leiharbeitnehmern vor. Es fehlte jedoch an einer gesetzlichen Festsetzung des Zeitraums, den man als „vorübergehend" bezeichnen kann. Das BAG ließ die Frage nach der konkreten zeitlichen Grenze unbeantwortet.[1082]

Mit Einführung der Überlassungshöchstgrenze von 18 Monaten in § 1 Abs. 1b S. 1 AÜG ist nunmehr Klarheit durch den Gesetzgeber geschaffen

---

1080 Gesetz zur Änderung des Arbeitnehmerüberlassungsgesetzes und anderer Gesetze; verabschiedet vom Bundestag am 21.10.2016 (BR-Drs. 627/16). Vom Bundesrat gebilligt durch Beschluss v. 25.11.2016 (BR-Drs. 627/16 [Beschluss]).

1081 Entwurf des Gesetzes zur Änderung des Arbeitnehmerüberlassungsgesetzes und anderer Gesetze v. 20.07.2016 (BT-Drs. 18/9232); ausführlich zum Zweck des AÜG: *Polzin*, Drittbezogener Personaleinsatz, 84 ff.

1082 BAG, Beschl. v. 10.07.2013 – 7 ABR 91/11, AP AÜG § 1 Nr. 33 m. Anm. Hamann; BAG, Beschl. v. 30.09.2014 – 1 ABR 79/12, AP BetrVG 1972 § 99 Nr. 141.

worden. Der Leiharbeitnehmer darf nicht länger als 18 aufeinanderfolgende Monate an denselben Entleiher überlassen werden. Ein Überschreiten der zulässigen Überlassungshöchstdauer stellt zum einen eine Ordnungswidrigkeit dar[1083] und führt zum anderen dazu, dass qua gesetzlicher Fiktion ein Arbeitsverhältnis mit dem Entleiher zustande kommt.[1084] Ein erhebliches oder wiederholtes Überschreiten der Überlassungshöchstdauer kann zudem zum Entzug der Arbeitnehmerüberlassungserlaubnis führen.[1085] Selbst, wenn die gesetzliche Überlassungshöchstdauer durch Tarifvertrag auf Entleiherseite oder durch Inbezugnahme eines einschlägigen Tarifvertrags im Rahmen einer auf der Entleiherseite geschlossenen Betriebsvereinbarung ausgeweitet wurde, muss auch diese abweichende Regelung eine Überlassungshöchstdauer vorsehen.[1086] Eine unbefristete Überlassung ist ausgeschlossen.

Die Festlegung einer konkreten Höchstüberlassungsdauer führt jedoch in der Praxis zu einer Reihe nachteiliger Konsequenzen für die Unternehmen. Insbesondere, wenn es sich bei den Leiharbeitnehmern um fachlich speziell qualifizierte Arbeitskräfte handelt, sind diese nach Ablauf der Höchstüberlassungsdauer üblicherweise nicht beliebig austauschbar. Neue Leiharbeitnehmer müssen unter Umständen mühsam eingearbeitet werden. Die sich ergebenden Nachteile legen es nahe, Alternativen zur klassischen Arbeitnehmerüberlassung zu suchen. Dies gilt gerade für die Fälle, in denen es zu einer langfristigen Zusammenarbeit zwischen Unternehmen kommen soll.

2. Risiken bei Werk- und Dienstvertrag

Auf den ersten Blick bietet sich als Alternative zur Arbeitnehmerüberlassung der Rückgriff auf Werk oder Dienstverträge als Grundlage für den Fremdpersonaleinsatz an. Mit dem Einsatz von Arbeitnehmern auf Grundlage von Werk oder Dienstverträgen geht in der Praxis jedoch vielfach die Gefahr einer verdeckten Arbeitnehmerüberlassung einher. Das Risiko einer illegalen Arbeitnehmerüberlassung mochte man bis zur AÜG-Reform im Jahr 2017 noch teilweise dadurch vermeiden können, dass das Werk oder Dienstleistungsunternehmen über eine sogenannte

[1083] § 16 Abs. 1 Nr. 1e AÜG.
[1084] § 10 Abs. 1 S. 1 i.V.m § 9 Abs. 1 Nr. 1b AÜG.
[1085] § 3 Abs. 1 Nr. 1 AÜG.
[1086] § 1 Abs. 1b S. 3 bis 7 AÜG.

„Vorratserlaubnis" verfügt. Dies meint die Einholung einer vorsorglichen Arbeitnehmerüberlassungserlaubnis gemeint, sodass die Begründung eines Arbeitsverhältnisses bei Vorliegen verdeckter Arbeitnehmerüberlassung vermieden werden konnte. Dies ist nunmehr ausgeschlossen.[1087] Verleiher und Entleiher müssen die Überlassung von Arbeitnehmern ausdrücklich kennzeichnen, bevor der Arbeitnehmer überlassen wird, vgl. § 1 Abs. 1 S. 5 und 6 AÜG. Verstöße gegen diese Kennzeichnungs und Konkretisierungspflicht führen gemäß § 9 Abs. 1 Nr. 1a AÜG zum gesetzlichen Übergang des Arbeitsverhältnisses des Leiharbeitnehmers auf den Verleiher. Aufgrund dieser rigiden Rechtsfolgen stellt die Beschäftigung eines Arbeitnehmers auf Werk- oder Dienstvertragsbasis keine adäquate Alternative zur Arbeitnehmerüberlassung dar.

II. Abgrenzung der Arbeitnehmerüberlassung zu anderen Formen des Fremdpersonaleinsatzes

1. Kennzeichen der Arbeitnehmerüberlassung

Das AÜG erfasst in seinem Anwendungsbereich alle Formen der Beschäftigung, bei denen der Arbeitnehmer von seinem Vertragsarbeitgeber einem Dritten zur Arbeitsleistung überlassen wird.[1088] Beteiligt sind rechtlich selbstständige natürliche oder juristische Personen, die untereinander in einer wechselseitigen, aber nicht notwendigerweise vertraglich begründeten, Rechtsbeziehungen stehen.[1089] Der Leiharbeitnehmer ist durch den Leiharbeitsvertrag mit seinem Arbeitgeber (Verleiher) verbunden, während Verleiher und Entleiher sich im Rahmen des Arbeitnehmerüberlassungsvertrags gegenüber stehen. Der Arbeitnehmerüberlassungsvertrag bildet die Grundlage dafür, dass der Leiharbeitnehmer im Betrieb des Entleihers für diesen tätig wird. Auch zwischen dem Leiharbeitnehmer und dem Entleiher bestehen rechtliche Beziehungen. Der Entleiher hat gegen den Leiharbeitnehmer einerseits einen eigenen Anspruch auf die Arbeitsleistung, andererseits jedoch auch Schutz und Fürsorgepflichten.[1090]

[1087] Ausf. zur Vorratserlaubnis nach der AÜG-Reform: *Greiner*, NZA 2018, 745 ff.
[1088] *Bonanni*, Der gemeinsame Betrieb, 83.
[1089] *Bonanni*, Der gemeinsame Betrieb, 83.
[1090] Schüren/Hamann/*Hamann* AÜG § 1 Rn. 95.

2. Abgrenzung zu Dienst und Werkvertrag

Den Hauptabgrenzungsfall zur Arbeitnehmerüberlassung stellen primär wegen ihrer Verbreitung Werkverträge[1091] dar. Der Verleiher schuldet bei der Arbeitnehmerüberlassung gemäß dem Überlassungsvertrag nicht die Herbeiführung eines bestimmten Erfolgs, sondern lediglich die Auswahl und Überlassung des Arbeitnehmers. Die Vertragspflicht gegenüber dem Entleiher endet, wenn der Arbeitnehmer ausgewählt und dem Entleiher zur Verfügung gestellt wurde.[1092] Im Falle des Werkvertrags wird der Werkunternehmer für einen anderen tätig. Er organisiert die zur Erreichung eines wirtschaftlichen Erfolgs notwendigen Handlungen nach eigenen betrieblichen Voraussetzungen und bleibt für die Erfüllung der vertraglich beschriebenen Herstellung des geschuldeten Werks gegenüber dem Besteller verantwortlich.[1093] Die zu diesen Zwecken eingesetzten Arbeitnehmer unterliegen den Weisungen des Unternehmers und sind dessen Erfüllungsgehilfen.[1094] Die Arbeitnehmerüberlassung macht indes die Arbeitnehmer nicht zu Erfüllungsgehilfen des Verleihers, sondern des Entleihers.[1095]

Im Rahmen von Werkverträgen schließen die Ausführung ausschließlich werkvertraglicher Befugnisse und das Vorhandensein der damit verbundenen Kontroll und Überprüfungsrechte die Annahme einer Arbeitnehmerüberlassung aus.[1096] Das Ausschließlichkeitsverhältnis von Werkvertrag und Arbeitnehmerüberlassung setzt jedoch voraus, dass die Weisung des Werkbestellers gegenständlich auf das konkrete Werk begrenzt ist.[1097] Der Besteller bestimmt erst durch seine Anweisung den Gegenstand der von dem Werkunternehmer zu erbringenden Leistung und organisiert damit Arbeit und Einsatz für ihn bindend.[1098] Fehlt es an einem derartigen abgrenzbaren, dem Werkunternehmer als eigene Leistung zurechenbaren und

---

1091 Vgl. zum Werkvertrag §§ 637 ff. BGB.

1092 BAG, Urt. v. 20.09.2016 – 9 AZR 735/15, AP AÜG § 1 Nr. 39 (Rn. 29).

1093 BAG, Urt. v. 27.06.2017 – 9 AZR 133/16, BeckRS 2017, 145967 (Rn. 27).

1094 BAG, Urt. v. 27.06.2017 – 9 AZR 133/16, BeckRS 2017, 145967 (Rn. 27).

1095 ErfK/*Wank/Roloff* AÜG § 1 Rn. 21.

1096 Dienst und Werkverträge werden vom AÜG nicht erfasst, vgl. BAG, Urt. v. 27.06.2017 – 9 AZR 133/16, BeckRS 2017, 145967 (Rn. 27) m.w.N.

1097 BAG, Urt. v. 27.06.2017 – 9 AZR 133/16, BeckRS 2017, 145967 (Rn. 28)

1098 BAG, Urt. v. 09.11.1994 – 7 AZR 217/94, AP AÜG § 1 Nr. 18 unter III 2 b der Gründe m.w.N.

abnahmefähigen Werk, deutet dies auf Arbeitnehmerüberlassung hin.[1099] Die Rechtsprechung führt die Abgrenzung anhand einer umfassenden und an Indizien orientierten Würdigung der Begleitumstände durch.[1100]

Beim Dienstvertrag[1101] schuldet der Dienstherr eine bestimmte Dienstleistung, die er ausnahmsweise durch Erfüllungsgehilfen erbringen kann, wenn es ihm entgegen § 613 S. 1 BGB gestattet ist.[1102] Diese arbeiten nach Weisung des Dienstnehmers.[1103] Der Dienstvertrag mit Erfüllungsgehilfen steht dem Arbeitnehmerüberlassungsvertrag mithin noch näher als der Werkvertrag.[1104] Die Rechtsprechung führt die Abgrenzung hier im Wesentlichen nach denselben Kriterien wie bei der Abgrenzung der Arbeitnehmerüberlassung zum Werkvertrag durch.[1105]

3. Arbeitnehmerüberlassung im Konzern

In Konzernsachverhalten kann das herrschende Unternehmen Arbeitsverträge mit Arbeitnehmern abschließen, die anschließend in abhängigen Konzernunternehmen beschäftigt werden. Für diesen Fall hat das BAG[1106] entschieden, dass es sich nicht um Arbeitnehmerüberlassung handelt, wenn die Tochtergesellschaft über keine eigene Betriebsorganisation verfügt oder mit der Muttergesellschaft einen Gemeinschaftsbetrieb führt. In diesem Fall fehle es an einer vollständigen Eingliederung des Arbeitnehmers in den Entleiherbetrieb.

4. Abgrenzung zum Gemeinschaftsbetrieb

Nach einhelliger Meinung schließen sich der Einsatz von Fremdpersonal im Rahmen der Arbeitnehmerüberlassung und der unternehmensübergreifende

---

1099 BAG, Urt. v. 09.11.1994 – 7 AZR 217/94, AP AÜG § 1 Nr. 18 unter III 2 b der Gründe.
1100 Vgl. ausf. zu den Abgrenzungskriterien ErfK/*Wank/Roloff* AÜG § 1 Rn. 22 ff.
1101 Vgl. zum Dienstvertrag §§ 611 ff. BGB.
1102 ErfK/*Wank/Roloff* AÜG § 1 Rn. 30.
1103 ErfK/*Wank/Roloff* AÜG § 1 Rn. 30.
1104 ErfK/*Wank/Roloff* AÜG § 1 Rn. 30.
1105 ErfK/*Wank/Roloff* AÜG § 1 Rn. 30.
1106 BAG, Urt. v. 03.12.1997 – 7 AZR 764/96, AP AÜG § 1 Nr. 24 (Ls.).

Einsatz von Arbeitnehmern innerhalb eines Gemeinschaftsbetriebs gegenseitig aus.[1107]

Bei der Arbeitnehmerüberlassung wird der Arbeitnehmer vollständig in den Betrieb eines Dritten eingegliedert.[1108] Der Arbeitnehmer wird innerhalb der fremden Betriebsorganisation zur Förderung des Betriebszwecks des Entleihers eingesetzt. Im Gemeinschaftsbetrieb hingegen erfolgt die Eingliederung zur Förderung eines oder mehrerer gemeinsamer Zwecke.[1109] Ferner werden die Weisungen innerhalb des Gemeinschaftsbetriebs nicht durch den Verleiher als Dritten, sondern durch den einheitlichen Leitungsapparat gemeinschaftsbetriebsübergreifend ausgeübt.[1110] Auch wenn sich der gemeinsame Betrieb in Form einer InnenGbR organisiert,[1111] kann diese nicht als Entleiher angesehen werden. Die InnenGbR übt zwar die grundlegenden Weisungsbefugnisse aus, nimmt aber die Leitungsmacht nicht zu autonom gesetzten Zielen wahr, sondern leitet nur die Weisungen der Trägerunternehmen weiter und hat damit – ähnlich der Betriebsführungsgesellschaft – eine dienende, geschäftsführerähnliche Position.[1112] Die InnenGbR ist keine natürliche oder juristische Person, die ein eigenes Unternehmen unterhalten könnte. Sie hat als Innengesellschaft keine nach außen hin vertretungsbefugten Organe. Der Gemeinschaftsbetrieb kann nicht entleihendes Unternehmen im Sinne des § 1 Abs. 1 AÜG sein.

Ferner werden die Arbeitnehmer in dem gemeinsamen Betrieb tätig, an welchem ihr Arbeitgeber selbst beteiligt ist. Es fehlt insofern an einem

---

1107 BAG, Urt. v. 03.12.1997 – 7 AZR 764/96, AP AÜG § 1 Nr. 24 unter I 3 b der Gründe; BAG, Beschl. v. 17.02.2010 – 7 ABR 51/08, AP BetrVG 1972 § 8 Nr. 14 (Rn. 34 f.); BAG, Urt. v. 24.05.2022 – 9 AZR 337/21, AP AÜG § 1 Nr. 44 (Rn. 42); LAG Mecklenburg-Vorpommern, Urt. v. 13.6.2017 – 5 Sa 209/16, BeckRS 2017, 116271 (Rn. 28); *Bähr*, Fremdpersonaleinsatz, 407; Boemke/Lembke/*Boemke* AÜG § 1 Rn. 42; Schaub ArbR-HdB/*Koch* § 120 Rn. 25; *Koller-van Delden/Gallini*, DStR 2017, 206 (208); *Niklas/Schauß*, BB 2014, 2805 (2809 f.); *Panzer-Heemeier/Schwipper*, DB 2017, 1584 (1585); *Polzin*, Drittbezogener Personaleinsatz, 140; *Schönhöft/Oelze*, BB 2016, 565 (566); *Seel*, öAT 2017, 48 (49 ff.), *Simon*, CB 2017, 371 (375).

1108 Zum Merkmal der Eingliederung des Leiharbeitnehmer ausführlich: *Polzin*, Drittbezogener Personaleinsatz, 109 ff.

1109 Siehe hierzu unter Kapitel 2 A.II.2.a.

1110 BAG, Urt. v. 23.9.2010 – 8 AZR 567/09, BeckRS 2010, 76066.

1111 Siehe hierzu unter Kapitel 2 A.II.2.d.bb; zur Organisation des gemeinsamen Betriebs als AußenGbR siehe unter Kapitel 2 A.II.2.d.cc.

1112 *Worpenberg*, Arbeitnehmerüberlassung, 56

„fremden Betrieb", in den Arbeitnehmer vollständig eingegliedert werden könnten.[1113] Bilden Trägerunternehmen einen Gemeinschaftsbetrieb, können die dort beschäftigten Arbeitnehmer trägerübergreifend innerhalb dieses Gemeinschaftsbetriebs eingesetzt werden, ohne dass dieser Personaleinsatz als Arbeitnehmerüberlassung zu qualifizieren wäre. Eine Arbeitnehmerüberlassungserlaubnis ist mangels Anwendbarkeit des AÜG nicht erforderlich.

5. Anwendbarkeit der europäischen Leiharbeitsrichtlinie auf Arbeitnehmer im Gemeinschaftsbetrieb

Europarechtlich stellt sich die Frage, ob der unternehmensübergreifende Einsatz von Arbeitnehmern im Gemeinschaftsbetrieb in den Anwendungsbereich der Leiharbeitsrichtlinie (Richtlinie 2008/104/EG)[1114] fällt. Dieser Gedankengang beruht auf der Rechtsprechung zur „Ruhrlandklinik".[1115] In der Rechtssache wird thematisiert, ob die Überlassung arbeitnehmergleicher Vereinsmitglieder zur weisungsabhängigen Arbeitsleistung bei einem Dritten unter die Leiharbeitsrichtlinie beziehungsweise das AÜG fällt.

a. Der Fall Ruhrlandklinik

In der Rechtssache „Ruhrlandklinik"[1116] hatte der EuGH auf Vorlage des BAG[1117] über die Auslegung des Arbeitnehmerbegriffs in der Richtlinie 2008/104/EG zu entscheiden. Im Sachverhalt ging es um die Überlassung einer Rotkreuzschwester an die Ruhrlandklinik zur Übernahme von Pflegetätigkeiten. Hintergrund dieser Überlassungspraxis war der zwischen der Ruhrlandklinik und der DRK-Schwesternschaft geschlossene Gestellungsvertrag, in welchem sich die Schwesternschaft zur Personalüberlassung verpflichtet hatte. Die Überlassung war nicht bloß vorübergehend geplant. Hierin sah der Betriebsrat einen rügefähigen Verstoß gegen § 1 Abs. 1 S. 2 AÜG a.F. Der Arbeitnehmerstatus

---

1113 BAG, Urt. v. 03.12.1997 – 7 AZR 764/96, AP AÜG § 1 Nr. 24 = NZA 1998, 876 (878).

1114 RL 2008/104/EG (ABl. 2008 L 327, 9 ff.).

1115 EuGH, ECLI:EU:C:2016:883, AP RL 2008/104/EG Nr. 2 – Ruhrlandklinik = NZA 2017, 41.

1116 EuGH, ECLI:EU:C:2016:883, AP RL 2008/104/EG Nr. 2 – Ruhrlandklinik = NZA 2017, 41.

1117 BAG, Beschl. v. 17.03.2015 – 1 ABR 62/12 (A), BeckRS 2015, 68729.

der Rotkreuzschwestern war seit jeher umstritten. Schwestern erbringen als Vereinsmitglieder der Schwesternschaft ihre Dienste zwar weisungsgebunden und in persönlicher Abhängigkeit, allerdings auf Basis des durch den Beitritt begründeten Mitgliedschaftsverhältnisses. Das BAG[1118] ging bisher davon aus, dass die Rotkreuzschwestern weder Arbeitnehmer noch arbeitnehmerähnliche Personen sind. Statt sich den Vorinstanzen[1119] anzuschließen und das Zustimmungsverweigerungsrecht mangels Arbeitnehmereigenschaft zu verneinen, befragte das BAG[1120] gemäß Art. 267 AEUV den EuGH zur Anwendbarkeit der Richtlinie 2008/104/EG.

b. Urteil des EuGH vom 17.11.2016

Der Europäische Gerichtshof bejahte die Anwendbarkeit der Leiharbeitsrichtlinie auf die Rotkreuzschwester. Art. 1 Abs. 1 und 2 der RL 2008/104/EG seien dahingehend auszulegen, dass die durch einen Verein gegen ein Gestellungsentgelt erfolgte Überlassung eines Vereinsmitglieds an ein entleihendes Unternehmen in den Anwendungsbereich der Richtlinie fällt, wenn das Mitglied im Unternehmen hauptberuflich unter dessen Leitung gegen eine Vergütung Arbeitsleistungen erbringt und aufgrund dieser Arbeitsleistung in dem betreffenden Mitgliedstaat geschützt sei. Diese Prüfung obliege dem vorlegenden Gericht. Unerheblich sei die rechtliche Einordnung des Beschäftigungsverhältnisses nach nationalem Recht, die Art der zwischen den Parteien bestehenden Rechtsbeziehung und die Ausgestaltung des Beschäftigungsverhältnisses. Dies gelte auch dann, wenn das Mitglied nach nationalem Recht kein Arbeitnehmer sei, weil es mit dem Verein keinen Arbeitsvertrag geschlossen habe.

c. Beschluss des BAG vom 21.02.2017

Das BAG[1121] hat im Nachgang zur Entscheidung des EuGH den Zustimmungsersetzungsantrag der Ruhrlandklinik abgewiesen, da der dauerhafte

---

1118 Vgl. nur BAG, Beschl. v. 06.07.1995 – 5 AZB 9/93, AP ArbGG 1979 § 5 Nr. 22 = NZA 1996, 33 (34) m.w.N.

1119 ArbG Essen, Beschl. v. 02.02.2012 – 3 BV 94/11, BeckRS 2012, 210285; LAG Düsseldorf, Beschl. v. 06.07.2012 – 6 TaBV 30/12, BeckRS 2012, 73358.

1120 BAG, Beschl. v. 17.03.2015 – 1 ABR 62/12 (A), BeckRS 2015, 68729.

1121 BAG, Beschl. v. 21.02.2017 – 1 ABR 62/12, AP BetrVG 1972 § 99 Einstellungen Nr. 67.

Einsatz gegen § 1 Abs. 1 S. 2 AÜG a.F. verstoße. Bei der Gestellung handele es sich um eine gemäß § 1 Abs. 1 S. 1 AÜG erlaubnispflichtige Arbeitnehmerüberlassung. Angesichts der Vorgaben des EuGH sei eine Beschränkung des Begriffs der Arbeitnehmerüberlassung nach § 1 Abs. 1 S. 1 AÜG auf Arbeitnehmer im Sinne des nationalen Arbeitnehmerbegriffs nicht mit Art. 1 Abs. 1 der RL 2008/104/EG vereinbar. Geboten sei die unionsrechtskonforme Auslegung der Vorschrift. Arbeitnehmerüberlassung liege auch vor, wenn ein Verein seine Mitglieder an ein Unternehmen überlässt, damit diese dort hauptberuflich eine weisungsabhängige Tätigkeit gegen Entgelt verrichten. In der Folge wurde die Gestellung in § 2 Abs. 4 DRK-Gesetz als Arbeitnehmerüberlassung qualifiziert, wobei jedoch die Überlassungshöchstdauer für Arbeitnehmerüberlassung keine Anwendung finden soll.[1122]

d. Folgen für unternehmensübergreifenden Personaleinsatz im Gemeinschaftsbetrieb

Diese Rechtsprechung gilt es ebenso im Gemeinschaftsbetrieb zu beachten. Dem EuGH kommt die Letztentscheidungskompetenz bei der Frage zu, ob dieser unternehmensübergreifende Einsatz von Personal in den Anwendungsbereich der Leiharbeitsrichtlinie fällt. Nimmt man dies an, müsste das AÜG europarechtskonform ausgelegt werden.[1123] Dies würde den Arbeitnehmereinsatz im Gemeinschaftsbetrieb unter den Vorbehalt stellen, dass dieser durch den EuGH abgesegnet wird.[1124] Dafür müsste es sich jedoch bei den im Gemeinschaftsbetrieb tätigen Arbeitnehmern um Leiharbeitnehmer im Sinne der Leiharbeitsrichtlinie und im Sinne des AÜG handeln. Leiharbeitnehmer im Sinne der Leiharbeitsrichtlinie (vgl. Art. 3 Abs. 1c Leiharbeits-RL) ist, wer vereinbarungsgemäß an den Entleiher überlassen wird, um dort unter dessen Aufsicht und Leitung zu arbeiten.[1125] Nichts anderes besagt § 1 Abs. 1 S. 2 AÜG. Hiernach werden Arbeitnehmer zur

---

[1122] Diese Ausnahmeregelung wird teilweise als europarechtswidrig kritisiert, vgl. nur *Lembke/Fischels*, RdA 2021, 222 (224 ff.).

[1123] *Lembke*, NZA 2018, 393 (403).

[1124] *Lembke*, NZA 2018, 393 (403).

[1125] Vgl. Art. 3 Abs. 1 Buchst. C Leiharbeits-RL.

Arbeitsleistung überlassen, wenn sie in die Arbeitsorganisation des Entleihers eingegliedert sind und seinen Weisungen unterliegen.

Dies zugrunde gelegt, lässt sich die bisherige Rechtsprechung des BAG zur Abgrenzung von Arbeitnehmerüberlassung und Fremdpersonaleinsatz im Gemeinschaftsbetrieb auch unter Anwendung der Leiharbeitsrichtlinie fortsetzen.[1126] Bei dem Einsatz des Leiharbeitnehmers fehlt es an der Eingliederung des Arbeitnehmers in eine fremde Arbeitsorganisation. Der Arbeitnehmer unterliegt während seines Einsatzes nicht dem Weisungsrecht eines Entleihers, sondern ist der einheitlichen Leitung der am Gemeinschaftsbetrieb beteiligten Unternehmen unterworfen.[1127] Ist der gemeinsame Betrieb in Form einer Innen-GbR organisiert, treten die handelnden Gesellschaften im Außenverhältnis regelmäßig für sich selbst auf und nicht für die BGB-Gesellschaft. Das Direktionsrecht wird von vornherein von der einheitlichen Leitung ausgeübt, sodass der Arbeitnehmer im Gemeinschaftsbetrieb rechtsdogmatisch keinen fremden Weisungen unterliegt.[1128] Da der Gemeinschaftsbetrieb keine natürliche oder juristische Person und kein eigenes Unternehmen ist, kann er auch kein entleihendes Unternehmen im Sinne der Leiharbeitsrichtlinie und kein Entleiher im Sinne des AÜG sein.[1129] Der unternehmensübergreifende Einsatz von Arbeitnehmern im Gemeinschaftsbetrieb fällt nicht in den Anwendungsbereich der Leiharbeitsrichtlinie.[1130]

III. Gemeinschaftsbetrieb unter Beteiligung einer Personalführungsgesellschaft

1. Möglichkeit der Beteiligung eines personalstellenden Unternehmens

Ein gemeinsamer Betrieb mehrerer Unternehmen basiert auf der gemeinsamen Nutzung der eingebrachten materiellen und immateriellen Betriebsmittel

---

[1126] *Lembke*, NZA 2018, 393 (403).
[1127] *Lembke*, NZA 2018, 393 (403).
[1128] *Lembke/Fischels*, RdA 2021, 222 (226).
[1129] Siehe hierzu unter Kapitel 2 A.II.2.d.cc.
[1130] Ebenso Schüren/Hamann/*Hamann* AÜG § 1 Rn. 87; *Lembke/Fischels*, RdA 2021, 222 (226).

sowie der Steuerung der menschlichen Arbeitskraft durch einen einheitlichen Leitungsapparat. Teile der Literatur gehen zutreffend davon aus, dass nicht alle beteiligten Unternehmen eines Gemeinschaftsbetriebs eigene Betriebsmittel *einbringen* müssen.[1131] Ausreichend ist vielmehr die gemeinsame *Nutzung* der im gemeinsamen Betrieb vorhandenen Betriebsmittel.[1132] Dies bedeutet nicht, dass die beteiligten Unternehmen die Betriebsmittel auch wechselseitig nutzen müssen.[1133] Auch nach § 1 Abs. 2 BetrVG müssen Betriebsmittel und Arbeitnehmer lediglich gemeinsam „eingesetzt" werden. Ferner muss keine Einheitlichkeit der arbeitstechnischen Zwecke bestehen. Ausschlaggebend ist, dass mit den im Gemeinschaftsbetrieb zur Verfügung stehenden Arbeitnehmern die jeweiligen arbeitstechnischen Zwecke innerhalb der organisatorischen Einheit des Gemeinschaftsbetriebs verfolgt werden.[1134] Insofern muss es möglich sein, dass ein Unternehmen lediglich Personal in den Gemeinschaftsbetrieb einbringt.[1135]

Auch ein betriebsmittelarmer Personaldienstleister kann den Betriebszweck über die bloße Gestellung von Arbeitnehmern zur Arbeitsleistung hinaus unterstützen. Für das Entstehen eines Gemeinschaftsbetriebs ist nicht entscheidend, ob ein beteiligtes Unternehmen mehr oder weniger Betriebsmittel einbringt. Anderenfalls könnten Unternehmen, die in unterschiedlichem Umfang Betriebsmittel einbringen, keinen Gemeinschaftsbetrieb bilden. Darüber hinaus mag es auch für die Erreichung arbeitstechnischer Zwecke wenig hilfreich sein, wenn die Trägerunternehmen gleichsam Mitarbeiter und Betriebsmittel einsetzen.[1136] Da zur Annahme eines Gemeinschaftsbetriebs die verfolgten arbeitstechnischen Zwecke nicht identisch sein oder in funktionellem Zusammenhang zueinander stehen müssen, ist es nicht notwendig, dass

---

1131 *Schönhöft/Lermen*, BB 2008, 2515 (2517 f.); *Schönhöft/Oelze*, BB 2016, 565 (566); dahingehend auch BAG, Beschl. v. 13.02.2013, AP BetrVG 1972 § 1 Gemeinsamer Betrieb Nr. 34 (Rn. 36), das aus den eigentumsrechtlichen Verhältnissen nur bedingt Rückschluss auf deren gemeinsame oder getrennte Nutzung zieht.

1132 BT-Drs. 14/5741, 33; GK-BetrVG/*Franzen* § 1 Rn. 54; *Kreutz*, in: FS Richardi, 637 (650 f.); Richardi BetrVG/*Maschmann* BetrVG § 1 Rn. 75; *Schönhöft/Oelze*, BB 2016, 565 (566).

1133 *Schönhöft/Oelze*, BB 2016, 565 (566).

1134 *Schönhöft/Oelze*, BB 2016, 565 (566 f.).

1135 *Schönhöft/Lermen*, BB 2008, 2515 (2518); *Schönhöft/Oelze*, BB 2016, 565 (566).

1136 LAG Hessen, Urt. v. 15.01.2021 – 3 Sa 1107/19, BeckRS 2021, 26672 (Rn. 81).

jedes der Unternehmen die gleichen Aufgaben erledigt und dazu dieselben Betriebsmittel einsetzt.[1137] Maßgeblich ist, dass die zur Verfolgung primär erforderlichen Betriebsmittel für den gemeinsamen Betriebszweck eingesetzt werden.[1138] Es ist mithin nicht ausgeschlossen, dass ein Unternehmen im Wesentlichen Betriebsmittel (beispielsweise Betriebsgebäude und Maschinen) stellt, während sich der Beitrag des anderen Unternehmens auf das Zurverfügungstellen von Personal beschränkt, solang sich der eigenständige arbeitstechnische Zweck nicht in der Stellung von Personal erschöpft.[1139] In diesem Fall würde lediglich eine Überlassung zugunsten *fremder* Betriebszwecke vorliegen.

Schönhöft/Oelze[1140] halten diese Auffassung auch unter praktischen Gesichtspunkten für vertretbar, da es nur selten vorkomme, dass Betriebsmittel und Arbeitnehmer im Laufe des Bestehens des Gemeinschaftsbetriebs unverändert blieben. So können aber der Kauf oder Verkauf von Betriebsmitteln nicht das Bestehen eines gemeinsamen Betriebs begründen oder ausschließen, da die gesamte Existenz dieses Betriebs mit seinen Rechtsfolgen für die beteiligten Arbeitnehmer und Unternehmen großen Unsicherheiten ausgesetzt wäre.

2. Abgrenzung zur Arbeitnehmerüberlassung

a. Keine reine Personalgestellung

Bei der Abgrenzung des Gemeinschaftsbetriebs unter Beteiligung einer Personalführungsgesellschaft zur Arbeitnehmerüberlassung ist entscheidend, ob sich diese ausschließlich auf die Zurverfügungstellung von Personal beschränkt, oder ob ein darüber hinausgehender gemeinsamer Betriebszweck verfolgt wird.[1141] Sofern sich der Beitrag eines Unternehmens auf die

---

[1137] *Schönhöft/Oelze*, BB 2016, 565 (567).

[1138] BAG, Beschl. v. 25.05.2005 – 7 ABR 38/04, AP BetrVG 1972 § 1 Gemeinsamer Betrieb Nr. 28 (Rn. 28).

[1139] *Schönhöft/Oelze*, BB 2016, 565 (567).

[1140] *Schönhöft/Oelze*, BB 2016, 565 (567).

[1141] BAG, Urt. v. 24.05.2022 – 9 AZR 337/21, AP AÜG § 1 Nr. 44 (Rn. 45); LAG Nds., Beschl. v. 20.01.2009 – 13 TaBV 3/08, RS 0864149, allerdings unter der Annahme, dass Gemeinschaftsbetrieb und Arbeitnehmerüberlassung parallel bestehen können;

Einbringung von Personal beschränkt, fehlt es an dem maßgeblichen Merkmal der einheitlichen Leitung in personellen und sozialen Angelegenheiten.[1142] Liegt dieses Merkmal nicht vor, wird es sich regelmäßig um einen Fall der Arbeitnehmerüberlassung handeln,[1143] in dem jedes Unternehmen allein im Rahmen seiner Arbeitgeberbefugnisse entscheidet. Dementsprechend würde der Personaldienstleister über die Zurverfügungstellung des Personals entscheiden. Ihm verbliebe auch die Disziplinarbefugnis, während das entleihende Unternehmen allein die erforderlichen Entscheidungen über den Arbeitseinsatz vor Ort träfe.[1144]

Will man ein personalstellendes Unternehmen am gemeinsamen Betrieb beteiligen, muss dieses mithin bei der Leitung und Führung des Betriebs mitwirken und es müssen allen Trägerunternehmen Entscheidungs und Weisungsrechte bei der Ausgestaltung des gemeinsamen Betriebs zustehen.[1145] Darüber hinaus wird man dem an einem Gemeinschaftstrieb beteiligten personalstellenden Unternehmen, „welches seinen eigenen Betriebszweck klar dokumentiert, den eigenen Betriebszweck wohl kaum absprechen können"[1146]. Erfolgt indes keine praktische Umsetzung dieses Betriebszwecks, mag man dies anders beurteilen. Ein Gemeinschaftsbetrieb muss tatsächlich gelebt werden und darf nicht ein allein auf Vereinbarungen basierendes Konstrukt darstellen.[1147] Eine durch die Parteien gewünschte bestimmte Rechtsfolge

---

LAG Rheinland-Pfalz, Urt. v. 01.02.2018 – 4 Sa 138/17, BeckRS 2018, 14868; *Schönhöft/Oelze*, BB 2016, 565 (567); *Geis*, Reform des AÜG, 93 m.w.N.

1142 BAG, Urt. v. 16.04.2008 – 7 ABR 4/07, AP BetrVG 1972 § 1 Gemeinsamer Betrieb Nr. 32 (Ls.); BAG, Urt. v. 28.04.2011 – 8 AZR 709/09, BeckRS 2011, 75933 (Rn. 55); so auch LAG Nds., Beschl. v. 20.01.2009 – 13 TaBV 3/08, BeckRS 2009, 55590, allerdings unter der Annahme, dass Gemeinschaftsbetrieb und Arbeitnehmerüberlassung parallel bestehen können; LAG Rheinland-Pfalz, Urt. v. 01.02.2018 – 4 Sa 138/17, BeckRS 2018, 14868 (Rn. 37); ebenso *Fitting* BetrVG § 1 Rn. 115; *Geis*, Reform des AÜG, 93 m.w.N; *Schönhöft/Oelze*, BB 2016, 565 (567); *Seel*, öAT 2017, 48 (50).

1143 BAG, Urt. v. 24.05.2022 – 9 AZR 337/21, AP AÜG § 1 Nr. 44 (Rn. 51).

1144 LAG Bremen, Urt. v. 06.05.2020 – 3 Sa 47/19 –, juris (Rn. 106).

1145 *Panzer-Heemeier/Schwipper*, DB 2017, 1584 (1585); *Schönhöft/Oelze*, BB 2016, 565 (567).

1146 *Schönhöft/Oelze*, BB 2016, 565 (568), dies gilt insbesondere dann, wenn sich dieser aus der Führungsvereinbarung oder dem Gesellschaftsvertrag ergibt; so auch *Panzer-Heemeier/Schwipper*, DB 2017, 1584 (1585), die zusätzlich eine rechtzeitige Dokumentation des eigenen Betriebszwecks im Handelsregister empfehlen.

1147 Vgl. LAG Hessen, Urt. v. 15.01.2021 – 3 Sa 1107/19, BeckRS 2021, 26672 (Rn. 77), das ebenfalls bei der Beurteilung, ob ein Gemeinschaftsbetrieb vorliegt ins Gewicht

oder eine Bezeichnung, die dem tatsächlichen Geschäftsinhalt widerspricht, tritt hinter dem wirklichen Parteiwillen zurück und kann das Eingreifen zwingender Schutzvorschriften des AÜG nicht verhindern.[1148]

Ein eigener Betriebszweck lässt sich jedenfalls annehmen, wenn das am gemeinsamen Betrieb beteiligte Trägerunternehmen selbstständig eine Tätigkeit auf dem Markt anbieten möchte.[1149] Gleiches gilt für den Fall, dass sich dieses auf das Anbieten von Serviceleistungen beschränkt, da auch dies einen eigenen Betriebszweck darstellen kann.[1150]

Welche genauen Anforderungen an den eigenen Betriebszweck des personalstellenden Unternehmens zu stellen sind, wurde bisher nur am Rande diskutiert. An diesen (eigenen) Betriebszweck dürften allerdings keine zu hohen Anforderungen gestellt werden, sodass dieses Merkmal nur in Ausnahmefällen dem Gemeinschaftsbetrieb entgegenstehen wird.[1151]

Ein gemeinsam gewählter Betriebsrat nach § 1 Abs. 2 BetrVG kann nicht der Annahme einer Arbeitnehmerüberlassung entgegengehalten werden, da der betriebsverfassungsrechtliche nicht notwendig deckungsgleich mit dem arbeitnehmerüberlassungsrechtlichen Begriff des Gemeinschaftsbetriebs ist.[1152]

Sofern die Personalgestellung aus Gründen der Betriebsaufgabe erfolgt, muss hingegen die Mitwirkung des Unternehmens am gemeinsamen Betrieb abgelehnt werden, da in diesem Fall wohl jegliche gemeinsam verfolgte arbeitstechnische Zwecke aufgegeben werden.[1153]

b. Führungsvereinbarung zu Beweiszwecken

Will man einen gemeinsamen Betrieb unter Einbindung eines personalstellenden Unternehmens gründen, bietet sich zu Beweiszwecken der

---

fallen lässt, dass „In Umsetzung der schriftlichen Vereinbarungen [...] die sozialen und personellen Angelegenheiten auch institutionell einheitlich für die beteiligten Unternehmen wahrgenommen [werden]".

1148 BAG, Urt. v. 24.05.2022 – 9 AZR 337/21, AP AÜG § 1 Nr. 44 (Rn. 51).

1149 *Schönhöft/Oelze*, BB 2016, 565 (568), diese sehen aber auch ein fehlendes Auftreten am Markt nicht als Hindernis an, um einen eigenen Betriebszweck anzunehmen.

1150 Vgl. BAG, 24.01.2013 – 8 AZR 706/11, BeckRS 2013, 69658.

1151 Vgl. *Panzer-Heemeier/Schwipper*, DB 2017, 1584; *Schönhöft/Oelze*, BB 2016, 565 (567).

1152 *Wionski*, jurisPR-ArbR 8/2021 Anm. 6.

1153 *Schönhöft/Oelze*, BB 2016, 565 (568).

Abschluss einer schriftlichen Führungsvereinbarung an.[1154] Inhaltlich sollte die Führungsvereinbarung eine Dokumentation darüber enthalten, wie die Beteiligten die einheitliche Leitung im Detail ausgestalten wollen.[1155] Da das Vorhandensein einer Führungsvereinbarung nicht vor einer abweichenden gerichtlichen Bewertung des Sachverhalts schützt, muss die festgesetzte einheitliche Leitungsmacht auch tatsächlich umgesetzt werden.[1156] Ist dies nicht der Fall, könnte gerügt werden, dass es sich um keinen „echten" Gemeinschaftsbetrieb, sondern lediglich um den Versuch der Umgehung der Vorschriften des AÜG handelt.[1157] Bei der Führungsvereinbarung gilt es ferner zu beachten, dass diese nicht „auf Vorrat" geschlossen, sondern fortlaufend aktualisiert werden sollte. Bildet diese nicht den aktuellen Stand der gesellschaftsrechtlichen Verbindungen ab, stellt sie kein geeignetes Mittel zur Darlegung und Beweisführung für die Existenz eines Gemeinschaftsbetriebs dar.[1158]

Neben der Führungsvereinbarung wird von der Rechtsprechung eine sogenannte „Kooperationsvereinbarung" zur Beantwortung der Frage herangezogen, ob ein Gemeinschaftsbetrieb vorliegt. In einem Urteil des LAG Hessen vom 15.01.2021[1159] war darüber zu entscheiden, ob zwischen dem Kläger und der Beklagten kraft gesetzlicher Fiktion gemäß § 10 Abs. 1 S. 1 AÜG i.V.m. § 9 Nr. 1b AÜG wegen Überschreitung der individuellen Höchstüberlassungsdauer nach § 1 Abs. 1b AÜG ein Arbeitsverhältnis zustande gekommen war. Dies lehnte das Gericht mit der Begründung ab, dass der Kläger bei der Beklagten nicht mehr als Leiharbeitnehmer im

---

1154 *Braner*, DB 2017, 2169 (2169); *Lembke/Fischels*, RdA 2021, 222 (230); *Niklas/Schauß*, BB 2014, 2805 (2809); auch *Schönhöft/Oelze*, BB 2016, 565 (568) gehen davon aus, dass sich „regelmäßig [...] sich bereits aus der zwischen den beteiligten Unternehmen geschlossenen Führungsvereinbarung und deren Ausgestaltung klar ergeben [wird], dass ein entsprechender Gemeinschaftsbetrieb vorliegt".

1155 *Lembke/Fischels*, RdA 2021, 222 (230).

1156 Vor allem die Weisungsrechte müssen durch einen einheitlichen Leitungsapparat wahrgenommen werden, vgl. *Braner*, DB 2017, 2169 (2169).

1157 So auch *Niklas/Schauß*, BB 2014, 2805 (2809 f.); *Lembke/Fischels*, RdA 2021, 222 (230) schlagen zu Beweiszwecken die Erstellung eines Organigramms vor, das die einheitliche Leitung mit Entscheidungsbefugnissen in personellen und sozialen Angelegenheiten ausweist.

1158 *Wionski*, jurisPR-ArbR 8/2021 Anm. 6.

1159 LAG Hessen, Urt. v. 15.01.2021 – 3 Sa 1107/19, BeckRS 2021, 26672.

Wege der Arbeitnehmerüberlassung eingesetzt worden war, sondern im Rahmen eines zwischen der Beklagten und weiteren Unternehmen gebildeten Gemeinschaftsbetriebs. Zwischen den beteiligten Unternehmen existierte eine schriftlich abgeschlossenen Führungsvereinbarung.

Neben dieser Führungsvereinbarung existierte zum anderen eine „Kooperationsvereinbarung". In dieser seien „hinreichend deutlich die Grundsätze der Zusammenarbeit ‚im Gemeinschaftsbetrieb' festgelegt [worden]". Im Einzelnen wurden in der Kooperationsvereinbarung als Gegenstand der Vereinbarung die gemeinsame Leistungserbringung im Gemeinschaftsbetrieb im Rahmen einer gemeinsamen Planung, sowie der Einsatz von Arbeitnehmern und sonstigen Betriebsmitteln aus einer einheitlichen Leitung heraus vereinbart. Daneben haben die Unternehmen vereinbart, für alle gemeinsam zu erbringenden Leistungen leistungsbezogene Kooperationsverträge abzuschließen, welche die Details der Kooperation bestimmen. In der Kooperationsvereinbarung wurden ferner Regelungen zur einheitlichen personellen Leitung, zu Verrechnungen im Gemeinschaftsbetrieb sowie zur Laufzeit und Kündigung des Vertrags getroffen. In den Anlagen zur Kooperationsvereinbarung fanden sich sowohl Regelungen zur gemeinsamen Steuerung von Betriebsmitteln als auch eine Übersicht der Betriebsmittel. Auch wenn die Existenz einer derartigen Kooperationsvereinbarung durch das Gericht nicht vorausgesetzt wird, wird ihr Vorhandensein zumindest bei der Entscheidungsfindung berücksichtigt. Indes scheint es auch bei der Kooperationsvereinbarung unabkömmlich zu sein, dass die in einer solchen enthaltenen Regelungen tatsächlich umgesetzt werden, um als Indiz für das Vorliegen eines Gemeinschaftsbetriebs gewertet zu werden.[1160]

Dies bestätigte im Nachgang auch das BAG[1161], welches gegenüber dem LAG rügte, dass dieses die Voraussetzungen eines Gemeinschaftsbetriebs unvollständig geprüft habe, da es nicht ausreichend auf die Auswirkungen der betriebsverfassungsrechtlichen Organisation auf die einheitliche Leitung in sozialen und personellen Angelegenheiten eingegangen sei. Die betriebsverfassungsrechtliche Praxis spiele bei der Organisation eines Betriebs entgegen der Ansicht des LAG keine untergeordnete Rolle. Insbesondere wenn – wie in

---

1160 LAG Hessen, Urt. v. 15.01.2021 – 3 Sa 1107/19, BeckRS 26672 (Rn. 81).
1161 BAG, Urt. v. 24.05.2022 – 9 AZR 337/21, AP AÜG § 1 Nr. 44.

dem dortigen Fall – weiterhin zwei oder mehr verschiedene Betriebsräte im gemeinsamen Betrieb existieren, könne dies einen Hinweis darauf darstellen, dass die im Betrieb beschäftigten Arbeitnehmer lediglich in formaler Hinsicht einer einheitlichen Leitung unterliegen, der Sache nach aber weiterhin unter Berücksichtigung der jeweiligen Unternehmenszugehörigkeit eingesetzt werden. Die Existenz mehrerer Betriebsräte im gemeinsamen Betrieb stehe zwar der Annahme eines solchen nicht zwingend entgegen, stelle aber umso höhere Anforderungen an das Vorliegen einer einheitlichen Organisation.[1162] Dass sich ein weitgehender Gleichlauf betrieblicher Abläufe bei mehreren Betriebsräten nur schwer erreichen lässt, dürfte dabei auf der Hand liegen und stellt die beteiligten Arbeitgeber vor besondere Herausforderungen.[1163] Auch hieran zeigt sich, dass es nicht ausreicht, einen gemeinsamen Betrieb lediglich der Form nach zu gründen, sondern dass ein solcher auch umgesetzt werden muss. Ratsam ist es jedenfalls, einen gemeinsamen Betriebsrat einzurichten. Dies entspricht im Übrigen der Leitidee „[e]in Betrieb, ein Betriebsrat“.[1164]

3. Keine Umgehung der Vorschriften des AÜG

Die Gründung eines Gemeinschaftsbetriebs führt nicht zur Umgehung der Vorschriften des AÜG. Dies gilt selbst dann, wenn an diesem ein rein personalstellendes Unternehmen beteiligt ist. In der höchstrichterlichen Rechtsprechung wird dies bisher nur am Rande behandelt. In der instanzgerichtlichen Rechtsprechung finden sich jedoch Anhaltspunkte, die die Auffassung bestätigen, dass in derartigen Sachverhalten keine rechtsmissbräuchliche Umgehung der Vorschriften des AÜG liegt.[1165] Dieser Sichtweise schließen sich auch Stimmen in der Literatur an.[1166]

Allein der Umstand, dass im Gemeinschaftsbetrieb die Equal Pay Vorschriften und der Gleichbehandlungsgrundsatz (§ 8 AÜG) nicht gelten, begründet für

---

1162 Zu den Kriterien für das Vorhandensein eines gemeinsamen Betriebszwecks siehe BAG, Urt. v. 24.05.2022 – 9 AZR 337/21, AP AÜG § 1 Nr. 44 (Rn. 101).

1163 In diese Richtung auch *Grunicke*, Anm. zu BAG, Urt. v. 24.05.2022 – 9 AZR 337/21, BB 2023, 376.

1164 BAG, Urt. v. 24.05.2022 – 9 AZR 337/21, AP AÜG § 1 Nr. 44 (Rn. 62 f.).

1165 LAG Rheinland-Pfalz, Urt. v. 01.02.2018 – 4 Sa 138/17, BeckRS 2018, 14868.

1166 *Schönhöft/Lermen*, BB 2008, 2515 (2518).

sich gesehen noch keinen Umgehungstatbestand.[1167] Der Schutzzweck des AÜG ist auf den Gemeinschaftsbetrieb nicht anwendbar.[1168] Das AÜG will den aufgrund ihres Einsatzes an fremden Einsatzorten und der Entfernung vom Vertragsarbeitgeber besonders schutzbedürftigen Arbeitnehmern einen ausgeprägten Schutz zukommen lassen.[1169] Diese sind einem hohen Lohnrisiko und einem geringen Bestandsschutz seines Arbeitsverhältnisses ausgesetzt.[1170] Der Sinn und Zweck des AÜG liegt darin, bei der Arbeitnehmerüberlassung Verhältnisse herzustellen, die den Anforderungen des sozialen Rechtsstaats entsprechend eine Ausbeutung der Leiharbeitnehmer ausschließen.[1171] Ein derart ausgeprägter Schutz ist bei in einem Gemeinschaftsbetrieb beschäftigten Arbeitnehmern nicht erforderlich, da ihre Lage nicht der eines typischen Leiharbeitnehmers entspricht.[1172] Der Arbeitnehmer im Gemeinschaftsbetrieb wird im Betrieb seines Vertragsarbeitgebers eingesetzt und erfährt keine Überlassung an ständig wechselnde Entleiher(betriebe) und damit einhergehende wechselnde Arbeitsbedingungen.[1173] Der wesentliche Unterschied zur Arbeitnehmerüberlassung liegt darin, dass der Arbeitnehmer nicht dem Weisungsrecht eines fremden Arbeitgebers ausgesetzt ist, sondern durch eine einheitliche Führung und Personalleitung eine ausreichende Wahrung seiner Rechte gewährleistet wird.[1174] Selbst die Tatsache, dass ein

---

[1167] Der arbeitsrechtliche Gleichbehandlungsgrundsatz gilt im Rahmen des Gemeinschaftsbetriebs nur innerhalb des jeweiligen vertragsschließenden Unternehmens, nicht jedoch unternehmensübergreifend, vgl. BAG, Beschl. v. 12.12.2006 – 1 ABR 38/05, AP BetrVG 1972 § 1 Gemeinsamer Betrieb Nr. 27 (Rn. 26) m.w.N.; LAG Rheinland-Pfalz, Urt. v. 01.02.2018 – 4 Sa 138/17, BeckRS 2018, 14868 (Rn. 67 f.) *Schönhöft/Lermen*, BB 2008, 2515 (2518).

[1168] LAG Rheinland-Pfalz, Urt. v. 01.02.2018 – 4 Sa 138/17, BeckRS 2018, 14868 (Rn. 37).

[1169] LAG Rheinland-Pfalz, Urt. v. 01.02.2018 – 4 Sa 138/17, BeckRS 2018, 14868 (Rn. 37).

[1170] LAG Rheinland-Pfalz, Urt. v. 01.02.2018 – 4 Sa 138/17, BeckRS 2018, 14868 (Rn. 37).

[1171] Vgl. BT-Drucks. VI/2303, 9 f.; BAG, Urt. v. 24.05.2022 – 9 AZR 337/21, AP AÜG § 1 Nr. 44 (Rn. 47).

[1172] So im Ergebnis auch BAG, Urt. v. 24.05.2022 – 9 AZR 337/21, AP AÜG § 1 Nr. 44 (Rn. 48): Eine Situation, die einen solchen Schutz des Leiharbeitnehmers erfordert, besteht nur, wenn der Vertragsarbeitgeber den Leiharbeitnehmer einem Dritten zur Arbeitsleistung überlässt.

[1173] LAG Rheinland-Pfalz, Urt. v. 01.02.2018 – 4 Sa 138/17, BeckRS 2018, 14868 (Rn. 37); *Schönhöft/Lermen*, BB 2008, 2515 (2518).

[1174] LAG Rheinland-Pfalz, Urt. v. 01.02.2018 – 4 Sa 138/17, BeckRS 2018, 14868 (Rn. 37); *Schönhöft/Lermen*, BB 2008, 2515 (2518).

Arbeitnehmer im Gemeinschaftsbetrieb zumindest auch den Weisungen eines weiteren Unternehmens unterliegt, kann nicht die Annahme begründen, dass eine Umgehung der AÜG Vorschriften vorliegt. Der Ausgleich von Weisungsbetroffenheit ist nicht das Ziel des AÜG.[1175] An dieser Einschätzung ist selbst dann festzuhalten, wenn die Gründung des Gemeinschaftsbetriebs vorrangig zum Zwecke der Personalkostenreduzierung erfolgt, da es sich vielmehr um eine erlaubte Tatbestandsvermeidung als um einen institutionellen Rechtsmissbrauch handelt.[1176] Ein Rechtsmissbrauch setzt über rein finanzielle Konsequenzen für die Arbeitnehmer hinaus weitergehende Umstände voraus, die in dem vorgenannten Sachverhalt nicht einschlägig sind.[1177]

Für die Möglichkeit der Beteiligung einer nur personalstellenden Gesellschaft am Gemeinschaftsbetrieb spricht auch der Vergleich mit den privilegierten Regeln zur konzerninternen Arbeitnehmerüberlassung. Gemäß § 1 Abs. 3 Nr. 2 AÜG unterliegt die konzerninterne Arbeitnehmerüberlassung nicht den Regeln des AÜG, wenn der Arbeitnehmer nicht zum Zweck der Überlassung eingestellt und beschäftigt wird.[1178] Unabhängig von den konkreten Anforderungen an den Zweck der jeweiligen Gesellschaft zeigt sich am Konzernprivileg, dass der Gesetzgeber bei der konzerninternen Arbeitnehmerüberlassung von einer geringeren Schutzbedürftigkeit der Arbeitnehmer ausgeht. Die geringere Schutzbedürftigkeit muss konsequent für die Tätigkeit im Gemeinschaftsbetrieb gelten, wenn in diesem ein rein personalstellendes Unternehmen beteiligt ist.[1179] Im Gemeinschaftsbetrieb existiert eine „weit über die konzernrechtliche Weisungsbefugnis hinausgehende einheitliche Leitung“[1180]. Anders als bei der konzerninternen

---

[1175] *Wanhöfer*, Gemeinschaftsbetrieb und Unternehmensmitbestimmung, 48.

[1176] *Panzer-Heemeier/Schwipper*, DB 2017, 1584 (1586); *Schönhöft/Lermen*, BB 2008, 2515 (2519); *Schönhöft/Oelze*, BB 2016, 565 (570); krit. HK-ArbR/*Lorenz AÜG* § 1 Rn. 36.

[1177] *Panzer-Heemeier/Schwipper*, DB 2017, 1584 (1586).

[1178] Wird ein Arbeitnehmer jedoch dauerhaft von einem Konzernunternehmen zum anderen entsendet oder ist ein reines Verleihunternehmen beteiligt, gilt weiterhin das AÜG. Wenn eine konzerninterne Arbeitnehmerüberlassung durch Personalführungsgesellschaften mit dem alleinigen Zweck der Überlassung von Personal an andere Konzernunternehmen erfolgt, ist die Privilegierung ausgeschlossen, vgl. Schüren/Hamann/*Hamann* AÜG § 1 Rn. 615 ff. m.w.N.; BeckOK-ArbR/*Kock* AÜG § 1 Rn. 221 f. m.w.N.

[1179] So auch *Schönhöft/Lermen*, BB 2008, 2515 (2519).

[1180] *Schönhöft/Lermen*, BB 2008, 2515 (2519).

Arbeitnehmerüberlassung, bleibt der Arbeitnehmer dauerhaft im Betrieb seines Vertragsarbeitgebers tätig.[1181] Gerade weil die Arbeitnehmer den Arbeitsplatz in unmittelbarer Nähe zu ihrem Vertragsarbeitgeber besetzen, bedürfen sie nicht dem Schutz des AÜG.

In der Beteiligung eines rein personalstellenden Unternehmens am gemeinsamen Betrieb ist zutreffend keine Umgehung der Vorschriften des AÜG zu sehen, sondern vielmehr die Anwendung und Ausschöpfung der gesetzlich zugelassenen Gestaltungsmöglichkeiten.

4. Kollektivrechtliche Fragestellungen

Wird ein Gemeinschaftsbetrieb gegründet und ist an diesem eine Personalführungsgesellschaft beteiligt, können sich kollektivrechtliche Konsequenzen ergeben. Dies gilt insbesondere bei Neugründung der Personalführungsgesellschaft und bei Zusammenschluss mit Unternehmen, in denen bereits ein Betriebsrat besteht. Zunächst ist zu klären, ob in der Gründung des Gemeinschaftsbetriebs eine Betriebsänderung im Sinne des § 111 S. 3 BetrVG zu sehen ist. Im Anschluss gilt es zu untersuchen, ob auch die Gründung eines gemeinsamen Betriebs unter Beteiligung des personalstellenden Unternehmens eine Betriebsänderung im Sinne des § 111 S. 3 BetrVG darstellt.

a. Gründung eines Gemeinschaftsbetriebs als Betriebsänderung

Gemäß § 111 S. 3 Nr. 3 BetrVG gilt sowohl der Zusammenschluss mit anderen Betrieben als auch die Spaltung von Betrieben als Betriebsänderung. In diesem Fall hat der Arbeitgeber, wenn dieser in der Regel mehr als 20 wahlberechtigte Arbeitnehmer beschäftigt, den zuständigen Betriebsrat rechtzeitig und umfassend über die geplante Betriebsänderung zu unterrichten und mit diesem darüber zu beraten, vgl. § 111 S. 1 BetrVG. Es ist gemäß § 112 BetrVG ein Interessensausgleich zu versuchen und über einen Sozialplan zu verhandeln. Auf den Abschluss eines derartigen Interessenausgleichs besteht jedoch kein Anspruch. Darüber hinaus kann der Betriebsrat den Zusammenschluss der Betriebe nicht verhindern.[1182]

1181 *Schönhöft/Lermen*, BB 2008, 2515 (2519).

1182 *Schipp*, ArbRB 2019, 212 (214)

Auf der anderen Seite stellt auch der „actus contrarius“ in Form der Auflösung eines Gemeinschaftsbetriebs eine Betriebsänderung gemäß § 111 S. 3 Nr. 3 BetrVG dar. Es handelt sich um eine Spaltung von Betrieben.[1183] Sofern die Spaltung jedoch lediglich auf Ebene des Rechtsträgers erfolgt – sich also neben der Vermehrung der Träger des Betriebs an dem Betrieb im eigentlichen Sinne nichts ändert – muss eine Betriebsänderung konsequent abgelehnt werden.[1184] Im Übrigen wird auch durch die bloße Aufhebung der zwischen den Unternehmen bestehenden Führungsvereinbarung die betriebliche Organisation nicht geändert, sodass auch für diesen Fall eine Betriebsänderung ausgeschlossen ist. Erst wenn die Trennung auch in organisatorischer Hinsicht vollzogen wird, kann von einer Betriebsänderung ausgegangen werden.[1185]

b. Betriebsänderung bei betriebsloser (Personalführungs-)Gesellschaft

Nicht höchstrichterlich entschieden wurde bisher, ob es sich um eine Betriebsänderung im Sinne des § 111 S. 3 BetrVG handelt, wenn bei demjenigen Unternehmen, das sich mit einer – aktivierten oder neu gegründeten – (Personalführungs-)Gesellschaft zusammengeschlossen hat, ein Betriebsrat besteht, während die (Personalführungs-)Gesellschaft zum Zeitpunkt der Gründung des Gemeinschaftsbetriebs über noch keinen eigenen Betrieb verfügt. Nimmt man dies an und wird die Führungsvereinbarung umgesetzt, ohne dass vorher ein Interessenausgleich versucht wurde, besteht gemäß § 113 Abs. 3 BetrVG grundsätzlich eine Pflicht zum Nachteilsausgleich auf Arbeitgeberseite. Ebenso ist es denkbar, dass sich ein Unternehmen mit einem weiteren betriebsmittel- und personallosen Unternehmen zusammenschließt. Auch in diesem Fall stellt sich die Frage, ob es sich um eine Betriebsänderung handelt.

1183 LAG Köln, Beschl. v. 21.05.2021 – 9 TaBV 56/20, BeckRS 2021, 26583 (Rn. 45): Entscheidend für die Betriebsspaltung ist nicht die Auflösung des Gemeinschaftsbetriebs, sondern dass zwei neue Einheiten mit den sich daraus ergebenden Konsequenzen entstehen; Richardi BetrVG/*Annuß BetrVG* § 111 Rn. 101; DKW/*Däubler* BetrVG § 111 Rn. 99.

1184 *Bonanni*, Der gemeinsame Betrieb, 176 f. m.w.N.

1185 *Bonanni*, Der gemeinsame Betrieb, 177 f. m.w.N.

aa. Bisheriger Meinungsstand

Verfügt die (neu gegründete) Gesellschaft weder über Betriebsmittel noch über Personal, sprechen zumindest die nachfolgend dargestellten Entscheidungen dafür, eine Betriebsänderung abzulehnen.

(1) LAG Rheinland-Pfalz

Zwei Entscheidungen des LAG Rheinland-Pfalz vom 13.10.2016[1186] und 22.03.2018[1187] behandeln einen derartigen – eine Personalführungsgesellschaft betreffenden – Sachverhalt. In dem dieser Entscheidungen zugrundeliegenden Sachverhalt schlossen sich zwei Unternehmen auf Grundlage einer Führungsvereinbarung zu einem gemeinsamen Betrieb zusammen. Während bei dem einen Unternehmen ein Werk fortan als gemeinsamer Betrieb geführt werden sollte, in welchem bereits ein Betriebsrat bestand, verfügte das personalstellende Unternehmen weder über ein operatives Geschäft noch über Personal. Nachdem Arbeitnehmer, deren befristete Arbeitsverträge bei ersterem Unternehmen ausgelaufen waren, erneut sachgrundlos befristet bei der Personalführungsgesellschaft eingestellt wurden, verlangte der Betriebsrat die Einstellung des Vollzugs des Gemeinschaftsbetriebs bis zu einer Verhandlung über einen Interessenausgleich und Sozialplan.

Die beteiligten Unternehmen vertraten den Standpunkt, dass es sich in diesem Fall um keinen „Zusammenschluss mit anderen Betrieben" im Sinne des § 111 S. 3 BetrVG handele, da die Personalführungsgesellschaft über keinen eigenen Betrieb im Sinne des § 1 BetrVG verfügte. Das „Hineinwachsen"[1188] einer Personalführungsgesellschaft in die betriebliche Struktur eines anderen Unternehmens durch Aufnahme der operativen Tätigkeit innerhalb eines zuvor gegründeten Gemeinschaftsbetriebs werde von der maßgeblichen gesetzlichen Regelung nicht erfasst.

Mangels Entscheidungserheblichkeit musste das LAG Rheinland-Pfalz diese Frage nicht beantworten. Es merkte jedoch an, dass „zumindest Bedenken

---

[1186] LAG Rheinland-Pfalz, Beschl. v. 13.10.2016 – 6 TaBVGa 2/16, BeckRS 2016, 74414.

[1187] LAG Rheinland-Pfalz, Beschl. v. 22.03.2018 – 4 TaBV 20/17, BeckRS 2018, 17613.

[1188] LAG Rheinland-Pfalz, Beschl. v. 22.03.2018 – 4 TaBV 20/17, BeckRS 2018, 17613 (Rn. 14).

bestehen“[1189], ob es sich um eine Betriebsänderung im Sinne des § 111 BetrVG handelt, wenn eines der Unternehmen vor Produktionsaufnahme – soweit ersichtlich – nicht über Betriebsmittel und Arbeitnehmer verfügte.[1190]

(2) LAG Berlin-Brandenburg

Dem Beschluss des LAG Berlin-Brandenburg vom 10.12.2020[1191] lag der Sachverhalt zugrunde, dass bei der neu gegründeten Gesellschaft weder Betriebsmittel noch Personal vorhanden waren. Die Arbeitgeberin beabsichtigte, mit einer neu gegründeten Tochtergesellschaft an ihren drei Standorten jeweils einen Gemeinschaftsbetrieb zu errichten. Hierzu schlossen die Unternehmen eine Betriebsführungsvereinbarung. Ferner sollten alsbald Einstellungen in der neu gegründeten Tochtergesellschaft erfolgen. Der Betriebsrat begehrte im Wege des einstweiligen Rechtsschutzes die Errichtung eines von ihm behaupteten Gemeinschaftsbetriebs sowie Einstellungen im Sinne von § 99 BetrVG zu unterlassen, da in der Bildung des Gemeinschaftsbetriebs eine Betriebsänderung im Sinne des § 111 BetrVG zu sehen sei.

Nach dem LAG Berlin-Brandenburg wolle „der Betriebsrat mit seinem Antrag eine unternehmerische Entscheidung untersagen lassen, was nicht möglich ist“[1192]. Ob es sich hierbei um eine Betriebsänderung im Sinne von § 111 BetrVG handele und ob diese bereits umgesetzt wäre, ließ das LAG Berlin-Brandenburg offen. Ein etwaiger Unterlassungsanspruch des Betriebsrats im Zusammenhang mit der Durchführung der Betriebsänderung könne nur der Sicherung seines Verhandlungsanspruchs dienen, nicht aber

---

1189 LAG Rheinland-Pfalz, Beschl. v. 13.10.2016 – 6 TaBVGa 2/16, BeckRS 2016, 74414 (Rn. 26); LAG Rheinland-Pfalz, Beschl. v. 22.03.2018 – 4 TaBV 20/17, BeckRS 2018, 17613 (Rn. 25).

1190 LAG Rheinland-Pfalz, Beschl. v. 13.10.2016 – 6 TaBVGa 2/16, BeckRS 2016, 74414 (Rn. 26); LAG Rheinland-Pfalz, Beschl. v. 22.03.2018 – 4 TaBV 20/17, BeckRS 2018, 17613 (Rn. 25): Auch hier verweist das LAG darauf, dass diese Rechtsfrage – soweit ersichtlich – bislang noch nicht geklärt sei.

1191 LAG Berlin-Brandenburg, Beschl. v. 10.12.2020 – 26 TaBVGa 1498/20, NZA-RR 2021, 183.

1192 LAG Berlin-Brandenburg, Beschl. v. 10.12.2020 – 26 TaBVGa 1498/20, NZA-RR 2021, 183 (Rn. 28).

davon losgelöst der Untersagung einer Betriebsänderung selbst.[1193] Gegen eine Betriebsänderung spreche jedenfalls, dass sich am und im Betrieb nichts ändere. Bestehende Strukturen sollen sich in Zusammenhang mit der Tochtergesellschaft nicht ändern. Insofern ändere sich auch für die vorhandene Belegschaft nichts. Es handele sich um einen lediglich auf dem Papier existierenden „virtuellen Gemeinschaftsbetrieb".[1194]

bb. Kein Fall der Betriebsänderung gemäß § 111 S. 3 BetrVG

(1) Zeitpunkt der Entstehung des Gemeinschaftsbetriebs

Der Frage, ob die Gründung eines Gemeinschaftsbetriebs eine Betriebsänderung darstellen kann, ist die Frage vorgelagert, auf welchen Zeitpunkt bei der Gründung eines Gemeinschaftsbetriebs abzustellen ist. Diesbezüglich fehlt es an einer eindeutigen gesetzlichen Festsetzung und bisher auch an einschlägiger Rechtsprechung. Nur am Rande befasste sich bisher das LAG Düsseldorf[1195] mit der Frage, wann Mitbestimmungsrechte entstehen. Handele es sich um einen Gemeinschaftsbetrieb, sei nicht entscheidend, zu welchem Zeitpunkt der gemeinsame Betrieb tatsächlich in Vollzug gesetzt oder die einheitliche Leitung zum ersten Mal ausgeübt werde. Vielmehr komme es auf den Zeitpunkt der Führungsvereinbarung an. Das LAG Düsseldorf stützt seine Überlegungen auf eine Parallele zum Betriebsübergang gemäß § 613a BGB. Dort komme es auf den Zeitpunkt an, in welchem der Erwerber die Leitungsmacht im Betrieb im Einvernehmen mit dem Betriebsveräußerer ausüben kann. Hier verkennt das LAG Düsseldorf allerdings, dass es im Rahmen des § 613a BGB nicht darauf ankommt, wann der Erwerber die Leitungsmacht im Betrieb ausüben kann, sondern wann der Betriebserwerber die Leitungsmacht über den Betrieb tatsächlich übernimmt und diesen tatsächlich fortführt.[1196] Der Wechsel der Inhaberschaft tritt

---

1193 LAG Berlin-Brandenburg, Beschl. v. 10.12.2020 – 26 TaBVGa 1498/20, NZA-RR 2021, 183 (Rn. 28 f.).

1194 LAG Berlin-Brandenburg, Beschl. v. 10.12.2020 – 26 TaBVGa 1498/20, NZA-RR 2021, 183 (Rn. 31): Aus diesem Grund zweifelt das LAG jedoch schon an, dass die Voraussetzungen für das Vorliegen eines Gemeinschaftsbetriebs angenommen werden können, da eine Führungsvereinbarung allein nicht genüge.

1195 LAG Düsseldorf, Beschl. v. 26.08.2009 – 7 TaBV 73/09, BeckRS 2010, 65936.

1196 *Panzer-Heemeier/Schwipper*, DB 2017, 1584 (1587) m.w.N.

nicht ein, wenn der neue Inhaber den Betrieb nicht führt.[1197] Konsequenter erscheint es somit auch bei der Frage nach dem Gründungszeitpunkt eines Gemeinschaftsbetriebs auf den Zeitpunkt des Vollzugs abzustellen und nicht auf den Zeitpunkt des Abschlusses der Führungsvereinbarung.[1198]

Schon seinem Wortlaut nach setzt § 111 S. 3 Nr. 3 BetrVG einen *Zusammenschluss* voraus. Denklogisch ist damit das Bestehen mindestens zweier Betriebe vorausgesetzt.[1199] Für das Abstellen auf den Vollzug des Gemeinschaftsbetriebs spricht ferner der Vermutungstatbestand in § 1 Abs. 2 BetrVG. Auch hier kommt es nicht auf den Abschluss einer Führungsvereinbarung oder auf die bloße Möglichkeit der Ausübung von Leitungsmacht an, sondern auf den tatsächlichen gemeinsamen *Einsatz* von Betriebsmitteln und Arbeitnehmern. Verlangt man hingegen eine Führungsvereinbarung, kann eine solche konkludent vorliegen, wenn eine im Wesentlichen *tatsächliche* einheitliche Ausübung von Arbeitgeberfunktionen im sozialen und personellen Bereich stattfindet.[1200] Dies zeigt, dass es im gemeinsamen Betrieb primär auf die tatsächliche Struktur und die betriebliche Organisation ankommt und weniger auf formale Aspekte. Insofern wird es den Eigenheiten des Gemeinschaftstriebs am ehesten gerecht, wenn man auf dessen tatsächlichen Vollzug abstellt.

(2) Zusammenschluss und Spaltung von Betrieben (§ 111 S. 3 Nr. 3 BetrVG)

In § 111 S. 3 Nr. 3 BetrVG ist vom herrschenden betriebsverfassungsrechtlichen Betriebsbegriff auszugehen.[1201] Nach diesem ist unter einem Betrieb eine organisatorische Einheit zu verstehen, innerhalb derer der Unternehmer allein oder in Gemeinschaft mit seinen Arbeitnehmern mithilfe von sächlichen und immateriellen Mitteln bestimmte arbeitstechnische Zwecke fortgesetzt verfolgt.[1202] Davon zu unterscheiden ist das Unternehmen, welches regelmäßig

---

[1197] BAG, Urt. v. 15.12.2005 – 8 AZR 202/05, AP Nr. 294 zu § 613a BGB; BAG, Urt. v. 25.10.2007 – 8 AZR 917/06, AP Nr. 333 zu § 613a BGB.

[1198] *Panzer-Heemeier/Schwipper*, DB 2017, 1584 (1587).

[1199] *Panzer-Heemeier/Schwipper*, DB 2017, 1584 (1587).

[1200] BeckOK-ArbR/*Besgen* BetrVG § 1 Rn. 34 m.w.N.

[1201] Panzer-Heemeier/Schwipper, DB 2017, 1584 (1587).

[1202] Siehe zum Betriebsbegriff Kapitel 2 A.I.2.

einem wirtschaftlichen Zweck dient.[1203] Nicht jedes Unternehmen muss somit zwangsläufig über einen Betrieb verfügen.[1204] Als Beispiel sei die „leere" Vorratsgesellschaft angeführt, die abgesehen von einem Geschäftsführer weder Arbeitnehmer beschäftigt noch über sonstige sächliche oder immaterielle Betriebsmittel verfügt. [1205] Verfolgt diese Gesellschaft den satzungsmäßigen Zweck der „Verwaltung eigenen Vermögens", stellt dies zwar einen wirtschaftlichen, jedoch keinen arbeitstechnischen Zweck dar.[1206] So liegt beispielsweise auch bei einem „carve out" unter Verwendung einer leeren Vorratsgesellschaft beim „neuen Arbeitgeber" keine Betriebsänderung im Sinne des § 111 S. 3 Nr. 3 BetrVG vor, da die Vorratsgesellschaft über keinen eigenen Betrieb verfügt, der mit dem anderen Betrieb zusammengeschlossen werden könnte.[1207] Hierauf deutet auch der Beschluss des LAG Berlin-Brandenburg[1208] hin. Es spreche gegen eine Betriebsänderung, wenn „sich am und im Betrieb nichts ändert"[1209], da sich bestehende Strukturen durch Hinzutreten des neuen Unternehmens nicht veränderten und sich dies ebenso wenig auf die Belegschaft auswirke.

Im Hinblick auf die Beteiligungsrechte des Betriebsrats nach § 111 S. 3 BetrVG kann bei der Gründung eines Gemeinschaftsbetriebs unter Beteiligung einer Vorratsgesellschaft als (Personalführungs)Gesellschaft nichts anderes gelten.[1210] Die (Personalführungs)Gesellschaft verfügt über keinen eigenen Betrieb, der mit dem bereits bestehenden Betrieb „zusammengeschlossen" werden könnte. Aus diesem Grund ergeben sich für die bestehende Belegschaft keine Änderungen, die die Annahme einer Betriebsänderung rechtfertigen könnten.[1211] Eine Betriebsänderung ist

---

1203 BAG, Beschl. v. 03.12.1964 – 1 ABR 7/54, AP BetrVG § 88 Nr. 1 m. Anm. Küchenhoff = NJW 1955, 277 (277).

1204 Vgl. dazu BGH, Beschl. v. 05.06.2002 – 7 ABR 17/01, AP BetrVG 1972 § 47 Nr. 11 m. Anm. v. Hoyningen-Huene.

1205 *Panzer-Heemeier/Schwipper*, DB 2017, 1584 (1587).

1206 *Panzer-Heemeier/Schwipper*, DB 2017, 1584 (1587).

1207 *Panzer-Heemeier/Schwipper*, DB 2017, 1584 (1587) m.w.N.

1208 LAG Berlin-Brandenburg, Beschl. v. 10.12.2020 – 26 TaBVGa 1498/20, NZA-RR 2021, 183.

1209 LAG Berlin-Brandenburg, Beschl. v. 10.12.2020 – 26 TaBVGa 1498/20, NZA-RR 2021, 183 (Rn. 31).

1210 *Panzer-Heemeier/Schwipper*, DB 2017, 1584 (1587).

1211 *Panzer-Heemeier/Schwipper*, DB 2017, 1584 (1587).

auszuschließen, wenn erst durch den Vollzug des Gemeinschaftsbetriebs der „Betrieb" der (Personalführungs)Gesellschaft geschaffen wird.[1212] In diesem Fall handelt es sich zwar um einen Zusammenschluss mehrerer *Unternehmen*, nicht jedoch um den Zusammenschluss mehrerer *Betriebe*, wie in § 111 S. 3 Nr. 3 BetrVG gefordert. Dies folgt aus der konsequenten Anwendung des § 111 S. 3 Nr. 3 BetrVG und ist nicht als missbräuchliche Umgehung der Mitbestimmungsrechte zu qualifizieren.[1213]

(3) Änderungen der Betriebsorganisation, des Betriebszwecks oder der Betriebsanlagen (§ 111 S. 3 Nr. 4 BetrVG)

Ebenso wenig handelt es sich bei der Gründung eines Gemeinschaftsbetriebs unter Beteiligung einer betriebslosen (Personalführungs)Gesellschaft um einen Fall des § 111 S. 3 Nr. 4 BetrVG. Dieser verlangt eine „grundlegende" Änderung der Betriebsorganisation, des Betriebszwecks oder der Betriebsanlagen. Die Änderung der Betriebsanlagen betrifft die Betriebsmittel im weiteren Sinne.[1214]

Eine Änderung ist grundlegend, wenn sie wesentliche Nachteile für die Belegschaft oder Teile von dieser zur Folge haben kann.[1215] Die grundlegende Änderung der Betriebsorganisation bedeutet eine vollständige Änderung des Betriebsaufbaus oder der Zuständigkeit.[1216] Nach dem BAG erfordert dies eine einschneidende und weitgehende Änderung des Betriebsablaufs, der Arbeitsweise oder der Arbeitsbedingungen, die in ihrer Gesamtschau von erheblicher Bedeutung für den gesamten Betriebsablauf ist. Nur in diesem Fall sei die mit § 111 S. 3 Nr. 4 BetrVG verbundene Fiktion, dass die Maßnahme wesentliche Nachteile für die Belegschaft zur Folge hat,

---

1212 So auch *Panzer-Heemeier/Schwipper*, DB 2017, 1584 (1588).

1213 *Panzer-Heemeier/Schwipper*, DB 2017, 1584 (1588); diese stellen im Übrigen auch dar, welche Rechtsfolgen sich ergäben, wenn man entgegen der vertretenen Ansicht eine Betriebsänderung unterstellt.

1214 ErfK/*Kania* BetrVG § 111 Rn. 19 m.w.N. und Beispielen (u.a. Einführung neuer Maschinen, Einführung eines EDV-Systems).

1215 Richardi BetrVG/*Annuß* BetrVG § 111 Rn. 118.

1216 ErfK/*Kania* BetrVG § 111 Rn. 17 m.w.N. und Beispielen (u.a. Dezentralisierung; Organisation nach Sparten o. Geschäftsbereichen).

gerechtfertigt.[1217] Die grundlegende Änderung des Betriebszwecks setzt eine nachhaltige Veränderung der arbeitstechnischen und nicht nur wirtschaftlichen Zwecksetzung des Betriebs voraus.[1218]

Wird ein Gemeinschaftsbetrieb unter Beteiligung einer (Personalführungs) Gesellschaft gegründet, ist hierin keine Änderung der Betriebsorganisation im Sinne des § 111 S. 3 Nr. 4 BetrVG zu sehen. Eventuell bei der (Personalführungs)Gesellschaft angestellte Arbeitnehmer unterstehen der einheitlichen Leitung des Gemeinschaftsbetriebs.[1219] Ferner wäre der bereits bestehende Betriebsrat des aufnehmenden Betriebs auch für die Arbeitnehmer der Personalführungsgesellschaft zuständig.[1220] Daher führt die Gründung weder zu einer Änderung der Betriebsabläufe, noch zu einer Änderung der arbeitgeberseitigen Weisungsbefugnis.[1221] Selbst wenn der satzungsmäßige Geschäftszweck der Personalführungsgesellschaft vorsieht, dass künftig alle am Gemeinschaftsbetrieb beteiligten Unternehmen einen einheitlichen betriebstechnischen Zweck verfolgen, liegt hierin keine grundlegende Änderung des Betriebszwecks, da innerhalb des Gemeinschaftsbetriebs weiterhin derselbe Zweck verfolgt wird wie bisher auch.[1222] Wenn schon bei Beteiligung einer (Personalführungs)Gesellschaft keine grundlegende Änderung im Sinne des § 111 S. 3 Nr. 4 BetrVG eintritt, muss dies erst Recht bei einer (Personalführungs)Gesellschaft gelten, die weder über Personal noch über sonstige Betriebsmittel verfügt.[1223]

cc. Ergebnis

Während in der Gründung eines Gemeinschaftsbetriebs durch zwei Unternehmen, die jeweils einen oder mehrere eigene Betriebe unterhalten, regelmäßig ein Beteiligungsrechte auslösender Fall der Betriebsänderung

---

1217 BAG, Beschl. v. 18.03.2008 – 1 ABR 77/06, AP BetrVG 1972 § 111 Nr. 66 (Rn. 22) m.w.N.

1218 BAG, Beschl. v. 17.12.1985 – 1 ABR 78/83, AP BetrVG 1972 § 111 Nr. 15 m. Anm. Löwisch unter II 1 der Gründe.

1219 *Panzer-Heemeier/Schwipper*, DB 2017, 1584 (1588).

1220 *Panzer-Heemeier/Schwipper*, DB 2017, 1584 (1588).

1221 *Panzer-Heemeier/Schwipper*, DB 2017, 1584 (1588).

1222 *Panzer-Heemeier/Schwipper*, DB 2017, 1584 (1588).

1223 Zum *argumentum a maiore ad minus* vgl. *Larenz/Canaris*, Methodenlehre, 208 f.

gemäß § 111 S. 3 BetrVG zu sehen ist, ist eine Betriebsänderung abzulehnen, wenn sich eine betriebslose (Personalführungs)Gesellschaft mit einem anderen Unternehmen zur Führung eines gemeinsamen Betriebs zusammenschließt.

IV. Rotationsmodell im Gemeinschaftsbetrieb

Die Zusammenarbeit mehrerer Unternehmen in einem gemeinsamen Betrieb könnte es ermöglichen, denselben Leiharbeitnehmer nacheinander bei den verschiedenen Trägerunternehmen einzusetzen. Liegt durch dieses Vorgehen ausreichend viel Zeit zwischen den Einsätzen bei demselben Trägerunternehmen, erscheint es ferner denkbar, den Leiharbeitnehmer dort ein weiteres Mal tätig werden zu lassen. Dieses Vorgehen könnte beliebig oft fortgeführt werden.

Die gesetzliche Überlassungshöchstfrist von 18 Monaten ist arbeitnehmer und nicht arbeitsplatzbezogen zu bestimmen. Hierfür spricht die in § 1 Abs. 1b S. 1 AÜG gewählte Formulierung („derselbe Arbeitnehmer"), die einen eindeutigen Personenbezug herstellt.[1224] Durch den Arbeitnehmerbezug werden sogenannte „Arbeitnehmerrondelle" ermöglicht.[1225] Leiharbeitnehmer können somit nach 18 Monaten abgezogen und durch neue ersetzt werden. Auf diese Weise können auch Dauerarbeitsplätze zeitlich unbegrenzt mit wechselnden Leiharbeitnehmern besetzt werden. Die Verlängerung der gesetzlichen Höchstüberlassungsdauer kann jedoch nicht durch Versetzung des Leiharbeitnehmers auf einen anderen Arbeitsplatz bei demselben Entleiher erreicht werden, da es nach dem Wortlaut des § 1 Abs. 1b S. 1 AÜG hierauf nicht ankommt.

Diese *Rotation* von verschiedenen Leiharbeitnehmern mag zwar im geringer qualifizierten Tätigkeitsbereich gut umsetzbar sein, im höher qualifizierten Bereich benötigt der Leiharbeitnehmer jedoch in der Regel eine längere Einarbeitungszeit oder der Einsatz soll von vornherein in langfristig angelegten Projekten des Entleihers erfolgen.[1226] In diesem Fall bedarf es

---

[1224] BeckOK-ArbR/*Kock* AÜG § 1 Rn. 105 m.w.N.; für die Europarechtswidrigkeit der personenbezogenen Auslegung u.a.: *Deinert*, RdA 2017, 65 (77); *Seiwerth*, NZA 2020, 273 ff.; *J. Ulber*, RdA 2018, 50 (52 f.); *Wank*, RdA 2017, 100 (109).

[1225] *Bissels/Falter*, ArbRAktuell 2017, 4 (5); *Giesen*, ZRP 2016, 130 (131); BeckOK-ArbR/*Kock* AÜG § 1 Rn. 105; *Seel*, öAT 2017, 48 (49); *Siebert/Novak*, ArbRAktuell 2016, 391 (392); *Zimmermann*, BB 2016, 53 (53).

[1226] *Bissels/Falter*, ArbRAktuell 2017, 4 (5).

einer Alternative. Ob die Zusammenarbeit im gemeinsamen Betrieb eine Alternative darstellen und den längerfristigen Einsatz von Leiharbeitnehmern ermöglichen kann, hängt in erster Linie von der Beantwortung der Frage ab, ob der Begriff des „Entleihers" in § 1 AÜG rechtsträger oder betriebsbezogen zu verstehen ist.

Der Gemeinschaftsbetrieb als solcher setzt sich aus mindestens zwei Trägerunternehmen zusammen, ist jedoch nicht selbst als Rechtsträger zu qualifizieren, sodass er kein Entleiher im Sinne des AÜG sein kann.[1227] Dies könnte es ermöglichen, einen Leiharbeitnehmer im Rhythmus von 18 Monaten bei wechselnden Trägerunternehmen im Gemeinschaftsbetrieb tätig werden zu lassen, da er streng genommen jeweils bei einem anderen Entleiher beschäftigt wäre.[1228] Die Rotation[1229] könnte dann zwischen den am Gemeinschaftsbetrieb beteiligten entleihenden Unternehmen zur Überwindung der Höchstüberlassungsdauer erfolgen.[1230]

Andere Stimmen vertreten demgegenüber ein betriebsbezogenes Verständnis des Entleiherbegriffs. In der Folge käme es bei der Bestimmung der Überlassungshöchstdauer nicht auf den Entleiher als Rechtssubjekt, sondern auf dessen Betrieb an. In diesem Fall wäre, da es sich bei dem gemeinsamen Betrieb mehrerer Unternehmen um *einen* Betrieb handelt, eine Rotation der Leiharbeitnehmer zwischen den verschiedenen Trägerunternehmen bis zur jeweiligen Höchstüberlassungsdauer nicht möglich. Die Zeiten bei den formal unterschiedlichen Entleihern im Gemeinschaftsbetrieb müssten zusammengerechnet werden.

1. Rechtsträgerbezogener Entleiherbegriff

Teilweise[1231] wird einem rechtsträger beziehungsweise unternehmensbezogenen Entleiherbegriff gefolgt. Hiernach kann nur eine natürliche oder

---

1227 Siehe hierzu unter Kapitel 2 A.II.2.d.cc.

1228 Schüren/Hamann/*Hamann* AÜG § 1 Rn. 312, der jedoch i.E. eine teleologisch extensive Auslegung des Entleiherbegriffs vornehmen will.

1229 Bezeichnet wird dieses Vorgehen auch als „Entleiherkette", vgl. *Hund/Weiss*, DB 2016, 2903 (2905).

1230 *Bissels/Falter*, ArbRAktuell 2017, 4 (5).

1231 *Azmons/Homburg/Gerum*, DB 2017, 726 (727); ArbR-Hdb/Tschöpe/*Bissels*, Teil 6 D. Arbeitnehmerüberlassungsrecht, Rn. 18; *Bissels*, in: Urban-Crell/Germakowski/Bissels/Hurst AÜG § 1 Rn. 214; *Bissels/Falter*, ArbRAktuell 2017, 4 (5 f.); *dies.*, MDR 2019,

juristische Person „Entleiher“ sein. Mangels Rechtsfähigkeit könnte der Gemeinschaftsbetrieb selbst nicht Entleiher im Sinne des § 1 Abs. 1b S. 1 AÜG sein.[1232] Vielmehr wäre jedes einzelne beteiligte Unternehmen als Entleiher anzusehen und der Leiharbeitnehmer könnte zwischen den Trägerunternehmen rotieren. Auf der anderen Seite müssten Zeiten addiert werden, die der Leiharbeitnehmer in verschiedenen Betrieben desselben Unternehmens und nicht nur auf verschiedenen Arbeitsplätzen in demselben Betrieb verbracht hat. Hier reicht es aus, dass jeweils derselbe Vertragspartner gegenüber dem Verleihunternehmen aufgetreten ist.[1233]

a. Wortlaut

Der Wortlaut des § 1 Abs. 1b S. 1 AÜG spricht für den rechtsträgerbezogenen Ansatz bei der Beurteilung des Entleiherbegriffs.[1234] *Entleiher* kann nur derjenige sein, der selbst Arbeitgeber des Leiharbeitnehmers sein könnte.[1235] Arbeitgeber kann nur derjenige sein, der als Vertragspartei auch Träger von Rechten und Pflichten sein kann.[1236] Insofern muss es sich regelmäßig um

---

198 (198); *Boemke/Lembke*, DB 2002, 893 (893); Schüren/Hamann/*Hamann* AÜG § 1 Rn. 79; *Hamann*, NZA 2023, 1151 (1151); *Deinert*, RdA 2017, 65 (77); *Fitting* BetrVG § 5 Rn. 251; wohl auch *Hamann/Rudnik*, NZA 2017, 209 (210), die einen Wechsel zwischen Betrieben desselben Entleihers für die Berechnung der Überlassungshöchstdauer für unbeachtlich halten; *Henssler*, RdA 2017, 83 (95) spricht sich für einen Neubeginn der Überlassungsfrist bei einem Arbeitgeberwechsel innerhalb des Betriebs aus; HWK/*Höpfner* AÜG § 1 Rn. 57; *Hund/Weiss*, DB 2016, 2903, lehnen darüber hinaus eine analoge Anwendung des § 1 Abs. 1b S. 2 AÜG mangels planwidriger Regelungslücke ab; zumindest für ein unternehmensbezogenes Verständnis auch *Neighbour/Schröder*, BB 2016, 2869 (2869); *Pant*, Gesetzliche und kollektivvertragliche Regulierung, 222 ff.; *Pütz*, DB 2017, 425 (427); *Simon/Koschker*, NZA 2018, 755 (757); zur Unternehmensbezogenheit der Fristberechnung: *Greiner*, RdA 2017, 153 (158).

1232 Siehe hierzu unter Kapitel 2 II.2.d.bb. und Kapitel 2 II.2.d.cc.

1233 *Henssler*, RdA 2017, 83 (94).

1234 *Hund/Weiss*, DB 2016, 2903 (2907); dies erkennt auch *Lembke*, NZA 2017, 1 (4). Gleichwohl gewährt dieser dem betriebsbezogenen Verständnis des Entleihers den Vorzug.

1235 So auch Schüren/Hamann/*Hamann* AÜG § 1 Rn. 79.

1236 Schüren/Hamann/*Hamann* AÜG § 1 Rn. 79; auch *Talkenberg*, NZA 2017, 473 (474), erkennt an, dass sich die Bundesagentur für Arbeit in ihrer fachlichen Weisung für einen Unternehmensbezug entschieden hat.

eine natürliche oder juristische Person des privaten oder öffentlichen Rechts handeln, die Dienstleistungen vom Arbeitnehmer kraft Arbeitsvertrags fordern dürfte.[1237] Ein Betrieb ist nicht rechtsfähig, kann nicht Träger von Rechten und Pflichten und damit auch nicht Arbeitgeber sein.[1238] Die Arbeitnehmer stehen weiterhin in arbeitsvertraglicher Verbundenheit zu ihrem Vertragsarbeitgeber.[1239]

b. Systematik

aa. Fachliche Weisungen der Bundesagentur für Arbeit

Die fachlichen Weisungen der Bundesagentur für Arbeit zum AÜG[1240] sprechen für einen rechtsträgerbezogenen Ansatz. Gemäß Ziff. 1.1.2 (3) der fachlichen Weisungen kommt „Als Entleiher [...] mit Ausnahme des Verleihers jeder in Betracht, der als Rechtssubjekt selbst Arbeitgeber sein könnte. Die rechtliche Organisationsform ist wie beim Verleiher für die Entleihereigenschaft ohne Belang."[1241] Arbeitgeber kann – wie dargelegt – nur derjenige sein, der als Vertragspartei auch Träger von Rechten und Pflichten sein kann. Dies ist bei einem (gemeinsamen) Betrieb nicht der Fall.

In der Geschäftsanweisung zum AÜG aus dem Jahr 2016[1242] war gemäß Ziff. 1.1.2 (4) „als Entleiher [...] der Betrieb anzusehen"[1243]. Dass die fachlichen

---

1237 Schüren/Hamann/*Hamann* AÜG § 1 Rn. 72 m.w.N.

1238 *Bissels/Falter*, ArbRAktuell 2017, 4 (5); *Boemke/Lembke*, DB 2002, 893 (893).

1239 Der Betrieb ist vom Unternehmen zu unterscheiden, welches die Rechtspersönlichkeit des Arbeitgebers (Einzelunternehmen, Personengesellschaft oder juristische Person) bezeichnet, vgl. Schaub/Koch/*Koch* ArbR A–Z, Betrieb.

1240 Fachliche Weisungen der Bundesagentur für Arbeit zum AÜG, Stand August 2019. Die fachlichen Weisungen bilden behördeninterne Regelungen mit Anhaltspunkten für die Auslegung und Handhabung des AÜG. Diese haben zwar nicht die Qualität und Bindungswirkung eines formellen Gesetzes, sind aber zumindest bis zur Klärung behandelter Detailfragen durch die Rechtsprechung zu berücksichtigen, vgl. *Braun/Sura*, ArbRB 2018, 275 (276).

1241 Fachliche Weisungen der Bundesagentur für Arbeit zum AÜG, Stand August 2019.

1242 Geschäftsanweisung der Bundesagentur für Arbeit zum AÜG, Stand Januar 2016.

1243 Vgl. Geschäftsanweisung zum AÜG, Stand Januar 2016, Ziff. 1.1.2 (4): „Als Entleiher ist der Betrieb anzusehen, der aufgrund Aufgabenbereichs und Organisation eigenständig handelt und zur selbstständigen Einstellung und Entlassung von Arbeitnehmern der überlassenen Art berechtigt ist".

Weisungen heute in Ziff. 1.1.2 (4) zwischen „Entleiher" und „Entleiherbetrieb" differenzieren, spricht ebenso dafür, dass es sich um zwei Begriffe mit unterschiedlicher Rechtsqualität handeln muss. Der Betrieb ist nicht der Entleiher, sondern der Entleiher führt einen Betrieb. Durch Ziff. 1.1.2 (4) der fachlichen Weisungen wird mithin eine Zuordnung des Leiharbeitnehmers zum Entleiher vorgenommen. Durch die Anpassung vom „Entleiher" zum „Entleiherbetrieb" hin hat sich auch die Bundesagentur für Arbeit zumindest indirekt an dieser Stelle zu einer rechtsträgerbezogenen Auslegung des Entleiherbegriffs bekannt.

Deutlicher wird dies noch in Ziff. 1.2.1 (1) der fachlichen Weisungen, wenn „[f]ür die Beurteilung, ob es sich um denselben Entleiher handelt, [...] auf den Entleiher als Arbeitgeber abzustellen [ist]". Gemäß der Weisung ist „[m] aßgeblich [...] somit nicht die Dauer des Einsatzes im einzelnen Betrieb des Entleihers sondern beim Entleiher als Arbeitgeber".

bb. Entleiher und Entleiherbetrieb

Auch weitere Gesichtspunkte sprechen für eine rechtsträgerbezogene Auslegung des Entleiherbegriffs. Gemäß § 1 Abs. 1 S. 4 AÜG müssen Verleiher und Entleiher die Überlassung von Leiharbeitnehmern im Überlassungsvertrag von vornherein ausdrücklich als solche bezeichnen. Hieraus lässt sich schließen, dass es auf die Person des Vertragspartners ankommt. Diese kann auf Entleiherseite „zweifelsohne"[1244] nur eine natürliche oder juristische Person sein und nicht etwa ein Betrieb.

In § 1 Abs. 1b S. 4 bis 7 AÜG differenziert das Gesetz durch die Formulierung „Betrieb eines nicht tarifgebundenen Entleihers" zwischen dem Entleiher und dem Entleiherbetrieb. Auch § 8 Abs. 1 S. 1 AÜG unterscheidet zwischen dem „Entleiher" und dem „Entleiherbetrieb". Hier wird deutlich, dass der Entleiher abweichend von dessen Betrieb beurteilt werden kann.[1245]

§ 1 Abs. 1 S. 2 AÜG lässt sich entnehmen, dass es für die Überlassung des Leiharbeitnehmers darauf ankommt, dass dieser den Weisungen seines Entleihers unterliegt. Weisungen kann aber nur ein Rechtsträger selbst

---

[1244] So *Hund/Weiss*, DB 2016, 2903 (2906).

[1245] So auch *Simon/Koschker*, NZA 2018, 755 (757).

erteilen und Weisungen anderer Personen können nur einem solchen zugerechnet werden. Dies ist bei einem Betrieb nicht möglich.[1246]

Ferner spricht auch § 10 Abs. 1 AÜG für ein rechtsträgerbezogenes Verständnis des Entleihers. Ist der zwischen einem Verleiher und einem Entleiher geschlossene Vertrag unwirksam, wird ein Arbeitsverhältnis zwischen Entleiher und Leiharbeitnehmer fingiert. Gleiches gilt, wenn es zur Übernahme des Leiharbeitnehmers nach Erreichen der Höchstüberlassungsgrenze kommt. Ein Betrieb wäre mangels Rechtsträgereigenschaft in diesen Fällen nicht in der Lage, ein Arbeitsverhältnis zu vereinbaren, zumal der Arbeitnehmer nicht einmal im konkreten Einsatzbetrieb weiterbeschäftigt werden müsste.[1247]

c. Telos

Das gesetzgeberische Ziel des AÜG besteht unter anderem darin, die Überlassung von Arbeitnehmern auf ihre Kernfunktion als Instrument der zeitlich vorübergehenden Deckung des Arbeitskräftebedarfs im Einsatzbetrieb zu begrenzen. Im Vordergrund steht die Stärkung der Stellung des Leiharbeitnehmers.[1248] Ferner soll verdeckte Arbeitnehmerüberlassung verhindert werden. Neben dem Individualschutz des einzelnen Leiharbeitnehmers soll auch die Stammbelegschaft vor einer übermäßigen Inanspruchnahme von Leiharbeit durch die eigenen Arbeitgeber geschützt werden.[1249] Ebenso sollen die Flexibilität der Leiharbeit und der damit einhergehende beschäftigungsfördernde Zweck gewährleistet werden.[1250] Dies geschieht in erster Linie durch Ausgestaltung der Höchstüberlassungsfrist zwischen den Parteien auf kollektivvertraglicher Ebene.[1251]

Der Individualschutz der Leiharbeitnehmer und der Stammbelegschaft wird primär durch den Gleichstellungsgrundsatz in § 8 AÜG verwirklicht,[1252] der in Abs. 1 S. 1 eine gesetzliche Verpflichtung des Verleihers vorsieht, dem

---

1246 *Pütz*, DB 2017, 425 (427).

1247 *Pant*, Gesetzliche und kollektivvertragliche Regulierung, 225.

1248 Vgl. BT-Drs. 18/9232, 14.

1249 Vgl. BT-Drs. 18/9232, 1, 14, 20.

1250 Vgl. BT-Drs. 18/9232, 1, 14.

1251 Vgl. § 1b Abs. 1b S. 6 AÜG.

1252 Auch als „Grundsatz der Gleichbehandlung“ in Art. 5 der Leiharbeitsrichtlinie (Richtlinie 2008/104/EG, ABl. 2008 L 327, 9 ff.) bezeichnet. Dieser ist nicht mit dem

Leiharbeitnehmer für die Zeit der Überlassung an den Entleiher die im Betrieb des Entleihers für einen vergleichbaren Arbeitnehmer des Entleihers geltenden wesentlichen Arbeitsbedingungen, einschließlich des Arbeitsentgelts zu gewähren. Diese Vorgabe soll es unattraktiv machen, Teile der Stammbelegschaft durch Leiharbeitnehmer zu ersetzen.[1253] Eine Abweichung hiervon ist gemäß § 8 Abs. 2 AÜG durch Tarifvertrag oder arbeitsvertragliche Bezugnahme auf einen solchen möglich.[1254] Beim Arbeitsentgelt beschränkt sich die Abweichungsmöglichkeit nach § 8 Abs. 4 S. 1 AÜG auf die ersten neun Monate der Beschäftigung beim Entleiher. Eine darüberhinausgehende Abweichung durch Tarifvertrag ist nur zulässig, wenn gemäß § 8 Abs. 4 S. 2 AÜG nach spätestens 15 Monaten das Arbeitsentgeltniveau eines vergleichbaren Arbeitnehmers erreicht wird und die Heranführung an dieses Entgelt stufenweise erfolgt.

Folgt man einem rechtsträgerbezogenen Verständnis des Entleiherbegriffs, könnte man denselben Leiharbeitnehmer bei demselben Entleiher für die Dauer von 18 Monaten beschäftigen. Selbst wenn der Leiharbeitnehmer innerhalb des Unternehmens den Betrieb wechselt, würde dies nicht zu einer „Nullung“ der Einsatzzeit führen. Dies bietet dem Leiharbeitnehmer und den Stammarbeitnehmern den der gesetzgeberischen Intention entsprechenden Schutz.

Vertritt man ein betriebsbezogenes Verständnis, würden die Überlassungshöchstdauer und die befristete Abweichungsmöglichkeit vom Equal Pay Grundsatz durch Tarifvertrag bei einem nahtlosen Wechsel in einen anderen Einsatzbetrieb desselben Entleihers neu beurteilt. Dies kann nicht im Einklang mit der vom Gesetzgeber intendierten Verbesserung der Rechtsposition der Leiharbeitnehmer stehen.[1255] Der Gesetzgebers versteht die Arbeitnehmerüberlassung als ein Instrument zur *zeitlich begrenzten Deckung* eines Arbeitskräftebedarfs.[1256] Dem widerspräche es, wenn ein Unternehmen die Überlassungshöchstgrenze erneut ausschöpfen könnte, sobald der Leiharbeitnehmer in einem anderen unternehmensangehörigen Betrieb beschäftigt wird.

---

allgemeinen Gleichbehandlungsgrundsatz aus Art. 3 Abs. 1 GG zu verwechseln, vgl. ErfK/*Wank/Roloff* AÜG § 8 Rn. 1.

1253 ErfK/*Wank/Roloff* AÜG § 8 Rn. 1.

1254 Hierbei dürfen die nach § 3a Abs. 2 AÜG geltenden Mindeststundenentgelte nicht unterschritten werden.

1255 Vgl. *Simon/Koschker*, NZA 2018, 755 (757).

1256 Vgl. BT-Drs. 18/9232, 1, 14.

2. Betriebsbezogener Entleiherbegriff

Andere Vertreter der rechtswissenschaftlichen Literatur bevorzugen eine betriebsbezogene Auslegung des Entleiherbegriffs.[1257] Hiernach kommt es nicht auf das Rechtssubjekt des Entleihers an. Die Höchstüberlassungszeit würde sich nach der Einsatzzeit im jeweiligen Betrieb richten, sodass die Zeiten, in denen der Arbeitnehmer in verschiedenen Betrieben *desselben* Rechtsträgers tätig wird, nicht addiert würden.

a. Wortlaut

Der Wortlaut von § 1 Abs. 1 und Abs. 1b AÜG spricht vom „Entleiher". Dem Wortsinn nach muss es sich hierbei um eine natürliche oder juristische Person und nicht um einen Betrieb handeln. Geht man entgegen dem Wortlaut davon aus, dass es sich hierbei nicht formaljuristisch um den Entleiher als Vertragspartner des Verleihers handeln muss, sondern der Entleiher auch betriebsbezogen bestimmt werden kann, käme es bei der Bestimmung der Überlassungshöchstgrenze auf den Einsatzbetrieb des Leiharbeitnehmers an.

b. Genese

Talkenberg[1258] sieht in der Historie der Norm Hinweise auf eine betriebsbezogene Auslegung. Die zeitlichen Abläufe sollen für einen Betriebsbezug sprechen. So geht *Talkenberg* davon aus, dass dem Bundesministerium für Arbeit und Soziales (BMAS) als gesetzesentwerfendes Ministerium bekannt gewesen sein dürfte, dass die Bundesagentur für Arbeit während kontroverser politischer Diskussionen ihre Geschäftsanweisung neu aufgelegt und den Begriff als „Entleiherbetrieb" definiert habe.[1259] Dennoch habe das BMAS den Begriff in der Folge nicht eindeutig definiert. Daraus zieht *Talkenberg* den

---

1257 BeckOK-ArbR/*Kock* AÜG § 1 Rn. 107; *Lembke*, NZA 2017, 1 (4) hält eine betriebsbezogene Auslegung jedenfalls für vorzugswürdig; *Talkenberg*, NZA 2017, 473 (473 ff.).

1258 *Talkenberg*, NZA 2017, 473 (474).

1259 Vgl. Geschäftsanweisung zum AÜG, Stand Januar 2016, Ziff. 1.1.2 (4): „Als Entleiher ist der Betrieb anzusehen, der aufgrund Aufgabenbereichs und Organisation eigenständig handelt und zur selbstständigen Einstellung und Entlassung von Arbeitnehmern der überlassenen Art berechtigt ist".

Schluss, dass das BMAS und der Gesetzgeber in Kenntnis der Definition der Geschäftsanweisung der Bundesagentur für Arbeit keinen Änderungsbedarf gesehen hätten.

Auch geht *Talkenberg*[1260] davon aus, die Festlegung im Koalitionsvertrag[1261], dass „durch einen Tarifvertrag der Einsatzbranche [...] unter Berücksichtigung der berechtigten Interessen der Stammbelegschaften abweichende Lösungen vereinbart werden [können]" auf einer tariflichen Lösung für die zeitliche Begrenzung des Einsatzes von Leiharbeitnehmern im Tarifvertrag Leih/Zeitarbeit der Metall und Elektroindustrie aus dem Jahr 2012 basierte. In diesem Tarifvertrag sei durchgängig ein Betriebsbezug vereinbart worden. Trotz dieser Kenntnisse habe der Gesetzgeber in Normtext und der Gesetzesbegründung auf eine ausdrückliche Korrektur dieses Sozialpartnerkompromisses verzichtet.[1262]

Die Argumentation *Talkenbergs*, die dem Gesetzgeber unterstellt, in Kenntnis eines bestimmten Tarif und Koalitionsvertrags eine ausdrückliche Korrektur des Normtextes unterlassen zu haben, basiert auf Vermutungen. Nimmt man entgegen dieser Vermutung an, dass der Gesetzgeber gerade nicht in Kenntnis dieser Absprachen gehandelt hat, hätte es auch keinen Anlass zur Korrektur eines Sozialpartnerkompromisses gegeben. Insofern darf es nicht als Argument für eine betriebsbezogene Auslegung herangezogen werden, dass der Gesetzgeber von einer ausdrücklichen Korrektur abgesehen haben soll.

c. Systematik

Für eine betriebsbezogene Auslegung wird weiterhin die gesetzlich vorgesehene Abweichungsmöglichkeit durch Betriebsvereinbarung angeführt, die es erlaubt, dass die Überlassungshöchstdauer in § 1 Abs. 1b AÜG bis zur Betriebsebene delegiert wird.[1263] Nach der gesetzlichen Konzeption könnte somit in jedem einzelnen Betrieb des Entleihers eine unterschiedliche

---

1260 *Talkenberg*, NZA 2017, 473 (474).

1261 Koalitionsvertrag für die 18. Legislaturperiode v. 27.11.2013, 49 f.

1262 Zur Orientierung des Gesetzgebers an bestehenden tarifvertraglichen Vereinbarungen aus der betrieblichen Praxis auch *Lembke*, NZA 2017, 1 (4).

1263 *Talkenberg*, NZA 2017, 473 (474); so auch *Lembke*, NZA 2017, 1 (4).

Höchstüberlassungsdauer festgelegt sein.[1264] In diesem Fall existiere keine Überlassungshöchstdauer *des Entleiherunternehmens*.[1265] Folgt man dem rechtsträgerbezogenen Ansatz, führe dies zu mindestens unbefriedigenden, wenn nicht sogar „kaum auflösbaren Problemen"[1266], wenn in verschiedenen Betrieben eines Unternehmens, in denen Leiharbeitnehmer eingesetzt werden, unterschiedliche Höchstüberlassungszeiten gelten. Für eine betriebsbezogene Betrachtung spreche darüber hinaus auch die Betriebsbezogenheit des Kündigungsschutzes.[1267]

Dass das Gesetz Abweichungsmöglichkeiten durch Betriebsvereinbarungen ermöglicht, ergibt sich aus der Natur der Sache.[1268] Abweichende Vereinbarungen schlagen sich „im Betrieb eines nicht tarifgebundenen Entleihers" zwangsläufig als Betriebsvereinbarungen nieder.[1269] Dies kann kein zwingendes Argument für die Annahme einer betriebsbezogenen Auslegung sein.[1270]

Selbst wenn in den einzelnen Betrieben unterschiedliche Höchstüberlassungsfristen gelten, ist dies eine durch den Gesetzgeber in Kauf genommene Rechtsfolge, die er durch die in § 1 Abs. 1b S. 4 bis 7 AÜG vorgesehene Abweichungsmöglichkeit ermöglicht hat. In der Praxis wird einem Unternehmen jedoch regelmäßig daran gelegen sein, möglichst einheitliche Vereinbarungen mit dem jeweiligen Betriebsrat herbeizuführen.

d. Telos

Teilweise wird angenommen, dass allein eine betriebsbezogene Beurteilung der Höchstüberlassungsdauer dem Gesetzeszweck des AÜG entspreche.[1271]

1264 *Talkenberg*, NZA 2017, 473 (474).

1265 Insbesondere dürfte sich nur schwerlich eine Zuständigkeit des Gesamtbetriebsrats nach § 50 Abs. 1 BetrVG begründen lassen.

1266 *Henssler*, RdA 2017, 83 (94).

1267 So *Talkenberg*, NZA 2017, 473 (474).

1268 *Henssler*, RdA 2017, 83 (94).

1269 *Henssler*, RdA 2017, 83 (94).

1270 So auch *Henssler*, RdA 2017, 83 (94); Pütz, DB 2017, 425 (427); *Kössel/Stütze*, DB 2017, 3071 (3072).

1271 *Lembke*, NZA 2017, 1 (4); gem. *Talkenberg*, NZA 2017, 473 (474), ließe sich aus der Zielsetzung des AÜG jedenfalls nicht der Schluss ziehen, dass der Entleiherbegriff unternehmensbezogen normiert wurde.

Dieser Auffassung liegt der Gedanke zugrunde, dass die Leiharbeit „auf ihre Kernfunktionen hin orientiert werden"[1272] soll. Kernfunktion sei ausweislich der Gesetzesbegründung[1273], dass die Leiharbeit „als Instrument zur zeitlich begrenzten Deckung eines Arbeitskräftebedarfs" angesehen wird und der „Verdrängung von Stammarbeitnehmern im Einsatzbetrieb" entgegengewirkt werden soll. Abgestellt habe der Gesetzgeber in diesem Zusammenhang ausdrücklich auf den Betrieb.[1274]

Hierfür spreche auch die gesetzliche Wertung in § 1 Abs. 1b S. 2 AÜG. Dort heißt es, dass „der Zeitraum vorheriger Überlassungen durch denselben oder einen anderen Verleiher an denselben Entleiher [...] vollständig anzurechnen [ist]". Dies mache deutlich, dass dem Gesetzgeber daran gelegen war, nicht durch einen bloßen formalen Arbeitgeberwechsel die Überlassungshöchstgrenze zu umgehen.[1275] Es entspreche nicht der gesetzlichen Zielsetzung, die vor allem auf ein erhöhtes Schutzbedürfnis der Leiharbeitnehmer gerichtet ist,[1276] wenn durch eine solche Umgehung ein Dauereinsatz auf demselben Arbeitsplatz ermöglicht würde.[1277]

Diese Argumentation verkennt, dass es – folgt man einem betriebsbezogenen Verständnis des Entleiherbegriffs – auf der anderen Seite zu einer „Nullung" der Einsatzzeit kommen kann, wenn der Arbeitnehmer in einen anderen Betrieb des Entleihers wechselt. In der Praxis wird dieser Fall häufiger anzutreffen sein als der Fall, dass verschiedene Unternehmen zur Umgehung der Höchstüberlassungsdauer zusammenarbeiten. Im Übrigen bringt es einem Unternehmen in der Regel keinen Vorteil, wenn der Leiharbeitnehmer nach Ablauf der Höchstüberlassungsdauer an ein anderes Unternehmen überlassen wird. Dies ist gerade typisch für die Leiharbeit. Zudem besteht zwischen unterschiedlichen Betrieben desselben Unternehmens eine engere Verbindung als zwischen zwei unabhängigen Unternehmen. Ein Betriebswechsel innerhalb eines Unternehmens vermag die Folgen, die sich

1272 *Talkenberg*, NZA 2017, 473 (474).
1273 BT-Drs. 18/9232, 1, 15.
1274 *Talkenberg*, NZA 2017, 473 (474).
1275 Schüren/Hamann/*Hamann* AÜG § 1 Rn. 312.
1276 Zur gesetzlichen Zielsetzung Schüren/Hamann/*Hamann* AÜG § 1 Rn. 295.
1277 Schüren/Hamann/*Hamann* AÜG § 1 Rn. 312.

aus der „Nullung" der Einsatzzeit des Leiharbeitnehmers ergeben, nicht zu rechtfertigen.

3. Zwischenergebnis

Die besseren Argumente sprechen für den rechtsträger- beziehungsweise unternehmensbezogenen Ansatz bei der Bestimmung des Entleihers. Hierfür hat sich auch die Bundesagentur für Arbeit in ihren fachlichen Weisungen zum AÜG entschieden. Es ist daher nicht unwahrscheinlich, dass die Rechtsprechung diesem Ansatz folgen wird, sodass in der Praxis wegen des Fiktionsrisikos bis zur höchstrichterlichen Klärung – abhängig von der innerbetrieblichen Risikoabwägung – ebenfalls einem solchen Ansatz gefolgt werden sollte.[1278] Damit kommt es für die Berechnung der Höchstüberlassungsdauer auf die Person des Entleihers als natürliche oder juristische Person und nicht auf den einzelnen Betrieb desselbigen an. Addiert werden müssen dementsprechend die Zeiten, die der Leiharbeitnehmer bei demselben Entleiher verbringt. Dies gilt unabhängig davon, ob der Leiharbeitnehmer zwischenzeitlich in einen anderen Betrieb des Entleihers wechselt.

4. Abweichende Beurteilung im Gemeinschaftsbetrieb

a. Meinungsstand

Der rechtsträgerbezogenen Auslegung des Entleiherbegriffs ist der Vorzug zu geben. Dies bedeutet für den Gemeinschaftsbetrieb, dass dort grundsätzlich eine Rotation der Leiharbeitnehmer möglich sein müsste, da es nicht auf den Überlassungszeitraum im Betrieb, sondern auf das Tätigwerden bei demselben Rechtsträger ankommt. Da am Gemeinschaftsbetrieb verschiedene Rechtsträger beteiligt sind, wäre eine abwechselnde Beschäftigung desselben Leiharbeitnehmers auf demselben Arbeitsplatz auch über einen Zeitraum von 18 Monaten hinweg denkbar, wenn dieser abwechselnd an die beteiligten Trägerunternehmen verliehen wird, ohne jemals die Höchstüberlassungsgrenze zu überschreiten. Zur Beantwortung der Frage, ob eine derartige Rotation des Leiharbeitnehmers im Gemeinschaftsbetrieb

---

[1278] So auch *Kössel/Stütze*, DB 2017, 3071 (3072); *Talkenberg*, NZA 2017, 473 (474).

als zulässig anzusehen ist, werden in der Literatur im Wesentlichen drei verschiedene Ansätze vertreten.

Teilweise wird dafür plädiert, den Entleiherbegriff dem Wortlaut des § 1 Abs. 1b S. 1 AÜG entsprechend rein formal auszulegen. Dem Gemeinschaftsbetrieb fehlt die Fähigkeit, Inhaberin eines Weisungsrechts und damit auch Arbeitgeber zu sein. Dies dürfe dem Wortlaut „Entleiher" entsprechend eine zwingende Voraussetzung sein, um die Entleihereigenschaft zu bejahen. Der Arbeitgeber müsse schon begrifflich dazu in der Lage sein, Arbeit zu geben und die Arbeitsleistung eines Leiharbeitnehmers entgegenzunehmen.[1279] Auch stehe der Entleiher-Fähigkeit entgegen, dass eine Innen-GbR, die regelmäßig im Rahmen eines gemeinsamen Betriebs mehrerer Unternehmen gegründet wird, selbst nicht Inhaberin eines Betriebs sein könne, in den ein Leiharbeitnehmer eingegliedert werde.[1280] Für die rechtliche Zulässigkeit einer Rotation des Leiharbeitnehmers im Gemeinschaftsbetrieb sollen auch historische Erwägungen sprechen. Seit der Einführung des AÜG im Jahr 1972 wurden die Bestimmungen zur Überlassungshöchstdauer mehrfach geändert. Dabei wurde stets die Überlassung an denselben Entleiher ins Auge gefasst. Nie habe der Gesetzgeber eine Anrechnung von Einsatzzeiten bei einem anderen Entleiher vorgeschrieben.[1281] In diesem Fall bliebe eine Rotation der Leiharbeitnehmer im Gemeinschaftsbetrieb möglich, ohne dass die Überlassungszeiten aufaddiert werden müssten.[1282] Diese Möglichkeit sei dem Gesetzgeber bekannt gewesen, sodass es auch keiner etwaigen analogen Anwendung bedürfe.[1283]

Andere Stimmen in der rechtswissenschaftlichen Literatur sprechen sich für eine Rechtsmissbrauchskontrolle aus. Folge man dem rechtsträgerbezogenen Ansatz und versuche auf diese Weise, die Überlassungshöchstgrenze durch einen rechtzeitigen Wechsel des Leiharbeitnehmers zu einem

---

1279 *Azmons/Homburg/Gerum*, DB 2017, 726 (728).

1280 *Azmons/Homburg/Gerum*, DB 2017, 726 (728); siehe hierzu auch unter Kapitel 2 II.2.d.bb. und Kapitel 2 II.2.d.cc.

1281 *Hund/Weiss*, DB 2016, 2903 (2906) m.w.N. zur Historie.

1282 *Hund/Weiss*, DB 2016, 2903 (2907).

1283 *Hund/Weiss*, DB 2016, 2903 (2907).

anderem Trägerunternehmen zu umgehen, hält man eine solche Rechtsmissbrauchskontrolle (§ 242 BGB) für angezeigt.[1284]

Ein weiterer Gedanke zur Lösung dieser Folgeproblematik äußert sich in einer teleologisch extensiven Auslegung des § 1 Abs. 1b S. 1 AÜG. In der Konsequenz sollen alle am Gemeinschaftsbetrieb beteiligten Trägerunternehmen als Entleiher im Sinne der Norm angesehen werden.

So gehen *Hamann/Rudnik*[1285] davon aus, dass der Nutzung von Gemeinschaftsbetrieben, um „künstlich" einen Entleiherwechsel herbeizuführen, von der Rechtsprechung eine Absage erteilt werden muss. Ihnen zufolge widerspricht dieses Vorgehen dem mit der Überlassungshöchstgrenze verfolgten Zweck. Derselbe Arbeitnehmer solle gerade nicht dauerhaft auf demselben Arbeitsplatz eingesetzt werden dürfen. Demnach seien alle beteiligten Unternehmen als Entleiher im Sinne des § 1 Abs. 1 S. 2, Abs. 1b AÜG anzusehen, da diese ihre Arbeitgeberfunktionen auf die einheitliche Leitung des Gemeinschaftsbetriebs übertragen hätten, die auch das Weisungsrecht gegenüber dem Leiharbeitnehmer ausübe. In diesem Fall wären die Überlassungszeiten zusammenzurechnen.

Ähnlich vorgehen wollen *Kössel/Stütze*[1286]. Diese verfolgen grundsätzlich einen rechtsträgerbezogenen Ansatz bei der Bestimmung des Entleihers, halten diesen aber im Fall des Gemeinschaftsbetriebs angesichts des gesetzgeberischen Ziels einer zeitlichen Beschränkung des Einsatzes ein und desselben Leiharbeitnehmers für ergänzungswürdig, um ein *Rotationsmodell* zu vermeiden. Sie wollen den rechtsträgerbezogenen Ansatz durch eine funktionale Betrachtung ergänzen, nach der jedes Trägerunternehmen als Entleiher im Sinne von § 1 Abs. 1b S. 1 AÜG anzusehen wäre.

In diese Richtung argumentieren auch *Boemke/Lembke*[1287]. Diese wollen grundsätzlich dem rechtsträgerbezogenen Ansatz folgend Überlassungen an

---

1284 *Lembke*, NZA 2017, 1 (4); in diese Richtung auch *Braun/Sura*, ArbRB 2018, 275 (277); auch *Scharff*, BB 2018, 1140 (1143).

1285 *Hamann/Rudnik*, NZA 2017, 209, obwohl diese grundsätzlich davon ausgehen, dass der Entleiherbegriff rechtsträgerbezogen auszulegen ist, da ihnen zufolge keine zu berücksichtigende Unterbrechung der Überlassung vorliegt, wenn der Leiharbeitnehmer innerhalb des Entleihunternehmens auf verschiedenen Arbeitsplätzen eingesetzt oder in einen anderen Betrieb desselben Unternehmens versetzt wird; so auch *Hamann*, NZA 2023, 1151.

1286 *Kössel/Stütze*, DB 2017, 3071 (3076).

1287 *Boemke/Lembke*, DB 2002, 893 (893).

verschiedenen Entleiher nicht zusammenrechnen. Eine Ausnahme wollen sie jedoch machen, „wenn zwei formal rechtlich selbstständige Entleiher dergestalt zusammenwirken, dass sie abwechselnd den Leiharbeitnehmer für höchstens 24 Monate entleihen, ihn aber durchgehend in einem gemeinsamen Betrieb beschäftigen"[1288].

b. Wortlaut

Bei alleiniger Betrachtung des Wortlauts in § 1 Abs. 1b S. 1 AÜG finden sich keine Anhaltspunkte, die dagegensprechen, eine Rotationsmöglichkeit der Leiharbeitnehmer im Gemeinschaftsbetrieb zuzulassen. Weder der gemeinsame Betrieb noch der einheitliche Leitungsapparat können Entleiher im Sinne des § 1 Abs. 1b S. 1 AÜG sein.[1289] Es erscheint grundsätzlich bedenklich, entgegen des eindeutigen Wortlauts, der vom *Entleiher* spricht, den gemeinsamen Betrieb als Entleiher anzusehen.[1290]

Im Übrigen enthält § 1 Abs. 1b AÜG in S. 2 selbst eine Regelung zur Anrechnung von Vorbeschäftigungszeiten. Der Gemeinschaftsbetrieb findet dort jedoch keine Erwähnung. Eine § 1 Abs. 1b S. 2 AÜG spiegelnde Regelung, Überlassungen eines Leiharbeitnehmers an verbundene Entleiher-Unternehmen anzurechnen, fehlt.[1291] Vielmehr stellt der Gesetzeswortlaut bloß auf den Verleiher und Entleiher ab. Entleiher ist indes nicht der Gemeinschaftsbetrieb oder die InnenGbR, sondern nur eine natürliche oder juristische Person, die selbst Arbeitgeber des Leiharbeitnehmers sein könnte.[1292]

c. Systematik

Gegen die Entleihereigenschaft des Gemeinschaftsbetriebs spricht auch Ziff.1.1.5 (7) der fachlichen Weisungen der Bundesagentur für Arbeit

---

1288 *Boemke/Lembke*, DB 2002, 893 (893).

1289 Siehe hierzu unter Kapitel 2 II.2.d.bb. und Kapitel 2 II.2.d.cc.

1290 Dies erkennt auch *Scharff*, BB 2018, 1140 (1142) an, obgleich sie der Rotationsmöglichkeit im Gemeinschaftsbetrieb eine Absage erteilt.

1291 *Hund/Weiss*, DB 2016, 2903 (2906).

1292 *Hund/Weiss*, DB 2016, 2903 (2906).

zum AÜG[1293]. Hiernach liegt keine Arbeitnehmerüberlassung vor, wenn der Arbeitnehmer in einem Gemeinschaftsbetrieb tätig wird, an dem der Arbeitgeber beteiligt ist. Es handelt sich um keinen Dritten (Entleiher) im Sinne des § 1 Abs. 1 S. 1 AÜG. Hiermit wird die Bundesagentur für Arbeit in erster Linie vermeiden wollen, dass die Zusammenarbeit von Unternehmen und deren Arbeitnehmern im gemeinsamen Betrieb vom Grundsatz her als Arbeitnehmerüberlassung qualifiziert wird. Auf der anderen Seite lässt sich dieser Formulierung entnehmen, dass dem Gemeinschaftsbetrieb keine „Arbeitgeberqualität“ zuerkannt werden soll, die eine von der rechtsträgerbezogenen abweichende – ausnahmsweise betriebsbezogene – Beurteilung des Entleiherbegriffs im Gemeinschaftsbetrieb rechtfertigen könnte.

d. Telos

Lässt man denselben Leiharbeitnehmer in einem Gemeinschaftsbetrieb „rotieren“, entspricht dies – zumindest teilweise – nicht mehr dem mit der Höchstüberlassungsgrenze in § 1 Abs. 1b S. 1 AÜG verfolgten Sinn und Zweck, da diese Grenze faktisch durch den Zusammenschluss zu einem gemeinsamen Betrieb mehrerer Unternehmen aufgehoben würde.[1294] Zwar mag man einer gegenteiligen Ansicht[1295] zugutehalten, dass § 1 Abs. 1b S. 2 AÜG selbst den Gemeinschaftsbetrieb nicht einbezieht und nur vom Verleiher und Entleiher spricht, jedoch lässt sich aus dieser Norm auf der anderen Seite ein Rückschluss auf die gesetzgeberischen Wertvorstellungen ziehen. Durch einen bloß formalen Arbeitgeberwechsel (Entleiherwechsel) soll die Überlassungshöchstgrenze nicht umgangen werden können und somit kein der gesetzlichen Zielsetzung entgegenstehender Dauereinsatz auf demselben Arbeitsplatz ermöglicht werden.[1296]

Diese Bedenken will *Pant*[1297] als unbegründet zurückzuweisen. Das Arbeitnehmerüberlassungsrecht habe sich bei der Bestimmung der

---

1293 Fachliche Weisungen der Bundesagentur für Arbeit zum AÜG, Stand August, 2019.

1294 *Azmons/Homburg/Gerum*, DB 2017, 726 (728); *Braun/Sura*, ArbRB 2018, 275 (277); Schüren/Hamann/*Hamann* AÜG § 1 Rn. 312; *Hamann/Rudnik*, NZA 2017, 209 (213 f.); BeckOK-ArbR/*Kock* AÜG § 1 Rn. 109; *Scharff*, BB 2018, 1140 (1143).

1295 *Hund/Weiss*, DB 2016, 2903 (2906).

1296 So Schüren/Hamann/*Hamann* AÜG § 1 Rn. 312.

1297 *Pant*, Gesetzliche und kollektivvertragliche Regulierung, 232.

Höchstüberlassungsgrenze weitgehend für eine arbeitnehmerbezogene Betrachtung entschieden. Es komme nicht darauf an, für welche Dauer ein einzelner Arbeitsplatz im Betrieb besetzt sei, sondern nur darauf, wie lang ein bestimmter Leiharbeitnehmer dort beschäftigt wird. Anknüpfungspunkt des Einsatzverbots aus § 1 Abs. 1b S. 1 Hs. 2 AÜG sei nicht der Arbeitsplatz, sondern der Entleiher in seiner Rechtspersönlichkeit, der nach Ablauf der Höchstüberlassungsfrist darüber disponieren müsse, ob er den Leiharbeitnehmer durch Weiterbeschäftigung in ein festes Arbeitsverhältnis überführen möchte. Diese Entscheidung stehe nicht im Zusammenhang mit dem Arbeitsplatz, auf dem der Arbeitnehmer beschäftigt sei, sondern könne nur durch den jeweiligen Unternehmer getroffen werden. Es bestehen „keine grundsätzlichen Bedenken, die der Übernahmeentscheidung gesetzlich vorgelagerte Höchstüberlassungsfrist für jedes beteiligte Unternehmen individuell zu berechnen“[1298]. Die Ratio der Höchstüberlassungsfrist liege nicht darin, zu verhindern, dass ein Leiharbeitnehmer dauerhaft auf einem gleichbleibenden Arbeitsplatz eingesetzt wird. Vielmehr solle vermieden werden, dass ein Unternehmen, welches Leiharbeitnehmer beschäftigt, die arbeitsvertraglichen Pflichten eines bestimmten Arbeitnehmers dauerhaft an ein Verleihunternehmen auslagert. Einen solchen Fall will *Pant*[1299] nur dann annehmen, wenn ein Gemeinschaftsbetrieb durch kollusives Zusammenwirken der beteiligten Trägerunternehmen gegründet oder betrieben wird, um Leiharbeitnehmer zu beschäftigten, ohne nach Ablauf der jeweiligen Höchstüberlassungsgrenze eine Übernahmeentscheidung treffen zu müssen.

Der Nachweis eines derartigen kollusiven Zusammenwirkens wird in der Praxis regelmäßig schwer zu erbringen sein. Im Übrigen muss man sich schon im Grundsatz die Frage stellen, ob in diesem Fall überhaupt von einer unzulässigen Umgehungsabsicht in Bezug auf die Höchstüberlassungsdauer ausgegangen werden kann, da der Wortlaut des § 1 Abs. 1b AÜG ein derartiges Vorgehen nicht von vornherein ausschließt. So ließe sich in der Rotation des Leiharbeitnehmers zwischen den beteiligten Trägerunternehmen

[1298] *Pant*, Gesetzliche und kollektivvertragliche Regulierung, 232.

[1299] *Pant*, Gesetzliche und kollektivvertragliche Regulierung, 232 f.; das Missbrauchsrisiko sieht auch *Scharff*, BB 2018, 1140 (1143).

eines Gemeinschaftsbetriebs auf der anderen Seite „nur" eine erlaubte Tatbestandsvermeidung sehen.[1300]

Es widerspricht ebenso wenig dem Sinn und Zweck des AÜG und der darin normierten Höchstüberlassungsdauer im Hinblick auf die *Leiharbeitnehmer selbst*, wenn man diese bei verschiedenen Trägerunternehmen innerhalb eines Gemeinschaftsbetriebs beschäftigt. Der mit dem AÜG bezweckte Schutz des Leiharbeitnehmers geht nicht verloren, wenn man diesen im Gemeinschaftsbetrieb rotieren lässt. Wechselt der Leiharbeitnehmer alle 18 Monate das Entleiherunternehmen innerhalb des Gemeinschaftsbetriebs und ist nacheinander bei den verschiedenen Trägerunternehmen tätig, verliert dieser alle bereits erworbenen Gleichstellungsansprüche in dem praktisch relevanten Bereich tariflicher Regelungen. Bei Branchenzuschlagstarifverträgen startet dieser erneut in der Basisentgeltgruppe. Der Leiharbeitnehmer könnte im Übrigen nach Ablauf von mehr als drei Monaten gemäß § 1 Abs. 1b S. 2 AÜG wieder bei seinem vorherigen Entleiher beschäftigt werden, ohne einen Anspruch auf angepasstes Entgelt zu haben. Dies würde zu einer mutmaßlichen, andauernden Benachteiligung des Leiharbeitnehmers im Gemeinschaftsbetrieb führen.

Außer Acht gelassen werden darf jedoch nicht, dass sich die Situation des Leiharbeitnehmers im Gemeinschaftsbetrieb kaum von der eines Leiharbeitnehmers außerhalb eines Gemeinschaftsbetriebs unterscheidet. Hintergrund der Überlassungshöchstgrenze bei Leiharbeitnehmern ist, dass diese „teilweise auch bei längeren Einsätzen zu ungünstigeren Arbeitsbedingungen beschäftigt [werden] als vergleichbare Stammbeschäftigte"[1301]. Für die Leiharbeitnehmer macht es aber rein rechtlich keinen Unterschied, ob diese innerhalb eines gemeinsamen Betriebs rotieren oder ob sie dies außerhalb des gemeinsamen Betriebs tun. Sie erfahren stets den Schutz durch § 8 AÜG, unabhängig davon, in welchem Verhältnis das entleihende Unternehmen zu einem anderen Unternehmen steht. Sofern eine ausreichend große Zeitspanne zwischen zwei Einsätzen bei verschiedenen

---

[1300] Ähnlich *Giesen*, ZRP 2016, 130 (131 f.) der in derartigen „Pingpong" und „Karussell"-Konstruktionen zumindest außerhalb des Gemeinschaftsbetriebs keine Gesetzesumgehung feststellen will. Diese Modelle seien für den Gesetzgeber absehbar gewesen und daher eine legale Gesetzesvermeidung.

[1301] BT-Drs. 18/9232, 14.

Unternehmen liegt, können sie auch außerhalb des Gemeinschaftsbetriebs zwischen zwei Unternehmen „pendeln“, ohne dass sie eine derart lange Zeit überlassen würden, dass sie einen Anspruch auf gleichwertige Bezahlung hätten. Insofern ist der Leiharbeitnehmer in einem Gemeinschaftsbetrieb nicht schutzwürdiger als ein Leiharbeitnehmer, der abwechselnd in verschiedenen Unternehmen beschäftigt wird, die sich nicht zu einem Gemeinschaftsbetrieb zusammengeschlossen haben.

Etwas anderes ergibt sich in Bezug auf den *Schutz der Stammbelegschaft* als weiteres, mit der Höchstüberlassungsdauer verfolgtes, gesetzgeberisches Anliegen. Dem Schutz der Stammbelegschaft muss wesentliche Bedeutung bei der Beurteilung zukommen, ob man eine Rotation von Leiharbeitnehmern im Gemeinschaftsbetrieb zulässt. Nach der Gesetzesbegründung[1302] sollte einer *dauerhaften* Substitution von Stammbeschäftigten entgegengewirkt werden. Eine dauerhafte Ersetzung eines Stammbeschäftigten tritt ein, wenn man eine wechselnde Beschäftigung des Leiharbeitnehmers bei den am gemeinsamen Betrieb beteiligten Trägerunternehmen zulässt. Dies erkennen mitunter auch Stimmen in der Literatur an, die ein Rotationsmodell im Übrigen für zulässig halten.[1303]

Faktisch wird derselbe Leiharbeitnehmer dauerhaft einen Arbeitsplatz besetzen können, ohne jemals in arbeitsvertraglicher Verbindung zu einem der Trägerunternehmen stehen zu müssen. Durch die Festsetzung der Höchstüberlassungsgrenze von 18 Monaten sollten den Unternehmen „flexible Einsatzmöglichkeiten erhalten [bleiben], die zur Deckung von Auftragsspitzen genutzt werden können“. Lässt man einen Leiharbeitnehmer über möglicherweise Jahre hinweg auf demselben Arbeitsplatz tätig werden, handelt es sich jedoch nicht mehr um einen flexiblen Einsatz, der aufgrund der Konjunktur und Auftragslage stattfindet, sondern um eine systematische Umgehung der Regelungen des AÜG.

1302 Vgl. BT-Drs. 18/9232, 15, 20.

1303 Nach *Hund/Weiss*, DB 2016, 2903 (2907) sei es „nicht ganz von der Hand zu weisen“, dass Intention des Gesetzgebers unter anderem darin bestand, mit dem neuen AÜG Stammarbeitsverhältnisse im Entleiherbetrieb zu erhalten und eine Verringerung zugunsten von Leiharbeitsverhältnissen zu verhindern.

Unter diesem Gesichtspunkt widerspräche eine Rotation des Leiharbeitnehmers im gemeinsamen Betrieb zumindest teilweise dem Sinn und Zweck des AÜG.

e. Teleologisch extensive Auslegung

Angebracht wäre eine Ergänzung des § 1 AÜG durch den Gesetzgeber dahingehend, dass auch im Falle der Beschäftigung innerhalb eines Gemeinschaftsbetriebs Vorbeschäftigungszeiten bei den übrigen Trägerunternehmen anzurechnen sind. Dies würde die notwendige Rechtssicherheit schaffen. Ohne eine Gesetzesänderung könnte dem Schutzbedürfnis der Beteiligten möglicherweise durch eine teleologisch extensive Auslegung des § 1 Abs. 1b S. 1 AÜG entsprochen werden. Hiernach müssten alle am Gemeinschaftsbetrieb beteiligten Trägerunternehmen als „Entleiher" gelten. Die Eingliederung in die Arbeitsorganisation und die Übertragung des Weisungsrechts an einen Dritten als das die Leiharbeit kennzeichnende Merkmal (§ 1 Abs. 1 Abs. 1 S. 2 AÜG) werden im gemeinsamen Betrieb aufgrund der einheitlichen Leitung zwangsläufig durch alle Trägerunternehmen erfüllt. Insofern wäre es konsequent, den Unternehmensbezug der Höchstüberlassungsdauer um die Einsatzzeiten im Gemeinschaftsbetrieb zu erweitern, um einen zweckwidrigen dauerhaften Einsatz eines Leiharbeitnehmers auf demselben Arbeitsplatz zu verhindern.[1304]

f. Ausnahmecharakter des § 242 BGB

Schwierig erscheint die Korrektur über § 242 BGB wegen einer rechtsmissbräuchlichen Umgehung des AÜG. Der Grundsatz von Treu und Glauben (§ 242 BGB) beschränkt als Gebot der Redlichkeit und allgemeine Schranke der Rechtsausübung sowohl subjektive Rechte als auch die Inanspruchnahme von Normen und Rechtsinstituten, wenn sich ohne Beschränkung Folgen ergeben, die zu einem mit Treu und Glauben unvereinbaren Ergebnis führen.[1305] Nach der Rechtsprechung ist dies der Fall, wenn ein Vertragspartner eine an sich mögliche rechtliche Gestaltung nur dazu verwendet, um sich

---

1304 Vgl. *Fitting* BetrVG § 5 Rn. 251 m.w.N.

1305 BAG, Urt. v. 04.12.2013 – 7 AZR 290/12, AP TzBfG § 14 Nr. 112 (Rn. 24).

zum Nachteil des anderen Vertragspartners Vorteile zu verschaffen, die nach dem Zweck der Norm und des Rechtsinstituts nicht vorgesehen sind.[1306] Dies sei unter anderem im Befristungsrecht der Fall, wenn mehrere rechtlich und tatsächlich verbundene Vertragsarbeitgeber in bewusstem und gewolltem Zusammenwirken aufeinanderfolgende befristete Arbeitsverträge mit einem Arbeitnehmer ausschließlich deshalb abschließen, um auf diese Weise über die nach § 14 Abs. 2 S. 1 TzBfG vorgesehenen Befristungsmöglichkeiten hinaus sachgrundlose Befristungen aneinanderreihen zu können.[1307]

Ungeachtet der Tatsache, dass die Rechtsmissbrauchskontrolle schon vom Grundsatz her nicht auf Zustimmung stößt, um Befristungsketten im Gemeinschaftsbetrieb zu unterbinden,[1308] erscheint es angesichts des „Ausnahmecharakters" von § 242 BGB nicht gerechtfertigt, die Fälle, in denen ein Leiharbeitnehmer in einem Gemeinschaftsbetrieb rotiert, pauschal über § 242 BGB zu korrigieren. Vielmehr sollte eine Rechtsmissbrauchskontrolle nur im Rahmen einer Gesamtabwägung im Einzelfall stattfinden. Eine solche Einzelfallabwägung würde den Leiharbeitnehmer jedoch stets in einen Rechtsstreit drängen, wenn dieser seine Rechtsposition verteidigen will. In einem solchen müssten dann die Voraussetzungen für eine rechtsmissbräuchliche Nutzung der Figur des Gemeinschaftsbetriebs – mithin auch die Absicht, sich einen Vorteil zum Nachteil des Leiharbeitnehmers zu verschaffen – dargelegt werden.[1309] Dass es nach den Grundsätzen der abgestuften Darlegungs und Beweislast genügt, dass der Leiharbeitnehmer einen Sachverhalt vorträgt, der die Missbräuchlichkeit indiziert,[1310] setzt die Hemmschwelle, ein Gerichtsverfahren in Kauf zu nehmen, nicht merklich herab.

Mithin handelt es sich um die rechtssicherere und dem Leiharbeitnehmer dienlichere Lösung, von vornherein eine teleologisch extensive Auslegung des § 1 Abs. 1b AÜG vorzunehmen und somit ausnahmsweise alle Trägerunternehmen des Gemeinschaftsbetriebs als Entleiher im Sinne der Norm anzusehen.

1306 BAG, Urt. v. 04.12.2013 – 7 AZR 290/12, AP TzBfG § 14 Nr. 112 (Rn. 25).
1307 BAG, Urt. v. 04.12.2013 – 7 AZR 290/12, AP TzBfG § 14 Nr. 112 (Rn. 25).
1308 Siehe hierzu unter Kapitel 5 B.IV.
1309 BAG, Urt. v. 04.12.2013 – 7 AZR 290/12, AP TzBfG § 14 Nr. 112 (Rn. 26).
1310 BAG, Urt. v. 04.12.2013 – 7 AZR 290/12, AP TzBfG § 14 Nr. 112 (Rn. 26).

g. Aussicht

Letztendlich wird bis zu einer Anpassung des Gesetzestextes oder einer Stellungnahme durch die höchstrichterliche Rechtsprechung im Gemeinschaftsbetrieb eine individuelle Risikoabwägung durch die Trägerunternehmen vorgenommen werden müssen.[1311] Sofern der Rotation von Leiharbeitnehmern im Gemeinschaftsbetrieb eine Absage erteilt wird, ergeben sich eine Reihe nachteiliger Rechtsfolgen. Diese bestehen bei Überschreiten der zulässigen Überlassungshöchstdauer in einem Ordnungsgeld nach § 16 Abs. 1 Nr. 1e und 1f AÜG, dem Risiko einer Rücknahme, eines Widerrufs oder einer Nichtverlängerung der Erlaubnis zur Arbeitnehmerüberlassung, sowie der Fiktion eines Arbeitsverhältnisses zwischen Entleiher und Leiharbeitnehmer. Für diesen Fall ist davon auszugehen, dass ein Gericht den letzten Arbeitgeber als „Entleiher“ gemäß §§ 9 Abs. 1 Nr. 1b, 10 Abs. 1 AÜG qualifizieren würde, der die Arbeitgeberstellung formal innehatte.

B. Gemeinschaftsbetrieb und Anschlussverbot bei befristeten Arbeitsverträgen

I. Arbeitgeberbegriff in § 14 Abs. 2 S. 2 TzBfG

In der Vergangenheit wurde der Gemeinschaftsbetrieb unter anderem zur Personalkostenreduzierung genutzt, indem Arbeitskräfte nacheinander befristet bei den verschiedenen Trägerunternehmen beschäftigt wurden.

[1311] *Bissels/Falter*, ArbRAktuell 2017, 4 (5), halten es für nicht absehbar, „ob die Rechtsprechung ein solches Modell mittragen wird [...] unter Berücksichtigung von Umgehungstendenzen“, sodass ein derartiges Vorgehen mit erheblichen Risiken behaftet ist; so auch ArbR-Hdb/Tschöpe/*Bissels*, Teil 6 D. Arbeitnehmerüberlassungsrecht, Rn. 19; *Bissels*, in: Urban-Crell/Germakowski/Bissels/Hurst, AÜG § 1 Rn. 216; auch *Braun/Sura*, ArbRB 2018, 275 (277) haben „erhebliche Bedenken“, ob ein solches Vorgehen durch die Bundesagentur für Arbeit und die Rechtsprechung geduldet wird; *Scharff*, BB 2018, 1140 (1142) rät dringend davon ab, von der Möglichkeit der Rotation der Leiharbeitnehmer im Gemeinschaftsbetrieb Gebrauch zu machen und geht davon aus, dass dieses Konstrukt von Behörden und der Rechtsprechung „ohnehin“ nicht gebilligt werde.

Dies wäre nur zulässig, wenn in einem solchen Fall das Anschlussverbot in § 14 Abs. 2 S. 2 TzBfG nicht zu beachten ist.[1312]

Gemäß § 14 Abs. 2 S. 2 TzBfG ist eine Befristung nach § 14 Abs. 2 S. 1 TzBfG unzulässig, wenn mit demselben Arbeitgeber bereits zuvor ein befristetes oder unbefristetes Arbeitsverhältnis bestanden hat. Der Ausschlusstatbestand des § 14 Abs. 2 S. 2 TzBfG ist – abstellend auf *denselben* Arbeitgeber – nach der Rechtsprechung nur erfüllt, wenn auf beiden Seiten Identität der Vertragsparteien bestanden hat.[1313] Bei dem Arbeitgeber im Sinne des § 14 Abs. 2 S.2 TzBfG muss es sich demnach um den Vertragsarbeitgeber handeln. Dies ist die natürliche oder juristische Person, die mit dem Arbeitgeber einen Arbeitsvertrag abgeschlossen hat.[1314] Demnach hat ein Arbeitsvertrag dann mit *demselben* Arbeitgeber im Sinne des § 14 Abs. 2 S. 2 TzBfG bestanden, wenn es sich um dieselbe natürliche oder juristische Person handelt, mit der der Arbeitnehmer schon zuvor in arbeitsvertraglicher Verbindung stand. Maßgeblich ist der Arbeitsvertrag und nicht, ob der Arbeitnehmer zuvor im selben Betrieb oder auf demselben Arbeitsplatz beschäftigt worden ist. Eine Vorbeschäftigung im Sinne des § 14 Abs. 2 S. 2 TzBfG liegt somit auch vor, wenn der Arbeitnehmer zuvor in einem anderen Betrieb desselben Arbeitgebers beschäftigt war. Diese Auffassung von der Person desselben Arbeitgebers in § 14 Abs. 2 S. 2 TzBfG teilen ebenso Vertreter der

---

[1312] Dieses Vorgehen wurde in der Vergangenheit zunehmend in „Jobcentern" praktiziert, bei denen die Bundesagentur für Arbeit und die Kommunen zusammenwirken; vgl. u.a. BAG, Urt. v. 04.12.2013 – 7 AZR 290/12, AP TzBfG § 14 Nr. 112; BAG, Urt. v. 19.03.2014 – 7 AZR 527/12, AP TzBfG § 14 Nr. 119; LAG Köln, Urt. v. 09.03.2012 – 4 Sa 1184/11, BeckRS 2012, 71550 (nicht rechtskräftig); nachfolgend BAG, Urt. v. 19.03.2014 – 7 AZR 527/12, AP TzBfG § 14 Nr. 119 und LAG Köln, Urt. v. 15.08.2014 – 4 Sa 1184/11, BeckRS 2014, 72932; LAG Hamburg, Urt. v. 07.03.2013 – 7 Sa 57/12, BeckRS 2013, 69484; LAG Mecklenburg-Vorpommern, Urt. v. 19.01.2016 – 2 Sa 131/14, NZA-RR 2016, 462.

[1313] Vgl. nur BAG, Urt. v. 10.11.2004 – 7 AZR 101/04, AP TzBfG § 14 Nr. 14; BAG, Urt. v. 18.10.2006 – 7 AZR 145/06, AP TzBfG § 14 Verlängerung Nr. 4; BAG, Urt. v. 16.07.2008 – 7 AZR 278/02, AP TzBfG § 14 Nr. 51; BAG, Urt. v. 04.12.2013 – 7 AZR 290/12, AP TzBfG § 14 Nr. 112; BAG, Urt. v. 19.03.2014 – 7 AZR 527/12, AP TzBfG § 14 Nr. 119; BAG, Urt. v. 24.06.2015 – 7 AZR 474/13, BeckRS 2016, 65021; BAG, Urt. v. 24.02.2016 – 7 AZR 712/13, AP TzBfG § 14 Nr. 140; BAG, Urt. v. 20.03.2019 – 7 AZR 409/16, AP TzBfG § 14 Nr. 176.

[1314] ErfK/*Müller-Glöge* TzBfG § 14 Rn. 93 m.w.N.; *Sievers* TzBfG § 14 Rn. 605.

rechtswissenschaftlichen Literatur.[1315] Für dieses formale Verständnis scheint daneben die Gesetzesbegründung[1316] zu sprechen, da diese nur auf den Begriff des Arbeitgebers Bezug nimmt und keine weitergehenden Kriterien zu dessen Bestimmung heranzieht. Auch das Unionsrecht steht diesem Verständnis grundsätzlich nicht entgegen.[1317]

Nach diesem Verständnis sind am Gemeinschaftsbetrieb *verschiedene* Arbeitgeber im Sinne des § 14 Abs. 2 S. 2 TzBfG beteiligt. Es kann sich vom Grundsatz her nicht um *denselben* Arbeitgeber im Sinne der Norm handeln. Die sachgrundlos befristete Tätigkeit im Gemeinschaftsbetrieb bei einem Vertragsarbeitgeber würde die nachfolgende – ebenfalls sachgrundlos befristete – Tätigkeit bei einem anderen Vertragsarbeitgeber nicht ausschließen.[1318]

Ob diesem Verständnis von der Person desselben Arbeitgebers auch im Fall des Gemeinschaftsbetriebs gefolgt werden kann, erscheint zweifelhaft. Sowohl der überwiegende Teil der Rechtsprechung als auch Teile der Literatur gehen bislang davon aus, dass § 14 Abs. 2 S. 2 TzBfG weder unmittelbar noch analog auf den Gemeinschaftsbetrieb Anwendung findet.[1319] Derartige Fallgestaltungen unterwirft das BAG bisher einer Missbrauchskontrolle. Im Folgenden soll dieses Vorgehen näher dargestellt und kritisch bewertet werden. Zuletzt soll auch auf die Möglichkeit eines teleologisch extensiven Verständnisses der Norm eingegangen werden.

1315 Ascheid/Preis/Schmidt/*Backhaus* TzBfG § 14 Rn. 564; MüKoBGB/*Engshuber* TzBfG § 14 Rn. 99; KR/*Lipke/Bubach* TzBfG § 14 Rn. 585; MHH/*Meinel* TzBfG § 14 Rn. 267; ErfK/*Müller-Glöge* TzBfG § 14 Rn. 93; *Sievers* TzBfG § 14 Rn. 605.

1316 Vgl. BT-Drs. 14/4347, 13 f.

1317 Ascheid/Preis/Schmidt/*Backhaus* TzBfG § 14 Rn. 564 m.w.N.

1318 BeckOK-ArbR/*Bayreuther* TzBfG § 14 Rn. 90 m.w.N.; ErfK/*Müller-Glöge* TzBfG § 14 Rn. 95; vgl. zur alten Rechtslage mit Überlegungen zum Rechtsmissbrauch BAG, Urt. v. 25.04.2001 – 7 AZR 376/00, AP BeschFG 1996 § 1 Nr. 10 m. Anm. Däubler = NZA 2001, 1384 ff.

1319 BAG, Urt. v. 04.12.2013 – 7 AZR 290/12, AP TzBfG § 14 Nr. 112; BAG, Urt. v. 19.03.2014 – 7 AZR 527/12, AP TzBfG § 14 Nr. 119; BAG, Urt. v. 24.06.2015 – 7 AZR 474/13, BeckRS 2016, 65021; AG/*Gräfl* TzBfG § 14 Rn. 349; KR/*Lipke/Bubach* TzBfG § 14 Rn. 585; MHH/*Meinel* TzBfG § 14 Rn. 267; ErfK/*Müller-Glöge* TzBfG § 14 Rn. 95; HK-ArbR/*Tillmanns* TzBfG § 14 Rn. 83.

II. Rechtsmissbrauchskontrolle durch das BAG

1. Bestimmung der Rechtsmissbräuchlichkeit

Schon unter der Geltung des BeschFG 1996 wurden Missbrauchsmöglichkeiten eröffnet und Personalkarusselle ermöglicht. Ein Vorgängervertrag nach § 1 Abs. 1 BeschFG 1996 schadete nur dann, wenn er in einem engen sachlichen Zusammenhang mit dem nachfolgenden stand. Hier konnte bereits eine nur viermonatige Unterbrechung ausreichen.[1320] Im Einzelfall nahm das BAG während dieser Zeit eine Rechtsmissbrauchskontrolle vor, um die Ausnutzung der in § 1 Abs. 1 BeschFG eröffneten Befristungsmöglichkeit mithilfe des Rückgriffs auf § 242 BGB zu unterbinden.[1321] Diese Rechtsmissbrauchskontrolle wird durch das BAG auch unter Geltung des TzBfG durchgeführt. Eine gezielte Umgehung des Anschlussverbots stellt zwar den Gemeinschaftsbetrieb betriebsverfassungsrechtlich nicht in Frage, allerdings hat eine missbräuchliche Vertragsgestaltung nach den Umständen des Einzelfalls die Unwirksamkeit der zuletzt vereinbarten sachgrundlosen Befristung zur Folge.[1322]

Das BAG geht traditionell davon aus, dass sich das Vorbeschäftigungsverbot in § 14 Abs. 2 S. 2 TzBfG auf die natürliche oder juristische Person als Vertragsarbeitgeber bezieht. Demnach wären auch die am Gemeinschaftsbetrieb beteiligten Trägerunternehmen als verschiedene Arbeitgeber anzusehen, deren Zusammenwirken sich nicht als Verstoß gegen das Vorbeschäftigungsverbot qualifizieren ließe. Dennoch hat das BAG erkannt, dass dies Gestaltungs und Missbrauchsmöglichkeiten eröffnet, die der hinter § 14 Abs. 2 S. 2 TzBfG stehenden gesetzgeberischen Intention zuwiderliefen, den Schutz des Arbeitnehmers vor Kettenbefristungen sicherzustellen. Seit der Kücük-Entscheidung[1323] ist Anknüpfungspunkt für Umgehungsstrategien daher eine auf § 242 BGB gestützte Missbrauchskontrolle.[1324]

[1320] Ascheid/Preis/Schmidt/*Backhaus* TzBfG § 14 Rn. 527.

[1321] Vgl. BAG, Urt. v. 25.04.2001 – 7 AZR 376/00, AP BeschFG § 1 Nr. 10 m. Anm. Däubler = NZA 2001, 1384 (1385 f.) m.w.N.

[1322] *Fitting* BetrVG § 1 Rn. 117 m.w.N.

[1323] EuGH, Urt. v. 26.01.2012 – C-586/10 (Kücük), AP-Richtlinie 99/70/EG Nr. 9 m. Anm. Jousen.

[1324] Vgl. nur BAG, Urt. v. 18.07.2012 – 7 AZR 783/10, AP TzBfG § 14 Nr. 100; BAG, Urt. v. 18.07.2012 – 7 AZR 443/09, AP TzBfG § 14 Nr. 99 m. Anm. Greiner; BAG, Urt.

Die Rechtsmissbräuchlichkeit wird regelmäßig angenommen, wenn der Vertragspartner eine an sich rechtlich mögliche Gestaltung in einer mit Treu und Glauben unvereinbaren Weise nur dazu verwendet, um sich zum Nachteil des anderen Vertragspartners Vorteile zu verschaffen, die nach dem Zweck der Norm und des Rechtsinstituts nicht vorgesehen sind.[1325] Auch die Ausnutzung der durch das TzBfG vorgesehenen Möglichkeiten kann rechtsmissbräuchlich sein, wenn mehrere rechtlich und tatsächlich verbundene Arbeitgeber durch Aneinanderreihung von Arbeitsverträgen mit demselben Arbeitnehmer versuchen, über die nach § 14 Abs. 2 S. 1 TzBfG vorgesehene Möglichkeit hinaus weiterhin befristete Arbeitsverträge abzuschließen. In dem Fall ist die Treu und Glauben zuwiderlaufende Rechtsfolge nicht in dem Vertragsschluss an sich zu sehen, sondern in der Rechtfertigung der in dem Vertrag vereinbarten Befristung.[1326] Die rechtliche und tatsächliche Verbundenheit muss nicht auf einer unmittelbaren vertraglichen Beziehung beruhen.[1327] Schon die Verbundenheit im gemeinsamen Betrieb stellt für sich gesehen wegen der Leichtigkeit und des Naheliegens missbräuchlicher Konstruktionen ein sehr starkes und im Rahmen einer Gesamtbeurteilung ausschlaggebendes Indiz dar.[1328]

Der Rechtsmissbrauch ist im Fall des § 14 Abs. 2 S. 2 TzBfG als individueller Rechtsmissbrauch zu qualifizieren, der eine subjektivierte Prüfung der Rechtsmissbräuchlichkeit erfordert.[1329] Im Gegensatz dazu handelt es sich bei § 14 Abs. 1 TzBfG um einen Fall institutionellen Rechtsmissbrauchs, bei dem eine objektivierte Prüfung von Befristungen unter Würdigung sämtlicher Umstände des Einzelfalls vorgenommen werden muss.[1330] Während sich im Fall institutionellen Rechtsmissbrauchs der Nichtigkeitsgrund bereits aus

---

v. 12.11.2014 – 7 AZR 891/12, AP TzBfG § 14 Nr. 125; BAG, Urt. v. 26.10.2016 – 7 AZR 135/15, AP TzBfG § 14 Nr. 146; BAG, BAG, Urt. v. 21.02.2018 – 7 AZR 765/16, AP TzBfG § 14 Nr. 167; Urt. v. 21.11.2018 – 7 AZR 234/17, AP TzBfG § 14 Nr. 173 m. Anm. Hohmann.

1325 Vgl. nur BAG, Urt. v. 04.12.2013 – 7 AZR 290/12, AP TzBfG § 14 Nr. 112 (Rn. 25).

1326 BAG, Urt. v. 04.12.2013 – 7 AZR 290/12, AP TzBfG § 14 Nr. 112 (Rn. 25).

1327 Ascheid/Preis/Schmidt/*Backhaus* TzBfG § 14 Rn. 583.

1328 Ascheid/Preis/Schmidt/*Backhaus* TzBfG § 14 Rn. 583.

1329 *vom Stein*, NJW 2015, 369 (370) m.w.N.; ausf. zu den Erscheinungsformen des institutionellen und individuellen Rechtsmissbrauchs im TzBfG: *Rudnik*, Gesetzesumgehung, 271 ff.

1330 *vom Stein*, NJW 2015, 369 (370) m.w.N.

dem Sinn und Zweck des Rechtsinstituts ergibt, folgt er beim individuellen Rechtsmissbrauch erst aus dem Verhalten.[1331] Auch das BAG prüft in solchen Fällen nicht die Voraussetzungen einer objektiven Gesetzesumgehung, sondern, ob ein Berufen auf die Befristung als rechtsmissbräuchlich zu qualifizieren ist.

Die Rechtsmissbrauchskontrolle hat sich nach dem BAG an allen Umständen des Einzelfalls zu orientieren.[1332]

Indizien für die Missbräuchlichkeit der Befristung sollen insbesondere darstellen:[1333]

- die rechtliche oder tatsächliche Verbundenheit zwischen dem letzten und vorletzten Vertragsarbeitgeber,
- ein nahtloser Anschluss der befristeten Arbeitsverträge aneinander,
- eine ununterbrochene Beschäftigung auf demselben Arbeitsplatz oder im selben Arbeitsbereich,
- eine Beschäftigung zu im Wesentlichen unveränderten oder gleichen Arbeitsbedingungen,
- die weitere Ausübung des Weisungsrechts durch den bisherigen Arbeitgeber oder auch eine gemeinsame Ausübung des Weisungsrechts durch alten und neuen Arbeitgeber,
- die Vermittlung des Arbeitnehmers vom alten zum neuen Arbeitgeber oder
- ein erkennbar systematisches Zusammenwirken zwischen altem und neuem Arbeitgeber.

2. Abgestufte Darlegungs und Beweislast

Die Darlegungs- und Beweislast für eine rechtsmissbräuchliche Vertragsgestaltung liegt grundsätzlich beim Arbeitnehmer. Beweisschwierigkeiten

---

[1331] *Bruns*, NZA 2013, 769 (770 f.).

[1332] BAG, Urt. v. 15.05.2013 – 7 AZR 525/11, AP TzBfG § 14 Nr. 107 (Rn. 21); BAG, Urt. v. 04.12.2013 – 7 AZR 290/12, AP TzBfG § 14 Nr. 112 (Rn. 20).

[1333] BAG, Urt. v. 04.12.2013 – 7 AZR 290/12, AP TzBfG § 14 Nr. 112 (Rn. 26); BAG, Urt. v. 19.03.2014 – 7 AZR 527/12, AP TzBfG § 14 Nr. 199; BAG, Urt. v. 24.06.2015 – 7 AZR 474/13, BeckRS 2016, 65021.

sollen nach dem BAG[1334] durch eine abgestufte Darlegungs- und Beweislast kompensiert werden. Sofern der Arbeitnehmer einen Sachverhalt vorträgt, der den Rechtsmissbrauch „indiziert“, liegt es am Arbeitgeber, den Sachvortrag zu bestreiten oder Umstände vorzutragen, die den Sachverhalt „in einem anderen Licht erscheinen lassen“. Welcher konkrete Vortrag von einem Arbeitgeber hier erwartet wird, wurde durch die Rechtsprechung nicht weiter konkretisiert.[1335] Lässt sich der Arbeitgeber auf einen die Missbräuchlichkeit der Befristung nach § 242 BGB indizierenden Sachvortrag des Arbeitnehmers nicht substantiiert ein, gilt dieser als zugestanden (§ 138 Abs. 3 ZPO).[1336] Lässt sich der Arbeitgeber auf den Vortrag des Arbeitnehmers ein und kann die Indizien durch seinen Vortrag erschüttern, muss der Arbeitnehmer darlegen und beweisen, dass der letzte Vertragsarbeitgeber die Befristung nur deshalb vereinbart hat, um die Begrenzung in § 14 Abs. 2 S. 1 TzBfG zu umgehen.

III. Dem BAG zustimmende instanzgerichtliche Rechtsprechung

1. LAG Hamburg

Wie auch das BAG folgt das LAG Hamburg in seiner Entscheidung vom 07.03.2013[1337] einem formalen Verständnis der Person des Arbeitgebers, kommt aber unter Verweis auf die wortlautgetreue Auslegungspraxis des BAG zu dem Ergebnis, dass das Vorbeschäftigungsverbot des § 14 Abs. 2 S. 2 TzBfG nicht einschlägig sei.

In dem zugrunde liegenden Sachverhalt führte ein kommunaler Träger (Beklagte) zusammen mit der Bundesagentur für Arbeit ein Jobcenter. Nachdem der befristete Arbeitsvertrag des Klägers bei der Bundesagentur für Arbeit auslief, schloss er einen weiteren befristeten Arbeitsvertrag mit der Beklagten. Der Kläger erhob infolgedessen Klage auf Feststellung, dass das Arbeitsverhältnis mit der Beklagten über den Befristungszeitraum hinaus als unbefristetes Arbeitsverhältnis fortbestehe.

1334 BAG, Urt. v. 24.06.2015 – 7 AZR 452/13, AP TzBfG § 14 Nr. 131 (Rn. 25).

1335 So auch *Panzer-Heemeier/Schwipper*, DB 2017, 1584 (1590), die davon ausgehen, dass die Erwartungen an den Vortrag des Arbeitgebers „bedauerlicherweise“ nicht oder nur am Rande konkretisiert wurden.

1336 BAG, Urt. v. 24.06.2015 – 7 AZR 452/13, AP TzBfG § 14 Nr. 131 (Rn. 25).

1337 LAG Hamburg, Urt. v. 07.03.2013 – 7 Sa 57/12, BeckRS 2013, 69484.

Das LAG Hamburg geht davon aus, dass das Arbeitsverhältnis aufgrund einer wirksamen sachgrundlosen Befristung geendet habe. Dass der Kläger zuvor bei der Bundesagentur für Arbeit beschäftigt war, hielt das LAG Hamburg für unschädlich, da dies mangels Identität des Arbeitgebers nicht als Zuvor-Beschäftigung im Sinne des § 14 Abs. 2 S. 2 TzBfG anzusehen sei. Dem Gesetz liege eine formaljuristische Betrachtung zugrunde. Ein rechtsmissbräuchliches Vorgehen sei nur dann anzunehmen, wenn die Anschlussbefristung ausschließlich deshalb vereinbart werde, um das Verbot der Zuvor-Beschäftigung zu umgehen. Dies sei hier nicht der Fall, da die Bildung des Gemeinschaftsbetriebs allein aufgrund sozialgesetzlicher Bestimmungen erfolgt sei, welche die Bildung einer gemeinsamen Einrichtung vorschrieben.

Daneben erhalte der Arbeitnehmer durch das neue Arbeitsverhältnis bei dem anderen Trägerunternehmen eine Alternative zur Arbeitslosigkeit. Durch den Wechsel des Klägers biete sich ebenso die Chance auf ein unbefristetes Arbeitsverhältnis zu geänderten und besseren Vertragsbedingungen.

Ferner stellt das LAG Hamburg auf veränderte Beschäftigungsbedingungen bei dem neuen Arbeitgeber ab, da ein Wechsel von einer Voll in eine Teilzeitbeschäftigung erfolgte und der neue Arbeitsvertrag einen umfassenden Versetzungsvorbehalt beinhaltete. Ebenfalls relevant sei die Nichtausschöpfung der Höchstbefristungsdauer des § 14 Abs. 2 S. 2 TzBfG. Hieraus ließe sich entnehmen, dass die rechtsmissbräuchliche Ausnutzung der durch § 14 Abs. 2 S. 2 TzBfG eröffneten Gestaltungsmöglichkeiten nicht der ausschließliche Grund für den Vertragsschluss der Parteien gewesen sei. Die Beklagte habe die Norm lediglich „im Interesse ihrer Flexibilität genutzt“.

2. LAG Mecklenburg-Vorpommern

Das LAG Mecklenburg-Vorpommern geht in seinem Urteil vom 19.01.2016[1338] ebenfalls davon aus, dass eine rechtsmissbräuchliche Umgehung des Vorbeschäftigungsverbots gegeben ist, wenn zwei rechtlich und tatsächlich miteinander verbundene Arbeitgeber in bewusstem und gewolltem Zusammenwirken aufeinanderfolgende Arbeitsverträge ausschließlich deshalb abschließen, um über § 14 Abs. 2 TzBfG hinaus Befristungsmöglichkeiten

1338 LAG Mecklenburg-Vorpommern, Urt. v. 19.01.2016 – 2 Sa 131/14, NZA-RR 2016, 462.

zu eröffnen. Hierbei handelte es sich erneut um einen Jobcenter-Fall, bei dem die Kommune und die Bundesagentur für Arbeit Arbeitnehmer „austauschten“. Das LAG bejahte in diesem Fall die Rechtsmissbräuchlichkeit.

3. LAG Hessen

Auch das LAG Hessen nimmt in seiner Entscheidung vom 28.04.2017[1339] unter Verweis auf die Rechtsprechung des BAG eine Rechtsmissbrauchskontrolle vor. In dem zugrunde liegenden Sachverhalt wurde eine Arbeitnehmerin sachgrundlos befristet bei ihrem vormaligen Entleiher eingestellt. Hierin sah die Klägerin ein rechtsmissbräuchliches Zusammenwirken beider Arbeitgeber begründet. Nach dem LAG Hessen ist ein Berufen auf die Befristung nicht zulässig, wenn der Zweck des Arbeitgeberwechsels allein darin bestehe, dass die verbundenen Arbeitgeber eine nach § 14 Abs. 2 TzBfG unzulässige sachgrundlose Befristung mit demselben Arbeitnehmer erreichen wollen. Vorliegend hatte die darlegungspflichtige Klägerin jedoch keine ausreichenden Indizien für die Annahme eines bewussten und gewollten Zusammenwirkens der beiden Arbeitgeber dargetan.

Zudem fehle schon der Umgehungscharakter bei der Übernahme einer Leiharbeitnehmerin in ein sachgrundlos befristetes Arbeitsverhältnis mit dem Entleiher. Gegen eine Umgehung spreche nach dem LAG Hessen, dass es sich aufgrund eines abweichenden Stundenlohns um keine im Wesentlichen gleichen Arbeitsbedingungen gehandelt habe. Einem fehlenden Bewerbungsgespräch will das LAG Hessen jedoch keine Indizwirkung zukommen lassen, wenn die Klägerin die Beklagte als zukünftige Arbeitgeberin schon kannte. Auch die häufige oder sogar regelmäßige Verwendung dieser Vertragsgestaltung durch das Entleiherunternehmen allein sei kein Indiz für einen Rechtsmissbrauch. Die Häufigkeit einer Nutzung stelle keine Strategie dar und könne den Vorwurf des Missbrauchs nicht rechtfertigen. Es werde sich kein Vorteil verschafft, der durch den Zweck der Vorschrift nicht vorgesehen sei. Ferner wertet das LAG Hessen auch beim neuen Vertragsarbeitgeber bestehende Vorteile für den Arbeitnehmer als Argument gegen ein rechtsmissbräuchliches Vorgehen. Dem Einwand der Klägerin, es würden zu hohe

---

[1339] LAG Hessen, Urt. v. 28.04.2017 – 14 Sa 813/16, BeckRS 2017, 117407.

Anforderung an den Vortrag des Arbeitnehmers gestellt, wird durch das LAG eine eindeutige Absage erteilt.

Auch in einem vorherigen Urteil geht das LAG Hessen[1340] bei Übergang eines Arbeitsverhältnisses im Nachgang einer Arbeitnehmerüberlassung davon aus, dass die Gestaltungsmöglichkeiten des § 14 Abs. 2 TzBfG nicht rechtsmissbräuchlich ausgenutzt wurden. Nach dem LAG Hessen liegen keine ausreichenden Indizien dafür vor, dass der Zweck des Arbeitgeberwechsels allein darin bestand, dass eine nach § 14 Abs. 2 S. 2 TzBfG grundsätzlich unzulässige sachgrundlose Befristung erreicht werden sollte. Gehe es um die Weiterbeschäftigung des Leiharbeitnehmers beim vormaligen Entleiher, sei zudem eine nahtlose Weiterbeschäftigung kein Indiz für einen Rechtsmissbrauch, da sich der durch die Arbeitnehmerüberlassung idealtypisch angestrebte „Klebeeffekt" gerade realisiert habe. Auch aus einer Vermittlung könne in diesem Fall kein Indiz hergeleitet werden.[1341]

4. LAG Berlin-Brandenburg

Nach dem LAG Berlin-Brandenburg[1342] kommt es bei der Bestimmung der Rechtsmissbräuchlichkeit nicht darauf an, ob sich die Beteiligten arglistig verhalten haben und ob ihnen bewusst war, dass in dem Abschluss des sachgrundlos befristeten Arbeitsvertrags eine Umgehung des § 14 Abs. 2 S. 2 TzBfG liege. Es genüge ein bewusstes und gewolltes Zusammenwirken der Beteiligten, sowie das „nötige Wissen und Wollen" in Bezug auf die objektiv funktionswidrige Befristungsabrede. Auch komme es nicht auf eine etwaige Gutgläubigkeit

---

1340 LAG Hessen, Urt. v. 21.01.2016 – 14 Sa 966/15, BeckRS 2016, 69983.

1341 Krit. dazu *Görg*, ArbRAktuell 2016, 360, der ferner die Gestaltungsmöglichkeit, dass ein Arbeitnehmer zunächst von einem Leiharbeitgeber sachgrundlos befristete eingestellt wurde und dann an ein anderes Konzernunternehmen „weitergereicht" wird als im Einzelfall rechtsmissbräuchlich ansieht.

1342 LAG Berlin-Brandenburg. Urt. v. 31.01.2019 – 21 Sa 936/18, BeckRS 2019, 7991; die Klägerin war als technische Assistentin auf Basis mehrerer befristeter Arbeitsverträge in einem Labor tätig. Arbeitgeber war zunächst ein Forschungsverband. Auf Initiative desselbigen wurde der Klägerin vorgeschlagen, nahtlos bei der Beklagten, die das Labor gemeinsamen mit dem Forschungsverband unterhielt, ein Folgearbeitsverhältnis zu begründen. Daraufhin schlossen die Parteien einen auf zwei Jahre sachgrundlos befristeten Arbeitsvertrag. Die Tätigkeit der Klägerin im Labor änderte sich nicht. Ebenso wenig veränderten sich die Person ihres Vorgesetzen oder die vertraglichen Bedingungen inklusive der Tarifbindung.

des klagenden Arbeitnehmers an. Bei der rechtsmissbräuchlichen Umgehung des Anschlussverbots gehe es nicht um die „Ausnutzung der Unerfahrenheit oder des mangelnden Wissens der anderen Vertragspartei, sondern darum, dass der Arbeitnehmerin oder dem Arbeitnehmer entgegen der gesetzlichen Wertung anstelle eines unbefristeten Arbeitsvertrags lediglich ein sachgrundlos befristeter Arbeitsvertrag angeboten wird".

In der Versagung eines unbefristeten Arbeitsvertrags liege auch der Nachteil des Arbeitnehmers beziehungsweise der Vorteil des Arbeitgebers, sich von dem Arbeitnehmer auch ohne Kündigungsgrund wieder trennen zu können. Für die rechtsmissbräuchliche Umgehung des Anschlussverbots mache es ferner keinen Unterschied, ob der Arbeitgeberwechsel erfolgt sei, um sachgrundlose Befristungen aneinanderzureihen oder eine sachgrundlose Befristung an eine Befristung mit Sachgrund anzuschließen. Entscheidend sei, dass der Arbeitgeberwechsel allein dazu diente, eine sachgrundlose Befristung zu ermöglichen, die sonst nicht möglich gewesen wäre.

In § 14 Abs. 2 S. 2 TzBfG gehe es nicht darum, Kettenbefristungen zu verhindern, sondern darum, sachgrundlose Befristungen auf Ersteinstellungen zu beschränken. Auch wenn der Arbeitnehmer sich von der erneut befristeten Beschäftigung bei einem anderen Arbeitgeber einen eigenen Vorteil verspreche, könne sich dieser auf die rechtsmissbräuchliche Umgehung des Anschlussverbots berufen.

IV. Kritik an der Rechtsmissbrauchskontrolle

Das BAG und die ihm folgende instanzgerichtliche Rechtsprechung gehen von einem streng formalen Begriff *desselben* Arbeitgebers in § 14 Abs. 2 S. 2 TzBfG aus und halten zur Vermeidung einer Umgehung des Vorbeschäftigungsverbots eine Rechtsmissbrauchskontrolle für angemessen und ausreichend, die dem Arbeitnehmer eine – wenn auch abgestufte – Darlegungs und Beweislast auferlegt. Dieses Vorgehen wird in der Literatur berechtigterweise kritisiert. Auch das LAG Köln[1343] hatte sich ursprünglich für eine teleologisch extensive Auslegung der Norm entschieden, um den Schutz des Arbeitnehmers in einem derartigen Fall zu gewährleisten.

1343 LAG Köln, Urt. v. 09.03.2012 – 4 Sa 1184/11, BeckRS 2012, 71550 (nicht rechtskräftig); nachfolgend BAG, Urt. v. 19.03.2014 – 7 AZR 527/12, AP TzBfG § 14 Nr. 119 und LAG Köln, Urt. v. 15.08.2014 – 4 Sa 1184/11, BeckRS 2014, 72932.

1. Fehlende Rechtssicherheit

Nach der überwiegenden Rechtsprechung scheint es, als sei die Rechtsmissbrauchskontrolle „Leitstern des Befristungsrechts, als universell einsetzbares Instrument zur rechtlichen Bändigung anrüchiger Fälle"[1344]. Verkannt werden darf jedoch nicht, dass den Gerichten hierdurch ein weiter Beurteilungsspielraum eingeräumt wird. Die Maßstäbe des Rechtsmissbrauchs können je nach gewünschtem Ergebnis streng oder weniger streng festgelegt werden. Dies führt zu einer erheblichen Prognoseunsicherheit bei Befristungsfällen.[1345] Kritisch zu bewerten ist in Fällen der Rechtsmissbrauchskontrolle ebenfalls, dass hinsichtlich des Vorwurfs der Rechtsmissbräuchlichkeit die Beweislast bei dem betroffenen Arbeitnehmer liegt.

Panzer-Heemeier/Schwipper[1346] gehen im Grundsatz davon aus, dass „eine rechtsmissbräuchliche Vertragsgestaltung nur in engen Grenzen und unter besonderen Umständen angenommen werden darf". Ferner weisen sie darauf hin, dass es ebenso der Mitwirkung des Arbeitnehmers bedürfe, wenn das Arbeitsverhältnis bei einem anderen, verbundenen Arbeitgeber fortgesetzt werden soll. Damit handele es sich bei dieser Konstellation vielmehr um eine Konsequenz der Vertragsfreiheit der Parteien als um eine rechtsmissbräuchliche Gestaltung von Arbeitsverträgen. Ob es sich hierbei tatsächlich um eine zulässige Konsequenz der Vertragsfreiheit handelt, sei dahingestellt. Diesem ist jedenfalls insoweit zuzustimmen, als dass § 242 BGB nicht konsequent zur Korrektur unerwünschter Ergebnisse herangezogen werden sollte.

Zwar sieht das BAG die am Gemeinschaftsbetrieb beteiligten Arbeitgeber vom Grundsatz her nicht als *denselben* Arbeitgeber im Sinne des § 14 Abs. 2 S. 2 TzBfG an, konfrontiert diese auf der anderen Seite durch seine Rechtsprechung jedoch mit erheblichen Rechtsunsicherheiten. Zugespitzt könnte man formulieren: Sofern ein Unternehmen mit einem weiteren – rechtlich oder tatsächlich verbundenen – Unternehmen beim Abschluss aufeinanderfolgender befristeter Arbeitsverhältnisse auf eine beliebige Art und Weise zusammenwirkt, könnten diese mit dem Vorwurf einer rechtsmissbräuchlichen Umgehung der Vorschriften des TzBfG belastet werden.

1344 *Greiner*, DB 2014, 1987 (1987).

1345 *Greiner*, DB 2014, 1987 (1987).

1346 *Panzer-Heemeier/Schwipper*, DB 2017, 1584 (1590).

Diese Ungewissheit wird dadurch verstärkt, dass es an praxistauglichen und konkreten Anforderungen zur Widerlegung der Rechtsmissbräuchlichkeit durch den Arbeitgeber fehlt. Für diesen ist nicht ersichtlich, ob ihm im Einzelfall der Nachweis darüber gelingen kann, dass es sich um keine rechtsmissbräuchliche Vertragsgestaltung handelt.

Der Arbeitnehmer müsste auf der anderen Seite darlegen, dass das potenziell rechtsmissbräuchliche Vorgehen „nur" oder „ausschließlich" gewählt wurde, um sachgrundlose Befristungen aneinanderzureihen.[1347] Erschwerend trägt hierzu das Abstellen auf subjektive Elemente wie „bewusst" und „gewollt" bei.[1348] Weitere Rechtsunsicherheit wird dadurch geschaffen, dass das BAG das von ihm angelegte „Ausschließlichkeits"Kriterium teilweise schon dann als widerlegt ansieht, wenn sich die vertraglichen Gestaltungen aufeinanderfolgender befristeter Beschäftigungsverhältnisse erheblich voneinander unterscheiden. So wird selbst das Unterfallen unter verschiedene Tarifverträge vom BAG als Indiz gegen den Rechtsmissbrauch herangezogen.[1349] Bei der Bestimmung der Rechtsmissbräuchlichkeit anhand von Indizien wird mithin bloß eine Kasuistik für den Rechtsmissbrauch bei der sachgrundlosen Befristung geschaffen.[1350]

Das BAG verlangt in einem ersten Schritt, dass der Arbeitnehmer einen Sachverhalt vorträgt, um die missbräuchliche Umgehung des Anschlussverbots zu indizieren, die der Arbeitgeber durch Tatsachenvortrag beseitigen kann. „Gut beratene Arbeitgeber" werden daher wohl schon im Vorfeld versuchen, die aufgezeigten Indizien zu vermeiden.[1351] Ferner wird zu Recht bemängelt, dass aufgrund fehlender Konkretisierung der Voraussetzungen erhebliche Unsicherheiten bei den betroffenen Arbeitgebern und Arbeitnehmern

---

[1347] LAG Köln, Urt. v. 09.03.2012 – 4 Sa 1184/11, BeckRS 2012, 71550 unter I der Gründe (nicht rechtskräftig); nachfolgend BAG, Urt. v. 19.03.2014 – 7 AZR 527/12, AP TzBfG § 14 Nr. 119 und LAG Köln, Urt. v. 15.08.2014 – 4 Sa 1184/11, BeckRS 2014, 72932.

[1348] LAG Köln, Urt. v. 09.03.2012 – 4 Sa 1184/11, BeckRS 2012, 71550 unter I der Gründe (nicht rechtskräftig); nachfolgend BAG, Urt. v. 19.03.2014 – 7 AZR 527/12, AP TzBfG § 14 Nr. 119 und LAG Köln, Urt. v. 15.08.2014 – 4 Sa 1184/11, BeckRS 2014, 72932.

[1349] LAG Köln, Urt. v. 09.03.2012 – 4 Sa 1184/11, BeckRS 2012, 71550 unter I der Gründe m.w.N. (nicht rechtskräftig); nachfolgend BAG, Urt. v. 19.03.2014 – 7 AZR 527/12, AP TzBfG § 14 Nr. 119 und LAG Köln, Urt. v. 15.08.2014 – 4 Sa 1184/11, BeckRS 2014, 72932.

[1350] *Lelley*, EWiR 2014, 333 (334).

[1351] *Lelley*, EWiR 2014, 333 (334).

hervorgerufen werden können. Man mag sich beispielsweise schon die Frage stellen, was das Indiz der „im Wesentlichen" unveränderten oder gleichen Arbeitsbedingungen genau zu bedeuten vermag.[1352]

Im Ergebnis wird durch das Vorgehen des BAG erhebliche Rechtsunsicherheit in einem Teil des Befristungsrechts begründet, der aufgrund seines Ausnahmecharakters klar und restriktiv gehandhabt werden sollte.[1353] Aus der Rechtsprechung des BAG zur Missbrauchskontrolle im Rahmen des § 14 Abs. 2 S. 2 TzBfG lässt sich weder der Bezug der Indizien zueinander, noch ihre Gewichtung im Rahmen einer Gesamtbetrachtung erkennen.[1354] Auch die dem Arbeitgeber eingeräumte Möglichkeit, den Sachverhalt „in einem anderen Licht erscheinen zu lassen" weist in ihrer Formulierung eine derartige Unschärfe auf, dass sich die Entscheidung des Gerichts kaum prognostizieren lassen wird.[1355] Dies wird auch anhand der instanzgerichtlichen Rechtsprechung deutlich, die sich mitunter daran versucht, die durch das BAG angeführten Indizien für ein rechtsmissbräuchliches Vorgehen anzuwenden.

Schon in der Entscheidung des LAG Hamburg[1356] zeigt sich die Beliebigkeit in der Handhabung der Rechtsmissbrauchskontrolle durch die Gerichte. Dieses lehnt bereits aufgrund des streng formalen Arbeitgeberbegriffs eine Rechtsmissbräuchlichkeit ab. Darüber hinaus habe eine ausschließlich auf Gesetzesumgehung gerichtete Intention nicht vorgelegen.[1357] Durch diese „teils erschreckend oberflächliche Argumentation"[1358] und der dem Arbeitnehmer nach Ansicht des LAG Hamburg eröffneten Alternative zur Arbeitslosigkeit – die im Übrigen als „Universalargument"[1359] zur Rettung jeder „noch so anrüchige[n] Befristungskonstruktion vor dem Rechtsmissbrauchsvorwurf"[1360] angesehen werden kann – wird das beste Beispiel dafür gegeben, in welchen Fällen man sich eine Rechtsmissbrauchskontrolle „auch ganz sparen" könnte.

1352 *Lelley*, EWiR 2014, 333 (334).

1353 Ascheid/Preis/Schmidt/*Backhaus* TzBfG § 14 Rn. 580.

1354 Ascheid/Preis/Schmidt/*Backhaus* TzBfG § 14 Rn. 580.

1355 Ascheid/Preis/Schmidt/*Backhaus* TzBfG § 14 Rn. 580.

1356 LAG Hamburg, Urt. v. 07.03.2013 – 7 Sa 57/12, BeckRS 2013, 69484.

1357 So auch *Greiner*, DB 2014, 1987 (1989).

1358 *Greiner*, DB 2014, 1987 (1989).

1359 *Greiner*, DB 2014, 1987 (1989).

1360 *Greiner*, DB 2014, 1987 (1989).

Im Urteil des LAG Hessen vom 28.04.2017[1361] wird deutlich, dass eine rechtsmissbräuchliche Umgehung des Anschlussverbots nicht vorliegen soll, wenn Vermittlung und Bewerbungsgespräche nicht in beiderseitigem Einvernehmen geführt werden und die Konditionen in Bezug auf die Tätigkeit und die Vergütung zumindest etwas differieren.[1362] Hieran zeigt sich, mit welchen Methoden die beiden Arbeitgeber eine rechtsmissbräuchliche Umgehung des Anschlussverbots gezielt vermeiden können. Selbst wenn dies – beispielsweise aufgrund verbesserter Arbeitsbedingungen beim neuen Arbeitgeber – auch Vorteile für den Arbeitnehmer mit sich bringen könnte, verbleibt dieser nach wie vor in einem bloß befristeten Arbeitsverhältnis.

Anhand der Entscheidung des LAG Berlin-Brandenburg[1363] zeigt sich, dass jedenfalls bei vollständiger Kontinuität der Arbeitsbedingungen regelmäßig der bloße Formalakt des Abschlusses eines neuen Arbeitsvertrags mit einem anderen Unternehmen nicht ausreichen wird, um eine wirksame sachgrundlose Befristung zu ermöglichen. Durch die Literatur wird darauf hingewiesen, dass „[i]n der Beratung durch externe Arbeitsrechtler [...] auf dieses Risiko aber sicher hingewiesen worden [wäre]“[1364]. Es kann jedoch nicht im Sinne des Gesetzgebers sein, dass man für einen rechtssicheren Umgang mit § 14 Abs. 2 S. 2 TzBfG einen externen Berater befragen muss und nicht selbstständig eine zuverlässige Folgenabwägung vornehmen kann. Dies zeigt erneut, mit welchen Unsicherheiten die Rechtsmissbrauchskontrolle im Rahmen des § 14 Abs. 2 S. 2 TzBfG behaftet ist.

2. Ungenügende Berücksichtigung des Normzwecks

Auch der Normzweck des § 14 TzBfG spricht gegen eine derart enge Auslegung des Vorbeschäftigungsverbots. Den Arbeitsvertragsparteien sollte die Möglichkeit gegeben werden, ohne Sachgrund ein befristetes Arbeitsverhältnis über eine Dauer von maximal zwei Jahren zu begründen. Befristungsketten mit und ohne Sachgrund sollten ausgeschlossen werden.[1365] Die erleichterte Befristung von Arbeitsverträgen soll Unternehmen

---

[1361] LAG Hessen, Urt. v. 28.04.2017 – 14 Sa 813/16, BeckRS 2017, 117407.

[1362] Vgl. *Mävers*, ArbRAktuell 2017, 396.

[1363] LAG Berlin-Brandenburg. Urt. v. 31.01.2019 – 21 Sa 936/18, BeckRS 2019, 7991.

[1364] *Frahm*, ArbRAktuell 2019, 333.

[1365] ErfK/*Müller-Glöge* TzBfG § 14 Rn. 97.

ermöglichen, auf eine unsichere und schwankende Auftragslage und wechselnde Marktbedingungen durch Neueinstellungen flexibel zu reagieren und damit ihre Wettbewerbsfähigkeit zu sichern. Für viele Arbeitnehmer sei die befristete Beschäftigung eine Alternative zur Arbeitslosigkeit und zugleich eine Brücke zur Dauerbeschäftigung.[1366] Ferner soll die Möglichkeit von Kettenverträgen – also die unbegrenzte Aufeinanderfolge befristeter Arbeitsverträge – ausgeschlossen werden. Durch die Möglichkeit der nur einmaligen sachgrundlosen Befristung werde der Arbeitgeber veranlasst, den Arbeitnehmer im Anschluss entweder unbefristet weiter zu beschäftigen oder bei fortbestehendem, nur vorübergehendem Arbeitskräftebedarf einen anderen Arbeitnehmer befristet einzustellen.[1367]

Ermöglicht man jedoch im Gemeinschaftsbetrieb, gestützt auf den formalen Arbeitgeberbegriff, die Rechtsmissbrauchskontrolle als einziges Instrument zur Korrektur unerwünschter Ergebnisse, kann durch das Weiterreichen eines Arbeitnehmers im gemeinsamen Betrieb faktisch eine Befristungskette initiiert werden. Unter Umständen wird auf Seiten der Arbeitgeber nie ein Interesse daran bestanden haben, dem Arbeitnehmer eine Brücke in ein unbefristetes Beschäftigungsverhältnis zu eröffnen. Möglicherweise wollten die Arbeitgeber bloß vermeintliche Schutzlücken ausnutzen.

3. Rahmenvereinbarung über befristete Arbeitsverträge

Auch das mit der Rahmenvereinbarung über befristete Arbeitsverträge verfolgte Ziel kann durch die Rechtsmissbrauchskontrolle nicht erreicht werden.

Das TzBfG – und insbesondere die Regelung des § 14 TzBfG – dient der Umsetzung der Richtlinie des Rates der Europäischen Union 1999/70/EG[1368] (Befristungsrichtlinie) zu der EGB-UNICE-CEEP-Rahmenvereinbarung über befristete Arbeitsverhältnisse vom 28.06.1999 (Rahmenvereinbarung). Schon in der Präambel zur Rahmenvereinbarung wird festgehalten, dass diese ein „weiterer Beitrag auf dem Weg zu einem besseren Gleichgewicht zwischen ‚Flexibilität der Arbeitszeit und Sicherheit der Arbeitnehmer'" sein soll. Unbefristete Arbeitsverträge sollen und werden weiterhin die übliche Form des Beschäftigungsverhältnisses darstellen, während befristete

---

[1366] Vgl. BT-Drs. 14/4374, 14.

[1367] Vgl. BT-Drs. 14/4374, 14.

[1368] ABl. 1999 L 175, 43 ff.

Arbeitsverhältnisse nur unter bestimmten Umständen den Bedürfnissen von Arbeitgebern und Arbeitnehmern entsprechen. Gemäß Nr. 6 der allgemeinen Erwägungen der Rahmenvereinbarung tragen unbefristete Arbeitsverhältnisse darüber hinaus zur Lebensqualität der betroffenen Arbeitnehmer und zur Verbesserung ihrer Leistungsfähigkeit bei. In § 5 der Rahmenvereinbarung werden die Mitgliedstaaten dazu aufgefordert, Maßnahmen zu ergreifen, um den Missbrauch durch aufeinanderfolgende befristete Arbeitsverträge zu vermeiden. Entschließt sich ein Mitgliedstaat zu einer oder mehreren Maßnahmen, hat er das unionsrechtlich vorgegebene Ziel der Verhinderung des Missbrauchs von aufeinanderfolgenden befristeten Arbeitsverträgen zu gewährleisten.[1369] Dabei ist es Sache aller Stellen des betroffenen Mitgliedstaats – und damit auch Aufgabe der nationalen Gerichte – im Rahmen ihrer Zuständigkeit diesem Ziel bei der Auslegung der nationalen Vorschriften Rechnung zu tragen.[1370] Es obliegt den zuständigen Stellen des Mitgliedstaats, stets alle Umstände des Einzelfalls zu prüfen.[1371]

Das BAG gelangt unmittelbar zur Missbrauchsprüfung, da es insbesondere beim Gemeinschaftsbetrieb streng an seiner eng am Normwortlaut orientierten Auslegung des Arbeitgeberbegriffs festhält. Doch gerade hier würde sich viel eher eine abweichende, teleologisch extensive Auslegung des Anschlussverbots anbieten. Ein Festhalten an der Rechtsmissbrauchskontrolle erscheint zumindest auch in unionsrechtlicher Hinsicht problematisch, da § 14 Abs. 2 S. 2 TzBfG die Alternativen b) und c) des § 5 Nr. 1 der Rahmenvereinbarung umsetzt, die das Instrument darstellen, um den Missbrauch durch aufeinanderfolgende Arbeitsverträge zu verhindern.[1372] Das bedeutet auch, dass die missbrauchsverhindernde Wirkung „gerade

---

[1369] EuGH, Urt. v. 23.04.2009 – C-378/07 bis C-380/07 – Angelidaki u.a., AP-Richtlinie 99/70/EG Nr. 6 (Rn. 95) m.w.N.

[1370] Vgl. nur EuGH, Urt. v. 07.09.2006 – C53/04 – Marrosu und Sardino, AP-Richtlinie 99/70/EG Nr. 4 (Rn. 53 ff.); EuGH, Urt. v. 07.09.2006 – C-180/04 – Vassallo, BeckRS 2006, 70654 (Rn. 38 ff.); EuGH, Urt. v. 23.04.2009 – C378/07 bis C380/07 – Angelidaki u.a., AP-Richtlinie 99/70/EG Nr. 6 (Rn. 95) m.w.N.; EuGH, Urt. v. 11.02.2021 – C760/18 – MV u.a./Organismos Topikis Aftodioikisis (OTA), AP-Richtlinie 99/70/EG Nr. 27 (Rn. 59 ff.).

[1371] EuGH, Urt. v. 26.01.2012 – C586/10 – Kücük, AP-Richtlinie 99/70/EG Nr. 9 (Rn. 40) m.w.N.

[1372] So Ascheid/Preis/Schmidt/*Backhaus* TzBfG § 14 Rn. 579.

und zunächst durch die Auslegung der zur Umsetzung des Unionsrechts erlassenen Vorschriften erreicht werden muss"[1373]. Diese Auslegung muss dem unionsrechtlichen Effektivitätsgrundsatz genügen. Hiernach darf die Ausübung der durch die Unionsrechtsordnung verliehenen Rechte nicht praktisch unmöglich gemacht oder übermäßig erschwert werden.[1374]

Bei der Prüfung der Zulässigkeit der sachgrundlosen Befristung wird vermehrt auf subjektive Elemente abgestellt, die durch das Erfordernis des *ausschließlichen* Zusammenwirkens zum Zwecke der Umgehung noch „verschärft"[1375] werden. Die vom BAG angeführten Indizien versprechen in dieser Hinsicht ebenfalls keine Entschärfung der Problematik, da diese ihrerseits Manipulationsmöglichkeiten eröffnen.[1376]

Dies wird schon am Beispiel des Indizes der unveränderten Arbeitsbedingungen ersichtlich. Soweit es sich um Arbeitsbedingungen handelt, ist es aufgrund der strukturellen Überlegenheit des Arbeitgebers für diesen ein Leichtes, andere Vertragsbedingungen als im Vorgängervertrag zu vereinbaren und so einem Rechtsmissbräuchlichkeitsvorwurf keinen Raum zu geben.[1377]

Ebenso leicht manipulierbar ist das Kriterium des nahtlosen Anschlusses des neuen befristeten Arbeitsvertrags an den mit dem vorherigen Arbeitgeber abgeschlossenen befristeten Arbeitsvertrag. Hier wird kritisch angemerkt, dass auch nur „[e]ine kurze Zwischenzeit, ein Wochenende, [oder] eine Urlaubszeit"[1378] von den beiden beteiligten Arbeitgebern zur Nichterfüllung dieses Kriteriums vereinbart werden kann. Ein so leicht manipulierbares Kriterium könne nicht gegen einen Missbrauch sprechen. Inwiefern das BAG „ein Wochenende" tatsächlich als eine den nahtlosen Anschluss ausschließende Unterbrechung ansehen würde, sei dahingestellt. Deutlich wird hieran jedenfalls, dass auch das Kriterium des nahtlosen Anschlusses einen erheblichen Spielraum für Manipulationen eröffnet.

1373 Ascheid/Preis/Schmidt/*Backhaus* TzBfG § 14 Rn. 579.

1374 EuGH, Urt. v. 15.04.2008 – C268/06 (Impact), NZA 2008, 581 (Rn. 46) m.w.N.

1375 Ascheid/Preis/Schmidt/*Backhaus* TzBfG § 14 Rn. 579.

1376 Ascheid/Preis/Schmidt/*Backhaus* TzBfG § 14 Rn. 579.

1377 Ascheid/Preis/Schmidt/*Backhaus* TzBfG § 14 Rn. 584: „Erfasst wird nur der ungeschickte Arbeitgeber, während gut beratenen Unternehmen vieles möglich bleibt".

1378 Ascheid/Preis/Schmidt/*Backhaus* TzBfG § 14 Rn. 585.

Unabhängig von solchen Manipulationsmöglichkeiten ist darüber hinaus gänzlich ungeklärt, wie es dem Arbeitgeber gelingen kann, den Sachverhalt „in einem anderen Licht erscheinen zu lassen".[1379] Dies widerspricht auch dem durch den EuGH geäußerten Willen, dass die Rechtslage, die sich aus den im nationalen Recht bestehenden Maßnahmen zur Umsetzung des § 5 Nr. 1 der Rahmenvereinbarung ergibt, hinreichend und klar sein soll, sodass der Einzelne sich in der Position sieht, seine Rechte in vollem Umfang zu kennen und sich gegebenenfalls vor den nationalen Gerichten darauf zu berufen.[1380] Durch Manipulationsmöglichkeiten und die damit einhergehenden Unsicherheiten in Bezug auf einen etwaigen Rechtsmissbrauch wird es dem Arbeitnehmer schlichtweg unmöglich sein, seine Rechte geltend zu machen.

Der europäische Gesetzgeber will den Auswüchsen einer Kettenbefristung begegnen. Dies hat er durch die Nennung entsprechender Mindestschutzbestimmungen in der Rahmenvereinbarung verdeutlicht. Ihm ging es vor allem darum, die Prekarisierung der Lage der Beschäftigten zu verhindern.[1381] Dies bedeutet auch, dass die Rahmenvereinbarung nicht erst vor Missbrauch schützen soll, sondern schon im Vorhinein Maßnahmen fordert, um der *Gefahr* des Missbrauchs zu begegnen. Letztlich kann dies zutreffend nur so verstanden werden, dass der Grundsatz des unbefristeten Vertrags nicht ausgehöhlt werden darf. Diesem Ansatz kann nicht durch eine erst spätere Missbrauchsprüfung genügt werden.[1382]

Kritisiert wird schon bezüglich des institutionellen Missbrauchs, dass es dem EuGH nicht um Treu und Glauben oder Redlichkeit gehe. Durch die Nennung von Kriterien zur Begegnung von Auswüchsen der Kettenbefristung hätte dieser allein Gesichtspunkte einer Billigkeitskorrektur aufzeigen wollen, um den Grundsatz des unbefristeten Arbeitsvertrags in seinem Kernbereich zu schützen.[1383] Der Gesichtspunkt des institutionellen Rechtsmissbrauchs sei vielmehr „konturlos und damit kein brauchbarer Kontrollmaßstab [da sich] unter dessen Deckmantel [...] alles Mögliche für unwirksam halten [lässt], da

---

1379 Ascheid/Preis/Schmidt/*Backhaus* TzBfG § 14 Rn. 586.

1380 EuGH, Urt. v. 23.04.2009 – C378/07 – Angelidaki, AP-Richtlinie 99/70/EG Nr. 6 (Rn. 84).

1381 EuGH, Urt. v. 26.01.2012 – C586/10 – Kücük, AP-Richtlinie 99/70/EG Nr. 9 m. Anm. Joussen (Rn. 25) m.w.N.

1382 *Bruns*, NZA 2013, 769 (770) zur Vertretungsbefristung.

1383 *Bruns*, NZA 2013, 769 (771).

er sich in keiner Weise auf Einzelkriterien herunterbrechen lässt“[1384]. Auch die vom BAG genannten Indizien seien willkürlich und die – teilweise aus dem Kücük-Urteil des EuGH übernommenen – Kriterien erscheinen wie eine Sammlung von „Kandidaten“.[1385]

Diese Kritik lässt sich im Grundsatz ebenfalls auf die Konstellation des individuellen Rechtsmissbrauchs im Rahmen des § 14 Abs. 2 S. 2 TzBfG übertragen. Auch hier kann man von einer Konturlosigkeit der Indizien und deren Zusammenspiel ausgehen, die unter Berücksichtigung etwaiger Manipulationen durch die zusammenwirkenden Arbeitgeber einen Verfahrensausgang unvorhersehbar machen. Insofern wird die vom BAG praktizierte individuelle Rechtsmissbrauchskontrolle im Hinblick auf verbundene Arbeitgeber im Gemeinschaftsbetrieb auch dem Grundgedanken der Rahmenvereinbarung nicht gerecht.

V. Teleologisch extensive Auslegung

1. Urteil des LAG Köln

Einen anderen Ansatz als das BAG verfolgte das LAG Köln in seiner Ausgangsentscheidung vom 09.03.2012[1386] und übte dadurch Kritik an der bisherigen Linie des BAG. Es entschied sich im gemeinsamen Betrieb für eine teleologisch extensive Auslegung des Arbeitgeberbegriffs in § 14 Abs. 2 S. 2 TzBfG.

Zu entscheiden hatte das LAG über den Fall eines Sachbearbeiters im Kölner Jobcenter, das als gemeinsame Einrichtung der Bundesagentur für Arbeit und der Kommune geführt wurde. Erreichte der Arbeitnehmer die Höchstbefristungsdauer bei einem der beteiligten Rechtsträger, wurde der Wechsel zu dem jeweils anderen Rechtsträger arrangiert. Bei diesem wurde der Arbeitnehmer wiederum sachgrundlos befristet eingestellt.

1384 *Bruns*, NZA 2013, 769 (771).

1385 *Bruns*, NZA 2013, 769 (771), dieser verweist auch darauf, dass die Rechtsfigur des qualifiziert faktischen Konzerns lange Zeit auf diesen Gesichtspunkt gestützt wurde, bis der BGH schließlich auf eine verschuldensunabhängige (Innen)Haftung umschwenkte und geht davon aus, dass dies „Warnung genug“ sein sollte.

1386 LAG Köln, Urt. v. 09.03.2012 – 4 Sa 1184/11, BeckRS 2012, 71550 (nicht rechtskräftig); nachfolgend BAG, Urt. v. 19.03.2014 – 7 AZR 527/12, AP TzBfG § 14 Nr. 119 und LAG Köln, Urt. v. 15.08.2014 – 4 Sa 1184/11, BeckRS 2014, 72932.

Um eine effektive Umsetzung europäischer Vorgaben sicherzustellen, wollte das LAG Köln die an einem gemeinsamen Betrieb beteiligten Arbeitgeber als *denselben Arbeitgeber* im Sinne des § 14 Abs. 2 S. 2 TzBfG ansehen. Die komplizierte und dem Arbeitnehmer die Beweislast auferlegende Konstruktion des Rechtsmissbrauchs könne den notwendigen Arbeitnehmerschutz nicht gewährleisten. Nach dem LAG Köln gebiete es die „Leichtigkeit der objektiven Umgehung des Gesetzes" in solchen Fällen, den bislang sehr restriktiv ausgelegten Begriff desselben Arbeitgebers dahingehend zu erweitern, dass alle juristischen und natürlichen Personen, die sich zur Führung des gemeinsamen Betriebs zusammengeschlossen haben, als derselbe Arbeitgeber anzusehen seien.

Auch die unterschiedlichen Vertragsgestaltungen bei den Arbeitgebern, die nach dem BAG als Indiz gegen einen Rechtsmissbrauch sprechen, seien durch die beteiligten Arbeitgeber problemlos gegenüber einem Arbeitnehmer durchsetzbar. Dieser habe in dem Moment nur die Möglichkeit, einen solchen Vertrag abzuschließen oder auf ein weiteres Arbeitsverhältnis zu verzichten.[1387] Insofern genüge die durch das BAG praktizierte Rechtsmissbrauchskontrolle nicht den Anforderungen des europäischen Gesetzgebers. Diese bestehen insbesondere im Ergreifen von Maßnahmen, die die Verhinderung der Aneinanderreihung befristeter Arbeitsverträge gewährleisten. Hierbei müsse stets der europarechtliche Effektivitätsgrundsatz beachtet werden.[1388] Wollte der Gesetzgeber doch eigentlich durch die vom Wortlaut her zeitlich uneingeschränkte „Zuvor"Beschäftigung eine „Perlenschnur" verhindern, ließe sich – wenn man sich bei demselben Arbeitgeber nur auf den Vertragsarbeitgeber im Gemeinschaftsbetrieb konzentriere – eine solche Perlenschnur im Gemeinschaftsbetrieb „problemlos wieder einfädeln". Auch

1387 LAG Köln, Urt. v. 09.03.2012 – 4 Sa 1184/11, BeckRS 2012, 71550 unter II der Gründe (nicht rechtskräftig); nachfolgend BAG, Urt. v. 19.03.2014 – 7 AZR 527/12, AP TzBfG § 14 Nr. 119 und LAG Köln, Urt. v. 15.08.2014 – 4 Sa 1184/11, BeckRS 2014, 72932.

1388 LAG Köln, Urt. v. 09.03.2012 – 4 Sa 1184/11, BeckRS 2012, 71550 unter II der Gründe (nicht rechtskräftig); nachfolgend BAG, Urt. v. 19.03.2014 – 7 AZR 527/12, AP TzBfG § 14 Nr. 119 und LAG Köln, Urt. v. 15.08.2014 – 4 Sa 1184/11, BeckRS 2014, 72932; dazu EuGH, Urt. v. 23.04.2009 – C378/07 – Angelidaki, AP-Richtlinie 99/70/EG Nr. 6.

die mit hohen Hürden versehene Rechtsmissbrauchskontrolle könne hier keine Abhilfe schaffen.[1389]

Diesem Ansatz folgt das BAG nicht.[1390] Nach Ansicht des BAG widerspricht es nicht dem Ziel der Rahmenvereinbarung, den Missbrauch durch aufeinanderfolgende befristete Arbeitsverträge zu verhindern, wenn man unter „demselben Arbeitgeber" im Sinne von § 14 Abs. 2 S. 2 TzBfG nur den Vertragsarbeitgeber versteht.[1391] Insofern sieht sich das BAG nicht aus unionsrechtlichen Gründen daran gehindert, an dieser Rechtsprechung festzuhalten.[1392] Der unionsrechtlich vorgegebenen Missbrauchskontrolle sei bereits mit der nach nationalem Recht gebotenen Rechtsmissbrauchs, Vertragsgestaltungs oder Umgehungskontrolle Rechnung getragen.[1393] Im Zusammenhang mit dieser Prüfung gelte eine abgestufte Darlegung und Beweislast zu Gunsten des Arbeitnehmers.[1394] Auch geht das BAG ohne weitere Begründung davon aus, dass der in der Rechtsprechung des Gerichtshof verankerte Effektivitätsgrundsatz das Gericht zu keiner anderen Interpretation des § 14 Abs. 2 S. 2 TzBfG zwinge.[1395]

2. Kein Festhalten am formalen Arbeitgeberbegriff

Auch in der rechtswissenschaftlichen Literatur[1396] will man die beteiligten Rechtsträger in einem Gemeinschaftsbetrieb im Falle des § 14 Abs. 2 S. 2 TzBfG

[1389] Das LAG Köln hielt insbesondere die zum Urteilzeitpunkt durch das BAG praktizierte Drei-Jahres-Grenze in dieser Hinsicht für problematisch. Doch auch nachdem diese Grenze durch das BVerfG Ablehnung fand, bleibt unklar, ob und wo eine solche Grenze der Zuvor-Beschäftigung verlaufen sollte (vgl. dazu ErfK/*Müller-Glöge* TzBfG § 14 Rn. 98 ff.).

[1390] BAG, Urt. v. 04.12.2013 – 7 AZR 290/12, AP TzBfG § 14 Nr. 112; BAG, Urt. v. 19.03.2014 – 7 AZR 527/12, AP TzBfG § 14 Nr. 119; BAG, Urt. v. 24.06.2015 – 7 AZR 474/13, BeckRS 2016, 65021; BAG, Urt. v. 24.02.2016 – 7 AZR 712/13, AP TzBfG § 14 Nr. 140.

[1391] BAG, Urt. v. 19.03.2014 – 7 AZR 527/12, AP TzBfG § 14 Nr. 119 (Rn. 20 ff.); nachfolgend hat auch das LAG Köln, Urt. v. 15.08.2014 – 4 Sa 1184/11, BeckRS 2014, 72923, maßgeblich auf eine Rechtsmissbräuchlichkeit nach § 242 BGB abgestellt.

[1392] BAG, Urt. v. 24.02.2016 – 7 AZR 712/13, AP TzBfG § 14 Nr. 140 (Rn. 14) m.w.N.

[1393] BAG, Urt. v. 24.02.2016 – 7 AZR 712/13, AP TzBfG § 14 Nr. 140 (Rn. 16) m.w.N.

[1394] BAG, Urt. v. 24.02.2016 – 7 AZR 712/13, AP TzBfG § 14 Nr. 140 (Rn. 17) m.w.N.

[1395] BAG, Urt. v. 24.02.2016 – 7 AZR 712/13, AP TzBfG § 14 Nr. 140 (Rn. 17) m.w.N.

[1396] Ascheid/Preis/Schmidt/*Backhaus* TzBfG § 14 Rn. 567; wohl auch *Greiner*, DB 2014, 1987 (1987 ff.); *Greiner/Senk*, RdA 2019, 236 (239 f.); DDZ/*Wroblewski* TzBfG § 14 Rn. 207.

wie *einen* Arbeitgeber behandeln. Bei einem Gemeinschaftsbetrieb lägen „die Missbrauchsmöglichkeiten durch ‚fliegenden Wechsel' von einem Arbeitgeber zum anderen so nahe, dass die komplizierte Konstruktion der subjektiven Rechtsmissbrauchskontrolle als eine übermäßige Erschwerung der Ausübung der Arbeitnehmerrechte erscheint"[1397] und damit auch nicht dem unionsrechtlichen Effektivitätsgrundsatz genüge.[1398]

Hierfür spreche auch, dass das BAG die am Gemeinschaftsbetrieb beteiligten Unternehmen bei wesentlichen Aspekten des Kündigungsschutzrechts wie einen Arbeitgeber behandele.[1399] Ein neuer, am Gemeinschaftsbetrieb beteiligter Arbeitgeber müsse sich im Rahmen von § 23 Abs. 1 S. 3 KSchG so behandeln lassen, als habe das Arbeitsverhältnis schon während der Zeit der Vorbeschäftigung im Gemeinschaftsbetrieb mit ihm selbst bestanden.[1400] Ferner seien die von den beteiligten Unternehmen beschäftigten Arbeitnehmer bei der Ermittlung der maßgeblichen Arbeitnehmerzahl nach § 23 Abs. 1 S. 2 KSchG zusammenzurechnen.[1401] Der Gemeinschaftsbetrieb sei Bezugspunkt für den Umfang des allgemeinen Kündigungsschutzes nach § 1 KSchG bei der betriebsbedingten Kündigung einschließlich der Sozialauswahl.[1402] Ferner komme es für den Wegfall des Beschäftigungsbedarfs nach § 1 Abs. 2 S. 1 KSchG und für andere Weiterbeschäftigungsmöglichkeiten nach § 1 Abs. 2 S. 2 KSchG auf den Gemeinschaftsbetrieb an.[1403] Darüber hinaus sei dem Vorgehen des BAG unter methodischen Gesichtspunkten entgegenzuhalten, dass es überhaupt erst zu der Missbrauchsprüfung gelangt, weil es bei dem „Arbeitgeber"Begriff – insbesondere im Gemeinschaftsbetrieb – zu sehr an einer engen Auslegung festhalte, statt die Alternative der teleologisch extensiven Auslegung des Vorbeschäftigungsverbots in § 14 Abs. 2 S. 2 TzBfG zu wählen.[1404]

1397 Ascheid/Preis/Schmidt/*Backhaus* TzBfG § 14 Rn. 567 m.w.N.
1398 Ascheid/Preis/Schmidt/*Backhaus* TzBfG § 14 Rn. 567.
1399 Ascheid/Preis/Schmidt/*Backhaus* TzBfG § 14 Rn. 567.
1400 Ascheid/Preis/Schmidt/*Backhaus* TzBfG § 14 Rn. 567 m.w.N.
1401 Ascheid/Preis/Schmidt/*Backhaus* TzBfG § 14 Rn. 567 m.w.N.
1402 Ascheid/Preis/Schmidt/*Backhaus* TzBfG § 14 Rn. 567 m.w.N.
1403 Ascheid/Preis/Schmidt/*Backhaus* TzBfG § 14 Rn. 567 m.w.N.
1404 Ascheid/Preis/Schmidt/*Backhaus* TzBfG § 14 Rn. 579; *Greiner*, DB 2014, 1987 (1988).

Greiner[1405] führt zudem an, dass auch der EuGH in der Rechtssache Albron Catering[1406] die Kategorie des „nichtvertraglichen Arbeitgebers" begründet habe, für den eine faktische (Weisungs)Beziehung zum Arbeitnehmer prägend sei. Der EuGH sah als Arbeitgeber im Sinne der Betriebsübergangsrichtlinie 2001/23/EG[1407] auch den Entleiher im Rahmen eines Leiharbeitsverhältnisses an. Nach dem EuGH kann als „Veräußerer" im Sinne von Art. 2 Abs. 1a der Richtlinie auch das Konzernunternehmen betrachtet werden, zu dem Arbeitnehmer ständig abbestellt werden, ohne jedoch in arbeitsvertraglicher Verbindung zu diesem zu stehen, wenn das konzernangehörige Unternehmen auf ein Unternehmen übergeht, das dem Konzern nicht angehört. Der EuGH geht davon aus, dass bei Vorhandensein mehrerer Arbeitgeber nicht systematisch auf den vertraglichen Arbeitgeber abgestellt werden muss.

Dieser Argumentation ließe sich entgegenhalten, dass der EuGH bisher für die Richtlinie 1999/70/EG (Befristung) keine derartigen Tendenzen erkennen lässt.[1408] Vielmehr hat er noch in der Rechtssache John[1409] ausdrücklich darauf verwiesen, dass für die Definition der Arbeitsverträge und verhältnisse, die in den Anwendungsbereich der Rahmenvereinbarung fallen, allein die nationalen Rechtsvorschriften und Gepflogenheiten maßgeblich seien und nicht etwa das Unionsrecht oder die Rahmenvereinbarung selbst.[1410]

Auch *Greiner* erkennt, dass die Rechtssache Albron Catering eine andere Problemkonstellation als die des Vorbeschäftigungsverbots in § 14 Abs. 2 S. 2 TzBfG betrifft. Jedoch verdeutliche die Entscheidung Albron Catering beispielhaft, dass die formale Wortlautargumentation des BAG, dass ein anderer Rechtsträger ein anderer Arbeitgeber sei, vor dem EuGH „wenig Gehör finden dürfte"[1411]. Diesem sei eine derartige „Begriffsjurisprudenz"[1412]

[1405] *Greiner*, DB 2014, 1987 (1990); ihm zufolge hätte das BAG in einem Vorabentscheidungsersuchen den EuGH befragen müssen.

[1406] EuGH, Urt. v. 21.10.2010 – C242/09 (Albron Catering BV / FNV Bondgenoten, John Roest), NJW 2011, 439.

[1407] ABl. 2001 L 82, 16 ff.

[1408] *Oberthür*, RdA 2018, 286 (293).

[1409] EuGH, Urt. v. 28.02.2018 – C46/17 (Hubertus John / Freie Hansestadt Bremen), AP-Richtlinie 99/70/EG Nr. 17

[1410] EuGH, Urt. v. 28.02.2018 – C46/17 (Hubertus John / Freie Hansestadt Bremen), AP-Richtlinie 99/70/EG Nr. 17 (Rn. 37).

[1411] *Greiner*, DB 2014, 1987 (1990).

[1412] *Greiner*, DB 2014, 1987 (1990).

fremd. Zudem stellt er zutreffend fest, dass das unionsrechtliche Gebot eines effektiven Missbrauchsschutzes aus § 5 Abs. 1 der Rahmenvereinbarung durch das formale Argument des Rechtsträgerwechsels nicht entscheidend beeinflusst wird.

VI. Leitentscheidung des BVerfG zu § 14 Abs. 2 S. 2 TzBfG

Auch aus dem Beschluss des BVerfG vom 06.06.2018[1413] lassen sich Konsequenzen für die Auslegung des Vorbeschäftigungsverbots in § 14 Abs. 2 S. 2 TzBfG entnehmen.

1. Unzulässige Ersetzung des gesetzlichen Regelungsmodells durch das BAG

Mit seinem Beschluss vom 06.06.2018 hatte das BVerfG[1414] über eine Richtervorlage des ArbG Braunschweig sowie über die Urteilsverfassungsbeschwerde eines Arbeitnehmers zu entscheiden. Das ArbG Braunschweig hatte sich zuvor mit der Befristungskontrollklage eines Lagerarbeitnehmers befasst, der mehrfach auf Basis sachgrundlos befristeter Arbeitsverträge bei demselben Arbeitgeber beschäftigt war. Nach der Rechtsprechung des BAG[1415] war die erneut sachgrundlose Befristung wirksam, da zwischen den einzelnen Beschäftigungsverhältnissen mehr als drei Jahre lagen und § 14 Abs. 2 S. 2 TzBfG der Befristung daher nicht entgegenstehe. Das ArbG Braunschweig hielt diese Auslegung des BAG jedoch für unzulässig. Es ging von einer Verfassungswidrigkeit des § 14 Abs. 2 S. 2 TzBfG aus und wandte sich daher gemäß Art. 100 Abs. 1 S. 1 GG an das BVerfG.

Auch der Verfassungsbeschwerde lag eine Befristungskontrollklage zugrunde. Ein Maschinenbediener war mehrmalig sachgrundlos bei demselben Arbeitgeber beschäftigt worden. Die Instanzgerichte erachteten die erneute Befristung aufgrund der BAGRechtsprechung für wirksam. Das BAG wies die Grundsatzbeschwerde gegen die Nichtzulassung der Revision zurück. Gegen diese Entscheidung erhob der Arbeitnehmer Verfassungsbeschwerde

---

1413 BVerfG, Beschl. v. 06.06.2018 – 1 BvL 7/14 und 1 BvR 1375/14, BVerfGE Band 149, 126 = NJW 2018, 2542.

1414 BVerfG, Beschl. v. 06.06.2018 – 1 BvL 7/14 und 1 BvR 1375/14, BVerfGE Band 149, 126 = NJW 2018, 2542.

1415 Vgl. nur BAG, Urt. v. 06.04.2011 – 7 AZR 716/09, AP TzBfG § 14 Nr. 82 (Rn. 39).

gemäß Art. 93 Abs. 1 Nr. 4a GG. Er rügte eine Verletzung von Art. 2 Abs. 1 i.V.m. Art. 20 Abs. 3 GG. Ihm zufolge setze sich die einschränkende Auslegung des § 14 Abs. 2 S. 2 TzBfG durch das BAG über den eindeutigen gesetzgeberischen Willen hinweg.

Nach Ansicht des BVerfG ist das Verbot sachgrundloser Befristung nach einer Vorbeschäftigung mit dem Grundgesetz vereinbar, da die entsprechende Norm im Einzelfall verfassungskonform unangewendet bleiben könnte. § 14 Abs. 2 S. 2 TzBfG müsse verfassungskonform unangewendet bleiben, wenn dessen Anwendung für die Beteiligten unzumutbar wäre. Dies sei der Fall, wenn die Gefahr einer Kettenbefristung in Ausnutzung der strukturellen Unterlegenheit der Beschäftigten nicht bestehe und das Verbot der sachgrundlosen Befristung nicht erforderlich ist, um das unbefristete Arbeitsverhältnis als Regelbeschäftigungsform zu erhalten. Das BVerfG nimmt dies für den Fall an, dass „eine Vorbeschäftigung sehr lang zurückliegt, ganz anders geartet war oder von sehr kurzer Dauer gewesen ist“[1416]. In derartigen Konstellationen können und müssen nach Ansicht des BVerfG die Fachgerichte durch verfassungskonforme Auslegung den Anwendungsbereich von § 14 Abs. 2 S. 2 TzBfG einschränken. Auf der einen Seite bestätigt das BVerfG den siebten Senat des BAG darin, dass § 14 Abs. 2 S. 2 TzBfG verfassungskonform ausgelegt werden muss. Auf der anderen Seite jedoch hält es die bisherige Auslegung des BAG für zu weitgehend. Insofern habe es die Grenzen vertretbarer verfassungskonformer Auslegung und zulässiger Rechtsfortbildung überschritten, indem es davon ausgeht, dass eine sachgrundlose Befristung stets möglich sei, wenn seit dem Ende der Vorbeschäftigung drei Jahre vergangen seien. Hierdurch werde das Rechtsstaatsprinzip (Art. 20 Abs. 3 GG) und der Grundsatz der Gewaltenteilung verletzt (Art. 20 Abs. 2 GG).

Eine fachgerichtliche Auslegung oder Rechtsfortbildung sei nur im Einklang mit dem gesetzgeberisch intendierten Schutzkonzept vorstellbar, indem dessen Regelungstendenz verstärkt oder aktualisiert werde. Die Grenze der Rechtsfortbildung werde jedoch überschritten, wenn die judikative Rechtsanwendung einem erkennbaren legislativ gewollten Schutzkonzept zuwiderlaufe. Damit führen die durch die Drei-Jahres-Grenze eröffneten Missbrauchs und Gestaltungsmöglichkeiten zur Verfassungswidrigkeit

1416 BVerfG, Beschl. v. 06.06.2018 – 1 BvL 7/14 und 1 BvR 1375/14, BVerfGE Band 149, 126 = NJW 2018, 2542 (Rn. 63).

der richterlichen Rechtsfortbildung. Um der Grundentscheidung des Gesetzgebers, einen effektiven Befristungsmissbrauchsschutz zu gewährleisten, Rechnung zu tragen, müsse in jedem Einzelfall eine teleologische Auslegung des Vorbeschäftigungsverbots erfolgen, die sich an den durch das BVerfG benannten Kriterien orientiert. Stellt ein Fachgericht anhand dieser Auslegung fest, dass angesichts der Befristungshistorie kein Anhaltspunkt für einen Befristungsmissbrauch im Sinne des § 14 Abs. 2 S. 2 TzBfG besteht, stehe dies im Einklang mit der gesetzgeberischen Regelungsintention, entfalte und aktualisiere diese und wahrt aus Sicht des BVerfG die Grenzen zulässiger Rechtsfortbildung auch dann, wenn § 14 Abs. 2 S. 2 TzBfG infolgedessen unangewendet bliebe.

2. Konsequenzen für die Auslegung des § 14 Abs. 2 S. 2 TzBfG

a. Gerichte müssen gesetzgeberische Grundentscheidungen respektieren

Neben der Verwerfung der Drei-Jahres-Frist des BAG hat das BVerfG[1417] betont, dass richterliche Rechtsfortbildung nicht dazu führen dürfe, dass die Gerichte ihre eigene materielle Gerechtigkeitsvorstellung an die Stelle derjenigen des Gesetzgebers setzen. Demnach dürften sich die Gerichte nicht dem vom Gesetzgeber festgelegten Sinn und Zweck des Gesetzes entziehen, sondern müssen die gesetzgeberische Grundentscheidung respektieren. Eine Interpretation, die sich über den klar erkennbaren Willen des Gesetzgebers hinwegsetze, greife unzulässig in die Kompetenzen des demokratisch legitimierten Gesetzgebers ein.

Nach dem BVerfG kommen dem Wortlaut der Norm, der Systematik und den Gesetzgebungsmaterialien Indizwirkung bei der Bestimmung der dem Gesetz zugrundeliegenden Regelungskonzeption zu. Die Beachtung des klar erkennbaren Willens des Gesetzgebers sei Ausdruck demokratischer Verfassungsstaatlichkeit. Dies trage auch dem Grundsatz der Gewaltenteilung (Art. 20 Abs. 2 S. 2 GG) Rechnung. Das BVerfG macht deutlich, dass dem gesetzgeberischen Anliegen große Beachtung geschenkt werden und sich die Auslegung und Anwendung des § 14 Abs. 2 S. 2 TzBfG an der übergreifenden

---

[1417] BVerfG, Beschl. v. 06.06.2018 – 1 BvL 7/14 und 1 BvR 1375/14, BVerfGE Band 149, 126 = NJW 2018, 2542 (Rn. 73 ff.).

Zielsetzung des Befristungsrechts orientieren muss. Im Kern sieht das BVerfG in § 14 Abs. 2 S. 2 TzBfG eine Regelung, die einen Interessenausgleich zwischen den Flexibilisierungsinteressen des Arbeitgebers und dem Schutzbedürfnis der Beschäftigten vor Unsicherheit und sozialen Nachteilen dienen soll.[1418]

Hieraus ergibt sich nach dem BVerfG im Einzelfall auch das Bedürfnis einer teleologischen Reduktion des Vorbeschäftigungsverbots, wenn die der Norm zugrunde liegenden Ziele durch ihre Anwendung nicht erreicht werden können. Dies erscheint sachgerecht, da dem Arbeitgeber bei einem offensichtlich fehlenden Bezug zur früheren Beschäftigung nicht die Möglichkeit einer sachgrundlosen Befristung von vornherein genommen wird. Vor allem dann, wenn sich ein Arbeitnehmer auf eine völlig andersartige Position bewirbt oder sich in einem anderen Bildungs oder Berufsabschnitt befindet, würde ein starres Vorbeschäftigungsverbot dem Arbeitgeber die Möglichkeit nehmen, den Arbeitnehmer hinsichtlich der neuen Beschäftigung ausreichend zu erproben.[1419]

Das BVerfG gibt den Fachgerichten zwei Leitlinien mit auf den Weg. Zum einen muss der verfassungsrechtlich gebotene Interessenausgleich im Wege der Auslegung oder der zulässigen Rechtsfortbildung gewahrt bleiben. Dabei darf der gesetzgeberische Wille nicht außer Acht gelassen werden. Weiterhin ist auch die Art der Vorbeschäftigung in den Interessenausgleich einzubeziehen. Diese teleologischen Leitlinien werden die Basis für den zukünftigen Umgang mit der Norm bilden.[1420]

b. Effektiver Missbrauchsschutz durch teleologische Extension

Die Entscheidung des BVerfG wirft die Frage auf, ob neben einer verfassungskonformen teleologischen Reduktion auch eine teleologische Extension im Einzelfall geboten sein kann.[1421] In der Praxis werden Gerichte unausweichlich auch mit sachgrundlosen Befristungen konfrontiert, die einen

---

[1418] BVerfG, Beschl. v. 06.06.2018 – 1 BvL 7/14 und 1 BvR 1375/14, BVerfGE Band 149, 126 = NJW 2018, 2542 (Rn. 45 ff.).

[1419] *Greiner/Senk*, RdA 2019, 236 (238) formulieren das Beispiel eines Werkstudenten, der sich später als examinierter Wissenschaftler bei demselben Unternehmen bewirbt.

[1420] *Greiner/Senk*, RdA 2019, 236 (238).

[1421] *Greiner/Senk*, RdA 2019, 236 (238).

offensichtlichen Bezug zum Arbeitsplatz oder Betrieb der Vorbeschäftigung aufweisen. Gerade dies kann in einem Gemeinschaftsbetrieb der Fall sein, wenn ein Arbeitnehmer zunächst bei einem Trägerunternehmen sachgrundlos befristet beschäftigt ist und nach Auslaufen des Arbeitsvertrags bei einem anderen Trägerunternehmen des Gemeinschaftsbetriebs sachgrundlos befristet beschäftigt wird.[1422] Folgt man den Leitlinien des BVerfG, so verbietet sich in diesem Fall eine erneute sachgrundlose Befristung. Der Arbeitnehmer führt seine Tätigkeit auf demselben Arbeitsplatz fort und wechselt nur formal seinen Arbeitgeber. Dies schützt den Arbeitnehmer weder vor Kettenbefristungen noch würde diesem hierdurch auf lange Sicht der Wechsel in ein unbefristetes Arbeitsverhältnis ermöglicht.

Sofern die Ziele der Norm mithin teilweise durch eine strenge Wortlautanwendung umgangen werden können, muss man ihnen „durch Ausweitung des Anwendungsbereichs Rechnung [tragen]“[1423]. Dies kann durch eine teleologische Extension der Vorschrift des § 14 Abs. 2 S. 2 TzBfG geschehen, sodass Vorbeschäftigungen bei einem mit dem aktuellen Arbeitgeber (im Rahmen eines Gemeinschaftsbetriebs) verbundenen Arbeitgeber zu berücksichtigen sind.

Das BAG ist Umgehungspraktiken verbundener Arbeitgeber bisher mit einer allgemeinen Rechtsmissbrauchskontrolle gemäß § 242 BGB begegnet. In der Literatur wird teilweise zutreffend davon ausgegangen[1424], dass in „Ansehung der klaren Bekenntnisse des BVerfG, der tatsächlichen Schutzbedürftigkeit der Parteien effektiv Rechnung zu tragen“[1425], eben dieses Vorgehen zu hinterfragen ist. Nach dem BAG ist es Sache des Arbeitnehmers, darzulegen und zu beweisen, dass der letzte Arbeitgeber die neuerliche befristete Beschäftigung in bewusstem und gewolltem Zusammenwirken mit dem vormaligen Arbeitgeber ausschließlich deshalb vereinbart hat, um auf diese Weise über § 14 Abs. 2 S. 2 TzBfG sachgrundlos befristete Beschäftigungen aneinanderzureihen. Ob ein derartiger Nachweis erbracht

---

[1422] *Greiner/Senk*, RdA 2019, 236 (238) führen neben dem Gemeinschaftsbetrieb auch die konzerninternen Vorbeschäftigungen wie beispielsweise die Weiterbeschäftigung bei einer Leiharbeitstochter, die Weiterbeschäftigung in einer gemeinsamen öffentlichen Einrichtung sowie den generellen Arbeitgeberwechsel unter Anteilseignern an.

[1423] *Greiner/Senk*, RdA 2019, 236 (238).

[1424] *Greiner/Senk*, RdA 2019, 236 (238).

[1425] *Greiner/Senk*, RdA 2019, 236 (238).

werden kann, ist für den Arbeitnehmer nicht absehbar. Gerade die subjektiven Elemente („bewusst und gewollt") sowie die Einschränkung auf das Zusammenwirken, um „ausschließlich" die Umgehung zu erreichen erschweren die Beweisführung. Hier bedarf es regelmäßig „nicht allzu viel Kreativität, um einen Grund zu nennen, der das Merkmal ‚ausschließlich' entfallen lässt"[1426]. Auch die Grundsätze der abgestuften Darlegungs und Beweislast stellen – zutreffend – keine adäquate Risikoverteilung dar.[1427] An dieser Stelle sei auch darauf hingewiesen, dass es sich bei der Beantwortung der Frage, ob eine sachgrundlose Befristungsabrede zulässig ist, stets um eine „kaum prognostizierbare einzelfallbezogene Gesamtabwägung"[1428] handeln wird, bei der der Arbeitnehmer in den meisten Fällen von einer Klage absehen wird.

VII. Teleologisch extensive Auslegung als sachgerechte Lösung

Das BVerfG hat in seiner Entscheidung deutlich gemacht, dass es der Schutzbedürftigkeit des Arbeitnehmers nicht gerecht wird, wenn die Zulässigkeit sachgrundloser Befristungen an starre Grenzen und Vorgaben gebunden ist. Der Gesetzgeber wollte durch § 14 Abs. 2 S. 2 TzBfG keine Umgehungs und Missbrauchsmöglichkeiten eröffnen, sondern diese ausschließen. Es widerspräche der gesetzgeberischen Intention, wenn eine starre Wortlautanbindung dazu führt, dass ein bloß formaler Arbeitgeberwechsel eine Aneinanderreihung von sachgrundlos befristeten Beschäftigungen ermöglicht, obgleich sich der Arbeitsplatz des Arbeitnehmers nicht ändert. Ausgehend von den Vorgaben des BVerfG liegt es an den Fachgerichten und dem Gesetzgeber, diese in ihre Praxis zu überführen. Der Arbeitnehmer darf nicht unverhältnismäßig benachteiligt werden. Genau dies tritt allerdings ein, wenn ein Arbeitnehmer durchgehend an demselben Arbeitsplatz im Gemeinschaftsbetrieb bei nur formal unterschiedlichen Arbeitgebern beschäftigt werden. Es kann nicht zur Lebensqualität des Arbeitnehmers beigetragen

---

1426 *Greiner/Senk*, RdA 2019, 236 (239).

1427 So auch *Greiner/Senk*, RdA 2019, 236 (239); auch DDZ/*Wroblewski* TzBfG § 14 Rn. 207 sieht die effektive Kontrolle der Befristung aufgrund der Beweislastverteilung nicht mehr als gewährleistet an und sieht die unionsrechtliche Veranlassung zur Vorlage an den EuGH.

1428 *Greiner/Senk*, RdA 2019, 236 (239) m.w.N.

werden, wenn dieser sich auch nach Jahren befristeter Beschäftigung nicht in einem sicheren, unbefristeten Beschäftigungsverhältnis befindet.

Sowohl unter dem Gesichtspunkt der Rechtsklarheit als auch im Hinblick auf den Grundsatz der Gewaltenteilung wäre es wünschenswert, wenn vornehmlich der Gesetzgeber tätig werden würde und die verfassungskonforme Weiterentwicklung nicht durch die Fachgerichte geleistet werden müsste. Eine den Zielen des Befristungsrechts entsprechende Lösung läge sicherlich darin, einen rechtsträgerübergreifenden Bezug zur Vorbeschäftigung mit in das Gesetz aufzunehmen. So schlagen *Greiner/Senk*[1429] vor, dem Wortlaut des § 14 Abs. 2 S. 2 TzBfG die Ergänzung „mit demselben *oder einem rechtlich und tatsächlich mit diesem verbundenen Arbeitgeber*" hinzuzufügen. Ferner ist aus ihrer Sicht eine transparente und gesetzlich festgeschriebene Missbrauchskontrolle im TzBfG erforderlich, um Missstände ernsthaft einzudämmen. Hierfür biete sich ein kodifiziertes Umgehungsverbot mit klaren Regelbeispielen an, sowie eine Beweislastumkehr zu Gunsten des Arbeitnehmers.

Auch das BAG macht deutlich, dass es Kettenbefristungen vermeiden will, indem es als Kriterium für einen Rechtsmissbrauch heranzieht, ob der Arbeitnehmer stets auf demselben Arbeitsplatz mit denselben Aufgaben beschäftigt wurde. Insbesondere, wenn mit demselben Arbeitnehmer in schneller Abfolge eine Vielzahl kurzfristiger Arbeitsverhältnisse vereinbart wurde, liege die Annahme eines Gestaltungsmissbrauchs nahe. Hieraus lässt sich der Schluss ziehen, dass auch dem BAG daran gelegen ist, die dauerhafte Besetzung von Arbeitsplätzen durch befristet angestellte Arbeitnehmer zu vermeiden.

Da es nach dem EuGH Aufgabe aller Stellen des betroffenen Mitgliedstaats – und somit auch die Aufgabe der nationalen Gerichte – ist, im Rahmen ihrer Zuständigkeit dem Ziel der Verhinderung des Missbrauchs von aufeinanderfolgenden befristeten Arbeitsverträgen Rechnung zu tragen, wäre es auch in der Rechtsprechung des BAG vorzugswürdig, wenn dieses nicht ohne Umschweife zu einer Rechtsmissbrauchskontrolle gelangen würde, sondern zunächst über die teleologisch extensive Auslegung des Vorbeschäftigungsverbots einen dem Ziel der Rahmenvereinbarung entsprechenden und zugleich aus Gründen der Rechtssicherheit vorzugswürdigen Weg wählen würde.

[1429] *Greiner/Senk*, RdA 2019, 236 (239).

C. Zusammenfassung Kapitel 5

Der Gemeinschaftsbetrieb eignet sich nur bedingt als Alternative zu anderen Formen des Fremdpersonaleinsatzes.

Es ist jedenfalls nicht ausgeschlossen, eine reine Personalführungsgesellschaft am Gemeinschaftsbetrieb zu beteiligen, solange sich diese nicht auf die Personalgestellung beschränkt, sondern ein darüber hinausgehender gemeinsamer Betriebszweck verfolgt wird. Zu Beweiszwecken bietet sich hierfür der Abschluss einer schriftlichen Führungsvereinbarung an. Hierin ist keine Umgehung der Vorschriften des AÜG zu sehen. Wird ein gemeinsamer Betrieb unter Beteiligung einer Personalführungsgesellschaft gegründet, handelt es sich um keine Betriebsänderung im Sinne des § 111 S.3 BetrVG, wenn diese keinen eigenen Betrieb unterhält und erst mit Vollzug des gemeinsamen Betriebs in diesen „hineinwächst".

Vom Wortlaut des § 1 Abs. 1b S. 1 AÜG gedeckt zu sein scheint zunächst auch der Fall, dass ein Leiharbeitnehmer innerhalb des Gemeinschaftsbetriebs von einem zu anderen Arbeitgeber rotiert und damit bei Erreichen der Höchstüberlassungsdauer formal einem anderen Entleiher überlassen wird, obgleich der Leiharbeitnehmer weiterhin denselben Arbeitsplatz besetzt. Im Gemeinschaftsbetrieb bedarf es jedoch einer abweichenden Beurteilung. Die Vorschrift des § 1 Abs. 1b AÜG ist teleologisch extensiv auszulegen, sodass alle am gemeinsamen Betrieb beteiligten Unternehmen als „Entleiher" im Sinne des § 1 Abs. 1b AÜG anzusehen sind. Nur diese Sichtweise wird dem Schutzbedürfnis des Leiharbeitnehmers gerecht und eröffnet diesem die Perspektive, in ein unbefristetes Beschäftigungsverhältnis übernommen zu werden.

Gleiches gilt im Hinblick auf das in § 14 Abs. 2 S. 2 TzBfG normierte Anschlussverbot. Hier ist zum Zwecke eines effektiven Missbrauchsschutzes ebenso eine teleologisch extensive Auslegung der Norm geboten. Neben der Vorbeschäftigung bei demselben Arbeitgeber werden auch sachgrundlos befristete Vorbeschäftigungen bei den übrigen, mit dem Arbeitgeber im Rahmen eines gemeinsamen Betriebs verbundenen, Unternehmen erfasst. Eine subjektive Rechtsmissbrauchskontrolle, wie sie zum Teil durch die Gerichte praktiziert wird, bietet keine Rechtssicherheit und trägt dem Normzweck nicht ausreichend Rechnung.

Zusammenfassung der Ergebnisse

A. Die Rechtsfigur Gemeinschaftsbetrieb

1. Mangels gesetzlicher Definition wurden durch die Rechtsprechung verschiedene Kriterien für die Rechtsfigur des gemeinsamen Betriebs mehrerer Unternehmen entwickelt. Primär ist auf das Bestehen eines einheitlichen Leitungsapparats in sozialen und personellen Angelegenheiten abzustellen. Dem unternehmensübergreifenden Betriebsmittel und Personaleinsatz sollte keine zu große Bedeutung beigemessen werden.
2. Unabhängig davon, ob man den Abschluss einer Führungsvereinbarung für erforderlich hält, wird sich eine solche bereits regelmäßig aus den tatsächlichen Umständen herleiten lassen.
3. Als Organisationsform des Gemeinschaftsbetriebs bietet sich die BGB-Innengesellschaft im Sinne des § 705 BGB an. In diesem Fall hat der Betrieb keine Rechtssubjektqualität und kann nicht selbst am Rechtsverkehr teilnehmen.

B. Gemeinschaftsbetrieb im Betriebsverfassungsrecht

1. Es ist nicht möglich, über § 47 BetrVG einen unternehmensübergreifenden Gesamtbetriebsrat durch die an dem Gemeinschaftsbetrieb beteiligten Trägerunternehmen zu errichten. Ein Unternehmen im Sinne des § 47 Abs. 1 BetrVG setzt einen einheitlichen Rechtsträger

voraus. Dies gilt ebenso, wenn dieselben Unternehmen mehrere Gemeinschaftsbetriebe führen.

2. Bestehen mehrere Gesamtbetriebsräte, ist in Angelegenheiten mit arbeitsvertraglichem Bezug der bei dem jeweiligen Vertragsarbeitgeber gebildete Gesamtbetriebsrat zuständig, während bei betriebsbezogenen Fragen alle Gesamtbetriebsräte gemeinsam zuständig sind. Bei Auftragsangelegenheiten gemäß § 50 Abs. 2 BetrVG erstreckt sich die Zuständigkeit des Gesamtbetriebsrats auf alle Arbeitnehmer im Gemeinschaftsbetrieb.
3. § 3 Abs. 1 Nr. 3 BetrVG ermöglicht die Vereinbarung abweichender Arbeitnehmervertretungsstrukturen auf Ebene des Gesamtbetriebsrats und somit die Errichtung eines unternehmensübergreifenden Gesamtbetriebsrats. Auch die Binnenorganisation der neu geschaffenen Gremien obliegt den Tarifpartnern.
4. Wird auf Grundlage des § 3 Abs. 1 Nr. 3 BetrVG ein unternehmensübergreifender Gesamtbetriebsrat errichtet, tritt dieser an die Stelle der gesetzlich vorgesehenen Arbeitnehmervertretung.
5. An die Errichtung eines unternehmensübergreifenden Gesamtbetriebsrats gemäß § 3 Abs. 1 Nr. 3 BetrVG sind strenge Anforderungen zu stellen. Ob diese erfüllt werden, bedarf stets der Entscheidung im Einzelfall, sodass dessen Errichtung mit erhöhter Rechtsunsicherheit verbunden ist.
6. Wird ein unternehmensübergreifender Gesamtbetriebsrat auf Grundlage eines unwirksamen Tarifvertrags errichtet, führt dies zu dessen rechtlicher Inexistenz. Der die Unwirksamkeit feststellende rechtskräftige Beschluss entfaltet aus Gründen der Rechtssicherheit Wirkung allein für die Zukunft. Dies gilt jedoch nicht, wenn es sich um einen evidenten Verstoß handelt.
7. Mitglieder des Gemeinschaftsbetriebsrats dürfen unabhängig von ihrer Unternehmenszugehörigkeit in die bei den Trägerunternehmen gebildeten Gesamtbetriebsräte entsendet werden. Gleiches gilt für die Entsendung in Konzernbetriebsräte.
8. Das Stimmgewicht des Gesamtbetriebsratsmitglieds richtet sich nach der Zahl aller wahlberechtigten Arbeitnehmer im gemeinsamen Betrieb, § 47 Abs. 7 BetrVG, sofern nach § 47 Abs. 9 BetrVG keine abweichende Vereinbarung getroffen wurde.

C. Aufsichtsratsarbeit im Gemeinschaftsbetrieb

1. Als Arbeitnehmer im Sinne des § 1 Abs. 1 Nr. 2 MitbestG sind allein die Vertragsarbeitnehmer des jeweiligen Trägerunternehmens zu verstehen. Eine Zurechnung aller Arbeitnehmer bei jedem Trägerunternehmen findet nicht statt. Eine Zweit-Zurechnung unter Betroffenheitsgesichtspunkten ist abzulehnen. Leiharbeitnehmer werden bei der Schwellenwertberechnung allein im entleihenden Trägerunternehmen mitgezählt. Hierdurch wird eine effektive Unternehmensmitbestimmung durch die Arbeitnehmer ermöglicht.
2. Die Berücksichtigung eines Arbeitnehmers bei der Schwellenwertberechnung bedeutet nicht zugleich, dass diesem ein aktives und passives Wahlrecht im Trägerunternehmen einzuräumen ist. Es besteht kein zwingender Gleichlauf zwischen *Zählen und Wählen*.
3. Wahlberechtigt und wählbar zu den Aufsichtsratswahlen in den Trägerunternehmen sind die Arbeitnehmer im Gemeinschaftsbetrieb allein bei ihrem Vertragsarbeitgeber. Leiharbeitnehmer sind im Entleiherunternehmen zu den Aufsichtsratswahlen im Entleiherunternehmen wahlberechtigt, jedoch nicht wählbar.
4. Die Betriebsfiktion in § 3 Abs. 5 BetrVG gilt gleichermaßen für den Betrieb im Sinne des MitbestG. Es finden die gleichen Grundsätze wie für den realen Gemeinschaftsbetrieb Anwendung.

D. Gemeinschaftsbetrieb als Alternative zu anderen Formen des Fremdpersonaleinsatzes

1. Ein Gemeinschaftsbetrieb kann unter Beteiligung eines Unternehmens gebildet werden, welches allein Personal einbringt, solang sich dessen Betriebszweck nicht in der Personalgestellung erschöpft, sondern ein darüberhinausgehender, eigener Betriebszweck verfolgt wird. Zu Beweiszwecken sollte eine schriftliche Führungsvereinbarung abgeschlossen werden.
2. Im gemeinsamen Betrieb mehrerer Unternehmen ist § 1 Abs. 1b S. 1 AÜG teleologisch extensiv auszulegen. Alle beteiligten

Unternehmen sind als „Entleiher" im Sinne der Norm anzusehen. Dies schließt die Rotation von Leiharbeitnehmern im Gemeinschaftsbetrieb zur Vermeidung der Überschreitung der Höchstüberlassungsdauer aus.

3. Das Anschlussverbot in § 14 Abs. 2 S. 2 TzBfG muss teleologisch extensiv ausgelegt werden. Bestand zuvor ein sachgrundlos befristetes Arbeitsverhältnis mit einem anderen Arbeitgeber im Gemeinschaftsbetrieb, ist dieser als derselbe Entleiher im Sinne von § 14 Abs. 2 S. 2 TzBfG anzusehen.

Literaturverzeichnis

Abend, Peter: Mitbestimmungsrechtliche Bewertung von Arbeitnehmern in Gemeinschaftsbetrieben – Sind nach Inkrafttreten der AÜG-Reform ab April 2017 die Arbeitnehmer eines Gemeinschaftsbetriebs im Rahmen der Aufsichtsratswahl bei jedem beteiligten Trägerunternehmen mit voller Zahl zuzurechnen?, DB 2017, S. 607 ff.

Ahrendt, Martina/*Koch*, Ulrich/*Linck*, Rüdiger/*Rinck*, Ursula/*Treber*, Jürgen/*Vogelsang*, Hinrich: Arbeitsrechts-Handbuch, 19. Aufl. 2021 (zit.: Schaub ArbR-HdB/*Bearbeiter*).

Annuß, Georg: Grundfragen des gemeinsamen Betriebs, NZA-Sonderheft 2001, S. 12 ff.

- Schwierigkeiten mit § 3 Abs. 1 Nr. 3 BetrVG?, NZA 2002, S. 290 ff.
- Gemeinschaftsbetrieb und Unternehmensmitbestimmung, in: Festschrift für Gerrick Frhr. v. Hoyningen-Huene, 2014, S. 17 ff. (zit.: *Annuß*, in: FS v. Hoyningen-Huene).

Arnold, Manfred/*Gräfl*, Edith: Praxiskommentar zum TzBfG und zu angrenzenden Vorschriften mit Gestaltungshinweisen und Beispielen, 5. Aufl. 2021 (zit.: AG/*Bearbeiter*).

Azmons, Mattis/*Homburg*, Eva/*Gerum*, Moritz: Überblick zum Einsatz von Leiharbeitnehmern nach der AÜG-Reform, DB 2017, S. 726 ff.

Bachner, Michael: Alternativen zur Betriebsschließung, Erfolgreiche Gegenstrategie bei Konflikten um Betriebsänderungen, AiB 2013, S. 615 ff.

Bähr, Yannick: Fremdpersonaleinsatz im Rahmen agiler Projektarbeit, 2022 (zit.: *Bähr*, Fremdpersonaleinsatz).

Baumgarten, Birger: Anm. zu BAG, Beschl. v. 01.06.2022 – 7 ABR 41/20, ArbRAktuell, S. 601.

Beck'scher Online-Kommentar Arbeitsrecht, herausgegeben von *Rolfs*, Christian/*Giesen*, Richard/*Meßling*, Miriam/*Udsching*, Peter, 69. Edition, Stand: 01.09.2023 (zit.: BeckOK-ArbR/*Bearbeiter*).

Beck'scher Online-Kommentar zum Beamtenrecht Bund, herausgegeben von *Brinktrine*, Ralf/*Schollendorf*, Kai, 26. Edition, Stand: 15.07.2023 (zit.: BeckOK-BeamtenR Bund/*Bearbeiter*).

Beck'scher Online-Kommentar zum Grundgesetz, herausgegeben von *Epping*, Volker/*Hillgruber*, Christian, 56. Edition, Stand: 15.08.2023 (zit.: BeckOK-GG/*Bearbeiter*).

Belling, Detlev W./*Hartmann*, Christian: Die Rechtswirkung einer gegen § 77 III BetrVG verstoßenden Betriebsvereinbarung, NZA 1998, S. 673 ff.

Bissels, Alexander/*Falter*, Kira: Ausgewählte Rechtsprobleme der AÜG-Reform (Teil 1), ArbRAktuell 2017, S. 4 ff.

- AÜG-Reform 2017, Die gesetzliche Höchstüberlassungsdauer in der Praxis, MDR 2019, S. 198 ff.

Boemke, Burkhard/*Lembke*, Mark: Änderungen im AÜG durch das „Job-AQTIV-Gesetz", Fragwürdige Liberalisierung der Zeitarbeit, DB 2002, S. 893 ff.

- Arbeitnehmerüberlassungsgesetz, Kommentar, 3. Aufl. 2013 (zit.: Boemke/Lembke/*Bearbeiter*).

Boigs, Joachim, Anm. zu BAG, Beschl. v. 13.03.2013 – 7 ABR 47/11, jurisPR-ArbR 39/2013 Anm. 7.

Bonanni, Andrea: Der gemeinsame Betrieb mehrerer Unternehmen, 2003 (zit. *Bonanni*, Der gemeinsame Betrieb).

Bonanni, Andrea/*Otte*, Daniel: Unternehmerische Mitbestimmung durch Gemeinschaftsbetrieb?, BB 2016, S. 1653 ff.

Bork, Reinhard/*Schäfer*, Carsten: GmbHG Kommentar, 5. Aufl. 2022 (zit.: Bork/Schäfer/*Bearbeiter*).

Braner, Achim: Anm. zu LAG Mecklenburg-Vorpommern, Urt. v. 13.06.2017 – 5 Sa 209/16, DB 2017, S. 2169.

Braun, Axel/*Sura*, Stephan: 18 Monate reformierte Arbeitnehmerüberlassung – Neue Regelungen, neue Probleme, kaum Lösungen?, ArbRB 2018, S. 275 ff.

Bruns, Patrick: Institutioneller Missbrauch als Kontrollparameter im arbeitsrechtlichen Befristungsrecht, NZA 2013, S. 769 ff.

Bungert, Hartwin/*Rogier*, Mauritz: Berücksichtigung von Leiharbeitnehmern bei den Schwellenwerten für die unternehmerische Mitbestimmung nach dem AÜG-Änderungsgesetz, DB 2016, S. 3022 ff.

Däubler, Wolfgang: Tarifvertragsrecht, Handbuch, 3. Aufl. 1993.

- Der Gemeinschaftsbetrieb im Arbeitsrecht, in: Festschrift für Albrecht Zeuner, 1994, S. 19 ff.
- Anm. zu BAG, Beschl. v. 24.01.1996 – 7 ABR 10/95, AP BetrVG 1972 § 1 Gemeinsamer Betrieb Nr. 8.
- Die Flexibilität des Arbeitsrechts, in: Richterliches Arbeitsrecht, Festschrift für Thomas Dieterich, S. 63 ff., 1999.
- Tarifvertragsgesetz mit Arbeitnehmer-Entsendegesetz, 5. Aufl. 2022 (zit.: Däubler TVG/*Bearbeiter*).

Däubler, Wolfgang/*Deinert*, Olaf/*Zwanziger*, Bertram: Kündigungsschutzrecht, Kommentar für die Praxis, 11. Aufl. 2020 (zit: DDZ/*Bearbeiter*).

Däubler, Wolfgang/*Hjort*, Jens Peter/*Schubert*, Michael/*Wolmerath*, Martin: Arbeitsrecht, Individualarbeitsrecht mit kollektivrechtlichen Bezügen, Handkommentar, 5. Aufl. 2022 (zit.: HK-ArbR/*Bearbeiter*).

Däubler, Wolfgang/*Klebe*, Thomas/*Wedde*, Peter: BetrVG, Betriebsverfassungsgesetz – Kommentar für die Praxis mit Wahlordnung und EBR-Gesetz, 18. Aufl. 2022 (zit: DKW/*Bearbeiter*).

Deinert, Olaf: Neuregelung des Fremdpersonaleinsatzes im Betrieb, RdA 2017, S. 65.

Diringer, Arnd: Der Phantasie sind keine Grenzen gesetzt, AuA 2001, S. 172 ff.

Dittmann, Katharina: Schwellenwerte und Unternehmensmitbestimmung, 2018.

Emmerich, Volker/*Habersack*, Mathias/*Schürnbrand*, Jan: Aktien und GmbH-Konzernrecht, Kommentar, 10. Aufl. 2022 (zit.: Emmerich/Habersack/*Bearbeiter*).

Erfurter Kommentar zum Arbeitsrecht, herausgegeben von *Müller-Glöge*, Rudi/*Preis*, Ulrich/*Schmidt*, Ingrid, 23. Aufl. 2023 (zit.: ErfK/*Bearbeiter*).

Fischer, Ulrich: Anm. zu BAG, Urt. v. 13.02.2007 – 1 AZR 184/06, jurisPR-ArbR 40/2007 Anm. 3.

Fitting, Karl/*Schmidt*, Ingrid/*Trebinger*, Yvonne/*Linsenmaier*, Wolfgang/*Schelz*, Hanna/*Schmidt*, Kristina: Betriebsverfassungsgesetz, Handkommentar, 31. Aufl. 2022 (zit.: *Fitting* BetrVG).

Frahm, Sebastian: Anm. zu LAG Berlin-Brandenburg, Urt. v. 31.01.2019 – 21 Sa 936/18, ArbRAktuell 2019, S. 333.

Frank, Justus/*Weber*, Annika: Ausschluss aus der unternehmerischen Mitbestimmung, Leiharbeitnehmer an der Schnittstelle zwischen Arbeits und Gesellschaftsrecht, NZA 2019, S. 233 ff.

Franzen, Martin: Betriebsvereinbarung: Alternative zu Tarifvertrag und Arbeitsvertrag?, NZA-Beil. 2006, S. 107 ff.

Friese, Birgit: Die Bildung von Spartenbetriebsräten nach § 3 Abs. 1 Nr. 2 BetrVG, RdA 2003, S. 92 ff.

- Tarifverträge nach § 3 BetrVG im System des geltenden Tarif und Arbeitskampfrechts, ZfA 2003, S. 237 ff.

Fromen, Wolfgang: Der gemeinsame Betrieb mehrerer Unternehmen, in: Festschrift für Dieter Gaul, 1992, S. 151 ff. (zit.: *Fromen*, in: FS Gaul).

Gamillscheg, Franz:

- „Betrieb und Bargaining unit“ – Versuch des Vergleichs zweier Grundbegriffe, ZfA 1975, S. 357 ff.
- Betrieb und Unternehmen – Zwei Begriffe des Arbeitsrechts, AuR 1989, S. 33 ff.

Geis, Sebastian: Die Auswirkungen der Reform des AÜG im Jahr 2011 auf die konzerninterne Arbeitnehmerüberlassung, 2014 (zit.: *Geis*, Reform des AÜG).

Gemeinschaftskommentar zum Betriebsverfassungsgesetz, herausgegeben von *Wiese*, Günther/*Kreutz*, Peter/*Oetker*, Hartmut/*Raab*, Thomas/*Weber*, Christoph/*Franzen*, Martin/*Gutzeit*, Martin/*Jacobs*, Matthias/*Schubert*, Claudia, 2 Bände, 12. Aufl. 2022 (zit.: GK-BetrVG/*Bearbeiter*).

Gemeinschaftskommentar zum Kündigungsschutzgesetz und zu sonstigen kündigungsschutzrechtlichen Vorschriften, herausgegeben von *Bader*, Peter/*Fischermeier*, Ernst/*Gallner*, Inken u.a., 13. Aufl. 2022 (zit.: KR/*Bearbeiter*).

Giesen, Richard: Betriebsersetzung durch Tarifvertrag?, BB 2002, S. 1480 ff.

- Reform der Leiharbeit, ZRP 2016, S. 130 ff.

Görg, Axel: Anm. zu LAG Hessen, Urt. v. 22.01.2016 – 14 Sa 966/15, ArbRAktuell 2016, S. 360.

Greiner, Stefan: Befristungskontrolle im Gemeinschaftsbetrieb mehrerer Unternehmen – die „Jobcenter“-Fälle, DB 2014, S. 1987 ff.

- Kernfragen des novellierten Gleichstellungsgrundsatzes im Recht der Arbeitnehmerüberlassung (§ 8 AÜG), RdA 2017, S. 153 ff.
- „Bezeichnung“ als Arbeitnehmerüberlassung nach § 1 I 5 AÜG: Wirklich das Ende der Vorratserlaubnis?, NZA 2018, S. 745 ff.

Greiner, Stefan/*Senk*, Clara: Anm. zu BVerfG, Beschl. v. 06.06.2018 – 1 BvL 7/14, 1 BvR 1375/14, RdA 2019, S. 236 ff.

Greiwe, Benedikt: Unternehmensmitbestimmung und Gemeinschaftsbetrieb, 2019.

Grunicke, Nils: Anm. zu BAG, Urt. v. 24.05.2022 – 9 AZR 337/21, BB 2023, S. 376.

Gsell, Beate/*Krüger*, Wolfgang u.a.: beck-online.Grosskommentar AktG, Stand: 01.07.2023 (zit.: BeckOGK-AktG/*Bearbeiter*).

Haag, Oliver: Umstrukturierung und Betriebsverfassung, 1996.

Habersack, Mathias/*Henssler*, Martin: Mitbestimmungsrecht, Kommentar, 4. Aufl. 2018 (zit.: HH/*Bearbeiter*).

Hamann, Wolfgang: Die Ermittlung der Höchstüberlassungsdauer bei mehreren Einsätzen bei demselben Entleiher, NZA 2023, S. 1151 ff.

Hamann, Wolfgang/*Rudnik*, Tanja: Die Berechnung der Überlassungshöchstdauer nach dem neuen AÜG, NZA 2017, S. 209 ff.

Hanau, Hans: Individualautonomie und Mitbestimmung in sozialen Angelegenheiten, 1994 (zit.: *H. Hanau*, Individualautonomie).

Hanau, Peter: Aktuelles zu Betrieb, Unternehmen und Konzern im Arbeitsrecht, ZfA 1990, S. 115 ff.

- Schlankere Betriebs und Unternehmensverfassung, in: Arbeitsrecht in der Bewährung, Festschrift für Otto Rudolf Kissel, 1994, S. 347 ff. (zit.: *Hanau*, in: FS Kissel).

Hay, Daniel/*Grüneberg*, Jan: Berücksichtigung von Leiharbeitnehmern bei den Schwellenwerten in der Unternehmensmitbestimmung?!, NZA 2014, S. 814 ff.

Heinkel, Ronny: Die betriebsverfassungsrechtliche Organisationseinheit als Gegenstand kollektiver Rechtsetzung, 2004 (zit.: *Heinkel*, Organisationseinheit).

Henssler, Martin: Aufspaltung, Ausgliederung und Fremdvergabe, NZA 1994, S. 294 ff.

Fremdpersonaleinsatz durch On-Site-Werkverträge und Arbeitnehmerüberlassung – offene Fragen und Anwendungsprobleme des neuen Rechts, RdA 2017, S. 83 ff.

Henssler, Martin/*Strohn*, Lutz: Gesellschaftsrecht, Kommentar, 5. Aufl. 2021 (zit.: Henssler/Strohn GesR/*Bearbeiter*).

Henssler, Martin/*Willemsen*, Heinz Josef/*Kalb*, Heinz-Jürgen: Arbeitsrecht, Kommentar, 10. Aufl. 2022 (zit.: HWK/*Bearbeiter*).

Hirte, Heribert/*Mülbert*, Peter O./*Roth*, Markus: Aktiengesetz, Großkommentar, Band 6, 5. Aufl. 2018 (zit.: GroßKommAktG/*Bearbeiter*).

Herrmann, Klaus: Der gemeinsame Betrieb mehrerer Unternehmen, 1993 (zit.: *Herrmann*, Der gemeinsame Betrieb).

Hess, Harald/*Worzalla*, Michael/*Glock*, Dirk/*Nicolai*, Andrea/*Rose*, Franz-Josef/*Huke*, Kristina: Kommentar zum Betriebsverfassungsgesetz, 10. Aufl. 2018 (zit. HWGNRH/*Bearbeiter*).

Hjort, Jens Peter: Wahlrecht der Arbeitnehmer zu mehreren Aufsichtsräten in Gemeinschaftsbetrieben?, NZA 2001, S. 696 ff.

- Wahlrecht bei Aufsichtsratswahlen im Gemeinschaftsbetrieb, ArbRAktuell 2013, S. 365.

Hoffmann, Yvonne/*Alles*, Boris: Der „unternehmensübergreifende" Gesamtbetriebsrat, NZA 2014, S. 757 ff.

Hohenstatt, Klaus-Stefan/*Dzida*, Boris: Die "maßgeschneiderte" Betriebsverfassung, Der neue § 3 BetrVG – 10 Fragen aus der Praxis, DB 2001, S. 2498 ff.

Hohenstatt, Klaus-Stefan/*Schramm*, Nils: Der Gemeinschaftsbetrieb im Recht der Unternehmensmitbestimmung, NZA 2010, S. 846 ff.

Hopfe, Rüdiger: Der gemeinsame Betrieb in der Insolvenz eines beteiligten Unternehmens, 2007 (zit.: *Hopfe*, Der gemeinsame Betrieb).

Hueck, Alfred/*Nipperdey*, Hans Carl: Lehrbuch des Arbeitsrechts, Band I, 7. Aufl. 1963 (zit.: *Hueck/Nipperdey*, Arbeitsrecht I).

Hund, Daniel/*Weiss*, Elisabeth: Umgang mit der Überlassungshöchstdauer nach der AÜG-Reform – Möglichkeit einer Entleiherkette im gemeinsamen Betrieb? –, DB 2016, S. 2903 ff.

Ingenfeld, Gisbert: Die Betriebsausgliederung aus der Sicht des Arbeitsrechts, 1992 (zit.: *Ingenfeld*, Betriebsausgliederung).

Jacobi, Erwin: Betrieb und Unternehmen als Rechtsbegriffe, in: Festschrift der Leipziger Juristenfakultät für Dr. Victor Ehrenberg, 1927, S. 1 ff. (zit.: *Jacobi*, in: FS Ehrenberg).

Jacobs, Matthias/*Münder*, Matthias: Vergrößerung des Betriebsrats durch Tarifvertrag, NZA 2018, S. 148 ff.

Jahnke, Volker: Tarifautonomie und Mitbestimmung, 1984.

Jochums, Dominik: Gemeinschaftsbetrieb als Betrieb im Sinne des § 613a BGB, 2010 (zit.: *Jochums*, Gemeinschaftsbetrieb).

Joost, Detlev: Betrieb und Unternehmen als Grundbegriffe im Arbeitsrecht, 1988 (zit.: *Joost*, Betrieb und Unternehmen).

- Anm. zu BAG, Beschl. v. 11.02.2004 – 7 ABR 27/03, AP BetrVG 1972 § 1 Gemeinsamer Betrieb Nr. 22.

Kania, Thomas: Tarifbindung bei Ausgliederung und Aufspaltung eines Betriebs, DB 1995, S. 625 ff.

Kania, Thomas/*Klemm*, Claudia: Möglichkeiten und Grenzen der Schaffung anderer Arbeitnehmervertretungsstrukturen nach § 3 Abs. 1 Nr. 3 BetrVG, RdA 2006, S. 22 ff.

Keilich, Jochen/*Witteler*, Michael: Gestalten von Betriebsratsstrukturen, AuA 2012, S. 580 ff.

Kingreen, Thorsten: Verfassungsrechtliche Zulässigkeit exklusiver Tariföffnungsklauseln, Zugleich ein Beitrag zur Dogmatik der negativen Koalitionsfreiheit, NZA 2021, S. 1 ff.

Kittner, Oliver: Anm. zu BAG, Beschl. v. 01.06.2022 – 7 ABR 41/20, GWR 2023, S. 15.

Klasen, Axel J.: Anm. zu BAG, Beschl. v. 13.03.2013 – 7 ABR 47/11, GWR 2013, S. 381.

Koch, Ulrich: Arbeitsrecht von A-Z, 27. Aufl. 2023 (zit.: Schaub/Koch/*Bearbeiter*).

Kohte, Wolfhard: Der Gemeinschaftsbetrieb im Spiegel des Gesellschafts und Konzernrechts, RdA 1992, S. 302 ff.

Kolbe, Sebastian: Mitbestimmung und Demokratieprinzip, 2013.

Koller-van Delden, Martin/*Gallini*, Dominik: Gemeinschaftsbetrieb statt Arbeitnehmerüberlassung, Die Kooperation im Gemeinschaftsbetrieb zur Vermeidung von Arbeitnehmerüberlassung und Höchstüberlassungsdauer, DStR 2017, S. 206 ff.

Konzen, Horst: Unternehmensaufspaltungen und Organisationsänderungen im Betriebsverfassungsrecht, 1986 (zit.: *Konzen*, Unternehmensaufspaltungen).

- Der Regierungsentwurf des Betriebsverfassungsreformgesetzes, RdA 2001, S. 76 ff.

Kort, Michael: Betriebsverfassungsrecht als Unternehmensrecht? – Das Verhältnis von § 3 BetrVG n.F. zum Gesellschaftsrecht, AG 2003, S. 13 ff.

- Rechtsfolgen einer wegen Verstoßes gegen § 77 III BetrVG (teil-) unwirksamen Betriebsvereinbarung, NZA 2005, S. 620 ff.
- Anm. zu BAG, Beschl. v. 13.03.2013 – 7 ABR 70/11, AP BetrVG 1972 § 3 Nr. 10.

Kössel, Andreas/*Stütze*, Sebastian: Leiharbeit: Nach der Reform ist vor der Reform? – Ausgewählte Fragen aus der Praxis –, DB 2017, S. 3071 ff.

Kraft, Alfons: Anm. zu BAG, Beschl. v. 25.11.1980 – 6 ABR 108/78, AP BetrVG 1972 § 1 Nr. 2.

Krause, Rüdiger: Die Berücksichtigung von Leiharbeitnehmern bei den Schwellenwerten der Unternehmensmitbestimmung, ZIP 2014, S. 2209 ff.

Kreutz, Peter: Grenzen der Betriebsautonomie, 1979.

- Gemeinsamer Betrieb und einheitliche Leitung, in: Festschrift für Reinhard Richardi, 2007, S. 637 ff. (zit.: *Kreutz*, in: FS Richardi).

Kropff, Bruno: Aktiengesetz Textausgabe, 1965 (zit.: *Kropff* AktG).

Künzel, Markus: Anm. zu BAG, Beschl. v. 04.11.2015 – 7 ABR 42/13, AP MitbestG § 9 Nr. 2.

Künzel, Markus/*Schmid*, Erik: Wählen ja, zählen nein? Leiharbeitnehmer und Unternehmensmitbestimmung, NZA 2013, S. 300 ff.

Küttner, Wolfdieter: Bildung und Auflösung von Gemeinschaftsbetrieben, in: Arbeitsrecht und Sozialpartnerschaft, in: Festschrift für Peter Hanau, 1999, S. 465 ff. (zit.: *Küttner*, in: FS Hanau).

Lambrich, Thomas/*Reinhard*, Thorsten: Schwellenwerte und Unternehmensmitbestimmung – Wann beginnt die Mitbestimmung?, NJW 2014, S. 2229 ff.

Larenz, Karl/*Canaris*, Claus-Wilhelm: Methodenlehre der Rechtswissenschaft, 3. Aufl. 1995 (zit.: *Larenz/Canaris*, Methodenlehre).

Lelley, Jan Tibor: Anm. zu BAG, Urt. v. 04.12.2013 – 7 AZR 290/12, EWiR 2014, S. 333 f.

Lembke, Mark: AÜG-Reform 2017 – Eine Reformatio in Peius, NZA 2017, S. 1 ff.

- Personaleinsatz vor neuen Herausforderungen, NZA 2018, S. 393 ff.

Lembke, Mark/*Fischels*, André: Die dauerhafte Gestellung von DRK-Schwestern im Gemeinschaftsbetrieb, RdA 2021, S. 222 ff.

Linck, Rüdiger/*Preis*, Ulrich/*Schmidt*, Ingrid: Kündigungsrecht, Großkommentar zum gesamten Recht der Beendigung von Arbeitsverhältnissen, 6. Aufl. 2021 (zit: Ascheid/Preis/Schmidt/*Bearbeiter*).

Lindemann, Achim/*Simon*, Oliver: Ablösung und Bestandsschutz von Altersvorsorgeregelungen beim Betriebsübergang, BB 2003, S. 2510 ff.

Linse, Carla: Zulässigkeit vereinbarter Arbeitnehmervertretungsstrukturen und Betriebsverfassungsgesetz, 2015 (zit.: *Linse*, Arbeitnehmervertretungsstrukturen).

Löwisch, Manfred/*Kaiser*, Dagmar/*Klumpp*, Steffen: Betriebsverfassungsgesetz, Kommentar, 8. Aufl. 2023 (zit: *Löwisch/Kaiser* BetrVG).

Löwisch, Manfred/*Rieble*, Volker: Tarifvertragsgesetz, Kommentar, 4. Aufl. 2017 (zit.: *Löwisch/Rieble* TVG).

Lüers, Dennis/*Schomaker*, Anna: Aufsichtsratswahlen im Gemeinschaftsbetrieb – wer zählt mit, wer wählt mit?, BB 2013, S. 565 ff.

Lunk, Stefan: Schwellenwerte Leiharbeitnehmer, NZG 2014, S. 778 ff.

Lutter, Marcus/*Bayer*, Walter: Holding-Handbuch, 6. Aufl. 2020 (zit.: Lutter/Bayer/*Bearbeiter* Holding-HdB).

Manthey, Vincent/*Hinrichs*, Lars: Der Phantom-Aufsichtsrat in Schwellenunternehmen – ein Nachruf, NZG 2014, S. 1069 ff.

Mävers, Gunther: Anm. zu LAG Hessen, Urt. v. 28.04.2017 – 14 Sa 809/16, ArbRAktuell 2017, S. 396.

Meinel, Gernod/*Heyn*, Judith/*Herms*, Sascha: Teilzeit und Befristungsgesetz, Kommentar, 6. Aufl. 2022 (zit.: MHH/*Bearbeiter*).

Mückl, Patrick: Anm. zu BAG, Beschl. v. 13.03.2013 – 7 ABR 47/11, BB 2013, S. 2298 ff.

- Wie wirkt ein fiktiver Betrieb? – Fernwirkungen betriebsverfassungsrechtlicher Vereinbarungen und ihre Grenzen –, DB 2010, S. 2615 ff.

Mückl, Patrick/*Koehler*, Lisa Marie: Rechtsfolgen unwirksamer Vereinbarungen über die Organisation der Betriebsverfassung, NZA-RR 2009, S. 513 ff.

Mückl, Patrick/*Volmari*, Jacqueline: Anm. zu BAG, Urt. v. 27.06.2019 – 2 AZR 38/19, EWiR 2020, S. 123 f.

Münchener Handbuch zum Arbeitsrecht, herausgegeben von *Kiel*, Heinrich/*Lunk*, Stefan/*Oetker*, Hartmut, 4 Bände, 5. Aufl. 2021, 2022 (zit.: MHdB-ArbR/*Bearbeiter*).

Münchener Kommentar zum Aktiengesetz, herausgegeben von *Goette*, Wulf/*Habersack*, Mathias/*Kalss*, Susanne, Band 2, 6. Aufl. 2023 (zit.: MüKoAktG/*Bearbeiter*).

Münchener Kommentar zum Bürgerlichen Gesetzbuch, herausgegeben von *Säcker*, Franz Jürgen/*Rixecker*, Roland/*Oetker*, Hartmut/*Limperg*, Bettina, Band 5, 9. Aufl. 2023 (zit.: MüKoBGB/*Bearbeiter*).

Neighbour, Kerstin/*Schröder*, Matthes: Die Reform des Arbeitnehmerüberlassungsgesetzes – Was ändert sich zum 1.4.2017?, BB 2016, S. 2869 ff.

Niklas, Thomas /*Schauß*, Lena-Marie. Die Arbeitnehmerüberlassung ist endlich – was kommt dann?, BB 2013, S. 2805 ff.

Noack, Ulrich/*Zetsche*, Dirk: Kölner Kommentar zum Aktiengesetz, 4. Aufl. 2023 (zit.: KK-AktG/*Bearbeiter*).

Oberthür, Nathalie: Aktuelle Tendenzen des EuGH und deren Auswirkungen auf das nationale Recht (Arbeitnehmerbegriff, Datenschutz und andere Fragen), RdA 2018, S. 286 ff.

Oetker, Hartmut: Anm. zu BAG, Beschl. v. 13.03.2013 – 7 ABR 47/11, EWiR 2013, S. 649 f.

- Aktuelle Entwicklungen im Recht der Unternehmensmitbestimmung, Jahrbuch des Arbeitsrechts, Band 53, 2016, S. 47 ff.
- Anm. zu OLG Düsseldorf, Beschl. v. 21.07.2016 – 26 W 1/16, WuB 2017, S. 658 ff.
- Arbeitnehmerüberlassung und Unternehmensmitbestimmung im entleihenden Unternehmen nach § 14 II 5 und 6 AÜG, NZA 2017, S. 29 ff.

Pant, Benjamin: Gesetzliche und kollektivvertragliche Regulierung der Arbeitnehmerüberlassung durch Höchstüberlassungszeiten, Europarechtliche, verfassungsrechtliche und arbeitsrechtliche Grundfragen, 2019 (zit.: *Pant*, Gesetzliche und kollektivvertragliche Regulierung).

Panzer-Heemeier, Andrea /*Schwipper*, Markus: Gewillkürter Gemeinschaftsbetrieb unter Verwendung einer Personalführungsgesellschaft – Individual und kollektivrechtliche Fragestellungen, DB 2017, S. 1584 ff.

Peix, Mathias: Errichtung und Fortbestand des Gesamtbetriebsrats unter besonderer Berücksichtigung von gewillkürten Arbeitnehmervertretungen und Unternehmensumstrukturierungen, 2008 (zit.: *Peix*, Errichtung und Fortbestand).

Peter, Manfred: Probleme des Betriebs und Unternehmensbegriffs nach dem Betriebsverfassungsgesetz, DB 1990, S. 424 ff.

Plander, Harro: Der Betrieb als Verhandlungsobjekt im Betriebsverfassungs und sonstigen Arbeitsrecht, NZA 2002, S. 483 ff.

Polzin, Daniel: Der gemeinsame Betrieb im Kontext drittbezogenen Personaleinsatzes, 2023 (zit.: *Polzin*, Drittbezogener Personaleinsatz).

Prinz, Thomas: Aktives Wahlrecht von Arbeitnehmern von Gemeinschaftsbetrieben zu den Aufsichtsräten der Trägerunternehmen – Besprechungsaufsatz zum BAG-Beschluss vom 13.03.2013 – 7 ABR 47/11, DB0600349 –, SAE 2013, S. 90 ff.

Pütz, Hendrik: Berechnung der Höchstüberlassungsdauer und Bestimmung von Überlassungszeiten nach dem neuen AÜG, DB 2017, S. 425 ff.

Raiser, Thomas/*Veil*, Rüdiger/*Jacobs*, Matthias: Mitbestimmungsgesetz und Drittelbeteiligungsgesetz. 7. Aufl. 2020 (zit.: RVJ/*Bearbeiter*).

Reichold, Hermann: Betriebsverfassung als Sozialprivatrecht, 1995.

Rentschler, Tobias: Die Arbeitnehmerzuordnung und Wahlberechtigung im Gemeinschaftsbetrieb nach MitbestG, 2016.

Reuter, Dieter: Anm. zu BAG, Beschl. v. 14.09.1988 – 7 ABR 10/87, AP BetrVG 1972 § 1 Nr. 9.

Richardi, Reinhard: Betriebsratswahlen nach § 3 BetrVG – nicht „Wie es euch gefällt!", NZA 2014, S. 232 ff.

- Betriebsverfassungsgesetz mit Wahlordnung, Kommentar, 17. Aufl. 2022 (zit.: Richardi BetrVG/*Bearbeiter*).

Rieble, Volker: Das Übergangsmandat nach § 21a BetrVG, NZA 2002, S. 233 ff.

- Zukunft der Unternehmensmitbestimmung, 2004.
- Delegation an den Gesamt oder Konzernbetriebsrat, RdA 2005, 26 ff.

Rieble, Volker/*Gistel*, Cornelia: Konzernpersonaldienstleister und Gemeinschaftsbetrieb, NZA 2005, S. 242 ff.

Rieble, Volker/*Klebeck*, Ulf: Betriebsteil (§ 4 Abs. 1 BetrVG), in: Festschrift für Reinhard Richardi, 2007, S. 693 ff.

Rolf, Christian: Unternehmensübergreifende Betriebsratsstruktur nach § 3 BetrVG, 2004 (zit.: *Rolf*, Unternehmensübergreifende Betriebsratsstruktur).

Romero, Sibylle: Vertragliche Arbeitnehmervertretungen als Alternative zu Betriebsräten, ArbRAktuell 2018, S. 7 ff.

Rudnik, Tanja: Die Gesetzesumgehung in der Rechtsprechung des Bundesarbeitsgerichts, Vom Sachgrunderfordernis zum Rechtsmissbrauchsverbot, 2019 (zit.: *Rudnik*, Gesetzesumgehung).

Sabotta, Daniel: Die autonome Organisation der Betriebsverfassung durch Tarifverträge nach § 3 BetrVG, 2009 (zit.: *Sabotta*, Autonome Organisation).

Säcker, Franz Jürgen: Die Wahlordnungen zum Mitbestimmungsgesetz, 1978.

- Der Ablauf des Wahlverfahrens nach der Dritten Wahlordnung (Konzern-Wahlordnung) zum Mitbestimmungsgesetz und die Anfechtung fehlerhafter Wahlen – aktuelle Rechtsfragen, ZfA 2008, S. 51 ff.

Salamon, Erwin: Die Anbindung des Gesamtbetriebsrats an das Unternehmen, Insbesondere: Mitbestimmung im gemeinsamen Betrieb mehrerer Unternehmen, RdA 2008, S. 24 ff.

Scharff, Bettina: Ein Jahr mit dem reformierten AÜG – Zeit für ein Resümee, BB 2018, S. 1140 ff.

Schipp, Johannes: Die Renaissance des Gemeinschaftsbetriebs, ArbRB 2019, S. 212 ff.

Schmidt, Ingrid: Gemeinschaftsbetrieb und Gesamtbetriebsrat, in: Personalrecht im Wandel, Festschrift für Wolfdieter Küttner, 2006, S. 499 ff. (zit.: *Schmidt*, in: FS Küttner).

Schmidt, Karsten/*Lutter*, Marcus: Aktiengesetz, Kommentar, 4. Aufl. 2020 (zit.: Schmidt/Lutter/*Bearbeiter*).

Schönhöft, Andreas/*Brahmstaedt*, Johanna: Betriebsvereinbarungen und Gemeinschaftsbetrieb, NZA 2010, S. 851 ff.

Schönhöft, Andreas/*Lermen*, Anke: Der Gemeinschaftsbetrieb im Vergleich zur Arbeitnehmerüberlassung – eine Alternative zur Personalkostensenkung?, BB 2008, S. 2515 ff.

Schönhöft, Andreas/*Oelze*, Nabil: Der gewillkürte Gemeinschaftsbetrieb – Möglichkeiten des drittbezogenen Personaleinsatzes unter Beteiligung einer Personalführungsgesellschaft, BB 2016, S. 565 ff.

Schönhöft, Andreas/*Wertz*, Mario: Die Bildung eines Gesamtbetriebsrats bei Unternehmen, die ausschließlich Träger von Gemeinschaftsbetrieben sind, RdA 2010, S. 100 ff.

Schubert, Claudia/*Liese*, Christian: Berücksichtigung von Leiharbeitnehmern bei den Schwellenwerten der Unternehmensmitbestimmung, Von der Rechtsprechung zur AÜG-Reform, NZA 2016, S. 1297 ff.

Schüren, Peter: Arbeitnehmerüberlassungsgesetz, Kommentar, 6. Aufl. 2022 (zit.: Schüren/Hamann/*Bearbeiter*).

Schwab, Brent: Der Gesamtbetriebsrat – Rechtsstatus und Kompetenz, NZA-RR 2007, S. 505 ff.

Seel, Henning-Alexander: Neue Risiken bei der Arbeitnehmerüberlassung – „Gemeinschaftsbetrieb" als Alternative?, öAT 2017, S. 48 ff.

Seiwerth, Stephan: Der Arbeitsplatzbezug in Leiharbeits und Befristungsrichtlinie, NZA 2020, S. 273 ff.

Sick, Joachim: Der gemeinsame Betrieb mehrerer Unternehmen, BB 1992, S. 1129 ff.

Siebert, Jens/*Novak*, Laborius: Neue gesetzliche Regelungen zu AÜG und Werkvertrag – Update 2017, ArbRAktuell 2016, S. 391 ff.

Sievers, Jochen: Teilzeit und Befristungsgesetz, Kommentar, 7. Aufl. 2022 (zit.: *Sievers* TzBfG).

Simon, Johannes: Neue Risiken durch die AÜG-Reform – Alternative Gestaltungsformen im Compliance-Check, CB 2017, S. 371 ff.

Simon, Oliver/*Koschker*, Maximilian: Branchenzuschläge in der Zeitarbeit – ungeklärte Fragen und neue Probleme, NZA 2018, S. 755 ff.

Spinner, Günter/*Wiesenecker*, Philipp: Unwirksame Vereinbarungen über die Organisation der Betriebsverfassung, in: Festschrift für Manfred Löwisch, 2007, S. 375 ff. (zit.: *Spinner/Wiesenecker*, in: FS Löwisch).

Sprenger, Markus: Freiräume und Grenzen für Zuordnungstarifverträge aus § 3 BetrVG. Gut gemeint und schlecht(-)gemacht?, NZA 2013, S. 990 ff.

Steckhan, Hans-Werner: Das formelle Betriebsverfassungsrecht in der Rechtsprechung des Siebten Senats des Bundesarbeitsgerichts, in: Das Arbeitsrecht der Gegenwart 34, 1997, S. 111 ff. (zit: *Steckhan*, JbArbR).

vom *Stein*, Jürgen: Missbrauchskontrolle bei befristeten Arbeitsverträgen, NJW 2015, S. 369 ff.

Sura, Stephan: Anm. zu BAG, Urt. v. 24.05.2022 – 9 AZR 337/21, AP AÜG § 1 Nr. 44, NZA-RR 2022, S. 668.

Talkenberg, Sibylle: Reform der Arbeitnehmerüberlassung – Fragen der praktischen Umsetzung. NZA 2017, S. 473 ff.

Thüsing, Gregor: Vereinbarte Betriebsratsstrukturen, Zum Gestaltungsspielraum der Tarifvertragsparteien im Rahmen des § 3 BetrVG, ZIP 2003, S. 693 ff.

Thüsing, Gregor/*Forst*, Gerrit: Der Gemeinschaftsbetrieb im Recht der Unternehmensmitbestimmung, in: Festschrift für Peter Kreutz, 2010, S. 867 ff. (zit.: *Thüsing/Forst*, in: FS Kreutz).

Thüsing, Gregor/*Pötters*, Stephan: Unternehmensmitbestimmung im Gemeinschaftsbetrieb – Zur Frage der Zurechnung von Mitarbeitern im gemeinsamen Betrieb bei Wahlen für den Aufsichtsrat nach dem MitbestG –, in: Festschrift für Rolf Wank, 2014, S. 599 ff. (zit.: *Thüsing/Pötters*, in: FS Wank).

Teusch, Jan L.: Die Organisation der Betriebsverfassung durch Tarifvertrag, 2007 (zit.: *Teusch*, Organisation der Betriebsverfassung).

- Organisationstarifverträge nach § 3 BetrVG, NZA 2007, S. 124 ff.

Trümner, Ralf/*Sparchholz*, Karsten: § 3 BetrVG und die »Dienlichkeit«, AiB 2009, S. 98 ff.

Tschöpe, Ulrich: Arbeitsrecht Handbuch, 13. Aufl. 2023 (zit.: ArbR-HdB/Tschöpe/*Bearbeiter*).

Ulber, Jürgen: Das neue Recht der Arbeitnehmerüberlassung – Die deutsche Variante des Ausstiegs aus dem Gemeinschaftsbetrieb, RdA 2018, S. 50 ff.

Ulrici, Bernhard: Arbeitnehmerüberlassungsgesetz, Handkommentar, 1. Aufl. 2017 (zit.: *Ulrici*, AÜG).

Urban-Crell, Sandra/*Germakowski*, Gudrun/*Bissels*, Alexander/*Hurst*, Adrian: Kommentar zum Arbeitnehmerüberlassungsgesetz, 3. Auflage 2017 (zit: *Bearbeiter*, in: Urban-Crell/Germakowksi/Bissels/Hurst).

Utermark, Silke: Die Organisation der Betriebsverfassung als Verhandlungsgegenstand, 2005 (zit.: *Utermark*, Betriebsverfassung als Verhandlungsgegenstand).

Veit, Barbara: Die funktionelle Zuständigkeit des Betriebsrats, 1998.

Veit, Barbara/*Waas*, Bernd: Die Umdeutung einer kompetenzwidrigen Betriebsvereinbarung, BB 1991, S. 1329 ff.

Wanhöfer, Harald: Gemeinschaftsbetrieb und Unternehmensmitbestimmung, 1994.

Wank, Rolf: Änderungen im Leiharbeitsrecht, RdA 2017, S. 100 ff.

Wendeling-Schröder, Ulrike: Mehrere Unternehmen/ein Betrieb, NZA 1984, S. 247 ff.

Wiese, Günther: Mehrere Unternehmen als gemeinsamer Betrieb im Sinne des Betriebsverfassungsgesetzes, in: Festschrift für Dieter Gaul, 1992, S. 553 ff. (zit.: *Wiese*, in: FS Gaul).

- Schutz und Teilhabe als Zwecke notwendiger Mitbestimmung in sozialen Angelegenheiten und deren Rangverhältnis, ZfA 2000, S. 117 ff.

Wiedemann, Herbert: Anmerkung zu BAG, Beschl. v. 01.12.1961 – 1 ABR 15/60, SAE 1962, S. 212 ff.

- Arbeitsrechtliche Probleme der Betriebsausgliederung, in: Festschrift für Hans-Joachim Fleck, 1988, S. 447 ff. (zit.: Wiedemann, in: FS Fleck).
- Anm. zu BAG, Beschl. v. 07.08.1989 – 6 ABR 57/85, AP BetrVG 1972 § 1 Nr. 5.
- Tarifvertragsgesetz: TVG, Kommentar, 9. Aufl. 2023 (zit.: Wiedemann TVG/*Bearbeiter*).

Willemsen, Heinz Josef/*Hohenstatt*, Klaus-Stefan/*Schreiber*, Ulrike/*Seibt*, Christoph: Umstrukturierung und Übertragung von Unternehmen, 6. Aufl. 2021 (zit.: WHSS/*Bearbeiter*).

Windbichler, Christine: Arbeitsrecht im Konzern, 1989.

Windeln, Norbert: Die Reform des Betriebsverfassungsgesetzes im organisatorischen Bereich, 2003 (zit.: *Windeln*, Reform des Betriebsverfassungsgesetzes).

Wionski, Simon: Anm. zu LAG Bremen, Urt. v. 06.05.2020 – 3 Sa 47/19, jurisPR-ArbR 8/2021 Anm. 6.

Wißmann, Hellmut: Die Suche nach dem Arbeitgeber in der Betriebsverfassung, NZA 2001, S. 409 ff.

Wißmann, Hellmut/*Kleinsorge*, Georg/*Schubert*, Claudia: Mitbestimmungsrecht, Kommentar, 5. Aufl. 2017 (zit.: WKS/*Bearbeiter*).

Wlotzke, Otfried/*Preis*, Ulrich/*Kreft*, Burghard: Betriebsverfassungsgesetz: BetrVG, Kommentar, 4. Aufl. 2009 (zit: WPK/*Bearbeiter*).

Wolter-Roßteutscher, Nargisa: Die Zuständigkeitsabgrenzung von Betriebsrat und Gesamtbetriebsrat im Rahmen von Betriebsänderungen, 2010 (zit.: *Wolter-Roßteutscher*, Zuständigkeitsabgrenzung von Betriebsrat und Gesamtbetriebsrat).

Worpenberg, Stephan: Die konzerninterne Arbeitnehmerüberlassung, 1989 (zit.: *Worpenberg*, Arbeitnehmerüberlassung).

Zimmermann, André: Der Referentenentwurf zur AÜG-Reform 2017, BB 2016, S. 53 ff.

Zöllner, Wolfgang: Gemeinsame Betriebsnutzung, Kritische Bemerkung zur Rechtsfigur des gemeinsamen Betriebs, in: Festschrift für Johannes Semler, 1993, S. 995 ff. (*Zöllner*, in: FS Semler).

Zu den in der Arbeit verwendeten Abkürzungen wird verwiesen auf: *Kirchner*, Hildebert: Abkürzungsverzeichnis der Rechtssprache, 10. Aufl. 2021.

Schriften zum Unternehmens- und Wirtschaftsrecht

Herausgegeben von
Marcus Bieder, Andreas Fuchs, Lars Leuschner, Markus Stoffels und Dirk A. Verse

Band 20 Lars Jeschke: Der Rechtsrahmen für Vorstandsvergütungen in Deutschland und Australien. Ein Rechtsvergleich. 2015.
Band 21 Anne Praß: Die betriebsbedingte Kündigung von Leiharbeitnehmern. 2016.
Band 22 Larissa Pewny: Das Übergangsmandat des Betriebsrats. Gestaltungsmöglichkeiten unter besonderer Berücksichtigung gewillkürter Betriebsratsstrukturen gemäß § 3 BetrVG. 2017.
Band 23 Andreas G. Mahret: Pflichtenkollisionen von Geschäftsleitern. 2017.
Band 24 Jochen Seier: Das fingierte Arbeitsverhältnis nach § 10 Abs. 1 AÜG. 2017.
Band 25 Nora Brosent: Strategische Insolvenzen – Grenzen der Instrumentalisierung des Insolvenzplanverfahrens zur Lösung von Gesellschafterkonflikten. 2019.
Band 26 Michel Hoffman: Individualschutz im Betriebsverfassungsrecht. 2019.
Band 27 Sara Isabell Heitkamp: FRAND-Bedingungen bei SEP – Die Lizenzbereitschaftserklärung und das Problem der Bestimmung einer angemessenen Lizenzgebühr. 2020.
Band 28 Hanna Gotta: Zuverlässigkeit und Wirksamkeit dynamischer Verweisungen in Vereinssatzungen. 2020.
Band 29 Lars Giesen: Die Rechtsnatur des Interessenausgleichs gem. § 112 I 1 BetrVG. 2020.
Band 30 Nima Hanifi-Atashgah: Wandelschuldverschreibungen in Wertpapiererwerbs- und Über-nahmeverfahren nach dem WpÜG. 2020.
Band 31 Theresa Bauerdick: Der Vorrang der Individualabrede. 2021.
Band 32 Jean Pascal Slotwinski: Der strategische Einsatz von Patenten als möglicher Missbrauch aus patent-, lauterkeits-, zivil- und kartellrechtlicher Perspektive. 2021.
Band 33 Anna Sophie Merkel: Die Erreichbarkeit des Arbeitnehmers während des Erholungsurlaubs. 2022.
Band 34 Anja Hornbostel: Das Engagement institutioneller Anleger als Aktionäre im Beteiligungs-unternehmen nach ARUG II. 2022.
Band 35 Mona Geimer: Der Arbeitnehmer im Spannungsfeld von Straf- und Arbeitsrecht.2024.
Band 36 Kristin Buß: Der Gemeinschaftsbetrieb. 2026.

www.peterlang.com

www.ingramcontent.com/pod-product-compliance
Ingram Content Group UK Ltd.
Pitfield, Milton Keynes, MK11 3LW, UK
UKHW021125041026
8980IPUK00026B/423

9 783631 940976